全国高等教育自学考试指定教材
小学教育专业（专科）

# 小学数学教学论

（附：小学数学教学论自学考试大纲）

全国高等教育自学考试指导委员会　组编

主编　周玉仁



中国人民大学出版社

**图书在版编目（CIP）数据**

小学数学教学论/周玉仁主编
北京：中国人民大学出版社，1999.4
附：小学数学教学论自学考试大纲

ISBN 978-7-300-03163-7
Ⅰ. 小…
Ⅱ. 周…
Ⅲ. 数学课-小学-教学理论
Ⅳ. G623.5

中国版本图书馆 CIP 数据核字（1999）第 15525 号

全国高等教育自学考试指定教材
小学教育专业（本科）

# 小学数学教学论

（附：小学数学教学论自学考试大纲）

全国高等教育自学考试指导委员会　组编
主　　编　周玉仁
责任编辑　洪　傲
版式设计　王坤杰

---

出　　版：中国人民大学出版社
（北京海淀路 157 号　邮编 100080）
E-mail：rendafx@263.net
印　　刷：北京市鑫霸印务有限公司

---

开　本：880×1230 毫米 1/32　印张：13.75
1999 年 12 月第 1 版　2022 年 6 月第 18 次印刷
字数：388 000

---

定价：17.50 元

# 组 编 前 言

当您开始阅读本书时，人类已经迈入了二十一世纪。

这是一个变幻难测的世纪，这是一个催人奋进的时代。科学技术飞速发展，知识更替日新月异。希望、困惑、机遇、挑战，随时随地都有可能出现在每一个社会成员的生活之中。抓住机遇，寻求发展，迎接挑战，适应变化的制胜法宝就是学习——依靠自己学习、终生学习。

作为我国高等教育组成部分的自学考试，其职责就是在高等教育这个水平上倡导自学、鼓励自学、帮助自学、推动自学，为每一个自学者铺就成才之路。组织编写供读者学习的教材就是履行这个职责的重要环节。毫无疑问，这种教材应当适合自学，应当有利于学习者掌握、了解新知识、新信息，有利于学习者增强创新意识、培养实践能力、形成自学能力，也有利于学习者学以致用、解决实际工作中所遇到的问题。具有如此特点的书，我们虽然沿用了“教材”这个概念，但它与那种仅供教师讲、学生听，教师不讲、学生不懂，以“教”为中心的教科书相比，已经在内容安排、形式体例、行文风格等方面都大不相同了。希望读者对此有所了解，以便从一开始就树立起依靠自己学习的坚定信念，不断探索适合自己的学习方法，充分利用已有的知识基础和实际工作经验，最大限度地发挥自己的潜能以达到学习的目标。

欢迎读者提出意见和建议。

祝每一位读者自学成功。

**全国高等教育自学考试指导委员会**

1999 年 10 月

# 目　录

## 小学数学教学论

## 小学数学教学论自学考试大纲

# 小学数学教学论

# 第一章　小学数学课程目标

## 内容提要

现实世界中的数量关系和空间形式是数学科学研究的主要对象。数学的发展从来是与生产实践、科学技术密切相联的。数学是现代科学技术的基础，在21世纪以计算机科学为标志的信息社会中，它将发挥日益重要的作用。小学数学是基础课、工具课和文化课，它在小学教育中有重要的地位和作用。小学数学课程目标是依据小学教育的培养目标、数学学科的特点和小学生的认知发展水平制定的。小学数学课程的目标是：使学生掌握最基础的数学知识，具有初步的数学能力，受到良好的思想品德教育。三项目标紧密联系，缺一不可。

数学产生于生产实践，又随着生产实践和科学技术的发展而发展。它在为生产、经济和科学技术服务的同时又不断地丰富了自己，发展了自己，具有强大的生命力。著名数学家华罗庚把数学称为一门古老而又年轻的科学。要研究数学在小学教育中的地位、作用，明确小学数学课程的目标，要先对数学发展的历史有所了解。因为小学数学是初等数学中最基础的内容，也就是说，相当于人类对数学早期认识的阶段。

## 第一节　数学发展简史概述

数学的发生和发展经过了漫长的历史阶段，大致可以分为五个时期：萌芽时期、初等数学时期、变量数学时期、近代数学时期和现代数学时期。

（一）萌芽时期（公元前600年以前）

在人类由铜器时代过渡到铁器时代之后，由于生产力的逐步发展，人们要对获取的生活资料作出量的估计，于是逐步产生了自然数、分数及四则运算；同时，人们在测田亩、定四时的过程中也形成了一些常见的几何概念，促使了几何学的初步发展。人类在长期生产实践中积累了许多数学知识，但是这些知识仍是片断的、零碎的、缺乏逻辑的，尤其是缺乏对命题的证明，没有严密的体系。

（二）初等数学时期（公元前600年～17世纪中叶）

公元前六七世纪，地中海一带文化发达的地区，在生产、商业等影响下，人们对探索客观规律产生了极大的兴趣，促进了数学的发展。以希腊塔利斯为代表，开始尝试对命题的证明。其后二百多年，欧几里得在前人的基础上写出了《几何原本》。从此，数学从具体的实验阶段过渡到抽象的理论阶段，数学逐步成为独立的、演绎的学科。

与此同期，中国的数学已取得了辉煌的成就。约在公元前1世纪成书的《周髀算经》中已有勾股定理的记载；约在1世纪成书的数学名著《九章算术》中，已有一元方程组的解法和正负数加减法等内容，该书标志着中国古代数学体系的形成。至于3世纪数学家刘徽的“割圆术”和5世纪数学家祖冲之把圆周率精确到小数点后第七位等等成就，更是誉满“数”坛。

在这一时期内，算术、初等代数、初等几何、三角都已逐步成为独立的科目，与以后的解析几何、微积分相比，可以概括为初等数学阶段。

（三）变量数学时期（17世纪中叶～19世纪20年代）

16世纪～17世纪欧洲封建社会开始解体，进入了资本主义社会，手工业逐步向机器工业过渡。这样，便大大推进了技术的发展，也促进了数学的发展。当时的航海、军事、运河开凿等都需要复杂的计算，必须研究各种变化过程或各种变量的相互关系，初等数学已不能满足需要，于是引入了变量及函数概念，其中最突出的是解析几何和微积分。恩格斯在《反杜林论》中说过数学的转折点是笛卡尔的变量，有了变量，运动进入了数学；有了变量，辩证法进入了数学；有了变量，微分和积分也立刻成为必要了。变量数学是以笛卡尔的解析几何的建立为起点的。此时，概率论和影射几何也已初露锋芒，数学涉及的内容已经十分丰富，应用范围也相当广泛，这一时期可统称为变量数学阶段。

（四）近代数学时期（19世纪20年代～第二次世界大战）

19世纪20年代以后，数学发生了一连串的变化。首先是俄罗斯的罗巴契夫斯的非欧几何的出现，其次是阿贝耳和伽罗瓦近世代数的研究，随后拓朴学、数量逻辑、概率论、复变函数、泛函分析等崭新的领域也相继出现并有很大的发展。从此数学又进入一个新的时期，即近代数学时期。

非欧几何是否定了欧氏的几何平行线公设为公理的演绎体系，开创了几何研究的广阔领域。同时，近世代数又是对古典代数而言的，粗略地说，古典代数是以讨论方程解法为中心的，而近世代数的对象已扩大为向量、矩阵等等，转向了对代数系统结构本身的研究了。

（五）现代数学时期（第二次世界大战以后）

20世纪40年代～50年代以来，世界上发生了几件触目惊心的大事：一是原子能的利用（1945年美国原子弹的爆炸），二是计算机的发明（1945年第一台电子计算机产生），三是空间技术的兴起（1957年苏联人造卫星上天）。三项发明促使数学发生急剧的变化。现代科学技术的飞速发展、现代科学的日益定量化必然造成数学向各种学科领域渗透。例如，过去认为生物学很少用数学，而现在出现了生物数学、数理生物、生物统计等，甚至研究人类的神经系统、思维规律、语言学等学科中也都大量应用了数学。数学与其他学科的相互渗透推动了数学的发展，尤其是电子计算机的推广，更改变了数学的整个面貌。现代数学融合着来自算术、代数、几何和分析等传统领域的结果以及来自统计学、运筹学以及计算机科学等应用领域的新方法。

纵观以上的发展简史，我们可以看出：数学的发展从来是和生产实践和科学技术水平密切相联的。生产和科学技术向数学提出了问题，提供了丰富的研究资料和检验数学结论的标准，因此，数学的发生和发展归根结蒂是生产实践决定的。当然，这并不等于说数学发展的每一步都由生产实践来推动，数学发展的一定阶段有其独立性。它可以预测某些自然现象的发生和发展，它可以促进科学领域的新发现。例如，爱因斯坦就是用了数学工具所获得的公式，指出了寻找新能源的方向；在天文学上，也是先从计算上找出海王星的存在，而后再发现海王星的。

前面我们简略地回顾了数学发展的历史，就可以进一步认识数学在现代社会中的作用，尤其是数学在小学教育中的地位和作用。尽管小学数学只相当于初等数学中的最基础部分，但是我们仍然应该从现代社会需求的高度来作研究，哪些内容是必须保留的，哪些是必须精选的，哪些是必须切实掌握的，哪些又是应该删去的，这些均将留在第二章内讨论。

## 第二节　数学在小学教育中的地位和作用

数学是科学技术的基础。华罗庚十分精辟地指出：“宇宙之大，粒子之微，火箭之速，化工之巧，地球之变，生物之谜，日用之繁，无处不用数学。”[①] 在 21 世纪以计算机科学为标志的信息时代里，数学将在国力竞争、国民经济、人民生活等各方面发挥日益重要的作用。

国家的繁荣富强，关键在于高新科技和高效率的管理，这已成为人们的共识。高科技是保证国力竞争的关键因素。以海湾战争为例，它实际是一场电子战，而电子技术又在相当程度上与数学技术有关，因为从武器装备直到战争预测都是通过计算机技术模拟和操纵得以实现的。高科技的发展已将现代数学以技术的形式辐射到人类生活的各个方面。

翻开报纸，满版的外汇牌价、市场预测、股市行情、期货信

① 华罗庚：《华罗庚科普著作选集》，337 页，上海，上海教育出版社，1984。

息、成本、资金投入、贷款，与人们的生活息息相关。这一切都预示了数学在信息社会中有着广阔的天地。

在当今的社会里，人们还把数学看作科学和技术的语言，借助它来模拟和研究自然界和社会上发生的各种现象和过程。因此，在日常生活中，人们也越来越多地运用数学语言，例如，天气预报、降水概率、交通事故的发生率、人口控制的程度等都以统计图表以及小数、分数、百分数的数字形式大量地出现。可以说，数学语言已每时每刻悄然地进入了千家万户。

数学是学习现代科学技术必不可少的基础和工具。小学是义务教育的初级阶段，小学教育是基础的基础。在小学，数学历来是一门重要的课程。数学课程的性质可谓“三位一体”，它是基础课、工具课又是文化课。数学的内容、思想、方法和语言已广泛地渗入到自然科学和社会科学之中，数学成为现代文化的重要组成部分，数学是一种文化，已成为人们的共识。掌握一定的数学基础知识和基本技能，已是我们每一个公民应当具备的文化素养。因此，从小学好数学，就能为学生进一步的学习奠定良好的基础，为他们将来在适应转瞬变化的现代社会中，较好地运用数学工具创造必要的条件。数学，对于提高民族素质，对 21 世纪我国经济的腾飞、社会的发展，培养全面发展的各级各类合格人才具有重要的作用。正如《九年义务教育全日制小学数学教学大纲（试用）》中指出的：“从小给学生打好数学的初步基础，发展思维能力，培养学习数学的兴趣，养成良好的学习习惯，对于贯彻德、智、体全面发展的教育方针，培养有理想、有道德、有文化、有纪律的社会主义公民，提高全民族的素质，具有十分重要的意义。”

## 第三节 制定小学数学课程目标的依据

课程目标是在一定教育阶段中，学生学习某一门课程在德、智、体等方面应该达到的程度。小学数学课程目标主要依据小学教育的培养目标、数学学科的特点以及小学生的认知发展水平来制定。

## 一、小学教育的培养目标

遵循《中共中央关于教育体制改革的决定》中所指出的，教育必须为社会主义建设服务，社会主义建设必须依靠教育的指导思想，学校的一切工作就要围绕着培养各级各类的社会主义建设的新型人才服务。小学教育是九年义务教育的第一阶段，是提供给儿童的关于世界轮廓图景的第一个循环圈，是为促进人的身心全面发展的奠基工程。因此，必须对小学生实施全面的素质教育，使他们在德、智、体诸方面生动活泼地、主动地得到发展，从而为培养有理想、有道德、有文化、有纪律的社会主义现代化建设的各级各类人才奠定最初步的基础。小学阶段的培养目标是：使小学生"初步具有爱祖国、爱人民、爱劳动、爱科学、爱社会主义的思想感情，初步养成关心他人、关心集体、认真负责、诚实、勤俭、勇敢、正直、合群、活泼向上等良好品德和个性品质，养成讲文明、讲礼貌、守纪律的行为习惯，初步具有自我管理以及分辨是非的能力。具有阅读、书写、表达、计算的基本知识和基本技能，了解一些生活、自然和社会常识，初步具有基本的观察、思维、动手操作和自学的能力，养成良好的学习习惯。初步养成锻炼身体和讲究卫生的习惯，拥有健康的身体。具有较广泛的兴趣和健康的爱美情趣。初步学会生活自理，会使用简单的劳动工具，养成爱劳动的习惯。"①

小学数学课程的设置要遵循教育要面向现代化、面向世界、面向未来的战略思想，要符合小学教育的培养目标。小学数学教学必须促使学生在德、智、体诸方面获得和谐、全面的发展。不仅使学生掌握数学的基础知识和基本技能，还要发展学生的观察力、思考力和想像力，让他们思维灵活、勇于探索、善于思考、敢于创新；要培养计算、初步的数学思维和空间观念等数学能力，使他们能开始用数学眼光观察和处理周围的某些事物，尤其能运用所学的数学知识解决一些简单的实际问题；要结合数学内容进行思想品德教育，激发学生的学习兴趣，培养良好的学习习惯，学会良好的学习

---

① 《九年义务教育教学文件汇编·小学部分》，10页，北京，北京师范大学出版社，1994。

方法。同时，还必须遵循教学规律，减轻学生过重的负担，使他们能主动地去学习，使身心得到健康发展。

## 二、数学学科的特点

### （一）抽象性

数学一开始就具有抽象的特征。例如，自然数 4，可以代表人数、苹果数、一匹马的腿数、一年的季度数；2×3 可以表示 3 个人的手的数量，也可以是 3 双筷子的根数，它可表示天地万物之间的某一特定的数量关系；这些关系是人们经过长期实践提取出来的，研究时摒弃对象的其他性质，只保留了数量关系的性质。几何学中的直线也是如此，它已经不是我们给小学生演示的一根拉紧的线，而是舍弃了其他的性质，只保留了一定方向的伸长。抽象虽然不是数学所独有的特性，但是数学的抽象与其他学科不同，例如，物理学是研究物质运动的一般规律，生物学是研究生命的科学。这些科学都是把一些抽象的公式同自己某一确定领域的现象对应起来进行研究的，惟独数学的抽象是经过一系列的阶段，最后完全舍弃了具体的现象和内容，只保留量的关系和空间形式。数学抽象的这种绝对程度是其他学科所没有的。

### （二）逻辑性

数学的抽象性使数学研究的方法也和其他学科有所不同。如自然科学家证明自己的结论要靠实验，而数学家证明定理就要靠推理和计算。例如，有人精确地测量了上千个等腰三角形的两个底角都是分别相等的，但是仍然不能证明“等腰三角形的两个底角必定相等”，更不能说它就是一个几何定理。每一个数学定理只有经过严格的逻辑推理证明后才能成立。数学学科的抽象性特点决定了数学证明过程的严密性和数学结论的精确性。当然，由于小学生理解能力所限，小学数学中不可能进行更多的证明和推理，但是内容的编排仍然明显地呈现出前后连贯、逻辑严密的特点。培养学生初步的逻辑思维是小学数学课程的教学目的之一。

### （三）应用的广泛性

在人类的全部生活实践中，凡涉及到量的关系和空间形式的问题，无不用数学来解决。在 21 世纪的信息社会里，各门学科数学化已成为科学研究和发展的主要特点之一。数学不仅应用于自然科学、工程技术，还应用于社会科学、管理科学等等，它已成为人们认识世界、改造世界的必不可少的重要工具。

小学数学是初等数学的启蒙阶段，揭示的是数与形的最基础的知识。即使如此，仍具有数学科学本身应有的特点：抽象性、逻辑性和应用的广泛性。根据数学的三大特点，小学数学教学应着重培养学生的逻辑思维，培养他们运用已学的知识解决简单的实际问题的能力。

**三、小学生的认知发展水平**

在确定小学数学课程目标时，还必须根据小学生现有的认知水平，它决定着小学数学教学中基础知识的广度、深度和学生的数学能力。

我国著名心理学家朱智贤指出："小学儿童思维的基本特点是：从以具体形象思维为主要形式逐步过渡到以抽象逻辑思维为主要形式。但是这种抽象逻辑思维在很大程度上仍然是直接与感性经验相联系的，仍然具有很大成分的具体形象性。"①

把小学生的思维特点与数学学科的性质结合起来考虑，应培养小学生初步的逻辑思维能力。也就是说，使学生用初步掌握的分析、综合、比较、抽象、概括的思维方法去获取数学概念，并能初步运用概念进行简单判断和推理；进入中学以后，随着数学内容的扩大、深化和学生心理水平的发展，使学生具有一定的逻辑思维能力。

根据小学生认识几何图形的心理特点，学生在小学阶段适合学习直观几何（即实验几何），通过对模型、实物的观察和实际操作，使他们对简单几何图形的大小、形状和相互间的位置关系形成一些鲜明的表象，也就是常说的几何观念。到了中学，由直观几何引入论证几何，如平面几何（包括平面解析几何）、立体几何，使他们对几何基本元素的度量关系、位置关系更加清晰，进一步形成空间想像力。

---

① 朱智贤：《儿童心理学》，323页，北京，人民教育出版社，1980。

在思想教育方面，结合小学数学内容，可以自然地进行辩证唯物主义的启蒙教育；升入中学以后，可以引入变量、函数、微积分、几何等内容，通过学习培养学生的辩证唯物主义观点。在情感、意志和行为习惯方面，小学阶段要着重培养学生学习数学的兴趣，帮助学生养成良好的学习习惯；中学阶段要加强学习目的的教育，激发学生为现代化建设而学好数学的自觉性。

总之，在制定教学目的时应充分注意小学生的认知水平，保证在义务教育阶段小学与中学数学要求上的一致性、连续性和阶段性。

## 第四节　小学数学课程目标

小学数学课程目标是使学生掌握最基础的数学知识，具有初步的数学能力，受到良好的思想品德教育。

### 一、掌握数学基础知识

让小学生理解和掌握必要的数学基础知识是小学数学课程的主要任务。小学生数学能力的培养和学习习惯的形成，都是紧紧围绕着数学知识的学习过程进行的。知识是能力的基础，能力离开知识便是无源之水、无本之木。以计算能力为例，在小学生计算中出现的种种错误，大多是由于数学概念不清、算理不明所致。譬如以下两个错题：

$$5-1\frac{1}{8}=4\frac{1}{8}$$

$$13.2+8=14$$

很明显，错误的原因就在于对分数、小数的概念没有真正理解。

根据我国《九年义务教育全日制小学数学教学大纲（试用）》的规定，小学数学的基础知识包括如下范围和内容。

（一）小学数学基础知识的范围

1. 算术知识

2. 代数初步知识

3. 几何初步知识

4. 计量初步知识

5. 统计初步知识

（二）小学数学基础知识的内容

1. 概念（数的概念、几何图形的概念、四则运算的概念、计量的概念、比和比例的概念、式的概念等）

2. 性质（运算定律及有关运算性质、小数性质、分数性质、比和比例的性质等）

3. 法则（整数、小数和分数的四则运算）

4. 公式

5. 方法（解答应用题的方法、简易测量的方法、收集数据和绘制简单统计图表的方法等）

**二、培养初步的数学能力**

培养初步的数学能力是时代赋予小学数学课程的重要任务。在信息社会中，知识正以惊人的速度激增，面临高新科技的挑战，我们为 21 世纪培养的社会主义现代化建设人才绝不能只停留在学会现成的结论，必须具有主动选择信息、独立获取信息、勇于创造信息的精神。正如诺贝尔奖获得者、物理学家丁肇中教授所说过的科学的道路上只有第一名，没有第二名，第二名就等于最后一名。要着力于创造型人才的培养，小学数学教学就应该把开发智力、培养能力放到突出的地位。

小学数学教学除了培养学生的观察力、记忆力、思考力、想像力、实际操作等一般能力外，还要结合数学知识的学习，培养他们的计算能力、初步的数学思维能力和空间观念、运用数学知识解决简单实际问题的能力。在以上诸能力中，初步数学思维能力的培养是核心，解决实际问题的能力是最终目的。

（一）正确的四则计算能力

使学生能正确地进行整数、小数、分数四则计算，是进一步学习的重要基础，又是今后参加工作所必需的基本能力。《九年义务教育全日制小学数学教学大纲（试用）》中要求对于“一些基本的计算，要达到一定的熟练程度，并逐步做到计算的合理、灵活”。这里所讲的基本计算是指 20 以内数的加减法、表内乘除法和两位数加（减）两位数的计算。万以内的加减法、乘数（除数）是一位数的乘（除）法针对各年级的特点提出不同的熟练程度的要求。《九年义务教育全日制小学数学教学大纲（试用）》中强调的“计算方法合理、灵活”，就是指不仅要算对，还要算得快、巧，要使学生的计算逐步由技能转化成能力，除了加强概念教学、进行有效的练习以外，还必须提高学生在运算中进行智力加工的自觉性。有些常见的四则计算题，如果只用机械刻板的方法，不可能在速度上提高多少，而且失误的可能性较大，如能利用数目特征采用简便算法，便能化繁为简。

**例 1**　$4\div11+21\div33$

$=\frac{4}{11}+\frac{\overset{7}{\cancel{21}}}{\underset{11}{\cancel{33}}}$

$=1$

**例 2**　$4\div11+21\div33$

$=0.\dot{3}\dot{6}+0.\dot{6}\dot{3}$

$\approx0.36+0.64$

$\approx1$

从以上两例可以看出，两种解法的智力加工水平有着质的区别，例 1优于例 2。

此外，还必须重视验算和估算。要培养学生验算的习惯，教给学生验算的方法。验算还有助于培养他们自我检查的良好习惯和对结果认真负责的态度。估算是当前国际数学教学中十分重视的一种能力，随着科技的发展，有大量事实是不可能也不需要精确计算的。据美国学者统计，一个人在一天的活动中估计和差积商的次数要比精确计算的次数多得多。尤其在使用计算器时，由于按键一时的疏忽，计算结果会出现很大的误差，这更需要用估算进行检查。同时在计算前先估算，也可以使学生灵活地用多种方法去思考问题。

（二）初步的数学思维能力

数学是锻炼思维的体操。数学思维应该包括逻辑思维和辩证思维。小学阶段培养学生的数学思维能力是初步的，主要指初步的逻辑思维，也包括一些形象思维和直觉思维能力。

1. 初步的逻辑思维能力

逻辑思维是一种确定的、前后一贯的、有条理、有根据的思维。在进行逻辑思维的过程中，要采用比较、分析、综合、抽象、概括的思维方法。其中分析和综合是最基本的方法。还要运用概念、判断、推理的思维形式，其中概念又是思维活动的基本单位。由于小学生的年龄特征和小学数学内容的限制，在小学阶段培养的逻辑思维能力只是初步的。《九年义务教育全日制小学数学教学大纲（试用）》中明确提出："培养学生进行初步的分析、综合、比较、抽象、概括，对简单的问题进行判断、推理，逐步学会有条理、有根据地思考问题。同时注意思维的敏捷和灵活。"这里既指出了思维的方法和形式，又指出了逻辑思维的实质，还强调了思维品质应该"敏捷和灵活"。敏捷性指思维活动的速度，通过数学活动培养学生思维严密、敏捷，反应迅速；灵活性指善于从不同角度和不同方面进行思考，能根据条件和问题的变化而灵活地转换思路和方法，能举一反三。思维的灵活性有助于创造性思维的培养。从我国经济、文化发展不平衡的国情出发，不宜把培养思维的创造性作为全国统一的基本要求，所以《九年义务教育全日制小学数学教学大纲（试用）》没有提出，但绝不等于说不要培养思维的创造性。

2. 初步的形象思维能力

形象思维是依托于对形象材料的意会，从而对事物作出相关的理解和思考。形象思维的特征是思维材料的形象性，它来自感性认识，又高于感性认识。形象思维的基本形式主要是表象。

3. 初步的直觉思维能力

直觉思维与逻辑思维不同，它不是那种有步骤、有条理、渐进式的思维，而是一种整体的、高度简约的、跳跃式的思维。它依靠对事物的直接认识，从整体上把握对象，通过一段时期的充分准备，一下子接触到问题的实质。而且这种对问题进行信息加工的过程是自己意识不到的。我国著名科学家钱学森称之为"潜意识"。直觉思维常带有偶然性，还必须以逻辑思维做补充。

在小学数学教学中，主要是培养学生初步的逻辑思维能力，同时还要注意培养初步的形象思维和直觉思维能力。初步的逻辑思维、形象思维与直觉思维在数学学习过程中往往是相互渗透、相互补充的。

（三）初步的空间观念

空间观念是物体的大小、形状及其位置关系保留在人脑中的表象。表象有直观性，与知觉相似，又没有知觉那样鲜明；有概括性，与概念接近，又没有概念那样能反映事物的本质属性。表象是从感知到概念的一个过渡。积累空间观念，才有可能形成点、线、面、体的几何概念，形成空间想像力。《九年义务教育全日制小学数学教学大纲（试用）》对学生初步空间观念的要求有三条：一是要求学生听到某一图形的名称，就能在头脑中正确地再现它的形象；二是能够独立地看懂画出的学过的图形，并掌握其名称；三是能在各种几何形体或模型中，正确找出自己所需要的图形，并恰当地分类。

（四）运用所学知识解决简单的实际问题的能力

理解知识、掌握知识的目的在于应用。前面所述的各种能力最后都集中反映在解决实际问题上面。在数学学习过程中，小学生经常处于各种问题的情景之中，他们总是去寻求各种方法试图解决这些问题。学生首先从自己的认知结构中检索出适用于新情况的数学知识，把它作为支撑点，然后对所输入的信息进行多方面的加工。一旦问题解决后，又把原有的知识重新组织，形成高一级的认识。由此可见，小学生运用所学的知识及掌握的能力解决问题，反过来小学生具有的知识和能力又改善了他们原有的认知结构。

在数学教学中，主要是运用所学的数学知识去解决日常生活中的简单实际问题。具体要求是能正确地解答应用题，进行简易测量、作图、制作简单的模型，初步学会收集和整理数据、绘制简单的统计图表。还要求能把日常生活中遇到的简单的实际问题转化成数学问题进行解答，从而培养学生对日常事物进行数学处理的最初步的能力。

## 三、培养良好的思想品德

数学作为一门学科有必要也有可能向学生进行思想品德

教育。

首先，结合数学在日常生活、生产实践和科学技术中的作用，深入浅出地进行学习目的的教育。其次，数学内容本身是充满着唯物主义思想和辩证法的，我们可以通过自然数的产生、分数的产生以及计量的产生等，浅显地揭示数学知识与生产实践的关系，渗透"实践第一"的观点。围绕数学概念之间的联系，如数的分解与组成、等与不等、加与减、乘与除、正比例与反比例、和差积商的变化等内容，渗透对立统一、运动变化的观点，使学生受到辩证唯物主义思想的熏陶。通过学习富有教育意义、形象生动的插图，有说服力的数据和统计材料以及我国数学的优良传统等内容，使学生受到爱祖国、爱社会主义、爱科学的教育。最后，通过数学训练，还可以培养学生严格认真的学习态度，自我检查的学习习惯，有计划、有条理的工作作风，独立思考和克服困难的意志。

掌握数学的基础知识，培养初步的数学能力和培养良好的思想品德三项目标，在整个教学过程中是紧密联系、相辅相成、统一实现的。知识的掌握是完成其他两项目标的基础，而能力的形成反过来又决定知识掌握的程度；同样，良好的思想品德和学习习惯又能促进学生更有效地掌握知识和发展能力。所以忽视任何一项目标，都将影响小学数学教学质量的提高。

## 第五节　从教学大纲看我国小学数学课程目标的演变

### 一、教学大纲概述

教学大纲原名课程标准，建国初期在学习苏联时把它沿用至今。教学大纲是由国家教育主管部门制订或批准的，根据课程计划以纲要形式规定的，有关学科的教学目的、教学要求和教学内容的指导性文件。教学大纲有四方面的指导作用。

第一，教学大纲是教学质量评估的依据。教学大纲是国家对某门学科的教学所提出的统一要求和具体规格的指令性文件。有了教学大纲，各类学校都可以有目标、有方向、有措施地组织教学，使之逐步达到国家的统一要求，加强教学的计划性和有效性。各级教育行政部门也以此为依据进行教学评估，以稳步提高教学质量。

第二，教学大纲是教材编写的依据。教材是教学大纲的具体体现，是课程内容的载体，是教师和学生进行教和学的桥梁和中介。教材是根据教学大纲编写的教学用书。教学大纲中规定的教学目的、知识范围、深度、广度以及课时安排、教学要则等，都是编写各种不同风格、不同特点的教材所必须遵循的。

第三，教学大纲是教师进行教学的依据。教学大纲对教学起着重要的制约作用，教师教什么，怎么做，学生学什么，怎么学，均以大纲为准绳。教师必须认真钻研教学大纲，掌握大纲的具体要求和教学要则，然后根据教材进行教学，这样才能使教学不偏离方向。

第四，教学大纲是考试命题的依据。学期和学年考试都是以教学目标作为衡量成绩标准的达标考试，具体说来，是考核学生已掌握的知识技能逼近教学目标的程度。因此，必须以教学大纲中制定的目标为依据命题，才能了解学生学习的真实效果，并以此来激励学生的学习动机，调控教学程序，促进教学改革。

要谈起小学数学教学大纲，还是从数学学科说起。我国古代“六艺”中已有“数”，当时的“数”只是数数。以后又出现了算学、算术。不过那时的算术与现在的算术不同，它是全部数学的泛称，如《九章算术》的内容已经涉及到今天的算术、代数和几何。至于算学作为小学的一门课程是在 1903 年才正式开始的。在九十余年的历史中，小学数学的名称由算学更名为算术，后又改为数学。小学数学教学大纲也由附属于《小学堂章程》的某章某节，相继改为独立的小学算术课程标准、小学算术教学大纲，直到今天的小学数学教学大纲。几经更改，教学大纲中所确定的教学目的也不断更新、不断完善。

### 二、建国前的小学算术课程目标

1903 年清政府颁布了《奏定学堂章程》（即癸卯学制），这是我国近代史上第一个以法令形式颁布的、并在全国推行的学制。其中《奏定初等小学堂章程》规定：“算学，其要义在使日用之计算，与以自谋生计必需之知识，兼使精细其心思。”《奏定高等小学堂章程》则规定：算术“其要义在使四民皆所必需之算法，为将来自谋生计之基本。”1912 年公布的《小学校教则及课程表》中规定：“算术要旨在使儿童熟习日常之计算，增长生活必需之知识，兼使思虑精确。”这一时期的教学目标是以“自谋生计”为主的功利主义目标，兼“精细心思”。

《小学算术课程标准》在 1920 年、1929 年、1932 年、1936 年、1948 年等虽经过多次修改，但教学目标没有改动，它包括：(1) 增进儿童日常生活中关于数量的常识和观念；(2) 培养儿童日常生活中的计算能力；(3) 养成计算敏捷和准确的习惯。三项目标虽较明确，但没有对思维提出任何要求。

**三、建国后的小学数学课程目标**

建国以后，我国的小学数学（算术）教学大纲已修订过 7 次。它们是 1950 年的《小学算术课程暂行标准（草案）》、1952 年的《小学算术教学大纲（草案）》、1956 年的《小学算术教学大纲（修订草案）》、1963 年的《全日制小学算术教学大纲（草案）》、1978 年的《全日制十年制学校小学数学教学大纲（试行草案）》、1986 年的《全日制小学数学教学大纲》、1992 年的《九年义务教育全日制小学数学教学大纲（试用）》。每一个教学大纲都对数学课程目标作了明确的规定，按其变化过程，大致可分为五个阶段。

（一）第一阶段：百废待兴

1950 年教育部颁布的《小学算术课程暂行标准（草案）》中规定，小学算术的教学目标是：(1) 增进儿童关于新社会日常生活中数量的正确观念和常识；(2) 指导儿童具有正确和敏捷的计算技术和能力；(3) 训练儿童善于运用思考、推理、分析、总合和钻研问题的方法和习惯；(4) 培养儿童爱国主义思想，并加强爱科学、爱护公共财物等国民公德。这是我国解放后的第一个教学大纲，它注意吸收了我国老解放区的经验，明显地体现了我国建国初期的特色。

（二）第二阶段：全面学习苏联

1952 年的《小学算术教学大纲（草案）》是在全面学习苏联的

前提下，根据苏联小学算术教学大纲编译、为我国五年一贯制小学制订的。它将原来的课程标准更名为教学大纲，其中规定：小学算术教学的任务是保证儿童自觉地、巩固地掌握算术知识和直观几何知识，并使他们获得实际运用这些知识的技能。算术教学应该培养和发展儿童的逻辑思维，使他们理解数量和数量的相依关系，并能作出正确的判断。该大纲与以前大纲不同的是提出了“直观几何”的概念。

1956 年的《小学算术教学大纲（修订草案）》是在停止五年一贯制，恢复“四二制”时，在前一个大纲的基础上修订而成的。该大纲指出：小学算术教学的目的，主要是使儿童能够自觉地、正确地和迅速地进行整数运算，能够运用已经获得的知识、技能和技巧去解答算术应用题和解决日常生活中简单的计算问题。算术教学必须有助于儿童智慧的发展和道德品质的培养，以促进全面发展教育任务的实现。这一修订草案第一次提到“全面发展教育”。

但是这个时期内的两个教学大纲最大的缺点是不顾国情，形式主义地学习苏联，过低地估计儿童智力发展水平。我国小学 6 年只能达到苏联小学 4 年（苏联小学只有 4 年）的程度，到初中还要学 1 年算术，不能适应我国社会主义建设的要求。

（三）第三阶段：改革后的“精雕细刻”

继 1958 年“大跃进”和相应的教育改革后，1963 年在总结我国教育改革正反两方面经验的基础上，制订了《全日制小学算术教学大纲（草案）》。大纲指出：“小学算术教学的目的是使学生牢固地掌握算术和珠算的基础知识，培养学生正确地、迅速地进行四则计算的能力，正确地解答应用题的能力，以及具有初步的逻辑推理的能力和空间观念，以适应他们毕业后参加生产劳动和进一步学习的需要。”该大纲比较切合我国当时的实际情况，是一个比较切实可行的大纲。它有三个特点：一是正式提出“牢固地掌握算术和珠算的基础知识”，把算术内容在小学讲完；二是明确提出了“空间观念”；三是照顾到既有利于升入高一级学校学习，又有利于直接参加生产劳动的需要。不足之处是没有提出思想教育的要求。

（四）第四阶段：拨乱反正，适应四个现代化的建设

"文化大革命"十年动乱后，教育战线急需拨乱反正。1978年按照"教材要反映出现代科学文化的先进水平，同时要符合我国的实际情况"的精神，制订了《全日制十年制学校小学数学教学大纲(试行草案)》。该大纲指出："小学数学的目的是使学生理解和掌握数量关系和空间形式的最基础的知识，能够正确地、迅速地进行整数、小数和分数的四则计算，初步了解现代数学中的某些最简单的思想，具有初步的逻辑思维能力和空间观念，并能够运用所学的知识解决日常生活和生产中的简单的实际问题。同时，结合教学内容对学生进行思想政治教育。"该大纲的课程内容增加了代数的初步知识，注意渗透数学思考方法，第一次把小学算术更名为小学数学；并且第一次从知识、能力及思想教育三个方面明确数学教学的目标。但是，把"初步了解现代数学中的某些最简单的思想"定为小学数学目标之一，不仅无法评估，而且与结合有关数学内容自然而恰当地渗透一些现代数学思考方法的要求也不一致。

1986年在指导思想不变的前提下，对1978年的《全日制十年制学校小学数学教学大纲（试行草案)》作了修改并制订了《全日制小学数学教学大纲》，规定小学数学的教学目的是："使学生理解和掌握数量关系和几何图形的最基础的知识，能够正确地、迅速地进行整数、小数和分数四则计算，有初步的逻辑思维和空间观念，并能运用所学的知识解决日常生活和生产中的简单实际问题。同时结合教学内容对学生进行思想品德教育。"与1978年的《全日制十年制学校小学数学教学大纲（试行草案)》相比，删去了"初步了解现代数学中的某些最简单的思想"，将"空间形式"改为"几何图形"，将"思想政治教育"改为"思想品德教育"，越来越贴近小学生的实际水平。

（五）第五阶段：实施义务教育

1992年按照《中华人民共和国义务教育法》的精神，制订并颁布了《九年义务教育全日制小学数学教学大纲（试用)》。教学目的包括（1）使学生理解、掌握数量关系和几何图形的最基础的知识。(2）使学生具有进行整数、小数、分数四则计算的能力，培养初步的逻辑思维能力和空间观念，能够运用所学的知识解决简单的实际问题。(3) 使学生受到思想品德教育。

《九年义务教育全日制小学数学教学大纲（试用）》将三项目的分项提出，说明在小学数学课程的教学过程中三者是相辅相成、缺一不可的，尤其把“思想品德教育”单列出来，放在与知识、能力同等重要的地位，更有其重要的意义。

在总的教学要求方面，彻底改变过去只提出知识要求的偏颇，逐项明确四种初步的数学能力的含义，使教师教学有方向，评估有依据。现代计算工具的广泛使用，调整了计算能力的要求；尤其对其中的“初步逻辑思维能力”和“空间观念”，第一次作了具体、清晰的说明。

根据我国教育科研的成果及数学学科的特点，在知识与技能两方面由低到高分为若干层次，统一用语。知识部分的要求分为“知道”、“理解”、“掌握”与“应用”四个层次，技能部分的要求分为“会”、“比较熟练”、“熟练”三个层次，便于教师操作。

**四、对我国小学数学课程目标演变的分析**

纵观将近一个世纪以来我国小学数学课程目标的演变，可以发现：课程名称由“小学堂算学”到“小学算术”，再到“小学数学”逐步拓展；指导思想由“自谋生计之必需”的功利主义到“适应进一步学习和直接参加生产劳动的需要”，再发展为“提高民族素质”，逐步更新。随着社会的进步，教育观念的更新，课程目标按照这样一个轨迹演进着：知识、技能→知识、技能、思维→知识、技能、能力→知识、技能、能力、思想、非智力因素。可以看出，目标一次比一次明确，一次比一次充实，这里有继承、有发展、有借鉴、也有创新，而归根结蒂，每一时期的目标都反映了当时历史时期政治、经济对教育的要求，也反映了科学技术对数学教育的要求。

《九年义务教育全日制小学数学教学大纲（试用）》中所制定的小学数学教学目的和要求较历次更为明确、具体和完整，它符合义务教育的性质，面向全体，促进学生全面发展，又注意因地制宜、因材施教，发展学生个性特长。它较好地处理了学科特点与儿童特点、需要与可能、城市与农村、普及与提高等关系。这一切，也表明了我国的小学数学教育进入了一个崭新的历史阶段。

## 思　考　题

1. 试述教学大纲的作用。

2. 试述小学数学课程在小学教育中的地位和作用。

3. 试述制定小学数学课程目标的依据。

4. 小学数学课程目标是什么?

5. 通过小学数学教学应培养小学生哪些数学能力?分析各项能力的具体要求。

# 第二章　小学数学课程内容

## 内容提要

教材是课程内容的载体。学科数学与科学数学有一定的区别。小学数学课程内容要选择现代生活和进一步学习所必需的最基础的数学知识，要适合小学生的接受能力，符合课程计划规定的课时。一个良好的小学数学教材结构应有利于知识、方法和态度的迁移。我国小学数学教材的编排原则是以整数、小数、分数的基础知识和四则运算为主线，以数形结合为重点，把各部分内容按其内在联系来编排；由浅入深、循序渐进、适当分段、螺旋上升；把基本概念、基本规律、基本方法置于中心地位，突出重点，分散难点；寓教学方法于教材编写之中，促进学生的智能发展。

教材是课程内容的载体。教材，顾名思义就是教学材料。教材的概念有广义和狭义之分，就广义而言，教材包括教科书、练习册、教学挂图、教学软件、音像教材等一切教师用于指导学生学习的教学材料，以及供教师使用的教学指导书。从狭义来看，教材只指教科书。本章所论述的小学数学课程内容就是就狭义的教材而言的，也就是小学数学教科书。

小学数学教材是小学数学教学系统中的重要组成要素，具有十分重要的作用。首先，小学数学教材是根据大纲规定的目的要求编写成的，它是小学数学教学目的的直接体现。其次，在教学过程中，教师总是通过教材，采用恰当的方法，实现人类总体的数学知识结构向学生个体的数学认识结构的转化。小学数学教材是教师进行教学的凭借，是联系教师和学生的桥梁和中介。再次，小学数学教材是学生学习和认识的对象，它是学生获取数学基础知识和基本技能的重要来源，也是他们发展智能，形成最初步的科学世界观的奠基石。

## 第一节 学科数学与科学数学的区别和联系

### 一、学科数学与科学数学的联系

什么是科学数学？什么又是学科数学？这是我们必须弄清的两个既有密切联系又有区别的概念。只考虑数学本身的内容、结构、特点及其理论意义、应用价值是科学数学；在对学生教学时，依据一定的教育教学目的，把数学的内容加以处理，即把数学的内容作为教学过程中的认识对象，这就是学科数学。

无可非议，两者之间联系十分清楚，学科数学的内容是依赖于科学数学而建立和发展的。就拿小学数学来说，小学数学的内容反映人类早期对数学的认识，是初等数学中的启蒙阶段，这些内容当然必须依据数学科学的建立而建立；同时，随着数学科学的发展，即使是最基础的小学数学内容，还要反映现代数学的一些思想方法，如渗透一些集合、函数、概率等思想。

### 二、学科数学与科学数学的区别

前面已经讲过，学科数学是依据一定的教育教学目的，对科学数学的内容进行处理而成的。为此，学科数学与科学数学的区别也随着数学教育的等级不同而不同，即小学、中学与大学有所不同。本节着重讲的是小学数学与科学数学之间的区别。

第一，作为科学数学，可以不考虑人们是否理解，只要能完备而精确地阐明某些数学理论即可，所以一般从原理出发；而作为学科的数学则必须遵循儿童的认知规律和心理特点，所以往往要通过对结构化的物质材料进行操作，或者从日常生活、生产中的实例出发，然后由学生自己去发现其间的联系。例如，初入学的小学生学习 10 以内数的组成时，教材中都是出示一些木块、小棒或各种动物、人物的插图，引导学生利用有关的学具，分析数的组成，而不是直接出示其组成图。又例如“平行线”的概念，在小学教材中是这样引入的：“我们常常看到在同一平面内的两条线段，无论怎样延长也不会相交。如笔直的两条铁轨、双杠的两条直杠、黑板上下的两条边、桌面的左右两条边、练习本上的横线等。像这样在同一平面内不相交的两条直线叫做平行线。长方形、正方形的两条对边也都是平行线。想一想，在你的生活中常见到的平行线有哪些事例?”这样，先通过实例描述，并附有实物图，然后再逐步揭示其主要特征，小学生就容易理解。但有时还不能真正把握其概念的全部含义，对“在同一平面内”这一重要特征仍容易忽略，一般要到初中引入“异面直线”后，小学生才能真正掌握。

第二，作为科学数学，对所有的定理、法则等都必须进行严格的论证和推导；而作为学科的数学，限于学生的接受水平，往往通过列举一些事例用不完全归纳得出结论。如运算定律、分数乘法法则、比例的基本性质等。现以乘法交换律为例，从理论上说，应该用数学归纳法证明 $ab=ba$。具体步骤如下：先证明当 $b=1$ 时，定律成立；再证明如果 $b=n$（$n$ 是自然数）时，定律成立；最后证明当 $b=n+1$ 时，定律也成立；由此得出，$b$ 为任何自然数时，乘法交换律都成立。但如上这种严格的证明，对 10 岁左右的小学生来说是不可能接受的。因此，小学数学教材中总是结合直观图引导学生观察，如图 2—1：

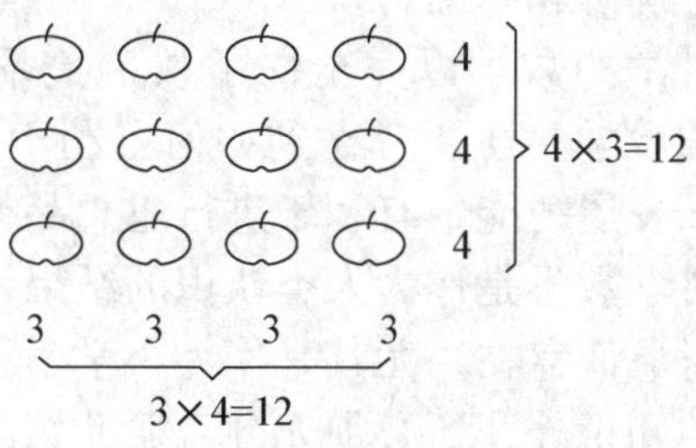


**图 2—1　乘法交换律图示**

上图：横看数，每排 4 个　$4\times3=12$（个）

竖看数，每行 3 个　$3\times4=12$（个）

$\therefore\ 4\times3=3\times4$

同时还可以再举其他实例，引导学生观察。

$2\times5=10\quad 5\times2=10\qquad 6\times4=24\quad 4\times6=24$

$\therefore\ 2\times5=5\times2\qquad\qquad \therefore\ 6\times4=4\times6$

比较上面各式得出“在乘法中，交换被乘数和乘数的位置，积不变”的结论。

第三，作为科学数学，完全按照数学理论的逻辑系统进行安排，可以难易起伏不均；作为学科数学，在不影响科学性的前提下，兼顾儿童的认知规律，某些内容可作适当调整，其中小数的编排便是一例。在数概念的发展史上，人们先认识自然数，然后扩展到正分数，小数是作为分数的特例十进分数来理解的。因此，按照数学本身的科学体系的安排，应先学分数和分数四则运算，再学小数和小数四则运算；而我国历年来的小学数学教材安排与之相反，先学小数四则运算后学分数和分数四则运算。原因是在日常生活中使用小数的机会很多，如商品标价等。这样结合我国实情，较早地学习小数有利于学生解决日常生活中的实际问题。同时，小数与整数的两个相邻计数单位的进率都是“10”，小数计算法则与整数计算法则也十分相似，因此，学习小数四则运算可视为整数四则运算的延伸。于是，在先学习分数初步认识后，就引入小数概念，接着安排小数四则运算，最后出现分数四则运算。实践证明，这种安排是便于我国小学生理解和掌握的。

第四，作为科学的数学以完全揭示数量关系和空间形式为目的；而作为学科的数学，还要考虑到如何有利于儿童学懂、学会、学活，如何有利于发展智能，有利于进行思想品德教育等。

综上所述，科学数学是作为人类认识的结果而呈现的，而学科数学可视为认识对象而存在。尤其是作为小学学科的数学，除了正确反映科学数学的知识外，还必须充分遵循儿童的认知规律，而且年级越低的教材，后者因素所占的比重越大。

## 第二节　小学数学教学内容的选取

### 一、小学数学教学内容选取的三大依据

（一）选择现代生活和进一步学习所必需的最基础的数学知识

学科的内容既受科学本身的制约，又不能完全与科学同步，它通常落后于科学的发展，这是毋庸置疑的事实。但是，作为先进国家的教育，总要随着时代的演进，科学本身的发展，不失时机地对原有教材进行改革或更新，使青少年能在有限的学习时间内，学到人类最先进的科学文化知识，掌握最基本的学习方法，受到高质量的基础教育。

从数学发展的历史可以看出，从算术到代数，从平面几何到立体几何，从初等数学到高等数学，都是人们在生产发展不同的阶段中，对现实世界的数量关系和空间形式的认识不断深化的结果。由于近几十年生产和科学技术突飞猛进的发展，数学本身有了急剧的变化，数学科学的发展又推动了中小学数学内容的更新。原来较高深的微积分、概率等部分知识下放到中学，而初中的代数、几何的某些初步知识也开始下放到小学。随着电子计算机的广泛应用，中学的对数、小学的多位数四则运算等也相应简化。这一切充分说明，中小学的数学基础知识不是固定不变的，而是随着时代的进步、数学科学的发展而发展的。

那么，如何选取我国小学数学的教学内容呢？从国际数学现代化的经验来看，既不能像《新数学》那样把小学数学搞得那样抽象、深奥，也不能全部回到基础。必须处理好现代化要求和基础知识的关系。小学教育是奠基工程，是为培养人才打基础的。先进的技术和新的信息并不都能作为基础知识纳入小学教材，而且许多先进知识的产生也不都是对“昔时”原理的否定，相反是对各种已有原理综合运用的结果。尤其是数学的发展更是如此，新的概念和原理总是包含着原有的概念和原理。因此，小学阶段应选择数学知识中最基本的，在现代生活中能广泛运用和进一步学习所必需的最基础的知识作为教学内容。

（二）适合小学生的接受能力

选择教学内容还要充分考虑到六岁～十一二岁小学生的认识能力和接受能力，过难则食而不化，势必增加儿童的学习负担。如果要求一年级学生掌握多位数四则运算，必然欲速则不达。同样，过易则食而无味，也会抑制儿童的智力发展。如过去学习表内乘法，从 2 到 9 的乘法口诀前后花去一个学期，学生产生了厌烦情绪。不少教师大胆改革，引导学生自编口诀，大大满足了他们的求知欲，节省了教学时间。因此，适合小学生的认识能力和接受能力，绝不是使教材足够简单，让他们举手可得，而是要学生“跳一跳摘果子”，跳起来又够得着。具体说来，要让他们能够达到又不能轻易达到，充满信心而又始终感到不足。这种难易适度的教材，是依靠学生正在或将要成熟的心理过程去创造“最近发展区”①，促进学生的智力发展。

我们应该用动态的、发展的眼光来看待学生的认识能力和接受能力。在当今的信息社会里，孩子们每日通过多种渠道获得大量的信息，智力发展水平已有很大提高，过去一些深奥的道理已成为今日的常识。追溯小学数学的发展历史，20 世纪 50 年代小学要学 7 年算术（其中 1 年在初中学习）；20 世纪 60 年代小学学 6 年算术；20 世纪 80 年代初在全国范围内将代数初步知识、几何初步知识均放入小学数学内容中，仍然 6 年学完（由于学制不同，有的地区是 5 年）。当然，增加的这些内容并不是简单地移植过来，而是作了处理。代数是紧紧结合算术知识逐步引入的，几何则着重将实验几何、集合、函数等一些现代数学思想和方法尽可能地利用直观的方法呈现出来，让学生获得一些初步的感性认识。随着科学技术的发展，儿童智力水平的提高，小学数学的基础知识会有所更新，这是历史发展的必然。

（三）根据九年义务教育的学制和小学课程计划设置教学内容

① 苏联心理学家维果茨基提出的一个有关儿童心理发展的重要概念。它指儿童已能做到，但还不能独立完成，而只能根据模仿来做到，但以后会独立地完成的那个领域。

选取教学内容时必须从我国国情出发。自 1993 年秋季开始，全国实行九年义务教育。由国家教育委员会制订并颁发了《九年义务教育全日制小学、初级中学课程计划（试用）》以及《九年义务教育全日制小学数学教学大纲（试用）》。学制 5 年与 6 年并行，但数学的总课时基本一致。1994 年 7 月为了贯彻实行国务院颁布的新工时制，国家教育委员会又印发了《实行新工时制对全日制小学、初级中学课程计划进行调整的意见》，规定五年制小学四年级的课时由 6 课时改为 5 课时，共减少 34 课时。于是在整个框架基本不动的情况下，将小学数学教学内容作了微调，有的后移，有的改为选学，有的删去，但还是保证学生掌握基础知识和基本技能，满足学生升入中学进一步学习的需要。

教学内容的多少，必须控制在课程计划所规定的课时数内完成，且略有余地，以保证大面积地提高教学质量，而不增加学生负担。

以上三大依据，在选取教材内容时要统一考虑，不要顾此失彼。例如，有的内容对进一步学习是必要的，是否一定安排在小学，还要考虑到其他因素。1978 年教育部颁布的《全日制十年制学校小学数学教学大纲（试行草案）》中，曾安排五年级学生学习正负数的四则运算，不久便删去了，究其原因并非小学生接受不了，而是课时太紧。

**二、小学数学教学内容选取的四个兼顾**

从我国九年义务教育的性质来看，选取小学数学教学内容，要兼顾以下几个方面。

（一）兼顾当今与未来

教育是开创未来的事业。现在的一年级小学生，再经过十几年的学校教育，正是开创 21 世纪建设事业的主力军。教学内容的选取既要满足当前社会的需要，符合国情，更要适应 21 世纪信息社会的需要。凡与科学技术发展趋势一致的，可以考虑增加进来，如统计初步知识、简单的估算等；凡对今后科学技术发展意义不大的，可以考虑删去，如复杂的四则混合运算，生造的脱离实际的应用题等。

（二）兼顾“幼小”与“小中”的衔接

九年义务教育不论是“五四”制还是“六三”制，小学已不是一个完全独立的阶段，它将成为初中的预备教育。教学内容的选取既要注意小学与幼儿园儿童在身心发展中的过渡，更要加强小学与初中的有机衔接，以保证学生能顺利地完成九年的学习任务。

（三）兼顾必要与可能

教学内容的选取既要根据教育之必要，还要考虑小学生接受之可能。如小学生改为6岁入学，无论是五年制还是六年制的小学数学总课时均较以前减少了166课时，后来为了适应新工时制的变化，五年制数学又减少了34课时。以上两次变化，在《九年义务教育小学数学教学大纲（试用）》中均作了调整。《九年义务教育全日制小学数学教学大纲（试用）》是国家教育委员会颁布的法令性文件，是编写教材的依据。因此，各地所编教材必须遵循《九年义务教育全日制小学数学教学大纲（试用）》的要求，以保证全日制小学的绝大多数学生能在正常教育条件之下达到共同的基本要求。

（四）兼顾统一与灵活

义务教育选取的小学数学内容是从绝大多数地区全日制小学学生的共同的基本要求出发的。我国是幅员辽阔的发展中国家，经济文化发展极不平衡，有大城市、县级市、非山区县、山区县等，既有经济文化背景优越的城市重点校，更有处于经济文化十分落后的边缘地区、山区的乡村小学，师资条件相差甚远。面对这种不平衡性，有些教材内容必须有一定的灵活性，这样才能在保证达到基本要求下实施因材施教。

综合以上四个兼顾，小学数学内容应是最基本的数学知识，能够在现代生活中广泛应用的，为进一步学习所必需的，而且是6岁儿童经过5年或6年能够学会的。

**三、小学数学内容的确定**

根据上述小学数学内容选取的依据，我国小学数学教学内容分以下七个部分：数与计算、量与计量、比与比例、代数初步知识、几何初步知识、统计初步知识和应用题。从九年义务教育的性质和任务出发，《九年义务教育全日制小学数学教学大纲（试用）》指出：“考虑到我国各地区发展不平衡和学校条件的不同，在确定必须教学的最基础的内容的同时，适当安排一些选学内容。”于是对1986年制订的《全日制小学数学教学大纲》中提出的“适当精选算术内容，适当增加代数、几何的初步知识，适当渗透一些集合、函数、统计等数学思想”的有关内容，作出进一步的调整。调整的主要特点是：有增有减，但以删、简为主；分层要求，体现弹性。调整的主要方面是：

第一，删去部分内容。根据我国科技发展的现状、国家有关法令的规定以及中学数学教学内容的变化，删去了繁分数、珠算乘法、组合的立体图形以及市制计量单位等内容。

第二，精简大数目的计算。随着现代计算工具的广泛使用，应精简大数目的计算和比较复杂的四则混合运算。《九年义务教育全日制小学数学教学大纲（试用）》规定：“笔算加减法以三四位数的为主，一般不超过五位数；笔算乘除法以乘数、除数是两位数的为主，一般不超过三位数乘三位数和相应的除法。四则混合运算以二三步的为主，一般不超过四步。”以上规定既可减轻学生不必要的计算负担，也能满足进一步学习的需要。

第三，降低应用题的难度。近十多年来，虽然我国对传统的一些偏题、难题以及脱离实际的题目进行了删减，但在实际教学中仍然出现人为地把简单题目复杂化和脱离实际的生造的应用题，这样不可能培养学生真正解决实际问题的能力。为此，《九年义务教育全日制小学数学教学大纲（试用）》明确指出“应用题要注意联系学生的生活实际”，并对解题步骤作了一定的限制，以控制有些地区在教学中出现的不必要的加码。整数、小数应用题最多不超过三步，四步计算应用题（只限于容易的）作为选学内容；分数、百分数应用题以一两步计算的为主，最多不超过三步（只限于比较容易的）。

第四，部分内容改为选学或只学不考。根据我国各地区经济、文化发展不平衡的国情，在安排教学内容时分为三个层次。绝大部分都是必学的；有极少部分内容只学不考，即在《九年义务教育全日制小学数学教学大纲（试用）》中保留内容而不提教学要求；还有部分内容作为选学，只供条件好的地区、学校、班级选学，不作为共同要求，也不作为考试内容。

第五，加强了代数、统计初步知识。把简易方程由 $ax \pm b = c$ 扩展到 $ax \pm bx = c$。这一调整有深远的意义。从数学发展的历史来看，算术遇到不能解答的应用题时，才促进了代数方程理论的研究，而代数方程的出现更简化了算术应用题的解答。因此，在1978年的《全日制十年制学校小学数学教学大纲（试行草案）》中，第一次在小学数学中引入方程应是一大突破，它既体现了人们由算术到代数这种由浅入深的认识规律，又注意了因势利导，由高带低，从而更新教材内容。但实施若干年后，仍发现小学生遇到某些应用题时，往往会列方程而不能解方程。《九年义务教育全日制小学数学教学大纲（试用）》将简易方程扩展到 $ax \pm bx = c$，则为学生用方程解应用题开辟了新的途径，并且也有利于与中学数学的进一步衔接。

统计科学已成为信息社会中数学分析的重要工具，从小培养学生具有一些统计思考方法是十分重要的。《九年义务教育全日制小学数学教学大纲（试用）》把统计初步知识分散在若干年级之中，并加强了“数据收集和分类整理”的内容。

第六，加强数学思考方法的渗透。《九年义务教育全日制小学数学教学大纲（试用）》指出：“结合有关知识的教学，适当渗透集合、函数等数学思想和方法，以加深对基础知识的理解。”结合教材编写的情况，我们可以看到，人们对这方面的认识已有长足的进步，不少教材还注意了概率、排列组合、几何图形的平移和旋转等初步的思想方法的渗透。

## 第三节　小学数学教材的体系、结构和编排原则

教学内容确定以后，教材的体系就是一个关键问题，正如人们常说的：选择内容好比找到了一块美好的玉石，而体系的安排和结构的组织就是要把这块玉石继续加工，雕刻成为有价值的工艺品。教材的编排原则又是其体系和结构的具体化。

## 一、小学数学教材的体系

从我国教育发展历史看来，小学数学教材体系有单一式和综合式之分。单一式体系以正整数、正小数、正分数以及它们的四则运算为主要内容，不包括代数与几何。例如，1949 年以前的教材都是属于纯“算术”的体系。综合式体系是以算术知识为主，并包括初步的代数和几何知识，例如，1952 年开始，我国的算术教材中已正式有了一些直观几何内容，到 1963 年后，又增加了圆柱、圆锥等内容，这样便将“形”的内容统称为几何初步知识，逐步走向综合式；1978 年后的教材又增加了代数初步知识，算术更名为数学，名符其实地构成了一个综合式的体系。

## 二、小学数学教材的结构

教材结构的研究是当前教学理论研究中的一个重要课题。从近几十年国内外教改的经验来看，不管教材怎样变化，总是增加的多，精简的少，学制有限，课时一定，如不在教材结构上改革，不是信息膨胀，便是知识浓缩，最终必将增加学生负担，造成不良的后果。

美国著名心理学家布鲁纳认为教材结构主要指本门学科的基本原理和基本知识。我们认为，小学数学教材结构是在综合考虑数学本身的逻辑规律以及小学生认识规律和心理发展水平的前提下，用数学的基本概念、基本规律、基本事实和基本方法联系起来的整体，这个整体不是知识、原则的罗列和拼凑，也不是各部分数学知识的简单求和，而是一个上下贯通、纵横交叉、紧密联系的知识网络。一个良好的小学数学教材结构应该有利于知识、方法和态度的迁移。

## 三、小学数学教材的编排原则

一个良好的小学数学教材结构应遵循以下几条基本原则。

（一）以整数、小数、分数的基础知识以及四则运算为主线，以数形结合为重点，把各部分内容按其彼此的内在联系进行编排

掌握非负有理数及其四则运算是小学数学教学的一项重要任务，遵循数概念的扩展和小学生掌握数概念的特点，有计划地把这部分内容分散编排在各个阶段里。先学整数和整数四则运算，然后

是小数和小数四则运算、分数和分数四则运算。同时要注意处理好口算、笔算和珠算的关系，使它们互相促进。首先学习 20 以内数的加减法及表内乘除的口算，然后在此基础上学习笔算，在配合笔算教学时，再有计划地配备一些口算。在笔算有一定基础时再安排珠算。

数学主要包括数与形两方面的内容。著名数学家华罗庚曾精辟地指出数缺形时少直观，形少数时难入微。在小学数学教材中，虽然与数量关系有关的内容比起几何部分要多些，但始终把数形结合作为教材编排中的重点。例如，教 20 以内数的加减时，教材中利用常见的长方形、正方形、三角形、圆形等图形，利用正向数轴计算加减法；学习乘除法时，安排长方形、正方形的认识及周长、面积的求法；学习小数、分数时，再进一步学习其他各种形体的特征和求积方法。这样，一方面利用常见的几何形体的直观性，使学生加深对数概念的理解和熟练地掌握计算方法，另一方面也使所学的计算能在几何形体的求积中得以运用。

量与计量、代数初步知识、统计初步知识和应用题等内容，也都是既注意其本身的逻辑性，又照顾到与数和形的联系进行编排的。

量与计量内容则先学一些较为基本的单位（如长度单位中的厘米、米），再学一些辅助性的单位（如长度中的毫米、分米、千米）。为了使学生便于掌握单位间的换算，把认识厘米与米安排在百以内数的加减的循环圈内，对毫米、分米、千米的认识安排在万以内数的加减的循环圈内。

应用题则先出示一步计算的，然后是两步、三步的；先学用算术方法解，再学列方程解；在学习整数、小数、分数、百分数时分别出现相应的应用题，结合比例知识解正比例、反比例应用题。

（二）由浅入深、循序渐进，适当分散、螺旋上升

教材内容的排列历来分为直线式与圆周式（又称螺旋式）两种。前者是每一内容的编排由低到高，环环相接，直线推进，不予重复；后者的排列与之相反，针对学生的接受能力，按照深浅、难易的程度，使某些概念和原理重复出现，逐步扩展，螺旋上升。数学内容的抽象性和小学生思维具有一定的具体形象性，这就决定着

教材编排必须采用螺旋式。因此，把数与形的内容由低到高地划分为几个阶段，使每一个阶段的内容既有一些重复，又有独自的新内容，螺旋上升，逐级提高。

结合我国计数特点，整数部分一般分为“20 以内的数”、“100 以内的数”、“10 000以内的数”、“多位数”四个循环圈。“20 以内的数”以熟练地掌握一位数的加法和相应的减法为重点；“100 以内的数”以熟练地掌握表内乘除和两位数加减一位数为重点；“10 000以内的数”以掌握多位数加减法，乘数（除数）是一位的乘（除）法为重点；“多位数”以学会乘（除）数是两三位数的乘（除）法为重点。这样保证了学生认数范围逐步扩大，计算能力也渐次提高。分数的认识及其四则运算分为两段，以便学生较早地接触小数和分数，并用以解决日常生活中的简单问题，同时也有利于概念的巩固和计算能力的提高。(如图 2—2)

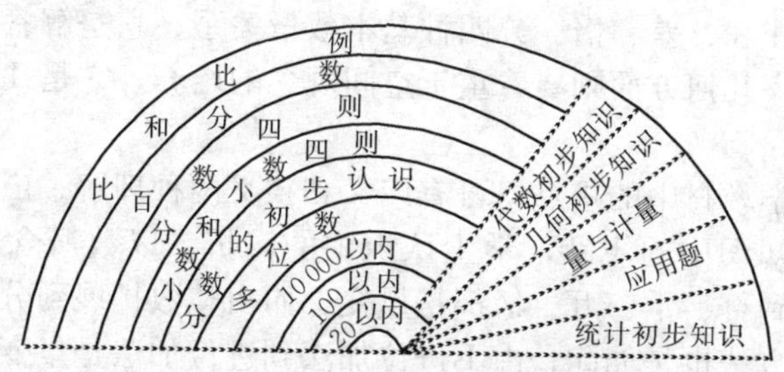


**图 2—2　小学数学内容编排示意**

小学生对一些重要概念的认识往往不可能一次完成，需要一个由浅入深，逐步理解的过程。对于这些概念，要按照前有孕伏、中有突破、后有发展的程序进行编排。如乘法概念的建立，在学习 100 以内的加法时，就出现求几个相同加数的和的算式(如 3＋3＋3＋3＝?)，这是孕伏；当学生产生一种简约计算过程的内在需要时，再正式列出乘法(如 3×4＝?)，便是中间突破；以后再安排一些加深理解乘法意义的式题(如 4＋4＋4○4×3，9×4＋9＝?)以及相应的应用题，这是巩固与发展。简易方程的内容，在低年级就出现填括号的式题，如 8＋(　)＝15，可视为孕伏，到正式出现方程时，将(　)改为未知数 $x$，如 $8+x=15$，便水到渠成，随后再给方程下定义，让学生在认识上再提高一步。对几何图形的认识也分若干层次,如长方体、正方体在低年级只要求直观认识,看到实物或图形能说出其名称,到了中高年级则要求抽象出其简单的特征,再通过计算它们的表面积和体积,加深对长方体、正方体的认识。

（三）把基本概念、基本规律、基本方法置于教材的中心地位，注意突出重点、分散难点

编写教材时，要注意处理好知识中的主与次、源与流、因与果的关系。其中主、源、因往往就是认知心理学上所说的“包摄性”的概念，即教学法上所说的基本概念和基本规律。既称之为基本，当然只是主要的几个。只要把这些基本概念和基本规律置于重要地位，使学生切实地掌握，便可举一反三，起到驾驭全部知识结构的作用。在小学数学中，数概念方面要突出整数、小数、分数的意义和性质；计算方面应突出运算定律，它是数系运算的依据；应用题方面要抓住和、差、倍、分四种基本数量关系，它是解答各种应用题的基础；几何方面则要着重于空间观念的培养，它是几何初步知识的根本。

对数学教材中的重点，可有广义和狭义两种理解。广义的重点就是数学知识中的飞跃，学生认识中的转折。以数概念的发展为例，由十到百、千、万、亿都是量变，而由整数扩展到分数则是质变；计算方法也是如此，由不进位加法到进位加法是量变，由加法到乘法是质变，由乘法到乘方则是更大的质变，这些质变就是数学知识中的飞跃，教材中的重点。狭义的重点就是指在某部分知识中能起到承上启下作用的知识点，也就是学生认识中的生长点，突出这些重点知识，便可以简驭繁，促进知识的迁移。例如，20 以内加法抓住“凑十”规律便可以此类推，表内乘法紧扣乘法的意义，学生便可自编口诀；此外，多位数乘法应以乘数是一位数的乘法法则为重点，正比例和反比例要以理解它们各自的关系式为重点，多位数除法则以掌握试商方法为重点等等。不论是广义的还是狭义的理解，都可以看到，重点有大有小，一册有一册的重点，单元有单元的重点，一节课还有一节课的重点。对各类重点内容，编写时要作出比较详细的阐述，并给予充分的时间让学生去探索、理解，保

证他们切实地掌握。

难点与重点不同,它是指学生在学习中普遍感到困难的知识点,也就是说,完全是依据学生的接受能力来确定的。例如,为什么积的小数位是被乘数与乘数小数位的和?为什么除以一个数等于乘以这个数的倒数?已知某数的几分之几求某数,为什么要用除法?这些历来是学生不易理解的难点。编写时,要分析小学生感到困难的心理因素,把这些难点适当分散,减缓坡度,并预先做准备。

(四)寓教学方法于教材编写之中,促进学生的智能发展

教材与教法历来是在一定教学论观点制约之下的两个紧密联系的方面,传统的教学论主要研究教的活动而忽视学的方面,在这种思想指导之下的教材是专供教师去教的,不是供给学生去学的。例如,过去的小学数学教材只停留在例题+结论+习题的简单组合,这样的教材,如果不通过教师的讲解,不采用一系列的教学方法,学生是不易理解的。现代教学论是研究教对学的指导,不仅要使学生学会,还要让他们会学。因此,教材不仅要显现知识的顺序(先学什么,后学什么),还要体现学生探求知识获取的思维过程。例题的选择要有典型性,叙述要有启发性,有针对性地引导学生去思考,说明部分要言简意赅,通俗易懂,旁注可以有问有答,也可以有问无答。低年级教材还必须图文并茂,对儿童有吸引力。练习题要精心设计,有层次、有坡度,而且题目形式要多样,除了常见的式题、文字题、应用题外,还可以有一些填空、判断、序列、匹配、选择、游戏等类型,以提高学生学习的兴趣,激发他们的求知欲。教材中可附有不同层次的思考题,供学有余力的学生选做。这样寓教法于教材之中,教师好教,学生爱学,同时还能推动教学方法的改革,大面积提高教学质量,有利于素质教育的落实。

(五)把数学知识和数学应用结合起来

理论联系实际是马克思主义认识论的基本原则。数学的高度抽象性和应用的广泛性与小学生思维的具体形象性之间的矛盾,决定了数学知识的呈现要注意概念从实际引入,问题从实际提出,使学生容易理解和掌握数学知识。同时,数学本身是工具课,教材中应配置适当的练习题和实践作业,以培养学生解决实际问题的能力。

## 第四节　国内外小学数学教材的改革

在研究小学数学教材改革之前，先对我国小学数学教材的演进作一回顾。

### 一、我国小学数学教材的演进

我国古代在数学上有过很多辉煌成就，如《九章算术》中的正负术比国外早一千多年，联立方程的解法具有世界意义，至今已译为许多国家的文字，广为传播。数学作为一门课程列入我国中小学的教学计划始于清末，与西方数学知识的传入、学制的改革、教科书的编纂几乎同时。我国小学数学教材的演进大致可以分为以下几个阶段：

（一）清末民初到 1949 年以前

1848 年鸦片战争后，许多人把中国的失败简单地归为洋人“船坚炮利”的缘故，并说“因思洋人制造机器、火器等件，无一不自算学中来”，认为要使中国图强，必须兴“西学”。于是，外国传教士乘隙而入，来我国办教会学校。我国也自办新式学校，添设数学课。1892 年狄考文和邹立文同撰的《笔算数学》是我国学校里的第一部算术教科书。全书 24 章，有文言和白话两个版本，书中数字已由汉字改为阿拉伯数字，仍采用传统的竖行排版，据不完全统计，从 1892 年～1902 年 11 年中重印了 32 次，成为清朝官立学堂、私立学堂和教会学堂广泛使用的一本教科书。

1898 年戊戌变法后，光绪下令将各书院改为学堂，并设算学，自此以后小学有了算学课，但当时还没有专供小学使用的教科书。1903 年《奏定小学堂章程》中，规定初等小学堂修业 5 年，“当先就十以内数示以加减乘除之方，使之纯熟无误，然后渐加其数至万位而止，兼加小数；并宜授珠算。”高等小学堂修业 4 年，则“授以复杂之算术”，内容有度量衡、货币、时间的计算，小数、分数、百分数、求积以及日用簿记。同年春，由商务印书馆依蔡元培先生的计划编了一套《最新教科书》，其中包括《最新初小算术教科书》，这样，小学算术课本便正式问世了。

1902 年公布的《小学校教则及课程表》中，规定“初等小学校首宜授十数以内之数法、书法及加减乘除,渐及于百数以内,更进至通常之加减乘除,并授小数之读法、书法及其简易之加减乘除,兼授本国度量衡币制之要略”,“高等小学校首宜就前项扩充之,渐进授以整数、小数、诸等数、分数、百分数、比例,并得酌授日用簿记之要略”,“算术宜用笔算及珠算”。可以看出,教学内容与清末时期无显著变化,而是将年限缩短,改为初小 4 年,高小 3 年。

其后的四十余年中，小学算术都是按照当时的《课程暂行标准》编写的，编排体系大多沿袭日本和美国的，内容大致有整数、小数、分数、百分数、复名数、简利息、简单簿记等，此外也很注重珠算。当时所编的教科书甚多，版本不一，据有关资料记载，20 世纪 30 年代我国广为采用的是商务印书馆出版的《复兴初小算术课本》(9 册）及《复兴高小算术课本》(4 册)，并配有《复兴算术教学法》供教师教学时参考。

（二）新中国成立后

新中国成立之初，百废待兴，在还没有统一的大纲以前，北方以刘松涛等编的老解放区教材作为算术课本，南方以俞子夷编的教材作为课本。在 1952 年和 1956 年颁布了两个教学大纲以后，由人民教育出版社据此编写了小学算术课本。这两个大纲基本上是参照苏联编译的，在当时曾起了很大的作用，开创了我国有一个独立的、统一的教材体系的新局面。但是在形式主义地学习苏联的情况下，把苏联小学 4 年的内容拉长到我国小学 6 年中来，初中还要学 1 年算术，学习质量与过去相比不仅没有提高，反而有所下降。此外，整数部分的编排，忽视我国的计数特点，生硬地加上“千”的循环圈；口算与笔算分离；课本以习题汇编的形式出现，也不便于教师使用。归纳起来存在内容少、分量轻、程度低的缺点。但必须看到，在教材的系统性、科学性和思想性方面有较大提高，口算得到了前所未有的重视。

1956 年在生产资料所有制的社会主义改造基本完成后，我国小学算术水平已落后于社会主义建设的需要，1958 年尤其在 1960 年后，在“教学必须改革”的形势下，全国各地进行教改实验，并编写了一些实验教材。这些实验冲破了旧教材过分繁琐重复的体系，也暴露了不少问题，如只考虑数学本身的逻辑体系，忽视了小学生的接受能力等。1963 年，在总结教改经验的基础上，人民教育出版社按照当年颁布的《全日制小学算术教学大纲（草案）》，编写了小学算术课本 12 册，珠算课本 1 册。这些教科书着重加强了基础知识和基本技能的训练，提出了“以四则运算为中心”的编排原则，整数循环圈由 7 个减少到 4 个，注意口算与笔算的结合，有利于计算能力的提高。此外，增加了棱柱和棱锥的体积、复比例、一些典型应用题和记账的初步知识。这套教材对提高教学质量起了重要作用。它的主要缺点是程度偏高，分量偏重，对培养学生的智力方面重视不够，对当时各地实验中某些成功的经验——适当下放一些代数初步知识也没有吸收进来。

十年动乱后，1978 年根据颁布的《全日制十年制小学数学教学大纲（试行草案）》，编写了全国小学通用教材《数学》（试用本）10 册。这套教材在认真总结我国教材建设的基础上，借鉴外国数学教育现代化中的有益经验，结合国情，从内容到编排体系都有较大的改进，开创了我国小学数学教育改革的新阶段。首先，采取精选（精选传统算术内容）、增加（适当增加代数、几何初步知识，包括字母表示数、简易方程、正负数计算、轴对称、扇形等）、渗透（适当渗透集合、函数、统计等数学思想）的方针，更新教学内容。其次，对某些内容的处理方式也作了改进，如逆思考的问题（分数除法应用题）和正、反比例应用题改用方程解，降低了难度。再次，注意发展智力，培养能力。该教材通过几年试用，于 1984 年根据各地意见，作了一些修改，主要是删去正负数的计算，并调整各册分量，编成《五年制小学数学》及《六年制小学数学》两套课本，于 1985 年完成。

20 世纪 90 年代我国实行九年义务教育。1988 年国家教育委员会组织力量根据《中华人民共和国义务教育法》的精神，在广泛调查研究基础上，制订了《九年义务教育全日制小学数学教学大纲（初审稿）》，经过历时四年多的试行和修订，1992 年颁布了《九年义务教育全日制小学数学教学大纲（试用）》。它的主要特点是着力于为提高民族素质打基础；教学内容方面，与1986年的大纲相比，又作了进一步的调整和更新。

鉴于我国幅员广大，城市与农村、沿海与内地，经济、文化、教育的发展极不平衡，如果像以往那样只有一套通用教材，是远远不能适应义务教育的推行的。国家教育委员会于1988年制订了《九年义务教育教材编写规划方案》，并委托部分单位（包括高等院校）、地区组织编写面向不同地区和不同学校使用的全套系列教材。这些教材1992年开始陆续经国家教育委员会中小学教材审定委员会学科审查委员会审查通过后，再在全国试用。这些教材除了有人民教育出版社编写的、面向全国大多数地区、适合一般学校使用的“六三”制和“五四”制教材外，还有由北京师范大学组编的、适合一般学校使用的“五四”制教材，由广东省教育委员会和华南师范大学组编的沿海版“六三”制教材，由四川省教育委员会和西南师范大学组编的内地版“六三”制教材，由河北省教育委员会组编的六年制小学复式教材等。另外上海市和浙江省还编写了改革步子更大的，适合经济发达城市和农村使用的实验教材等，教材改革和建设形成了一个百花争妍、生动活泼的新局面。从以上小学数学教材演进的历史中，我们可以得出如下的启示：

首先，数学教材的变革和发展是受着许多因素的影响的，有来自数学课程内部的，也有来自数学课程外部的一系列因素。例如社会的政治、经济、科技、数学本身、教师水平、学生、教育理论、心理学理论、课程的历史因素等，这些因素是课程改革和发展的基本依据。一个国家的小学数学教材，往往直接反映着这个国家当时的经济、文化、科技发展的决策。

其次，教材应随着时代的进步而改革，但是教材要有相对的稳定性。教材的改革应遵循“继承、借鉴、创新”的道路。教材改革不能大起大落，要继承我国自己的优良传统；教材改革不能照搬外国，但要吸收和借鉴外国数学教学改革的成功经验；改革还必须通过自己的实验，博采各家之长，走自己的创新之路。

**二、我国义务教育教材改革的决策**

我国是拥有12亿人口的多民族国家，小学教材改革是直接关系到数以亿计的少年儿童身心健康发展的大事，是直接关系到我国民族素质提高的基础工程。为使小学教育贯彻“面向现代化、面向世界、面向未来”的方针，为21世纪培养德、智、体等诸方面全面发展的新型人才，国家教育委员会从1985年开始，对义务教育的教材改革和建设作了一系列的决策。

（一）提倡“一纲多本”

根据我国的经济、文化发展极不平衡的国情，义务教育的教材必须“一纲多本”。这样除了人民教育出版社以外，还可以将更多的省、自治区、直辖市的教育部门，有关高等院校、科研部门、专家、教师组织起来，运用现代教育理论，逐步编出具有我国社会主义特色的、有不同体系、不同风格、适合不同地区特点的教材，以推动义务教育的普及。

（二）实行“编审分开”

1985年我国正式建立中小学教材审定制度，将教材的编写和审定分开，保证在统一基本要求、统一审定的前提下，逐步实现教材的多样化。一方面，可以保证九年义务教育的质量，保证少年儿童身心的健康发展；另一方面有利于丰富各类课程教材的品种，在比较、鉴别和竞争中促进教材的繁荣，加强教材的建设。

（三）逐步建立一支相对稳定的三结合教材编写队伍

通过教材编写的实践，逐步建立起一支相对稳定的，有专家学者、专职编辑人员和有经验的教师、教研人员参加的三结合教材编写队伍，以利于从组织上保证教材的科学性、思想性、教育性，切合实际的先进性、教学上的适用性、启发性、趣味性等。

（四）大力加强教育科学研究，开展教材评价工作

能否编出质量高的教材，很大程度上依赖于教育科学研究的发展和提高，因此要抓好教材改革的实验工作，并要开展科学的教材评价工作。

**三、国外小学数学内容的改革趋向**

1986年国际数学教育委员会举行“90年代的中小学数学”专题讨论会。会上，正式提出一个重要问题，即大众数学问题，现已成为国际中小学数学教育研究的热点，也是数学教育发展的一个总

趋向。大众数学是应发达国家在普及教育中，要使数学课程不再为少数尖子而设，而为国民大众服务而提出的。它的目标是要让全体学生学习有用的数学，学好数学，学习更多的数学而且是需要的数学。在这一趋向的影响下，国外小学数学内容有以下几方面的改革，可供我们研究借鉴。

（一）精选传统的四则运算，增加近代、现代数学知识，提倡广而浅

随着现代计算工具的广泛使用，进一步精简和删减传统的四则运算以及较复杂的四则混合运算，只保留对培养计算技能以及后续学习和生活有用的计算内容。例如日本的《指导要领》只要求学到三位数的加、减、乘以及除数是两位数的除法。其他西方国家均未超过这个难度。各国普遍加强了估算的教学，这方面美、德、日以及苏联数学教学大纲更为明确。绝大部分国家允许并鼓励中高年级使用计算器。

同时，各国注意增加一些近代、现代数学知识，增加的几何、代数和概率等初步知识都考虑到小学生的年龄特征，要求不高，表述浅显，大多以直观形象的非正规的方式呈现。例如美国的课程标准规定，在小学教负数，只用学生熟悉的温度计加以说明。

（二）重视现代数学思想方法的渗透

在引导学生掌握数学知识的同时，大多国家都十分重视数学思想方法的渗透，以此提高学生的数学素养。比较常用的有以下一些数学思考方法。

1. 变换思想

变换思想较明显地贯穿于各国教学大纲之中，如量的换算、代数式的变换等；要求掌握变量、对应、函数的有关知识和数形结合的方法等。大多数国家数学教学中都有几何变换的内容，如平移、旋转、对应的方法，并要求利用等积变形求解。

2. 模型方法

数学模型是数学知识和数学应用之间的桥梁。研究模型可以帮助学生探索数学的奥秘，激发学生的学习兴趣。美国课程标准中要求学生探究数的模型，利用模型来探究图形等；日本指导要领中则

强调收集资料、整理数据、画出统计图，从而探索频率分布和函数的模型等。

3. 坐标方法

坐标方法是沟通代数与几何的桥梁。从各国的课程标准中可见，大多数国家都出现了坐标及其应用的内容。这部分内容主要放在中学，如利用四个象限的坐标确定位置和距离等；在小学亦出现正反比例的函数坐标，开始进入变量的范围。

（三）提倡“问题解决”和数学应用

问题解决是由工业社会向信息社会发展的背景下产生的。当今世界信息传递十分迅速，要随时根据变化作出抉择，因此强调把数学应用于现实世界的“问题解决”之中绝非偶然，这成为各国课程标准中的显著特点。提倡“问题解决”必须强调数学应用，为此各国在课程安排中更增强了应用广泛的数学内容，如概率、统计、估算等。内容的阐述也尽可能从生活实际和学生知识背景中引发，并十分重视实践环节。日本小学算术教学总目标中明确规定：“培养学生对日常事物进行有条理的思考的能力，明白数学处理的长处，并培养学生自觉地把数学用于日常生活的态度。”

（四）重视运用计算机（器）进行辅助教学

计算机使传统的数学教育重心发生转移。数学教育从重视培养学生的算术和代数技能转向侧重于对数学思想与方法的理解与掌握。各国已开始把计算机引入到中高年级的课堂上。例如，德国教学大纲要求在不同年级不同程度地使用计算机（器）处理数据问题，利用计算机确定平方根，利用计算机解应用题（如计算利息、贷款、租金等）；法国大纲中要求在计算机（器）上进行四则运算，完成大纲要求的量的换算等。

## 思　考　题

1. 试论学科数学和科学数学的区别和联系，并举例说明。
2. 选取小学数学教学内容的依据是什么？
3. 什么是教材结构？

4. 编写小学数学教材时应贯彻哪些主要原则？

5. 举例分析什么是教材的重点和难点。

6. 你对自己使用的小学数学教材有何评述？

# 第三章　小学数学学习概论（一）

## 内容提要

狭义的学习是指学生凭借经验产生的，按照教学目标有目的、有组织地进行的，比较持久的行为倾向的变化过程。数学学习是指学生获得数学知识、形成数学技能和能力的一种思维过程。小学生数学学习的特点是：逐步抽象的、具体形象思维与抽象逻辑思维相互促进的过程，是符号化与生活实际相结合的学习过程。小学数学学习属于有意义的学习，其基本过程是：(1) 动机的激发；(2) 知识的感知；(3) 知识的理解；(4) 知识的应用。影响小学生数学学习的主要因素包括：学习的动机与兴趣、数学认知结构的组织水平、思维水平和学习策略。数学学习中的迁移比比皆是，要积极引导数学学习的正迁移，防止负迁移。

小学数学教学论应以小学数学学习论为基础，本章着重对小学数学学习的基本理论和基本规律作一探讨。

## 第一节　数学学习的含义

### 一、学习的本质

一般说来，学习是活着的有机体中普遍存在的现象。动物为了个体适应环境，延续后代，需要学习；人类为了生活和改造环境，也需要学习。学习是动物和人类与环境保持平衡，维持生存和发展的必要条件。学习可以分为广义和狭义两种。

（一）广义的学习

广义的学习是人类与动物所共有的，是指经验的获得以及行为倾向较持久的变化过程。为了生存，动物要学会觅食，学会躲避被捕捉；一个幼儿要学会穿衣，学会跑步，再大一些要学会读书，学会劳动。这一切都是学习。

什么叫经验？经验是客观现实的反映，是人和动物在生活过程中通过实践或训练所获得的知识或技能的反映。经验可分为两种，一种是种系经验，另一种是个体经验。种系经验指的是在种系发展过程中形成，并以无条件反射活动的形式在个体身上表现出来的，因此它带有遗传的性质，实质上是一种先天的本能。但是不同的种系有着不同的种系经验，如猎犬具有灵敏的嗅觉，猫头鹰有在夜间捕捉食物的本领。个体的经验指个体在生活过程中习得的经验，也可称为后天的经验。而个体经验与种系经验相比要复杂得多，形成的速度快得多。在种系的发展中，生命的形式越高级，生活方式越复杂，那么本能的作用越减弱，个体经验的作用越重要。如果个体没有后天获得的经验和习得的行为，人和动物便不能适应不断变化的外界环境，也就无法生存下去。

我们还可以这样理解，经验的获得往往是头脑中的潜在活动，比如一个人通过看书获得了“地球是圆的”的认识，当他没有和别人交流这一认识以前，他已经有了学习活动。但是一般说来，经验的获得又会促使行为发生变化，从而来适应环境。也就是说，有机体的行为变化是由经验引起的。那么，为什么要强调“持久”呢？这是指个体的行为因经验的获得所发生的变化能在较长时间内持续下去。美国心理学家加涅把学习定义为“是人的倾向或能力的变化，这种变化能够保持且不能单纯地归因于生长过程”，也就是说，由于人的生长、生理变化所引起的行为变化，不能属于学习。例如一个小孩随着年龄的增长，原来不能举起的重物现在能举起来了，又如运动员由于服用兴奋剂而提高比赛的成绩，这些都不是学习。由此可见，学习总是以行为的变化表现出来的，但是行为变化却不一定都是学习。

归纳起来，我们可以从以下三个方面对学习这一概念作出如下的解释：第一，学习的主体必须产生某种变化（无论是内隐的或是外显的）；第二，这种变化应是相对持久的；第三，主体的变化是在主体与环境的相互作用中产生，是在后天习得的，要排除由于生长、成熟、疲劳或其他生理因素所导致的变化。所以，我们认为广义的学习包括了经验的获得和比较持久的行为变化两个方面。

（二）狭义的学习

狭义的学习是指学生在教育情境中的学习，是学生凭借经验产生的，按照教育目标有目的、有组织地进行比较持久的行为倾向的变化过程。教育情境中的学习与日常生活中的学习是有区别的，主要表现在以下四个方面。

第一，学生获得的经验是前人所积累的科学文化知识，即间接经验。这些间接经验用语言文字记载下来以课程教材的形式出现。学生获取这些经验与科学家探索尚未发现的客观真理的认识活动是不同的，它是在人类发现基础上的再发现。

第二，学习是在教师有目的、有计划、有组织的指导下进行的，所以能在比较短的时间内把人类共同的经验转变成个人自己的精神财富。

第三，用前人的间接经验武装自己，不必事事实践，虽然也要有一些实践活动，要取得一定的直接经验，但这种实践活动往往带有验证性。

第四，以明确的教育目标为标准。学生的全部学习都有明确的教育目标，在获取间接经验的同时，还要发展认识能力，形成良好的思想品德和科学的世界观。

## 二、数学学习的含义和特点

（一）数学学习的含义

数学学习的本质是学生获取数学知识，形成数学技能和能力的一种思维活动过程。这种思维活动过程是有预定目标（如小学数学教学大纲）的变化过程。

我们把数学学习定义为一种思维过程，是由数学学科的特点所决定的。数学学习不能只理解为思维活动的结果——数学知识的掌握，而要理解为一种思维活动的过程。作为一种思维过程的数学学习，要求学生在学习中成为真正的主体，在教师的引导下，主动地去获取知识，主动地去掌握技能技巧，主动地促使自己的思维水平和解决问题能力的提高。总之，数学学习如果没有学生的主动内化过程，学习效果将等于零。

（二）小学生数学学习的特点

第一，小学生的数学学习是个逐步抽象的、具体形象思维与抽象逻辑思维相互促进的过程。

从个体发展上看，人的思维由低到高大致经历了直观行动思维、具体形象思维和抽象逻辑思维三个阶段。而从其年龄阶段看来小学生正处于由具体形象思维为主向抽象逻辑思维为主的过渡阶段。小学生的数学学习经历了一个逐步抽象的过程。例如，一年级学习10以内数的认识，孩子们通过数小棒、摆圆片等，通过自己的动作，形象具体地认识了“几”和“第几”；进入三年级认识亿以内数时，就摆脱了这些具体形象的手段，按照十进制计数法来数数、读数和写数了；到了四年级学习用字母表示数时，抽象能力发生了质的变化，字母不仅可以表示任何整数，还可以扩大到表示小数、分数等。

但是，还必须看到，虽然小学生的数学学习是按着逐步抽象的轨迹发展的，但是他们最终也不能像成人那样完全借助纯抽象的概念进行思考，往往要以表象作为自己认识的支柱。就拿高年级的学习来说吧，在学带分数的减法遇到分数部分不够减时（如 $2\frac{1}{5}-1\frac{3}{5}$），总还要用直观图来说明算理；学习乘法分配律时，总是利用应用题的两种解法来确认这一定律的正确性；探讨商不变性质时，也是通过观察若干道等式如 $8\div4=2$，$80\div40=2$，$800\div400=2\cdots$通过归纳得出结论。这一切，可以看出小学生的数学学习是感性与理性的相互统一，是具体形象与抽象逻辑思维的相互促进。

第二，小学生数学学习是一种符号化形式与生活实际相结合的学习。

这一特点是由数学的抽象性所决定的。数学中的量的关系、量的变化等都是以符号（关系符号、运算符号还包括图形、图表等）加以表示的，也就是应用了一套形式化的数学语言。所以，一般说来，数学学习就是对数学符号的学习。小学生在学习这种形式化的数学符号时，又往往与客观事物（现象）的实际相结合，尤其和自己周围的生活实际结合起来进行学习，这不仅由于数学应用的广泛性，还因为小学生的数学学习总是喜欢和实际相结合，这才能达到学会、学好数学的目的。例如，小学生学习小数，很自然地联系到自己购物时的商品标价；学到百分数时，就会联想到本班同学体育锻炼达标的合格率。

## 第二节　认知学习理论对数学学习的启示

古今中外有关学习的论述和研究不胜枚举，本节着重研究现代认知学派的学习理论对小学数学学习的启示，着重介绍三位代表人物：皮亚杰的发生认识论、布鲁纳的认知—发现论以及奥苏伯尔的认知—接受论。

### 一、皮亚杰的发生认识论与数学学习

瑞士著名的心理学家皮亚杰是当代认知学派的主要代表人物，他一生最重大的贡献就是创立了发生认识论的理论体系，研究了人类特别是儿童认识（认知、智力、心理）的发展。

#### （一）皮亚杰发生认识论的基本观点

1. 发生认识论

皮亚杰认为人类的认识并不是起因于有自我意识的主体，也不是起因于客体，而是起因于主体与客体之间的相互作用。主体是通过活动（动作）对客体的适应而推动了认识的发展。儿童的认识也是在主体与客体的相互作用之中，逐步建立起来的一系列结构，从而心理才不断产生量与质的变化。

认知结构的发展是经过不断地同化、顺应而适应和平衡的。个体要与外界环境保持平衡，其适应方式可分为同化和顺应。当外界刺激与原来的认知结构相一致时，则同化于原认知结构之中，即类化新经验；当外界刺激与原来的认知结构不相一致时，在适应中受

阻，就发生了不平衡，产生顺应的过程，即要通过改组，重建新的认知结构。同化与顺应两者相辅相成，功能互补。同化是认知内容的扩大，即量的增加，属于认知结构广度的增加；顺应是认知内容的改变，即质的不同，属于认知深度的增长。同化与顺应的两个过程互为消长，直到达到平衡为止，而且这种新的暂时的平衡不是绝对静止或终结的，它孕育着另一个较高水平的平衡运动的开始，这样从平衡→不平衡→平衡，促进认知的不断发展。为此，皮亚杰的认知发展模式有别于传统的行为主义的认知模式，传统的学习理论是以刺激（*S*）→反应（*R*）的关系来作解释，认为人只是消极地接受刺激并作出相应的反应（见图 3—1），后来发展为刺激(*S*)→有机体(*O*)→反应(*R*)。当然这种认知模式仍然可以解释一些动作技能或行为习惯的学习。皮亚杰认为，个体介于刺激与反应之间，人们是凭借着自身的认知结构对环境作出积极的反应，从而达到认知的平衡状态。因此他的认知发展模式是圆形的（见图 3—2）。

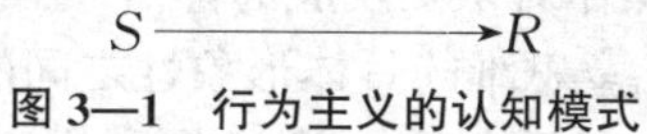


**图 3—1　行为主义的认知模式**

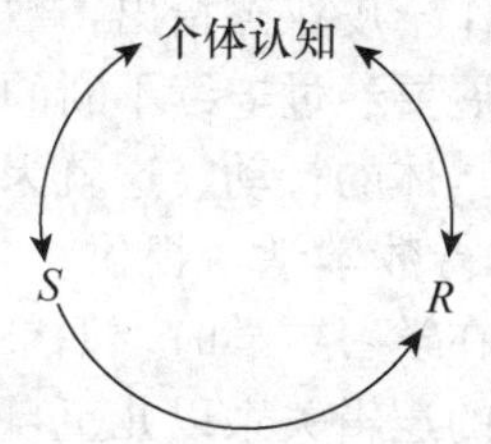


**图 3—2　皮亚杰的认知发展模式**

2. 认知发展阶段论

在皮亚杰看来，要真正了解智慧，必须追溯到动作。数学思维实质上是一种动作。运算是他的思维逻辑分析中的核心概念，是划分儿童认知发展的主要标志。据此，把儿童认知发展分为四个主要阶段。

（1）感知运动阶段（0 岁～2 岁）。这一阶段主要是动作活动并伴有协调感觉、知觉和动作的活动，属于智慧萌芽时期。

(2) 前运算阶段（2 岁～7 岁）。这一阶段出现了语言、符号，具有表象思维能力，但缺乏可逆性。

(3) 具体运算阶段（七岁～十一二岁）。这一阶段出现了逻辑思维和零散的可逆性，但一般还只能对具体事物或形象进行运算。

(4) 形式运算阶段（十一二岁～十四五岁）。能在头脑中把形式和内容分开，使思维超出所感知的具体事物或形象，进行抽象的逻辑思维和命题运算。

以上四个阶段有其连续性和阶段性，每个阶段都有其独特的结构，也就是说，某个发展阶段的结构一旦确定，就有区别于其他阶段的质的特点。根据儿童的年龄特征，由于个人或社会的各种因素，阶段可以提前或延迟，但其先后顺序不变。在低级阶段向高级阶段逐步过渡时，低级阶段的认知特点成为高级阶段的组成部分。

（二）皮亚杰的发生认识论对小学数学学习的启示

1. 强调活动、操作对认知发展的价值

数学的抽象与儿童思维的具体形象性之间的矛盾，是数学学习中的主要矛盾，解决矛盾的主要途径是利用直观。怎样利用直观呢？是更多地让学生多观察一些实物、图片或模型呢，还是更多地让孩子们参与活动和操作？皮亚杰指出：数学上的抽象是属于操作性质的，而它的发生发展要经过连续不断的一系列的阶段，而其最初的来源又是一些十分具体的行动，这就为小学生要充分利用操作有结构化的物质材料进行数学学习提供了重要的理论依据。小学生，尤其是低年级学生在学习数学时，如果利用学具操作，用手的动作把抽象的数量之间的逻辑关系以儿童自己可以理解可以接受的形式外化出来，再通过语言的调节，内化成自己的智力活动方式，这样的学习往往是高效的。

2. 揭示同化、顺应、平衡的建构过程，重视认知结构的作用

数学认知结构是指数学的基本概念、基本规律、基本事实、基本方法保留在学生头脑中的联系系统，与教材的知识结构相比，它是内在的。皮亚杰的同化、顺应的建构过程与小学生数学学习的思维过程十分吻合。正因为数学是一门逻辑严密、系统连贯的学科，

小学生在学习过程中出现同化或顺应的比比皆是。例如从两位数乘法法则到三位数乘法法则，从两位数除法到三位数除法的学习，都是认知结构同化的过程。从低年级开始学习除法到高年级认识数的整除，这又是另一种过程。如开始学习整数除法时，商是整数而余数为0，就叫除尽；继而学习小数除法，商是有限小数，也叫除尽，概念又扩大了；高年级学到数的整除时，数 $a$ 除以数 $b$（$a$、$b$ 均为自然数），商是整数而余数是0，则称 $a$ 能被 $b$ 整除，于是整除成为除尽的一个特例，原认知结构又进行了改组和重建，属于顺应的过程。小学生的数学学习，是不断地通过同化和顺应，从不平衡到平衡逐步地改善自己的认知结构的。因此，在数学学习中要培养学生，能学会从自己原有的认知结构中去检索新旧知识的连接点，剖析新旧知识的分化点，并且能呈现出自己的建构过程，这样便能不断改善自己的认知策略，不仅学会数学，而且越学越聪明，将有力地促进智能的发展。

3. 在数学中要不断设计“不平衡”的问题情境

“不平衡”的问题情境可以激发学生产生解决问题的动机，启发学生积极思考，我国古人云“学贵知疑”便是此理。教师的主要任务在于善于利用时机向学生提出各种问题，使学生产生认知失衡的状态，从而使学生去主动地解决问题。

## 二、布鲁纳的认知—发现学习理论与数学学习

布鲁纳是当代美国著名的认知派心理学家和教育家。他的认知理论接受并发展了皮亚杰的发生认识论的观点，但他和皮亚杰不同的是他认为皮亚杰的理论过分依赖于成熟对认知的影响，而布鲁纳则较多注意教育对儿童心理发展的巨大作用。

### （一）布鲁纳的认知—发现理论的基本观点

1. 强调儿童的认知发展序列

布鲁纳认为人们通过认知过程把获得的信息与以前形成的心理框架相联系所构成的知识框架可以做表象系统，表象系统由低到高可分为动作式模式、映象式模式和象征性模式三种。这是一个人发展中的编码系统，也是儿童认知发展的程序，也很可能便是学生学习任何一门学科的最佳序列。他主张“任何思想、任何问题或任何

一种知识都能够用足够简单的形式描述，使任何特殊的学习者都能用一种可辨认的形式去理解它”。因此，学校的任务就应把知识转化成不同年龄的学生都能理解的结构，如果能按照动作式模式、映象式模式、象征性模式的顺序，就可以说是儿童学习的最好方法。

2. 强调学科的基本结构

他认为学习的目的就是要掌握学科的知识结构，在头脑中建立相应的编码系统。教学并非逐个教给学生每个事物，而是要教给学生各门学科中最基本的原理、思想，即最佳的知识结构。教材结构的呈现要符合学生的年龄和认知基础，教材的组织要讲究经济原则，应教给学生简明、扼要而又有利于进一步学习的知识。

3. 提倡发现学习

他认为学习不是被动地接受知识，而是主动地形成知识结构。所谓发现不限于寻求前人还不知道的某种东西，而是包括运用一个人自己的思想和自己获得知识的一切形式在内。学习一门学科，包括知识的获得、知识的转化、评价这三个几乎同时发生的过程。他认为发现法不仅有利于学好知识，还可以让学生学会独立思考，培养学生的创造精神。

（二）布鲁纳的认知—发现理论对小学数学学习的启示

1. 突出学习的认知过程，明确认知结构的含义

布鲁纳强调的“学科知识的结构”、“教学的最佳顺序”对小学数学的学与教都有重要的意义。小学数学学习不是对一个个的具体知识的简单叠加，而是把一些最基本的、最简明的数学概念、数学规律、数学事实逐步联系起来组成良好的认知结构，这样的结构将为其进一步学习打下良好的基础。

2. “发现法”对小学数学教学的作用

“发现法”对小学数学尤其是低中年级的教学有其积极的意义。它体现了学生是学习的主体，有利于激发学生学习的主动性；它强调学习的内在动机的诱发，通过发现而解决问题由此获得自我满足；它有利于学生创造性思维的培养，尤其可以让学生自己去模拟人类发现某些数学事实或结论的历史过程（当然是简约的），帮助学生了解某些数学知识产生的由来。当然“发现法”的运用有一定

局限性并有待充实。

**三、奥苏伯尔的认知—接受学习理论与小学数学学习**

奥苏伯尔是美国当代著名的教育心理学家，他开创了运用认知观点直接研究个人在实际教育环境中的有意义的言语学习活动，取得人们的公认。

（一）奥苏伯尔的认知—接受学习理论的基本观点

针对 20 世纪 60 年代许多人以为讲授必然会导致机械学习，而发现学习才是有意义的学习的这种片面认识，奥苏伯尔在创造性地吸收了皮亚杰、布鲁纳等人的认知观点后，首先对学习进行了两个维度的不同分类：根据学习内容可分为有意义学习与机械学习；根据学习方式又可分为发现学习与接受学习。两种分类相互独立，成为正交，共分为以下四类（图 3—3）。

| | 接受学习 | 发现学习 |
|---|---|---|
| 有意义学习 | 有意义的接受学习 | 有意义的发现学习 |
| 机械学习 | 机械的接受学习 | 机械的发现学习 |

**图 3—3　两个维度的学习分类**

同时，他不像布鲁纳那样只强调发现学习，认为学习可以分为有意义的发现学习和有意义的接受学习，而后者是学生的主要学习方式。他对有意义的接受学习提出独创的见解，认为它需要具备两个条件，一是学习材料对原认知结构必须有潜在的意义，二是学习者必须具有这种有意义学习的心向，两者缺一不可。

此外，奥苏伯尔强调语言对学习的作用。与皮亚杰认为语言仅仅起交际作用的观点不同，他认为词的表征特性可以提高概念、命题的可操作性，使它们意义更明晰、更精确、更利于迁移。语言对有意义的发现学习与有意义的接受学习都起着重要的促进作用。

（二）奥苏伯尔的认知—接受学习理论对小学数学学习的启示

第一，学习的分类比较科学合理，避免随意偏废一方，且整个学习理论贴近学校的教学过程，为此本章有关小学生数学学习的概述将参照其框架作出阐述。

第二，奥苏伯尔的名言是：“影响学习的惟一最重要的因素就是学习者已经知道了什么。”这一名言道出了教育心理学的基本原理，而其原理面对逻辑严密的数学学习是尤为重要的。

## 第三节　小学数学学习的基本形式与过程

### 一、数学学习的两种基本形式

从学习的深度着眼，可以把学习分为机械学习和有意义学习两类。小学生学习数学，主要是掌握前人已积累的数学基础知识。这些知识都是通过符号（语言、文字或其他数学符号）表示的，因此，学生必须积极思考、理解每个符号、每个算式所代表的实际含义，才能将它们内化成自己的认识。如果在学习中仅仅记住这些符号的一些代表组合，例如，只知道$\frac{4}{5}$读作“五分之四”，却不知道其实际意义，这就是所谓的机械学习；如果懂得实际意义并能融会贯通，便是有意义的学习了。一般的数学学习都应是有意义的学习，当然并不排斥个别的机械学习，如熟记乘法口诀，这种熟记只有助于记忆，并不表明推导其结果的过程，而且机械学习也只是辅助性的学习。

小学数学学习属于有意义学习是从学习的深度来理解的。如果从学习方式（也可称为学习形式）来看，还可分为有意义的接受学习和有意义的发现学习。接受学习是指学习的内容已以定论的形式展示给学生，条件、问题以及推导过程已叙述得很清楚，不需要学生去独立发现，只要能主动地从自己原有的认知结构中检索适当的知识与之相联，进行加工，从而扩大或改组、重建认知结构。例如，“四则混合运算顺序”本身就是一种规定，教材中出示结语后，小学生在原有已掌握的加、减、乘、除计算方法的基础上，按照“先做乘除后做加减”直接计算，便可接受这一知识。而发现学习却不然，它并不把学习结论呈现给学生，要靠学生自己独立发现其间的数量关系、图形的特征，自己去发现结论。例如，学习三角形内角和时，学生把各种三角形纸片（锐角三角形、直角三角形、钝角三角形），通过撕、拼、折、量等实验操作，便能发现“三角形内角和等于 180°”的规律。小学阶段的发现学习往往是在教师适当的引导下进行的，所以称之为引导发现学习，以区别于布鲁纳提倡的独立发现学习。

在小学阶段无论是引导发现还是接受学习，我们都主张有意义的学习。因为数学教材所提供的学习内容都有明确的逻辑意义，能与学生已有的认知结构中的适当观念相联系，也就是说学习材料对学生具有潜在意义，那就有同化或相互作用的可能，再加上学生具有积极学习这一心向的条件，内因外因均具备，便可实现有意义的学习。

当然，从学习形式来看，引导发现学习比较开放，有利于激发学生的学习兴趣，有利于直觉思维和创造性思维能力的培养，但花费的时间较多。事实上，数学学习并不必要也不可能由学生处处去亲自发现，所以接受学习仍然是数学学习的重要方式。这里要着重提出的是在组织教学中，必须处处从学生原有的知识基础和思维水平考虑，使学生能主动地找到新旧知识的连接点，剖析新旧知识的分化点，通过新知识与原认知结构的适当观点的相互作用，从而掌握新知识，这样的接受学习也能调动学习的主动性。一般说来，引导发现学习适合于低年级，用于学习内容比较简单而学生可能发现的内容，如几何图形的认识等；接受学习比较适合于高年级，用于学习比较复杂的内容。

## 二、小学数学学习的基本过程

### （一）学习过程的几种模式

1. 我国传统的学习模式（见图 3—4）

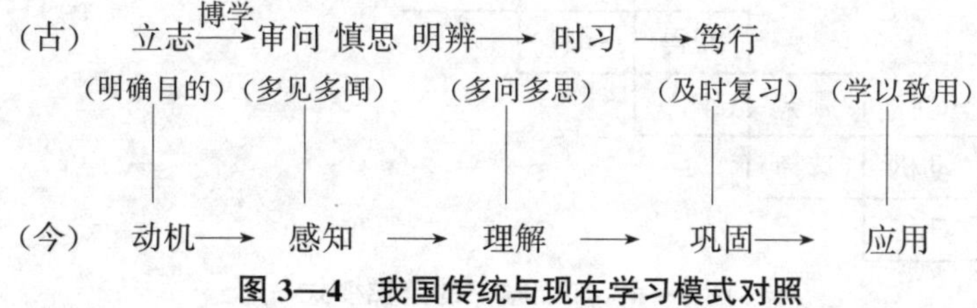


**图 3—4　我国传统与现在学习模式对照**

这种学习模式说明学习是知、行相结合的过程，用今日的话来说，体现了知识、技能、能力以及品德、情感、意志的培养。

2. 学习过程的环状模式

这是由苏联心理学家列昂节夫等提出的，见图 3—5。这一模式把学习过程的开始与终结联系起来，使其整个过程不断发展、不断深化；尤其强调反馈环节对学习能起到检查、评价、核对和调节的作用。但这一模式过于简化。

**图 3—5　列昂节夫学习的环状模式**

3. 学习过程的阶梯模式

学习过程的阶梯模式是由美国心理学家加涅提出的，见图 3—6。这种模式把学习过程作为一个信息加工的流程，分为八个有机联系的阶段，其中括号内说明的是相应的八种心理过程。

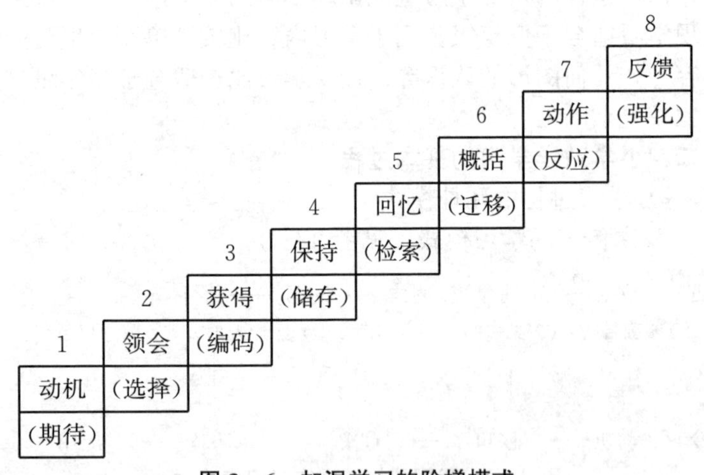


**图 3—6　加涅学习的阶梯模式**

（二）小学数学学习的基本过程

学习既是主体的认识过程，又是学生的意向过程，两者在学习过程中相辅相成、相互补充。我们认为比较符合数学实际的小学数学学习过程是：动机的激发、知识的感知、知识的理解、知识的巩固与应用。

1. 动机的激发

学习动机是促进学生从事学习活动的原动力，动机总是和一个人的需求密切相联的。学习动机的内容十分丰富，包括兴趣、情感、求知欲等。而学习兴趣又是学习动机中一种最实际的内在动力，尤其对小学生来说更是如此。如果在教学过程中，教师能不断创设情境，引起认知冲突，激发学习兴趣，那么学习过程就变得十分有效。譬如学习圆的认识，可以结合学生实际提出“车轮为什么都是圆形的”、“正方形、三角形的固然不行，椭圆形的行不行”等问题让学生思考，必然会激起学生强烈的求知欲，以最佳心态投入学习。有的教师注意创设故事情境，学分数的基本性质时，讲了一个“猴王分饼”的故事：“小猴最喜欢猴王做的饼，一天，猴王做了 3 个同样大的饼，拿出 1 个平均切成 4 块，给猴甲 1 块，猴乙见到说：‘太少了，我要两块。’猴王就把第二块饼平均切成 8 块，给猴乙两块。猴丙更贪心地说：‘我要 3 块。’于是，猴王又把第三块饼平均切成 12 块，给猴丙 3 块。大家想一想，哪只猴子分的最多？”根据学生正确的回答再设问：“聪明的猴王是用什么办法既满足小猴子的要求又分得那么公平呢？学了分数的基本性质就清楚了。”生动的故事吸引了学生，使学生产生了迫切探求新知识的积极性，自然会学得津津有味。

2. 知识的感知

这是指通过观察、操作等活动，让学生对提供的数学材料、数学事实进行最初步的区分和认识，获得感性的认识。仍以分数的基本性质为例，根据故事情节及直观图可得出：

$\frac{1}{4}=\frac{2}{8}=\frac{3}{12}$ （三只小猴子的饼同样多）

$\frac{3}{4}=\frac{6}{8}=\frac{9}{12}$ （每块饼剩下的部分也同样多）

最后直接观察得出：每个等式中的分子和分母都在变化，而分数大小不变。

3. 知识的理解

这是指对已获得的感性材料，通过分析、综合、抽象、概括，逐步掌握概念的基本特征或规律的实际含义，达到理性的认识。思维是理解的核心，理解也是将新知识与原认知结构中某些相适应的知识点进行相互作用的结果，换句话说，也是同化和顺应交替活动的结果。如对上例的几个等式，由左往右并由右往左观察比较、分析其变化规律，概括得出分数的基本性质。紧接着，把它与原认知结构中的商不变的性质相联系，根据分数与除法的关系推出商不变性质与分数的基本性质的实质性联系，实现了知识的同化。

4. 知识的巩固

数学知识的巩固是指数学知识的记忆。记忆就是在感知、理解后对知识的识记、记忆以及再认和再现的心理过程。记忆的最终目的并非只要保持，而是要求一旦需要时，学生能从头脑中的认知结构里及时而准确地检索出相应的知识用以解决当前的问题。在理解的基础上进行数学记忆，是数学教学的重要任务之一。如熟记加法表、乘法口诀、数位顺序，记忆运算定律、几何求积公式、常见的数量关系式等。要教给学生一些记忆的方法，帮助他们改进记忆的策略，促进记忆。例如，9 的乘法口诀，后一句比前一句的结果是“十位多一，个位少一”，原因是前后两句的积差 9（10－1）；又如学习“年、月、日”，记忆大小月的规律，可利用顺口溜：“一三五七八十腊，三十一日永不差，平年二月二十八，闰年再把一日加”，读起来琅琅上口。

巩固的途径是强化。记忆与遗忘是一对矛盾，要采用多种方式组织避免或减少遗忘的有效练习。根据遗忘先快后慢的规律，练习就应该先密后疏，由基本练习逐步到综合练习，再到发展性的练习。

5. 知识的应用

数学学习的最终目的还要看学生能否运用所学的知识去解决问题。知识的应用有两类。一类是浅层次的应用，这是指将所掌握的知识直接应用于相类似的情境中，这属于一般的解题练习。例如，学了“相遇问题”就解答“两组工人打通隧道”的问题。另一类则是深层次的应用，这是将已掌握的知识通过高一级的独立思考，甚至有一定创造性思考的方法去解答新情境中的问题。例如，学了分数的基本性质，就让学生独立地比较两个异分母分数的大小；学了圆周长，就要求学生在保护古树的前提下，求得一棵参天古树横截面直径的长度。

## 三、影响小学生学习数学的因素

影响小学生学习数学的因素有来自主体以外的，如学校、家庭、社会、教师、家长、教材等，还有来自学生本身的内部因素，这里主要研究影响小学生学习数学的内部因素。

### （一）学习动机和兴趣

学习动机是直接推动学生进行学习的内部力量，反映的是一种学习的需要，因此，它与学习目的紧密相联。如果学习数学目的明确，那么内部学习动机水平就高。例如高年级小学生能把数学学习与21世纪的国家建设事业联系起来，并感到学好数学对自己将来的工作特别有用，他们就会努力学好数学。学习兴趣是学习动机中表现最活跃、最现实、带有强烈情绪色彩的因素，我们经常看到孩子们对数学产生兴趣时，即使遇到难题，也能达到乐此不疲、废寝忘食的地步。尤其当他们克服了困难、解决了问题以后，从自己成功的体验中产生了情感上的满足，进而成为进行下一步学习的动力。因此，他们始终处在积极主动的学习状态之中。

### （二）数学认知结构的组织水平

一切有意义的数学学习，不仅依赖于先前学习与后继学习内容中有无足够的共同因素，更主要要依靠学生本身的认知结构的组织水平。根据认知心理学的观点，知识是以组块的形式保留在人脑之中的，如果两个拥有相同信息量的人，一个人的组块大（即知识联系紧密、合理）而块数少，他就会变得更主动，因为这种联系紧密的认知结构有利于信息的保持、检索和提取。也就是说，认知结构不仅是内在的、动态的而且是概括的。如果学生在学习分数乘法法则时，最后能获得这样的认识：分数乘以分数的法则是最基本的，以前所学的分数乘以整数和整数乘以分数的法则，只是它的特例，那么他对知识概括化的程度就高，将来适用的范围也就越大。

（三）思维水平

前面我们已经谈到，数学学习的本质是学生获取数学知识、形成数学技能和能力的一种思维活动过程。因此，数学学习的效果必然与学生的思维水平息息相关。小学生的思维水平是由量变到质变逐步发展的。低年级以直观的形象思维为主，学习计算和应用题总是与他们自己的生活经验相联系，到了高年级抽象的逻辑思维逐步占了上风，即使对一些较复杂的应用题，学生也能通过条件与问题间的联系进行多层次的分析综合，找出解题思路求得结果。

（四）学习策略

学习策略是指学生在完成学习任务的过程中对自己所采用的程序、途径、方法和手段进行选择、运用和调整。数学学习的成效与学生能否掌握一套科学的学习策略有关。它包括预习、练习、复习、使用课本、思考、提出问题、解决问题等等。每一方面的策略都有着丰富的内容。就拿利用已掌握的数学知识解决实际问题来说吧：首先要能全面地、正确地从题目（或实际）中最大限度地抽取对解题有用的信息，就是要准确理解题意，全面而整体地把握数量关系；接着对这些信息进行加工，逐步概括出实际的（非人为的）数学模型，也就是“简化”；然后进行信息处理，即选择正确的方法解答；最后还要总结自己的思路并作出评价。不少实验已证明，学生一旦掌握了适合自己的学习策略，就能学会学习。

根据对我国某些地区的研究①，初步提出小学生数学学习策略至少有以下几方面：

1. 把新知识转化为旧知识的学习策略

针对数学知识有较强的系统性的特点，如能掌握把新知识转化为旧知识的学习策略，则学习效率将大为提高。如学习平行四边形面积时，通过割补转化成一个长方形（旧知识），这种“等积变形”的方法如能在教师引导下使学生产生明确的认识，便可成为一种学

---

① 胡本炎：《若干学习策略的教学探讨》，载《小学数学教师》，1996（4）。

习策略，在以后学习三角形、梯形面积时，就可以积极运用这种方法探索它们的面积公式。

2.“不仅知其然，而知其所以然”的学习策略

有意义的学习应在理解上下功夫。如学习小数乘法，判断乘数小于1，积必小于被乘数时，小学生不仅能根据计算结果作出判断，还能根据小数的意义正确理解“1.2×0.6就是求1.2的十分之六是多少”。学习策略是究其所以然，必然对数学学习大有裨益。

3.“举三得一”和“得一反三”的学习策略

这是学习概括化程度较高的概念和规则时常用的学习策略。例如，学习小数性质时，通过若干例证得出“小数末尾添上0或去掉0，小数大小不变”的结论，这是“举三得一”；接着出示0.08，10.5……把它们改写成大小不变的三位小数，又是“得一反三”。

4.适时形成知识网络的学习策略

学生能随时把已学到的新知识纳入到原有的认知结构中，使之得到补充和改善。这种策略，并非一定要到期末复习时进行。例如，学习比的性质时，就可与分数的基本性质联系起来，实行同化。

5.从陈述性知识转化成程序性知识的学习策略

陈述性知识是关于“是什么”的知识，程序性知识是有关“怎么办”的知识。数学既是基础课又是工具课，不少知识要转化成技能。程序性知识与技能形成有密切关系，具有操作性。例如学习计量单位的进率后，对高级单位与低级单位之间进行“化”与“聚”，学生可以总结出这样的操作程序：

计量单位──→进率──→ 化──→用进率乘（小数点右移）<br>聚──→用进率除（小数点左移）

又如学列方程解应用题时，掌握下面的陈述性知识：设（设未知数）→找（找等量关系）→列（列出方程）→解（解方程）→验（验算）。

## 第四节　小学数学学习迁移

迁移是指一种学习对另一种学习的影响，这种影响包括知识、技能方面，还包括方法、态度方面。我国古代常说的“举一反三”、“闻一知百”、“触类旁通”都可以用迁移的理论加以说明。小学数学学习的迁移比比皆是，这已是广大教师比较熟悉的。但是，如何利用学习迁移的规律，提高学习效率，却是我们应该深入研究的课题。

**一、迁移的种类**

迁移的种类主要有：

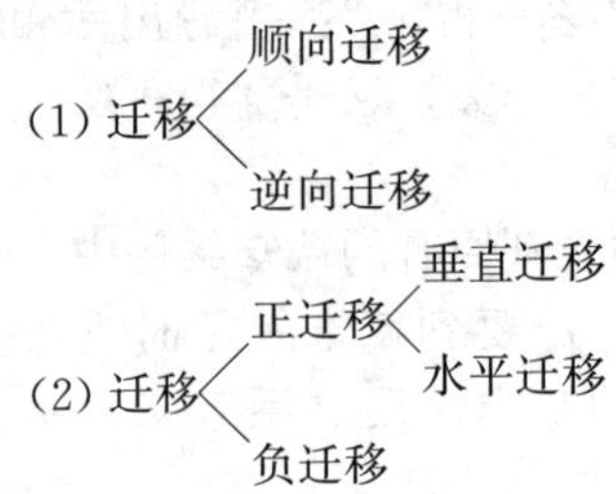


顺向迁移与逆向迁移是从方向上来分析。先前学习对后继学习的影响叫做顺向迁移，反之，后继学习对先前学习的影响叫做逆向迁移。例如，一年级学生学了“6”的组成，再推出“7”的组成就很容易，这是顺向迁移；高年级学生学了扇形的认识，又加深了对原来已有的圆的概念的理解，这是逆向迁移。

正迁移和负迁移是从效果上来分析的。一种学习对另一种学习起促进作用（积极作用）的是正迁移，如果起干扰作用（消极作用）的就是负迁移。在小学学习数学时，大量的是通过类比进行学习迁移。如学习乘法交换律时可与加法交换律相比，尽管它们的运算方法不同，但某些性质却相同，从而使乘法交换律的学习更加容易，这是正迁移。又如初学“一个数除以两个数的和”的除法性质时，常常受乘法分配律的影响，由于 $a(b+c)=ab+ac$，而出现 $a\div(b+c)=a\div b+a\div c$ 的结果，这就是负迁移。

正迁移又分为垂直迁移和水平迁移两种。垂直迁移是纵向延伸，指的是两种学习在不同水平上的迁移，有由下而上的上升性的迁移和由上而下的演绎性的迁移。例如，学了数值运算后再学字母的运算，便是由下位的较低层次的经验来影响上位较高层次的经验，是由下而上的迁移；而用上位的处于较高层次的经验来影响下位较低层次的经验，如学习了角以后，再学锐角、直角、钝角、平角、周角，便是自上而下的演绎性迁移。水平迁移是指同一层次的学习内容的相互影响，其学习内容的逻辑关系是并列的，如学过直角后，再学锐角、钝角便是水平迁移。

由于数学知识的系统性和复杂性，一种内容的学习对另一种内容的学习的影响往往不是单一的，有正迁移的因素，也有负迁移的因素。如小数加法法则与整数加法法则（低位加起，满十进一）基本一致，学习时容易产生正迁移；但是小数加法必须是小数点对齐而不是数的末位对齐，小学生如果不从小数的意义上加强理解，又很容易产生负迁移。

## 二、影响学习迁移的主要因素

### （一）学习材料之间的共同因素

两种学习材料间具有共同因素是学习迁移产生的基本条件，而且相同或相似的成分越多，对学习者心理上的要求越相近，正迁移也就越容易发生。这些相同或相似的成分往往成为新知识的“生长点”、“连接点”。我国数学教材中把小数四则运算安排在分数四则运算之前的原因主要是小数与整数都是十进制，而且四则运算相同的成分较多，容易形成迁移。但是，具体情况还需具体分析，如果两种学习材料间的相同或相似的成分虽多，而有不同的要求，学习中往往出现干扰。例如，在学习圆面积计算公式后，有些学生往往与已学的圆周长计算公式混淆，产生前摄抑制，原因是两者都以半径长作为条件，给学生的刺激十分相似，却要求作出不同的反应之故。

### （二）已有知识的概化程度

认知结构中具有较高概括性、包摄性的知识，往往容易形成正迁移。头脑中的知识结构是有层次的，包摄性的知识处在这层次的顶部，它给某些新知识、新技能的学习提供了最佳联系的固有点，新知识的学习可以产生类属同化、并列同化。中年级学生获得了除法是“已知两个因数的积和其中一个因数求另一个因数的运算”，则在以后学到小数除法、分数除法时都可实行迅速地迁移。目前我国多样化的教材中，有的教材利用迁移规律编制小数乘法内容时，先利用小数点移动引起小数大小变化的规律和积的变化规律，直接学习小数乘以小数的计算法则，使小数乘以整数与整数乘以小数在这一概括的法则下作为特例进行处理，既节省了时间，又促进了迁移，培养了能力。所以说，一个好的教材结构，可以简化知识、产生知识，便是此意。

（三）已有知识的可辨性和稳定性

1. 可辨性

可辨性是指新知识和同化它的原认知结构中的有关知识的可辨别程度。当新知识与原有知识十分相似而又不相同时，原有的知识往往先入为主，产生前摄抑制，干扰新知识的学习。例如低年级学生学习“求比一数多几的数”的反向题时，第一个条件和所求问题和正向题都一样，只在第二个条件中由原来的“红花比黄花多 3 朵”改为“黄花比红花多 3 朵”，都是已知黄花朵数求红花朵数，不少学生感到困惑。因此在数学学习中必须采用可以区分的变式加以比较，从题意着手分析，增加辨析，才可收到理想的学习效果。

2. 稳定性

稳定性是指原有认知结构中连接新知识的“固定点”的巩固程度和清晰度。如果这些知识本身还没有巩固稳定，就缺乏可利用性和可辨别性，就无法接纳新知识，容易产生负迁移。根据布鲁姆的观点，以前所学的知识要掌握到 80％～90％的正确率，才能开始新的学习。我国许多教学实践也证明，面积还没有学会，就不要学体积；没有掌握一步计算应用题的思路以前，就不要学习两步计算应用题。原有知识越稳定、越清晰就越容易实现正迁移。

（四）学生的智力水平

智力是掌握知识的前提条件。小学生由于受遗传、环境、教育等不同的影响，智力是有差异的。智力水平高的学生，理解力、概括能力强，思维灵活，容易实现迁移；否则反之。在 1985 年对北京市 206 名低年级学生作的抽样调查中，对同一道叙述形式略作变化的一步应用题，智力水平不同的二年级学生差距较大。题目是："小朋友去划船，每条船坐 6 人，二年级比一年级多去了 12 人，需要多租几条船?"智力水平高的学生结合自己生活实践用除法直接解答，中等智力水平的学生提出疑问："二年级比一年级多 12 人，一年级去多少人不知道，怎么能做?"思维缺乏灵活性，不能实现迁移；智力水平较低的学生则回答："老师没教过。"根本不知如何思考。

（五）心理定势

心理定势是指学习过程中思维活动所具有的心理准备状态，它往往表现为一种思维趋向。它是由原有的知识、经验、思维方式和习惯造成的。定势与面临学习的新课题有关，从性质上看可分为两种，一种对迁移起积极作用，另一种对迁移起消极作用。

在数学学习中，给出例题后再编一些类似例题的习题让学生试解，目的在于使学生在类似的情境中，迅速将题目归结为熟悉的模式，寻找解题的思路和方法，借以发挥心理定势的积极作用。在数学学习中，当学生的思路与新课题不一致时，他们往往会按照习惯思路去阻碍问题的解决，这种思维"误区"的形成，表现为负迁移的不良定势，前面例子中所指的那种不顾题目条件和问题，见到"二年级比一年级多去 12 人……"必须先知一年级去的人数的习惯思路，便是证明。

在数学学习中，要根据心理定势对迁移的两种不同影响，在编排教材和教学过程中，充分考虑新课题与原有经验的同一性，利用积极的心理定势，使学生能顺利地掌握知识和技能，又应注意适当的变式，使学生能随时转换思路，全面而灵活地分析问题，做到具体问题具体分析，防止不良定势对学习的干扰，从而提高学习效率。

## 三、小学生数学学习迁移的特点

（一）实现知识、技能的迁移较易

数学教材的系统性很强，大多内容又按圆周式进行编排，后继学习的内容往往成为先前学习内容的自然延伸、发展或概括，所以两者的共同因素较多、较明显，只要学习主体具有一定的有意义学习的心向，实现迁移就比较容易。

（二）实现数学思考方法的迁移较难

数学思考方法是数学内容的基本思想以及解决数学问题的策略和手段。小学数学内容较为简单，只是结合有关内容渗透一些如“单位”、“数形结合”、“化归”、“符号化”等思考方法。小学生在学习数学内容时可以意会某些思考方法，但要在学习其他内容时实行迁移，就会发生一定困难，因为他们缺乏一定的概括能力。如利用“等积变形”的思考方法，使平行四边形转化成长方形而求出其面积，但把这种思考方法迁移到求圆形的面积时，不少学生仍感到困难。

（三）易受狭隘的思维定势的干扰

小学生的思维比较狭隘，缺乏细微的辨析能力，所以在数学学习的过程中，对一些形似实异的内容，往往会不顾具体条件地去盲目套用某些特定的经验。如计算 $3\frac{4}{5}+\frac{1}{5}-3\frac{4}{5}+\frac{1}{5}$，$425\div25\times4$时都去“凑整”。因此，在学习时如果把正例和反例对比练习，如上例配合出现 $3\frac{4}{5}\times\frac{1}{5}-3\frac{4}{5}\times\frac{1}{5}$及 $425\times25\times4$ 的题目，可以逐步减少负迁移的产生。

上面介绍了迁移的基本理论以及小学生数学学习迁移的特点，旨在引导教师在教学中如何因势利导，充分发挥正迁移的作用，防止负迁移的产生，使数学学习更有成效。

## 思　考　题

1. 什么叫做学习？

2. 小学生数学学习的特点是什么？

3. 什么叫做同化？什么叫做顺应？举出小学生数学学习的实例作出分析。

4. 试述小学数学学习的基本过程。

5. 影响小学生数学学习的内部因素主要有哪些？

6. 什么是迁移？影响学习迁移的主要因素有哪些？

# 第四章　小学数学学习概论（二）

## 内容提要

数学知识包括数学概念与数学规则（法则、定律、公式等）。数学概念学习的基本形式是概念的形成与同化，概念同化可分为类属同化、总括同化与并列同化。数学规则学习的基本形式是规则的发现学习与接受学习。数学技能包括数学智力技能与数学操作技能。数学智力技能的形成过程一般分为：活动定向、物质活动和物质化活动、出声的外部言语活动、不出声的外部言语活动、内部言语活动五个阶段，其基本学习方法是范例学习和尝试学习。数学操作技能的形成过程一般分为：定向、单个动作、连续动作、自动化四个阶段，其基本学习方法是范例学习。数学问题解决是指个体在新的情况下，对发现的新问题需要根据所获得的知识，采用新的策略去寻求答案的心理活动。小学数学问题解决多是属于人们已编制成的新的数学问题。问题解决有利于创造性思维，有利于数学发现。

## 第一节　数学知识学习的基本形式

数学知识的学习主要指数学概念、法则、定律、公式等的学习。为了讨论方便，我们把数学知识概括为数学概念和数学规则，其中，数学规则指数学法则、定律、公式等。

**一、概念的形成与同化**

数学概念是反映一类数学对象的本质属性的思维形式，因此，数学概念的学习是不断将同一类数学事实的本质属性与非本质属性进行辨别的过程。概念的学习可分为概念的形成与同化两种形式。

(一) 概念的形成

概念的形成是指学生依靠直接经验，从大量的具体例子出发，从实际经验的肯定例证中，概括它们的共同属性，提出共同属性的各种假设加以验证，从而获得初级概念，再把这一概念的本质属性推广到同一类事物之中，并用符号加以表示。如小学生对自然数的认识过程，基本上是重复人类数的概念形成的历史。先是认识 5 支铅笔、5 个人、5 匹马、5 杯水、5 个手指头……这时集合的个数还与集合的元素紧紧地联系着；接着，用 5 个手指头来代替这些集合的共同特征，也就是开始确定用手指头的集合作为衡量这些集合的标准集；然后把数“5”从这些集合中抽象出来，还说出许多用“5”来表示的其他实物，5 个圆片、5 根小棒等；最后用符号“5”加以表示。再以除法概念的初步认识为例，通过教师演示和学生操作学具，把 6 支铅笔分给 2 名学生，每人 3 支（同样多）；把 8 根小棒分成 4 堆，每堆 2 根（同样多）……根据多种实例得知把一些东西分成几份，每份同样多就是平均分，这便是在直接经验基础上的初步的分析综合。然后与原有的“数的分解”作比较，如把 8 分成 5 和 3，把 6 分成 2 和 4，这些就不是平均分。接着再用实物操作，把 10 个圆片平均分成 2 份，把 12 个球平均分成 4 份，看每份是多少。最后获得“把一个数平均分成几份求一份是多少可用除法”的认识，并出现除号“÷”。对小学数学中的一些原始概念和起始概念的学习，往往都是属于这一种概念形成的方式。概念形成的模式见图 4—1。

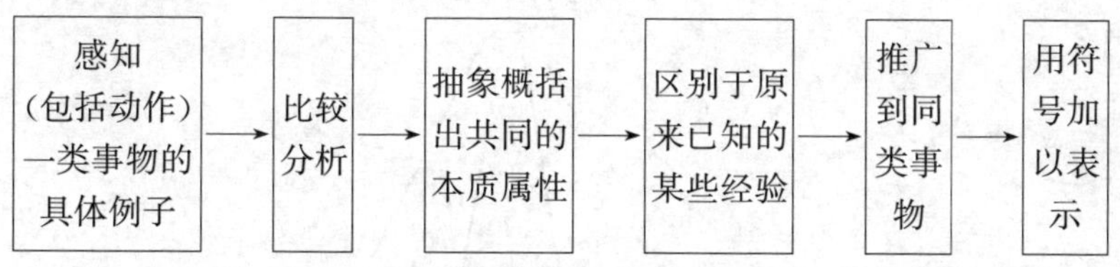


**图 4—1　概念形成模式**

(二) 概念的同化

当学生已具备了一些初级概念后，再学习新概念时，必然会出现新旧概念相互作用的同化学习过程。当学生在学习直接用定义

（或“意义”）陈述概念时，能主动地利用原有认知结构中相应的旧概念与新概念之间的相互联系、相互作用，从而掌握新概念的本质属性，这种获得概念的形式叫概念的同化。概念同化的基本模式见图4—2。

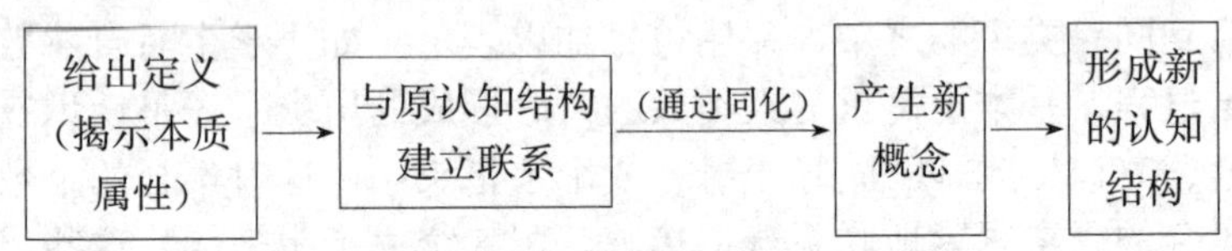


**图4—2　概念同化模式**

概念的同化一般来说有三种方式：

1. 类属（下位）同化

新概念在原有认知结构某些概念之中，通过学习新概念使学生对原有认知结构获得更深一层的认识。如“真分数”、“假分数”概念是在原来已学的“分数”概念基础上学习的。学生首先要认识真分数和假分数都是分数，其次要认识它们都是分数中的特例，分别是对分数概念作了一定的限制，即“分子小于分母”或“分子等于或大于分母”，这就反映了它们与分数概念的类属关系。接着进一步认识假分数可以大于或等于1，那么原来已学的整数也都可以用假分数形式加以表示，这样就沟通了分数与整数之间的关系，形成了关于数概念的更深一层的认知结构。类属同化的示意图见图4—3。

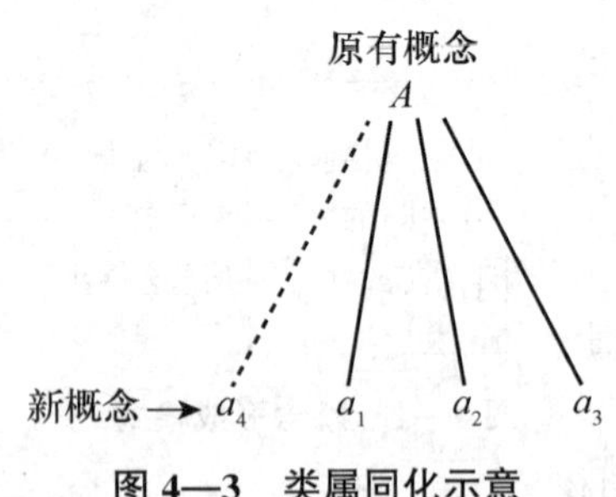


**图4—3　类属同化示意**

2. 总括（上位）同位

新概念总括与发展了原有认知结构中的相应概念，新概念与它们构成一种上位关系。上位同化通常是在归纳推理下进行的。假如学生在掌握了长方体、正方体、圆柱体的概念后，再把它们总括成“柱体”，新旧概念之间建立起逻辑上的包含关系，这就是总括（上位）同化，见图 4—4。

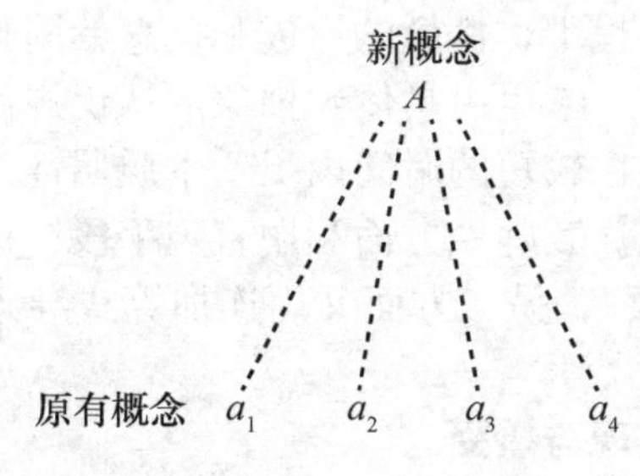


**图 4—4　总括同化示意**

3. 并列同化

新学的概念与原有认知结构中的相应概念既非类属关系，又无总括关系，但它们在有意义的学习中仍有一定的联系，这种学习的同化称为并列同化。例如，学生已掌握了总价与数量、路程与时间、工作总量与工作时间等数量关系，现在又新学到稻谷量与出米量的关系，它们既不是类属关系也不是总括关系，但确有一些一般吻合的关系——比率，结合原有的概念的数量关系进行学习，可使新概念的数量关系获得意义（见图 4—5）。

新概念 $A \longrightarrow B$ —— $C$ —— $D$ 原有概念

**图 4—5　并列同化示意**

概念的形成和概念的同化，从其过程来看并不相同。概念形成主要依靠对具体事物的抽象，通过对正反例证的不断辨析，提出假设和验证。概念同化主要依靠新旧知识的联系，因此它的前提条件是学生必须具有与新概念有关系的认知结构，具有学习新知识的心向；学生先要找出新旧概念的连接点并区别其异同，再进行调节，最后把新概念纳入到原有认知结构之中并对它有更深一层的认识；或者对原有认知结构进行改组，重建成新的认知结构。所以我们可以这样说，如果把概念的形成作为发现学习，那么概念的同化就是接受学习。

概念的形成往往与人类自发形成的概念相近，它适用于低年级；就学习内容而言，尤其适用于几何知识的学习。概念的同化则是具有一定心理水平的学生学习概念的方式，比较适合中高年级。但是在实际教学过程中，概念的形成和概念的同化往往是结合起来使用的，这样既符合学生由具体到抽象的认识规律，又可利用原有的概念进行迁移，在较短的时间内揭示本质属性。如小学生乘法概念的建立便是如此。教师一方面利用直观手段，让学生去摆小棒看"6 个 2 根是多少根"，另一方面又用连加算式导入，双管齐下，效果十分显著。

## 二、规则的发现与接受

数学规则的学习是要学生逐步掌握有关几个数学概念之间的关系所反映的规则的学习。课堂学习中的数学规则的学习有发现学习与接受学习两种基本形式。

### （一）数学规则的发现学习

发现学习是先呈现有关数学规则的若干例证，由学生自己观察分析，逐步概括归纳出一般的结论，从而获得规则的方法。根据小学生思维的特点，课堂教学中的不少数学规则是按这种方式引导学生学习的，即发现学习。不过，规则的发现比起概念形成的发现要更加复杂，因为规则的发现要求发现事物之间的关系。

例如，学习长方形面积公式时，教师先向每个学生提供 24 个 1 平方厘米大小的正方形纸片（面积单位），由它们自己去拼成多种形状的长方形，并将结果填入表中，见表 4—1。

**表 4—1　　长方形面积记录表**

| 序号 | 长（厘米） | 宽（厘米） | 面积（平方厘米） |
|---|---|---|---|
| 1 | 6 | 4 | 24 |
| 2 | 8 | 3 | 24 |
| 3 | 12 | 2 | 24 |
| … | … | … | … |

接着观察表中长方形的长、宽与面积之间的关系，得出“长方形面积＝长×宽”的公式。

又如学习小数点移动引起小数大小变化的规律，也往往采用这类学习形式。先利用课本中出示的一组有序的等式：

0.004 米＝4 毫米

0.04 米＝40 毫米

0.4 米＝400 毫米

4 米＝4 000 毫米

引导学生先从上而下，再从下而上观察它们的变化，可以看出：小数点向右移动一位，原数就扩大 10 倍，小数点向右移动两位，原数扩大 100 倍……如果小数点向左移动一位，原数就缩小到它的 $\frac{1}{10}$，小数点向左移动两位，原数就缩小到它的 $\frac{1}{100}$…于是小数点移动引起小数大小变化的规律便由学生自己逐步归纳得出了。

（二）数学规则的接受学习

接受学习是先呈现要学习的数学规则，然后用若干例证加以说明，由于学生对构成规则的有关数学概念已经掌握，所以也能对规则有所理解并掌握。例如分数化成小数的方法学生虽已掌握，但对能否化成有限小数的规律是不清楚的。学习这部分内容时，可先出示结论：“一个最简分数的分母是只含有 2，5 的质因数的，就能化成有限小数；如果分母里除了含有 2，5 的质因数以外，还有其他的质因数，就不能化成有限小数。”然后以这一规律为依据对下列最简分数不通过计算直接判断能否化为有限小数：$\frac{3}{14}$，$\frac{6}{25}$，$\frac{5}{6}$，$\frac{11}{40}$…由于学生对结论中的有关概念：最简分数、质因数、有限小数均已理解，就可利用这些作为固有点的概念直接学习新规则，使新规则获得意义。这种学习速度较快，一般适用于高年级。

概念接受学习的三种同化方式（类属同化、总括同化和并列同化）在规则的接受学习中同样存在，不再赘述。

## 第二节　数学技能学习的基本形式

### 一、数学技能及其种类

一谈起技能，人们便会想起能力来。技能、能力和知识是三个既有联系而又有区别的概念。技能是智力活动和操作活动的基本活动方式，反映的是动作本身和动作方式的熟练程度；能力是保证动作达到熟练，保证活动能够顺利完成的某些稳定的心理特征；而知识则是对客观事物的特点、意义、结构以及它们相互之间联系的规律性的认识。现以下面的计算题作分析：

$$385\times99+385=385\times(99+1)=385\times100=38\,500$$

学习者能根据题目中的数据特征，采用简便算法，这是能力的表现；能按运算顺序做加法和乘法，并求出正确结果，这是一种技能。计算中运用了乘法分配律，反映了学习者对基础知识的掌握。

数学技能是完成某些数学任务的智力或动作的活动方式，它必须通过一定的练习才能完成。技能一般可分为智力技能和操作技能两大类。智力技能主要指组成这类活动方式的动作是在头脑内部实现的，通过分析、综合、抽象、概括等逐步完成的；操作技能是指组成这类活动方式的动作需要通过人的头脑外部的机体运动或操作一定的对象来完成。小学数学的智力技能包括口算、笔算、解题、解方程等；小学数学的操作技能包括数字的书写，利用工具（直尺、三角板、圆规）作几何图形，利用工具测量角度、测量物体的长度、重量等等。

### 二、数学智力技能的形成过程与学习方法

#### （一）数学智力技能的形成过程

苏联心理学家加里培林在20世纪50年代对智力活动的形成作了系统的研究，取得了颇有影响的成就。他认为，智力活动是外部的物质活动的反映，是外部物质活动向反映方面——知觉、表象和概念方面转化的结果。所以智力活动的形成需要经过一系列的阶段。现结合他提出的智力活动形成的五个基本阶段来研究数学智力技能的形成。

1. 活动定向阶段

这是准备阶段，任务是了解、熟悉活动，知道要“做什么”和“怎样做”，从而在头脑中建立起定向映象，而且这种了解应该是完全的、概括的比较系统。应该说明的是，任何一种技能的形成首先要有一个包括活动目标、活动操作系统在内的导向系统。例如，要利用圆面积计算公式 $S=\pi r^2$ 来求一个圆盖的面积，首先要弄清题意，明确已知条件和所求，然后要了解圆面指圆的哪部分，再回忆半径、圆周率以及乘法、乘方等有关的知识，知道求圆面积的计算步骤，这才能为形成求圆面积的技能建立较完整的定向映象。

2. 物质活动和物质化活动阶段

所谓物质活动是指动作的客体是实际事物，所谓物质化活动是指活动不是借助于实际事物本身，而是以它的代替物如模拟的教具、学具，乃至图画、图解、言语等进行的。

例如，学习 20 以内数的进位加法 9＋5 时，利用小棒进行操作，先从 5 根里分出 1 根，和原来的 9 根凑成 10 根，捆成一捆，然后加上剩下的 4 根，得 14 根。学生还要一边操作，一边用语言表述，边摆边说。又如学习相遇问题，学生往往利用线段图，用线段代表路程，箭头代表方向。

图 4—6 把抽象的数量关系利用线段图形象地显示出来，这便成为学生智力活动的第一步。

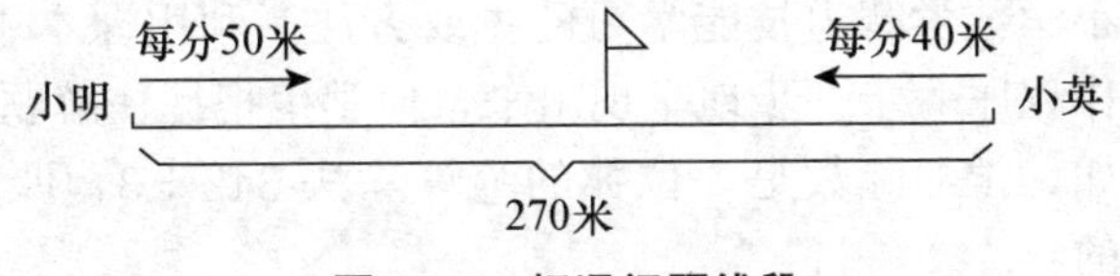


**图 4—6　相遇问题线段**

加里培林认为，物质化的形式是学生最容易理解的、最方便的。在活动的定向基础建立后，就要让学生实际地作出这样的活动（即操作），只有物质的（或物质化的）活动形式才是完备的智力活动的源泉。

3. 出声的外部言语活动阶段

这一阶段是活动离开了它的物质或物质化的客体，以出声的外部言语形式来完成实在的活动。如 9＋5＝？学生可以不用学具，只看着算式说出其“凑十”的过程和最后的结果。加里培林认为，活动向言语转化，不仅意味着用言语来表达活动，而首先意味着在言语中完成了实在的活动。言语活动真正的优越性不在于脱离与实际的直接联系，而在于它必然为活动创造新的目标——抽象化，从而保证了活动的高度定型化，也保证了活动的迅速自动化。

4. 不出声的外部言语阶段

这阶段不只是“言语减去声音”，而是以词的声音表象、动觉表象为基础的智力活动阶段，如 9＋5＝？由学生默想其计算步骤和结果。加里培林认为，不出声的外部言语形式的活动的形成是活动向智力水平转化的开始，因此这一阶段在智力活动的形成过程中同样是十分重要的。

5. 内部言语活动阶段

这是活动达到智力水平的最后阶段。由外部言语转化为内部言语，主要是用“自己的言语”进行思考，所以在结构上发生了较大的变化。学生常常用非常简缩的形式进行思考，如前面讲的 9＋5＝？在这一阶段，很可能很快地得出 14，“凑十”的中间过程已简约得连学生自己也觉察不到的自动化的地步。

（二）数学智力技能的基本学习方法

1. 范例学习方法

这是小学数学智力技能学习的主要方法。利用课本中的范例，将思维操作程序一步一步地呈现出来，使学生把握住解题的条件和步骤。例如，学习除数是一位数的笔算除法 342÷3，课本范例是这样展示的：

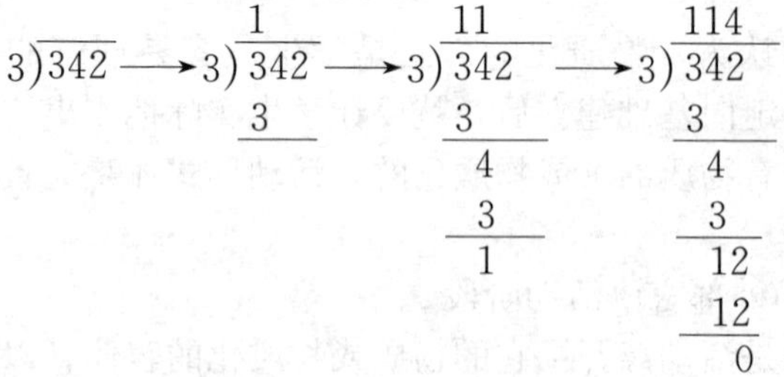

```
                    1              11              114
3)342  ──→  3)342  ──→  3)342  ──→  3)342
               3               3               3
                               4               4
                               3               3
                               1              12
                                              12
                                               0
```

从写竖式开始，高位算起，一步步试商，除到哪位商哪位，余数要比除数小……所有的操作步骤被一一呈现出来，让学生在理解算理的基础上掌握除法计算法则。范例学习与规则的接受学习相似，通过例题示范将解题条件及步骤清晰而有序地呈现出来，促使学生较快地获得认知，提高智力技能的习得效率。在整个学习过程中，没有多余的无关的信息干扰的使用方法。但是，如果在理解方面做得不足（如上例中的算理不够清晰），那么也会一定程度地影响学生的应变能力。

2. 尝试学习方法

这种方法与范例学习方法不同，主要由学生自己去尝试探索解决问题的线索，并在不断修正错误中找出解决问题的途径。这种方法一般在学生已学会通用方法，在探究变式题时可以采用。如前例，学生已学会一般的笔算除法，在学习商中间带 0 的除法时，可用这种学习方法让学生试算。我们把原题被除数的 342 改为 312，312÷3=？学生通过尝试商是 14 还是 104，从尝试错误所提供的鉴别信息中，悟出得出正确结论的原因。这种学习方法比较费时间，但有利于培养学生主动学习、独立思考的能力。

## 三、数学操作技能的形成过程与学习方法

### （一）数学操作技能的形成过程

数学操作技能的学习可以分以下四个阶段。

1. 定向阶段

定向阶段指学生要了解与某种数学技能有关的知识和功用，了解动作的基本步骤、难度、要领、动作程序以及活动最后要达到的目标等。例如，测量一个角的大小，必须先理解什么是角，角的大小指哪部分，角的大小与所画的边长无关，量角器这一测量工具的使用方法；然后再了解量角的步骤、要领。

2. 单个动作阶段

单个动作阶段指把整个的活动分解为若干个单个动作，并逐一进行练习，达到形成局部动作的技能。如量角，先把量角器放在角的上面，把量角器的中心点和角的顶点重合，这样一部分一部分地练习，逐步掌握要领。

3. 连续动作阶段

连续动作阶段指把每一个动作技能按顺序连接起来，形成一个连贯协调的步骤。这时，动作之间的相互干扰逐步得到排除，视觉、听觉的反馈逐步被动觉反馈所替代，动作已不那么紧张，多余的动作也明显减少，最后使整套动作能完整地完成。

4. 自动化阶段

自动化阶段是数学操作技能的最后阶段。这时，意识的参与明显减少，意识只有当动作出偏差时才起作用。只要有启动的信息，可以自动地完成一整套的数学操作，学生可以自由分配自己的注意来完成全部动作了。全套动作协调一致、统一和谐、前后连贯，达到整体动作的自动化和完善化。

（二）数学操作技能的学习方法

与智力技能不同，操作技能的学习方法一般就是范例学习方法。范例学习前面已进行说明，在此不再赘述。

**四、两种数学技能的比较**

数学智力技能与操作技能在形成阶段有共同之处也有一定的区别。

（一）在意识的控制程度方面的区别

意识控制程度的减少是两种数学技能形成和熟练的主要标志。数学智力技能的熟练表现在心理资源的节约，意志努力程度的降低，最后思维简缩到连自己也觉察不到的自动化的程度。数学操作技能的熟练则表现在意识参与程度的减少，只有一个启动信息，全套动作便能自动和谐地完成。

（二）在动作程序形成方面的区别

动作程序形成了动作单元组成的动作结构，这也是两种数学技能形成的特点。数学智力技能形成的程序表现为一种认知的“功能模块”，也就是由各环节构成的系统（如口算步骤等），但是更主要的是由外部活动向内部言语，最后达到思维过程的高度简缩。数学操作技能形成的程序表现为由单个动作连结为连续动作，多余动作逐步消失，注意力可以自由分配。

（三）在活动速率和品质方面的区别

技能熟练与否最后还以其速率及品质来决定。两种技能都要达到一定的速率，这是毋庸置疑的。而两者的活动品质有所不同，智力技能主要指思维方面的品质，表现为思维的正确、简约和灵活；操作技能主要指动作的品质，表现为动作的精确、娴熟与和谐。

数学技能的形成和熟练还必须通过科学的练习。关于如何依据练习规律形成技能，将在第六章小学数学教学方法中进行阐述。

## 第三节　数学问题解决的基本形式

### 一、数学问题解决的含义

问题解决是近年来国际上（尤其是美国）提出的数学教育的行动口号。问题解决是指个体在一种新的情境下，根据获得的有关知识对发现的新问题采用新的策略寻求问题答案的心理活动。当然，数学问题解决是以数学问题为研究对象的，它可以提高学生的创造性思维，提高学生应用数学的意识，是近年来数学教育界研究的热点问题之一。

### 二、小学数学问题解决的特点

小学数学问题解决具有以下几个特点：

（1）问题解决指的是学生初次遇到的新问题，这类问题并非是平时遇到的一般的练习题。

（2）问题解决的方法和途径也是新的，应是学生利用已有的知识、技能、方法的重新组合，至少是对原有知识、技能、方法进行较复杂的加工，是学生的一种克服各种障碍的探究活动。

（3）问题解决的方法和途径可以包括内隐的思维活动和外显的操作活动两个方面。

（4）问题一旦解决，学生通过问题解决的过程所获得的新的方法、途径和策略便可作为认知结构中的一个组成部分，成为已知的解决其他问题的方法、途径。也就是说，用这些方法、途径再去解决其他问题，就不再是问题解决了。

总之，所有的问题解决都应该具有以上的特点，否则就成为一种练习性的作业。

数学问题解决一般可以分为两类。一类是日常生活中提出来的问题，这些是来自日常生活的直观原型，需要把它们抽象为数学模型，可以称为“建模”，通过对数学模型的求解从而解决实际问题；另一种就是平时所见到的人们已编制成的新的数学问题。在小学数学问题解决方面也包括以上两种，而后者居多。就是说，小学生遇到的更多的是人们已经设计好的，能让他们将原有的知识、技能和方法迁移到新的课题情境之中，这些新课题的情境可以是课本中首次出现的例题，也可以是符合上述特点的非正规的习题。因此，教师在设计教学活动时，应充分放手让学生自己“跳起来摘果子”，自己去探索例题的解法或者解答一些变化大的题目，以促进学生问题解决能力的提高。例如，在学过同分母分数加减法后，让学生独立试做异分母分数加减法；在学生已经懂得利用拼补法学会三角形的面积求法后，在学习梯形面积时，也可让学生自己迁移探求其面积公式的推导。

## 三、奥苏伯尔问题解决的模式

奥苏伯尔与鲁滨逊于 1969 年提出了问题解决的模式，该模式不仅描述了问题解决的基本过程，并且着重说明了认知结构中各成分在解题过程中的作用，对我们研究小学数学问题解决的过程颇有帮助，见图 4—7。

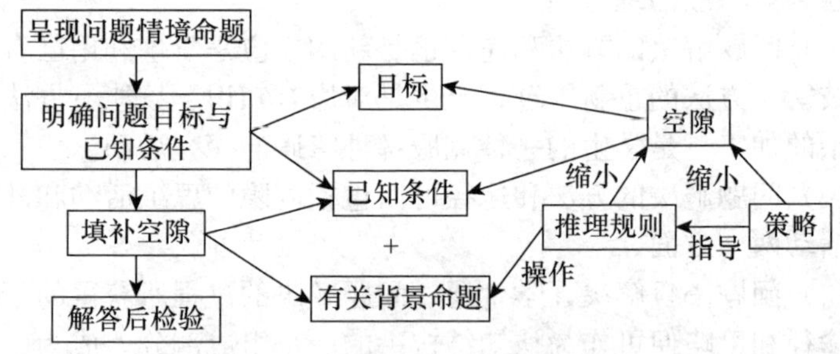


**图 4—7　奥苏伯尔问题解决模式**

根据以上的模式，问题解决分为以下几个阶段：

（一）呈现问题情境命题

一般是对问题的全面描述。如果学习者具有有关的背景知识，就容易呈现问题的情境，并将其与原有的认知结构相联系，有利于理解题意。

（二）明确问题目标与已知条件

对复杂问题的目标与已知条件的全面了解往往不可能一看就明白，必须进行一番分析。

（三）填补空隙过程

在填补目标与已知条件的空隙过程中，至少要注意三个因素。一是有关背景的命题，这是指学习者能从原有认知结构中提取出所要解决问题的有关概念、事实和知识；二是推理规则，学习者能遵循逻辑原则作出合理的推理；三是学习策略，策略则指选择、组合、改变或操作背景命题的一系列措施，以填补目标与条件之间的空隙，并尽量减少尝试错误的任意性，节约解决问题的时间。

（四）解答后检验

问题一旦解决，需作一定回顾，进行一定形式的检查，查明推理有无错误，思考过程是否简捷。

**四、小学数学问题解决的基本过程**

依据奥苏伯尔问题解决的模式，以及数学教育家波利亚在《怎样解题》中论及的有关步骤，结合小学数学的特点，问题解决有以下四个基本过程。

（一）弄清问题

数学问题的情况至少应包括已知条件和问题目标两部分。已知条件是题目已给定的信息，可以是数据、关系，也包括事理。例如小学中的一道应用题："小明和小英从环形跑道 $A$ 点同时相背而行，小英每分钟行 50 米，小明每分钟比小英多行 5 米，10 分钟后二人相遇，求这环形跑道的长度。"此题中的数据不言自明，全题涉及两个物体运动时的速度、时间和路程的三量关系，题文中所阐明的运动形式（环形）、运动方向（相背）、时间（同时）、地点（同地）等，则是不参与运算但对条件作一定限制的关系或事理，而问题目标则是谈跑道的长度。

弄清问题是指对已知条件及目标的初始状态有个完整的认识，同时学生还必须对它们保留清晰的映象，这样才为利用原有知识、策略寻求解题思路作好准备。同时，弄清问题还依赖于原认知结构中有无连接新知识的固有点，如上例中学生原来对相遇问题的结构比较清晰，在呈现变式（环形跑道，相背而行）时，也容易得到原认知结构的支持，从而全面掌握题意。在弄清问题的过程中，尤其遇到一些数据多、关系复杂的题目时，要注意不丢失重要的信息，也不在无关信息中花费更多的时间，要始终瞄准目标，记住全部有用的信息。

（二）寻求解法

这是解决问题的关键一步。在了解已知条件与条件、条件与目标之间的联系后，要在条件与目标间的空隙处去寻找突破口。能否填补以及怎样填补条件与目标间的空隙，是解题过程中的核心问题。

要根据问题的条件和目标的初始状态联系过去已学的知识，判断它是否属于过去见过的某种题目的变式，如果不是，是否可以适用其中的部分规律等。

当题目叙述的内容较为抽象时，可以利用线段图、图表、摘录条件等辅助手段，把隐蔽的数量关系显示出来。小学阶段的较复杂的分数应用题、行程问题等往往通过画线段图作为思考问题的切入口，数量关系一旦明朗化，问题解决也就完成了一半了。

如果在分析数量关系时，当顺向思维受阻，便可用逆向思维，也可以采用找其中的关键句子“两边夹攻”的方法来逐步逼近目标。

如果已知条件与目标间存在较大空隙，即存在着若干个未知的过渡问题而又不易探求时，往往需要对数量关系本身进行信息加工，变换条件或问题目标的叙述方式，以降低解题难度。第一种，对条件适当变换。例如，将“已修的与未修路程之比为 3∶5”改变成“已修的是全路程长的$\frac{3}{5+3}$”；将工程问题中“中间甲因病休息了 3 天”改变成“乙先独修了 3 天”等。第二种，对问题目标的适当变换。例如，将“求男工至少有多少名”改为“求女工至多有多少名”等。

当数学问题已难与原认知结构建立直接联系时，学习者就应采用各种有效的策略，通过分析综合，提出解题的各种假设，最后确定解题方案。在整个解题过程之中，应当将上述各种手段或方法综合起来考虑。以下题为例："五年级一班男生与女生人数比为 5∶6，这学期从外地转来 1 名女生，男生与女生人数比为4∶5。五年级一班原有学生多少人?"

此题往往开始找不着思维的入口。通过全面分析数量关系可以看出，两次男女人数比率的变化是由于新转入 1 名女生之故；而且男生、女生及全班人数中，只有男生人数是不变量，于是以这一不变量为标准，将原来两个已知条件作出处理：把"原来男女生人数之比 5∶6"，转化成"女生人数是男生的$\frac{6}{5}$"，把"这学期男女生人数之比 4∶5"，转化成"女生人数是男生的$\frac{5}{4}$"；两个比率之差所对应的正是新转来的女生人数。列式为：

$1\div\left(\frac{5}{4}-\frac{6}{5}\right)=20$（人）　　　　（男生人数）

$20\times\left(1+\frac{6}{5}\right)=44$（人）　　　　（全班人数）

（三）进行解题

根据思考过程拟订解题计划，并逐步解答，最后解决问题。在这一过程中，要求学习者的每一步推算、列式或作图都要正确无误，并能用清晰的语言阐明自己的思路，证明每一步的正确性。

（四）回顾评价

回顾主要指对数学问题的答案进行检验；评价则要求学习者分析自己选择的解题途径是否最简捷，推理是否严谨；再进一步探究一下这种方法能否运用于其他问题。

为使大家对小学数学问题解决的基本过程有进一步的认识，现用以下三个例题为例，作一剖析。

**例 1**　每辆车最多能坐 80 人，哪两个班在一辆车里最合适？见图 4—8。

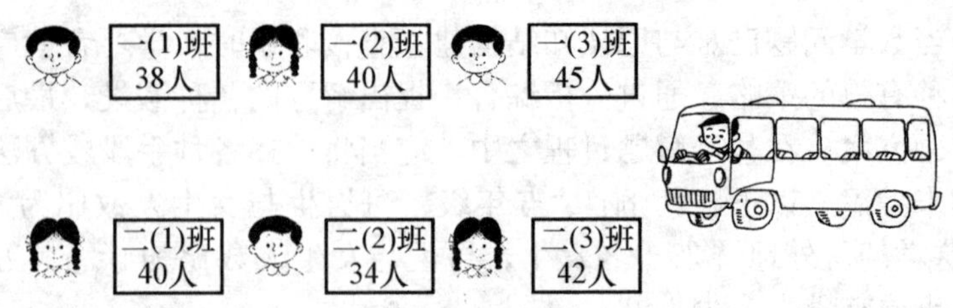


图 4—8

解　先把两班人数和正好是 80 的加在一起。

一(1)班和二(3)班人数　　38+42=80(人)

一(2)班和二(1)班人数　　40+40=80(人)

一(3)班和二(2)班人数　　45+34=79(人)(没超过 80 人)

**评价**　因为每辆车最多只能坐 80 人，所以先把两班人数相加得 80 的算出来，最后看剩下的两班人数和是否超过 80 人。现得出最后两班人数和为 79，故只有一解，其他分配不可能。此外，像这样的实际问题，一年级小学生在生活中已有一些经验，在学了百以内数的加减法后，按实际生活中提供的多方面信息，灵活地把具体问题进行具体分析，是有价值的。

**例 2**　小文有两件衬衫，三条裙子。她最多在几天内保证每天穿的衣服不完全一样？见图 4—9。

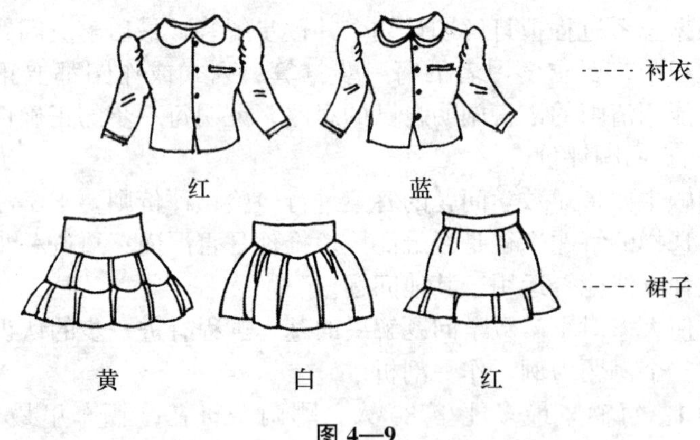


图 4—9

解法一　以衬衣为标准

红衬衣<黄裙子　（第一天）<br>白裙子　（第二天）<br>红裙子　（第三天）

蓝衬衣<黄裙子　（第四天）<br>白裙子　（第五天）<br>红裙子　（第六天）

解法二　以裙子为标准

黄裙子<红衬衣　（第一天）<br>蓝衬衣　（第二天）

白裙子<红衬衣　（第三天）<br>蓝衬衣　（第四天）

红裙子<红衬衣　（第五天）<br>蓝衬衣　（第六天）

**评价**　二三年级的小学生根据自己的生活经验，作出有序的搭配，寻找出问题解决的途径，最后得出“最多在 6 天内小文能保证每天穿的衣服不完全一样”的结论。该题渗透着排列的数学思考方法，同样是很有价值的。

**例 3**　用一张长 30 厘米，宽 20 厘米的长方形铁皮，做一个深 5 厘米的长方体无盖铁皮盒（焊接处与铁皮厚度不计）。这个铁皮盒的容积是多少？

粗看题文，有的学生以为长、宽、高的数据已知，便直接求其容积。细读题文，再认真思考，绝大多数学生都能画出示意图，正确地求出铁皮盒的容积。

解法一　在长方形铁皮的四角均截去长 5 厘米的正方形铁皮，然后焊接成无盖的长方体铁皮盒。（见图 4—10）

无盖长方体铁皮盒

长　30－5－5＝20（厘米）

宽　20－5－5＝10（厘米）

高　5 厘米

体积　20×10×5＝1 000（立方厘米）

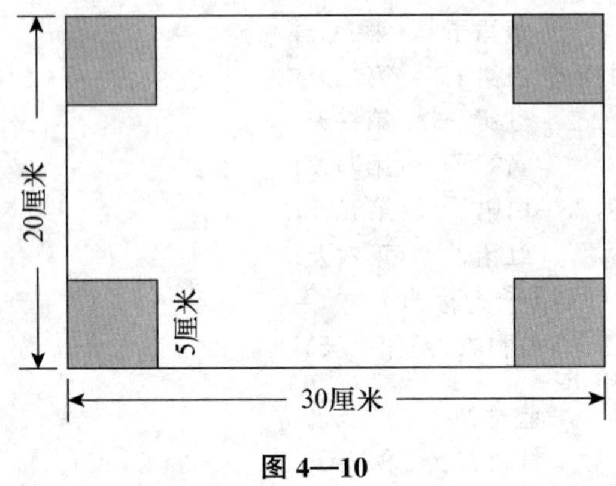


图 4—10

极少数思维灵活，解决实际问题能力强的学生所画的示意图采用割补法。（见图 4—11）

解法二　把左侧两角上割下的边长 5 厘米的 2 块正方形铁皮焊接在右侧中间部分，使左右两个侧面铁皮面积完全相同。

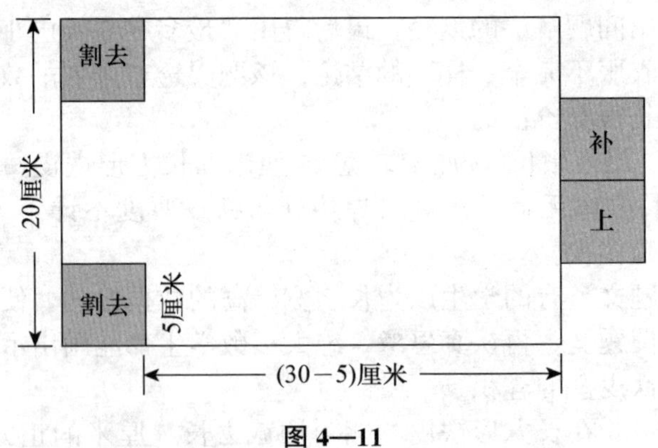


图 4—11

长方体无盖铁皮盒

长　30－5＝25（厘米）

宽　5＋5＝10（厘米）

高　5 厘米

体积　25×10×5＝1 250（立方厘米）

以上两种解法所得答案并不相同，用实际操作来检验，两种方法都是合理的，符合题意，因此都是正确的。由此可说明，此题并非只有一解。

如何评价这两种解法呢？第一种解法，在实际制作中也是常规的方法，但毕竟是学生自己设计的，应说有一定价值。而第二种解法，学生设计新颖，思维灵活，能运用原有的思考方法——割补，并使铁皮利用率达到百分之百，应给予嘉奖。由此可见，数学问题的解决的确有利于学生创造性思维的培养，学生解决数学问题的同时，也是发现与再创造。

## 思　考　题

1. 什么是概念的形成和同化？各举一教学实例分析其过程。

2. 什么是有意义的发现学习？什么是有意义的接受学习？两者有何区别和联系？用规则的发现学习和接受学习的实例作出剖析。

3. 什么是数学的智力技能？什么是数学的操作技能？分别说明它们的形成过程。

4. 试述数学问题解决的含义，并说明小学数学问题解决的特点。

# 第五章　小学数学的教学过程与教学原则

## 内容提要

小学数学教学过程中有三对主要矛盾，它们是教育者与受教育者之间的矛盾;作为学生认识对象的数学教材与人类早期对数量关系与空间形式认识的数学科学系统之间的矛盾;学习主体(学生)与客体(教材)之间的矛盾。推动小学数学教学过程发展的动力是由教师代表社会提出的教学要求与学生原有知识能力发展水平之间的矛盾。小学数学主要的教学原则有以下六条:(1)传授数学知识与培养数学能力相结合;(2)理论与实际相结合;(3)具体与抽象相结合;(4)严谨性与可接受性相结合;(5)理解与巩固相结合;(6)教师的主导作用与学生的主体性相结合。

## 第一节　小学数学教学过程的实质

小学数学教学过程与一般的教学过程是个别与一般的关系。研究小学数学教学过程的实质必先从一般教学过程开始。

教学过程是指学生在教师的指导下，从不知到知，从知之较少到知之较多的认识过程。与人类的认识过程相比，这个认识过程又有其特殊性。第一，它具有间接、引导和简捷的特点，它是在教师的指导下，以最科学、最准确、最经济的途径使学生掌握间接的书本知识；第二，这里所指的认识过程不等同于心理学上讲的“认识过程”，它概括着心理学上所讲的认知、情感、意志，以及个性心理品质形成的过程。换言之，教学过程是在教师的指导下，以最科学、最准确、最经济的途径，使学生从不知到知，从知之较少到知之较多，进而使身心得到全面发展的认识过程。

小学数学教学过程的实质与总体的教学过程完全一致，至于它本身的某些特殊性，将在下一节阐述。小学数学教学过程是在教与学的相互联系的活动中进行的，它内部的主要要素至少有以下六个：教师、学生、教学内容、教学方法、教学手段和教学评价。在数学教学过程中，数学教师起主导作用，学生是学习活动的主体，数学教材则是传递教与学信息的载体，方法与手段是达到教学目标的途径，而教学评价则是指对上述各因素进行的全面的价值判断，以促使教学活动逼近教学目标。这六个要素都有自己独立的地位和作用。但是，在教学过程中它们并不是孤立地发挥作用而存在的，而是在各要素的相互联系中作为一个整体而发挥作用的。如果它们相互联系得恰当，教学过程的整体功能必然会大于各部分功能之和，必然能保证在规定时间内使教学任务达到可能范围的最大效果，实现教学过程的最优化。因此，我们有必要来进一步研究这些基本要素之间的最佳组合，以使教学取得最佳效果。

## 第二节　小学数学教学过程中的三对主要矛盾

小学数学教学过程是传授与学习活动的统一，是各种矛盾交织在一起的复杂过程，其任务在于传授人类所积累的最基础的数学知识，使之转化成为学生的个人经验，发展数学能力、培养思想品德，为学生世界观的建立奠定初步的基础。这样，围绕着教授活动向学习活动的转化，小学数学教学各要素间的固有矛盾得以展开。小学数学教学过程的众多矛盾中有三对主要矛盾，它们是教育者和受教育者之间的矛盾；作为学生认识对象的数学教材与人类早期对数量关系与空间形式认识的数学科学系统之间的矛盾；学习主体（学生）与客体（教材）之间的矛盾。

### 一、教育者与受教育者之间的矛盾

教与学的矛盾是教学过程中各种矛盾中的最基本的一对矛盾。教师是数学知识的持有者和传授者，主导着教学过程，即在贯彻教育方针、实施素质教育、确定具体的教育目标、选择教学方法、组织教学活动中起着主导（或领导）的作用。而学生既是受教育的客体、施教的对象，又是学习的主体。随着教师的教，学生积极主动地作出自我控制和调整，因此是能动的主体。由此可见，教师的教是为了学生的学，学生的学又影响着教师的教，两者相互依存，缺一不可。这种相互依存的关系又往往是以教材为中介加以表现的。数学教材在未进入教学之前，这些知识只处于储备状态，而当教师依据学生的思维水平和知识基础进行了教学法加工以后，教材传递的可能性成为现实。而学生又通过教师的教，对原来不甚感兴趣的内容逐渐感兴趣了，获取知识时能够更主动地进行选择和加工，使教材的知识结构转化成自己的认知结构之后，再反馈给教师并影响着教师的教。所以说教与学的任何一方都以另一方为条件，两者是矛盾统一的。当然，矛盾的主要方面还是教师，因为他起主导作用。

在处理教师主导与学生主体的关系方面，历史上曾经有过多种争论。从夸美纽斯到赫尔巴特都提出“以教师为中心”，树立教师的绝对权威；以杜威为代表的实用主义教育，则反其道而行之，强调“以儿童为中心”，教师只是作为集体中的一个成员来影响儿童；20 世纪 30 年代，苏联教育家在批判西方实用主义教育理论基础上又吸取某些合理成分，提出了教师的主导作用，同时又提出“启发学生的积极性和自觉性”的重要教学原则，应该说是一大进步，但是仍未涉及学生的主体作用。学生在教学活动中的主体地位的正式确立是近一二十年来教育理论界的研究成果，并进一步明确主导与主体之间的矛盾统一的辩证关系。

总之，主导是对学生主体的主导，主体又是在教师主导下的主体，两者不可分割。教师的主导作用体现在充分发挥学生的主体作用上，从这个意义上讲，教师的主导就是为了使学生将来脱离这个主导，“教是为了不教”就是这个含义。

**二、作为学生认识对象的数学教材与人类早期对数量关系和空间形式认识的数学科学系统之间的矛盾**

在教学过程中，学生是主体，教材便是学生的客体，这一认识客体与一般的认识客体不同，它具有中介性、间接性、基本性和可读性等特点。小学数学除以上共性外，还有自己的特点。

一般都认为个体的认识过程在一定程度上重复着种系的认识过程，因此小学数学教材实际上是重演了人类早期对数学的认识及其发展的过程。这种重演并非重复，而是概括的、压缩的、精练的。只有这样，才有可能在短时期内把初等数学的启蒙知识传授给小学生。那又怎么去压缩呢？这种压缩必须符合教学规律，符合儿童的心理发展水平和数学科学的规律。例如，学习整数（指正整数）概念时，我们不仅注意到其严谨性，同时又照顾到儿童的接受能力，从“1”一直学到多位数。同时这种压缩和简练又是有条件的，我们不是简单地去作减法（削枝去叶），而是根据现代科技发展和社会需求，用新的观点来处理传统的基础知识，如适当渗透集合、函数、统计等数学思想，适当增加代数初步知识等。以代数初步知识引入小学为例，便可说明其重大意义。从数学发展历史来说，算术遇到某些难以解答的应用题时，就促进了对代数方程理论的研究，而代数方程的出现确实又简化了算术方法的解答。所以，在小学阶段引入方程，既遵循了从算术到代数的由浅入深的认识规律，重复了历史进程，又因势利导，以高带低地大大缩短了认识的历程，沟通了小学与初中数学的衔接，这是具有历史意义的。因此，作为小学数学教师，如果能够通晓其中的矛盾和统一，了解数学发展史，那就能主动地驾驭教材，能主动地分析其中的重点和难点，使教材（教与学的中介）的知识结构能更有效地转化成学生自己头脑中的认识，从而学好、学会数学。

**三、学习主体（学生）与客体（教材）之间的矛盾**

小学数学教材是小学数学教学大纲的具体体现，它规定着学生在教学中应掌握的知识、技能和应达到的发展水平。而学生原有的知识和能力水平常常面临着能否达到教材不断提高的要求的问题，因此产生层出不穷的矛盾，具体表现在以下几方面。

（一）学生旧有经验同教材新知识之间的矛盾

例如，学生日常生活中的习惯用语与教学中科学概念的不一致，像日常的垂直只指铅垂方向，而数学中的垂线是指两条直线相交成 90°，其中一条直线便是另一条的垂线，不受方位的限制；又像学生在日常生活中见到的角都是尖尖的，所以往往在认识平角、周角时发生困难。

（二）学生已具备的能力同解决新课题的新要求之间的矛盾

教学不仅要适应儿童的接受能力，更重要的要通过教学促进学生的发展。所以解决新课题所需要的能力往往高于儿童原有水平，由此产生矛盾。例如，我们常见到学生对求和的简单应用题已掌握得相当熟练（“黄花 5 朵，红花 8 朵，一共多少朵?”），但当改为含有隐蔽条件的两步应用题（将上题第二个条件改为“红花比黄花多 3 朵”）时，学生由于缺乏细微的分析能力而感到相当困难。

（三）学生具有的知识理解水平与对这一知识的叙述和应用能力之间的矛盾

有时学生似乎已理解了某个概念或规律，但要进一步用语言表述或应用它们时，却发现差距很大，因为数学语言十分精练和概括，解决实际问题时又要求学生有更高的分析综合能力。例如，学生用数学语言来表述已理解的乘法分配律时感到困难较大，如果利用它去对 37×9＋37 这样的算式进行简算，更因找不到省去的“1”而一筹莫展。

在了解了小学数学教学工作过程中的三对主要矛盾的基础上，我们还必须弄清什么是推动数学教学过程的动力。由数学教师代表社会所提出的教学要求和学生原有知识能力发展水平之间的矛盾是推动数学教学过程的动力。实践和理论都证明，当学生处于困惑的境地而自己又具有一定基础，并且经过一番努力就能解决困惑时，学习的积极性最高。因此，作为一名数学教师，应该向学生不失时机地提出恰当的新的学习任务，创造新旧认知的冲突，创设“不平衡”的问题情境，借以推动数学教学过程在动态平衡之中不断地发展，完成教学任务。

## 第三节　小学数学的教学原则

教学原则是根据一定的教学目标对教学过程规律性的认识，也是人们对教学实践的科学总结。教学原则与教学规律既有联系，又有区别。教学规律是存在于教学过程中的、不以人们意志为转移的客观规律，具有普遍性、客观性和必然性。教学原则是人们对这些客观性规律的认识，是主观见诸于客观的，因此，对同一个教学规律，往往由于认识角度的不同，可能提出不同的教学原则。随着社会的发展、科学的进步以及人们认识水平的提高，教学原则是可以改变、充实和发展的。所以说，教学规律揭示了教学过程中的“必然”，教学原则回答了教学过程中的“必须”。

小学数学教学原则是一门学科的教学原则，与教育学中所谈的教学原则是特殊与一般的关系，它既符合普遍教育中的教学原则，更体现了小学数学学科的特点。本章所谈的小学数学教学原则是以辩证唯物主义认识论为理论基础，根据义务教育的目的，结合数学学科特点和小学生的认识规律提出来的，具有时代性和针对性。概括起来，小学数学有以下六条主要的教学原则。

## 一、传授数学知识和培养数学能力相结合的原则

小学生的数学能力一般是指计算能力、初步的逻辑思维能力、初步的空间观念以及运用所学知识解决简单实际问题的能力。知识是能力的基础，各种数学能力是在数学知识学习过程中逐步形成和发展的。同时，知识的掌握又受能力的制约，已形成的数学能力反过来决定着知识掌握的程度，两者是相辅相成，相互作用的。例如，学习一步计算应用题时，可以通过补充问题和条件的形式，让学生学会分析数量关系的初步方法。那么到学习两步应用题时，就会较顺利地找出“中间问题”而掌握解题思路。再进一步学习三步应用题，也不会感到困难了。可见知识与能力是密切联系、相互促进的。但是，能力与知识并不等同，能力往往表现在知识获取的速度、广度、深度、灵活程度等方面。例如，同样学习 20 以内数的加法，能力强的学生学了一两节课，就掌握了“凑十”的方法，较快地算出 9 加几的结果；能力弱的学生学了三四节课仍不得要领。能力强的学生学了 9 加几，就能类推到 8 加几、7 加几……学一题会一串；能力弱的学生学一题只会一题，缺乏迁移能力。能力强的学生在整理 20 以内数的加法表时，能发现其中蕴含的函数规律；

能力弱的只会死记硬背。知识与能力既有联系又有区别，表现在个体上两者可能一致也可能不大一致。要使学生的知识、能力和个性得到和谐发展，必须在加强对学生基础知识、基本能力的培养的同时，对学生进行有目的、有计划的全面培养。贯彻这一原则的要求主要有以下几点。

（一）既要重视学习结果，更要重视学习过程

学习是学生一种主动的内部的认识过程，教师的教是通过学生的学起作用的，教师不仅要注意学生学到了什么，还要重视他们是怎么学到的，只有这样才能真正学到获取知识的本领。教师在教学中不能把数学知识简单地灌输给学生，或者嚼烂了去喂给学生，必须让学生在教师的引导下，通过自己的探究、思考，从已知到未知，从感性到理性，逐步掌握数学知识，形成能力。例如，有的教师教梯形面积时，不是采用演示教具→导出公式→记忆公式→运用公式的程序，而是采用两个层次对学生进行引导。教师先让每个学生取出两个全等的梯形纸片："能不能把它们拼成我们学过的图形？"当大家拼出一个大的平行四边形并导出公式后，接着教师引导学生进入第二个层次："能不能只用一个梯形，想办法把它转化为过去学过的图形？"通过思考和操作，又找出四种新的方法（见图5—1），得出同样的结论。通过这种学习，学生不仅掌握了知识，而且学到了获取知识的方法。

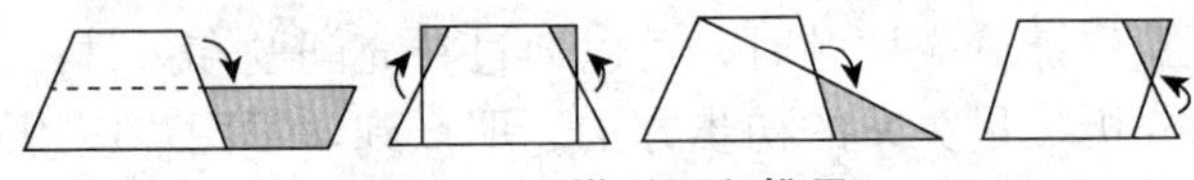

**图5—1　梯形面积推导**

（二）要合理地组织教学过程，恰当地运用教学方法

数学知识是相当抽象的。在学习一些初级的概念时，要注意运用实物、教具、学具或实例，使学生动口、动手、动脑，在感性材料的基础上，通过分析、综合，逐步概括出本质属性。例如，分数意义的教学，可以出示一个圆面将它平均分成两份，看其中的一份是整圆的多少，出示一个正方形分成四等份，取其中三份……教具演示、学具操作与谈话法相结合，引导学生明确"几分之一"、"几分之几"的意义，进而掌握"单位1"和"平均分"的含义，最后

概括出分数的意义。这种概念的形成，由具体到抽象，便于理解新知识，也有利于观察能力、逻辑思维能力、口头表达能力和实际操作能力的培养。

当新旧知识联系紧密时，则可直接由旧到新，促使学生利用其共同因素进行迁移。例如，下面两道应用题中，可以通过改变两步应用题（1）中的一个条件向三步应用题（2）过渡，让学生自己悟出解题思路。

（1）校园里种了4行李树，每行7棵，还种了30棵桃树，校园里一共种树多少棵？

（2）校园里种了4行李树，每行7棵，还种了5行桃树，每行6棵，校园里一共种树多少棵？

对一些易混的、互逆的知识，如等与不等、正比例与反比例、正向题与逆向题等，可采用对比方法帮助学生弄清其中的区别与联系，从而形成密切联系、融会贯通的知识网络，以利于知识的巩固和灵活运用。

对于重点内容和关键部分，要使学生在理解的基础上，通过必要的练习切实掌握；关于学习难点，则应采取适当分散、预作准备等方法加以突破。小学生学习一些重要的数学知识并非一次完成，必须有一个过程。在初步理解的基础上，通过练习再加深理解，才能逐步掌握。

（三）要培养学生自己组织智力活动的自觉性

在数学教学中，要培养学生肯于思考、善于思考的良好习惯。“肯”指态度，是第一位的，“善”指方法，是第二位的，但是两者又是相互促进的，如果老是苦于没有思路，即使有思考的愿望和决心也是无济于事的。因此要在学生获取知识的同时教给他们观察的方法、记忆的方法、思考的方法，这些都将改善学生的智力活动。例如，解答应用题可以用“由因导果”的综合法，也可以用“执果索因”的分析法，还可以根据不同题目灵活采用对应、转化、假设等数学思考的方法。教学中要鼓励学生用简便算法进行计算，用创新的思想去解答应用题，从而提高解决实际问题的能力。进入高年级，要引导学生懂得怎样学习数学更有效，会对自己的学习策略作出评价，培养他们自己组织智力活动的自觉性。

**二、理论与实际相结合的原则**

应用的广泛性是数学的三大特性之一。把数学教学与实际生活联系起来，讲来源、讲用途，让学生感到生活中处处有数学。数学是一门看得见、摸得着、用得上的科学。这样，可以激发学生的学习兴趣，帮助学生掌握数学基础知识，提高分析问题和解决简单实际问题的能力，培养数学应用的意识。贯彻这一原则有以下几点基本要求。

（一）注意从实际生活中引出概念

小学数学的内容很多都和生活实际有着密切的联系。例如，认识自然数，可以从数一数身边常见物体的个数着手；学习小数可以从认识商品标价开始；学习圆的特征时，可以结合学生生活中常见的事例，提出“为什么车轮总是圆的”，引发大家思考；比例尺是让高年级学生感到枯燥乏味的内容，有的教师联系拍照问：“你们都拍过照，照片上的人和你自己像不像？为什么比你本人小得多，看起来却一模一样？”接着指出在实际生活中往往需要把图像缩小（或放大）又不改变其形象，再举出地图的绘制，最后引出比例尺的概念。这样的教学使学生感到亲切，饶有趣味，也容易理解。

（二）引导学生观察数学知识在日常生活（包括生产、科技）等方面的初步应用

联系实际要由近到远，由小到大。首先从联系儿童生活实际开始，随着年龄增长，逐步扩大范围，联系社会主义的建设，使学生知道数学在实际应用中的情况，学以致用。例如，学习“元、角、分”时，让小学生扮演顾客和售货员，并在以后的班级活动中逐步放手让学生自己负责收付钱款；学完简单应用题，结合郊游、参观，收集一些数据口头编拟应用题。有的教师在教“三角形特征”时，开始出示投影图（见图5—2），问学生：“把一根木档儿钉在这把椅子的什么地方，才能使椅子不再扭动？”全班十分活跃，结果只有两种钉法（见图5—3），教师不露声色，当学生认识了三角形的特征后，再让大家审视刚才自己的结论，学生一致认为改为斜

着钉（见图 5—4）较好，达到了学以致用的目的。

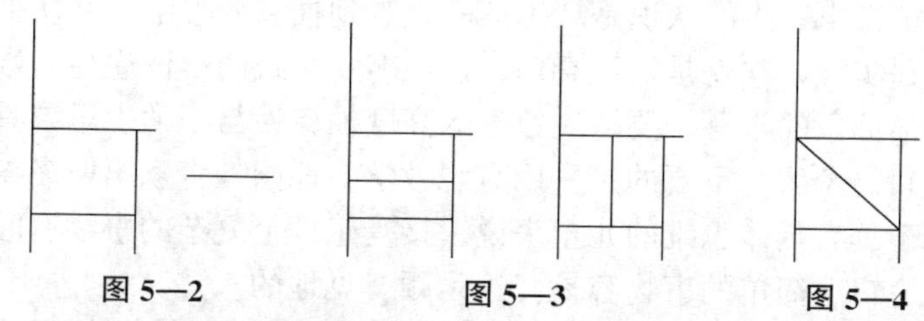

图 5—2　　图 5—3　　图 5—4

要想培养学生养成把数学应用于实际的意识和态度，教师的引导很重要。如一年级学生在学完 20 以内数的认识，并悟出一点“一一对应”的思想方法后，教师拿出一个足球，有目的地问大家：“你们能很快地数出足球上的黑白块各是多少吗？”不少学生数了这块，忘了那块，不是数重就是数漏，最后，有的学生终于想出了办法，拿起彩色粉笔在足球上边数边写，得出正确的结果。在学习比的意识时，可以让学生了解自己身上有许多有趣的比，例如，头长与身高之比为 1∶7，身高与胸围之比为 2∶1，身高与脚长之比为 7∶1，拳头周长与脚长之比为 1∶1 等，并告诉学生这些有趣的比在生活中有广泛的用处，这些比可以帮助人们裁剪衣服，可以画出符合比例的人物像，公安人员根据罪犯的脚印可以推算出他的身高等等，从而激发学生学数学、用数学的兴趣。

学习百分数时，可配合求利息、税收、奖金、罚款等问题，有的教师还引用了“中国人口占世界人口的 23%，中国可耕地占世界可耕地的 7%”的数据，对学生恰如其分地进行人口教育。学习几何，进行测量、绘图等简单的实践作业；学习“统计初步知识”，可以外出收集数据、整理数据，学习绘制统计图表。要让学生感到数学就在自己身边，把数与量作为观察周围事物的工具，并培养这方面的兴趣和态度。

（三）联系实际要符合小学生的年龄特征

联系实际要由近到远，首先从儿童周围的生活开始，逐步扩大到学校、生产、科学实验等有关内容，使学生感到生活处处有数学。联系实际要恰当，不能削弱基础知识的学习，破坏数学的逻辑体系。

### 三、具体与抽象相结合的原则

列宁指出，人的认识是从生动的直观到抽象的思维，并从抽象的思维到实践，这就是认识真理、认识客观实践的辩证途径。数学是一门很抽象的学科，要解决数学的高度抽象性与小学生思维具体形象之间的矛盾，重要的是采用直观教学。德国教育家第斯多惠认为：对于具有具体思维的儿童来说，接受感性上复杂的事物有时要比接受逻辑上简单的事物容易，这是颇有见地的。

什么叫直观？有人认为直观就是“直接观察”，因此就用演示法；其实直观者即指感性认识，直观的特点是生动性、具体性和直接性，直观教学就是指通过多种感官使学生获得大量感性认识，其目的则是在此基础上由抽象概括上升到理性认识。因此，直观教学由具体到抽象，有利于学生获得清晰的数学概念。例如，圆面积公式单用语言讲解是很难明白的，只有通过演示和操作，当学生看到一个圆通过割补转化为一个近似的长方形，长方形的长相当于圆周长的一半，宽相当于圆的半径（$r$），这样，圆面积$=\frac{1}{2}\cdot 2\pi r\cdot r=\pi r^2$，圆面积公式就深深地印在学生脑中，一旦遗忘，原有直观所保留的生动的表象还会唤起学生的记忆，直至推导出这一公式。

贯彻具体与抽象相结合的原则有以下几点要求。

（一）要采用多种直观手段

直观手段一般有两种分类方法。一种按使用功能分类，分为教具和学具。另一种按其具体化程度分类，分为实物直观、模象直观（以事物的模拟形象为直观对象，如图片、图表、模型等）、语言直观（指教师对事物作生动形象的描述和举例）以及现代化教学手段。幻灯、投影、录像、电影、计算机辅助教学等现代化教学手段，声色俱备、动静搭配、能大能小、灵活方便，使直观原则在小学数学教学过程中的运用别开生面。近年来，在数学教学中引导学生操作学具，通过手、口、眼、耳多种感官的协同作用，帮助学生学习数学。教学时，要依据儿童的年龄特征、教材内容，恰当地选择各种教具或学具，以缩短学生掌握教材的距离。

（二）要充分发挥表象的中介作用

表象是曾经感知过的事物不在面前时，在脑中重现出来的形象。表象具有直观形象性和概括性，它反映的是事物的共同的表面形象特征。小学生的具体形象思维向抽象逻辑思维的过渡，就是依靠表象这一中介环节来实现的。教学中运用直观，可以形成和积累表象，从而过渡到抽象思维，达到解决问题的目的。例如，中年级学“分数的初步认识”时，首先认识一个个的具体事物，“把一块饼平均分成两份，每份是$\frac{1}{2}$；把一个圆分成两等份，每份是$\frac{1}{2}$…”形成“$\frac{1}{2}$”的表象，类似这样就认识了$\frac{1}{3}$，$\frac{3}{4}$等分数，又在这些个别的表象$\frac{1}{2}$，$\frac{1}{3}$，$\frac{3}{4}$，$\frac{5}{6}$…中概括出分数的一般表象。这一阶段尽管还没有真正逻辑意义上的抽象，却已是一种形象的概括。接着在学习$\frac{4}{5}$与$\frac{3}{4}$比大小时，学生就可以根据自己的丰富的表象，回忆每个分数的实际含义，甚至动手画两个同大的圆，一个等分成 5 份取 4 份，另一个等分成 4 份取 3 份，顺利地得出结论。因此，运用直观时必须充分利用表象的作用。

（三）要注意及时抽象，并再回到具体中去

直观固然重要，但直观往往只是认识的起点，最终必然要摆脱它。当学生已经积累了一定的表象，就应不失时机地进行抽象概括，把认识提高到一定的理性阶段；在学生获得概念或规律以后，还要回到具体，让学生结合实际举例说明。例如，第一阶段学生已学分数的初步认识，第二阶段在此基础上可以正式学习分数的意义，概括得出分数的定义：“把单位‘1’平均分成几份，表示其中一份或几份的数叫分数。”然后学生每人举出三个不同的分数：$\frac{2}{5}$，$\frac{6}{7}$，$\frac{13}{18}$，$\frac{17}{20}$，$\frac{91}{100}$…这样，从具体到抽象，再回到具体，具体材料抽象化，抽象问题具体化，具体与抽象相互转化，数学概念和规律认识也就完整了。

## 四、严谨性与可接受性相结合的原则

严谨性是数学学科的一大特点，由于逻辑的严谨而导出结论的确定性。这里说的严谨性是指数学概念叙述得准确、精练，结论的推导和论证要严格、缜密、合乎逻辑，数学内容的编排要系统严密，条理清晰。可接受性是针对学生而定的，指的是一切教学内容要符合小学生身心发展水平，要循序渐进，难易适度，便于学生接受。在数学教学中，既要注意数学本身的严谨性，又要符合小学生的接受能力，把两者密切地结合起来考虑，才能有效地促进学生掌握数学知识，提高他们的数学能力。

在数学教育的发展历史中，曾经出现过两种偏差。一种是不顾小学生的年龄特征，把一些过于抽象、过于严谨的结论塞给小学生，严重地增加了学生的负担。20 世纪 60 年代，由美国掀起继而影响到全球的中小学数学教育现代化运动中，有的结构化教材是这样对“差”下定义的：“没有对应起来的元素的数目是差。”在学生尚未成熟前过早地引入抽象的概念，引起人们的批评。“严格的不理解，不如不严格的理解”，成为数学教育现代化运动失败的主要原因之一。另一种偏差，一味强调小学生的“接受能力”，过多地降低了数学理论的严谨性，甚至把正方体与长方体的关系错误地说成并列关系，同样也造成不良的后果。贯彻严谨性与可接受性相结合的原则，要注意以下两条基本要求。

（一）严谨性要有层次，要适可而止

小学数学是选择日常生活和进一步学习所必需的、学生能够接受的最基础的数学知识作为教学内容的，它是已经经过严格的推理、论证的科学的数学知识。由于小学生思维水平所限，在教学时，所呈现的数学法则、性质、定律及结论，一般不要求进行严格的推导和论证，可以引入学生熟知的生活实例，再逐步描述，也可以用不完全归纳法进行概括，也可以和原有概念进行类比获取，甚至在教学中还可以用一些通俗的比喻，帮助学生产生联想。例如，告诉一年级学生“＞”、“＜”像剪子，开口大的那边写较大的数，尖头那边写较小的数，形象生动，便于记忆。但是，通俗易懂，形象生动绝不能损害和违背数学的科学性和严谨性。在教学中，概念的表述必须准确，技能的各部分动作必须规范，进行判断要有根据，对原理的推导要符合逻辑。同时，要注意严谨性要有层次。如低年级学生学习除法意义时，只知道“把一个数平均分成几份，求一份是多少，可用除法”，进入中年级才给出除法的意义：已知两数的积和其中一个因数，求另一个因数的运算，叫做除法。在小学解简易方程是利用加、减、乘、除式中各部分之间的关系求解的，直到中学引入等式性质后才正式移项变号求出未知数。为此，要注意处理好知识的确定性和阶段性的关系，既要使学生理解概念在现阶段的确切含义，又不要讲得过死，以保证数学知识的科学性和教学过程的连续性。

（二）可接受性要难易适度

教学必须适合学生的接受能力，这就要求教学要难易适度，负担恰当。难易适度指的是大多数学生在规定的时限内通过努力能够达到新内容的要求。教材过难，食而不化，势必增加学生负担；教材过易，食而无味，也会抑制学生智力的发展。适合学生的接受能力，绝不能理解成只是使教学内容足够地简单，让学生举手可得，而是要把问题设在学生的“最近发展区”内，让他们“跳起来摘果子”。换句话说，也就是要掌握好新课题与学生原有认知结构中固定点之间的潜在距离。如果潜在距离过大，梯度太大，学生很可能“跳”起来而够不着，势必丧失信心；如果潜在距离过小，梯度太小，变为嚼得稀烂去喂学生，这两种都不是“适度”。总之，必须充分研究和把握好这个“度”，把学生发展的可能性和积极促进智力的开发辩证地结合起来考虑，使学生获得全面而和谐的发展。

在当今的信息社会里，电视、录像、广播、报刊杂志、电脑等每天都给学生提供大量的信息。由于科学文化的丰富多彩，小学生的接受能力也大有提高，过去认为相当深奥的科学概念、数学知识，今日已成为普通常识。因此既不能高估也不能低估学生的智力水平，应该用发展的眼光来分析跨世纪的小学生的接受能力。从目前小学数学教学的实际情况来看，更有必要强调难易适度，减轻学生的学习负担，以保证他们身心的健康发展。

## 五、理解和巩固相结合的原则

数学既是基础课、文化课，又是工具课。理解和巩固相结合的原则是根据数学学科的性质和任务提出来的。要使小学生在较短的时间内，掌握像数学那样的相当抽象的知识，必须要有一个反复学习的过程。在正确理解的基础上巩固，在巩固过程中加深理解。知识的理解和巩固又促进数学技能的形成和数学能力的发展。贯彻理解和巩固相结合的原则的基本要求有如下几点。

（一）理解是巩固的首要前提

知识和技能的巩固首要前提是理解。只有理解了的东西才容易保持。如果只要求学生把课本上的黑体字一字不漏地背下来，而不理解其含意，不明白算理，这样，不但掌握不了知识，还会抑制学生智力的发展。苏联著名的哲学家伊里莫科夫曾对死记硬背的恶果作出如下剖析："损坏思维的器官要比损害人体的其他任何器官容易得多，而治愈它却是很困难的。如果治晚了，那就完全没有治愈的可能。最有效的损害脑子和智力的办法之一，就是形式主义的死记知识。"①

当然，我们并不反对正常的记忆，恰恰相反，在理解的基础上进行数学记忆是小学数学教学的重要任务之一，如熟记加法表、乘法口诀、数位顺序，记忆运算定律、求积公式、常见的数量关系及某些必要的结语。记忆不仅是知识的储存，更重要的在需要时能及时提取出来，用以解决新问题。

（二）组织有效的练习和复习，促使知识系统化

练习和复习在数学教学中有着特殊的重要作用，小学的任何一节课都离不开练习。小学生对数学知识的掌握绝非一次完成的，要在初步理解的基础上，通过练习和运用，逐步形成技能达到巩固的目的。数学概念不仅联系紧密而且容易混淆。例如，除尽和整除、数位和位数、增加与增加到、合数与偶数、质数与奇数、质数与互质数……都要通过比较练习，帮助学生分清它们的异同，使知识按

---

① 转引自［苏］M. H. 斯卡特金：《现代数学论问题》，38 页，北京，教育科学出版社，1982。

照一定的逻辑顺序积累起来，构建成一个联系紧密的知识结构。乌辛斯基说过："智慧不是别的，只是组织得很好的知识体系。"他还批评那些缺乏系统知识的人说："装着一些片断的、没有联系的知识的头脑，像一个乱七八糟的仓库，主人从那里是什么也找不出来的。"可见，通过复习练习，促使知识系统化，在巩固知识和形成能力方面起着多么重要的作用。练习复习要科学化，要讲求实效，那种靠盲目加大作业量，增加学生负担的方法达到巩固知识的做法是错误的。

**六、教师的主导作用与学生的主体性相结合的原则**

教与学是教学过程中的一对主要矛盾，如能把两者辩证地统一起来，将是实施素质教育的根本。在教学中，教师的主导作用越是充分发挥，就越能调动学生学习的主动性和积极性；学生的主动性越是充分发挥，也就越能体现教师潜在的主导作用。两者紧密地结合起来，是不断提高课堂教学效率的根本保证。贯彻教师的主导作用与学生的主体性相结合的教学原则的基本要求有以下几点。

（一）要树立主体教育的学生观

学习是学生自己内部的活动，教师要诚心诚意地把学生当作学习的小主人。要相信所有的学生都能学习，不存在绝对意义上的差生；要相信每个学生都有自我发展的需要，都需要尊重、信任和关怀。要给每个学生提供思考、表现、创造以及成功的机会，促进他们的主动发展。同时更重要的是：不能把主体性的发展仅仅看作是提高教学质量的手段，而要把它作为教育的直接目的。

（二）要逐步建立起数学教学中的小学生主体性发展的目标

学生的主体性并不是学生这一主体的各种特性的简单相加，而是教育过程发展到一定程度的结晶。主体性包括以下三个特征，即独立性、主动性和创造性。这三大特征的排列顺序也基本体现了主体性发展由弱到强的系列。由北京师范大学教育系承担的国家教育委员会"八五"、"九五"人文社会科学研究规划重点学科项目"少年儿童主体发展实验研究"中，确定数学教学中的小学生主体性发展的培养目标有：

1. 独立性

独立性指学生学习数学有信心；不依赖教师、家长或同伴，独立完成学习任务；通过独立思考来认识和判断数学问题；不受别人的影响而轻易放弃自己正确的看法；对自己的学习结果和策略能做出适当的评价，并进行调控。

2. 主动性

主动性指学生对数学学习有兴趣，有较明确的目的；会主动安排自己的学习时间；能为自己确定较恰当的数学学习目标；主动参与学习活动，主动提出问题，并会主动和同伴就感兴趣的数学问题交换自己的认识；掌握数学的学习方法和某些数学思考方法；自觉选择简捷算法和解法解决一些问题；掌握验算方法，自觉进行验算；主动利用已学的数学知识和方法来解释或解答生活中一些简单的实际问题；会用数和形的观点来观察周围事物，并初步具有这方面的兴趣和态度。

3. 创造性

创造性指学生乐于并善于发现问题，质疑问难；不满足于常规的解题方法，能从不同方面、多角度地观察并寻求解题思路，具有一定的创新意识；比较善于直觉思维；喜欢动手操作，并创造性地操作（或制作）一些学具和模型。

以上从独立性、主动性和创造性三方面提出了小学生主体性发展的培养目标，同时按照低中高年级分别制定了更具体的培养目标及行为表现，使主体性发展不至于只停留于思辨方面，而成为可操作的、可把握的实体，便于落实，也便于评估。

（三）要善于激发学生的学习兴趣和求知欲

学习兴趣是推动学习的一种最实际的、最活跃的内部动力，它是学生认识需要的一种情绪表现，是在过去的知识、经验，尤其是愉快体验的基础上形成的。作为数学教师，不仅要考虑学生“能不能”学习，更要十分重视学生“乐不乐于”学习。培养小学生的学习兴趣，从低年级到高年级也有不同层次。对于低年级儿童，颜色、声音、动作有极大的吸引力，因此可以多采用直观教学、游戏等形式；到了中年级，则以新颖的教学内容来影响学生，满足他们日益高涨的求知欲；进入高年级，则往往是自己解决了某道难题，填补了自己认识上的空白，由内心的成功体验产生了情感上的满足，进而成为推动下一步学习的动力，这些学生虽“苦”犹乐，刻苦学习。例如，一位三年级教师教“年、月、日”时间单位时，先讲了一个故事：“小英今年 7 岁，她的哥哥小强从出生到现在只过了三个生日，你们猜猜小强今年几岁了?”有的学生顺口就答：“3 岁。”一想又不对，小英已经 7 岁，怎么哥哥才 3 岁呢？大家面面相觑。就在学生充满疑惑迫切需要解决问题时，教师引入了新课，使学生开始掌握“平年”和“闰年”的知识。整整一节课大家学得津津有味，最后又发给大家一张空白年历卡，请每人回家把明年的日期填上作为综合练习，学生更是兴趣盎然，自制年历卡成为这个班学生每年的自觉活动。

此外，还要十分重视培养学生学习的责任感，引导他们树立正确的学习目的。正确的学习目的对调动学习的主动性、积极性有着十分密切的关系。

(四) 要培养学生独立思考、勇于探究的精神

归根结蒂学习是教师引导学生不断提出问题、分析问题和解决问题的过程。学习的主体性主要反映在思维的独立性、主动性和创造性方面。要鼓励学生独立思考、质疑问难，对学生发表的不同见解不要轻易否定。要给学生创设情景，提供独立思考的机会。凡学生自己能探索的，决不替代，能独立发现的，决不暗示，尽量给学生多一点思考的时间，多一点活动的余地，多一点表现自己的机会，多一点尝试成功的愉快。

以上六个小学数学教学原则是紧密联系的，不要孤立地发挥某一个原则的作用。只有全面理解教学原则的整个体系，灵活地运用各教学原则，才能使数学教学达到预期的效果。

## 思　考　题

1. 小学数学教学过程中的三对主要矛盾是什么？你对学习主体（学生）与客体（教材）之间的矛盾是如何理解的？

2. 举例说明什么是推动小学数学教学过程发展的动力？

3. 小学数学有哪些主要的教学原则？

4. 怎样理解具体与抽象相结合的教学原则？你在教学实践中是如何贯彻的？

5. 怎样理解教师的主导作用与学生主体性相结合的原则？你在教学实践中是如何贯彻的？

6. 举例分析怎样理解传授数学知识和培养数学能力相结合的原则？

# 第六章　小学数学教学方法

## 内容提要

教学方法是受教育思想支配、受教育目的和教学内容制约的，为完成教学任务所采用的工作方法，它包括教师的教和学生的学的方法。启发式是确定小学数学教学方法的指导思想。小学数学教学方法的选择，应综合考虑教学任务、教学内容、教学对象、教师条件、教学设备以及教学时限等因素，达到教学方法的整体优化。小学数学常用的教学方法有：讲解法、谈话法、演示法、操作实验法、引导发现法、练习法等，每种不同的教学方法均有其不同的功能及使用要则。现代化教学手段（幻灯、投影、录音、录像、电视、计算机辅助教学等）在小学数学教学中的运用已日益广泛，要根据教学需要予以采用，发挥其特有的作用。

教学方法是为完成教学任务而采用的工作方法，它包括教师教的方法和学生学的方法。教学方法受教育思想所支配，又受教育目的和教学内容所制约。在小学数学教学中，同样的教材，同样的学生，同一位教师，由于采用了不同的教学方法，产生了截然不同的教学效果，这是屡见不鲜的。教学方法直接影响着学生数学知识的掌握、智力的开发、能力的培养、个性心理品质的形成，它在优化教学过程中起着十分重要的作用。

## 第一节 启发式是确定小学数学教学方法的指导思想

近年来，随着教学指导思想的端正，教学内容的更新，小学生认识能力的提高，教学条件的改善和现代化教学手段的应用，小学数学教学中创造出一些新的教学方法，如引导发现法、探究研讨法、自学辅导法、操作实验法等等。同时，一些传统的教学方法如讲解法、谈话法、练习法等，在发挥其积极作用的同时，也被赋予了新的内容。归纳起来，小学数学教学方法正在实现三个转变：一是以教为主转到以学为主；二是从只重视学习结果转到既重视结果，又重视过程；三是从只研究教法转到既重视教法又重视学法。总之，启发式教学开始代替了注入式教学，教学方法的改革出现了一个崭新的面貌。

启发式作为一种教学思想由来已久。孔子曰："不愤不启，不悱不发。"这是说当学生想知而不知，想说而说不出时，教师给以点拨指引，这就叫做"启发"。怎样启发呢?《学记》中有精辟的论述："道而弗牵，强而弗抑，开而弗达。"就是说要引导学生，不要牵着学生走，要鼓励学生而不要压抑他们，要指导学生的学习门径而不要和盘托出，这样，才能意开词达，豁然开朗。可见我国古代教育家是十分重视启迪学生思维，培养他们的独立思考能力的，无怪乎几千年以后的今日，它还具有这么强大的生命力。当然，我们今天来研究启发式，就应以马列主义的方法论为指导，吸取现代教育学、心理学的研究成果，使它更加充实。

启发式不是一种具体的教学方法，而是确定所有教学方法的指导思想。可以看到，同样的一种具体的教学方法，由于指导思想不同，可能是启发式的，也可能是注入式的。例如，引导发现法着重于探究和发现，本应有较大的启发作用，可是如果在注入式的教育思想指导之下，也可能是教师设框框，让学生往教师的思想框里去"跳"，成为变相的填鸭式。讲解法是一种接受式的教学方法，学生相对比较被动，但是如果讲得深入浅出，条理清晰，画龙点睛，扣人心弦，同样也能起到启发思维的作用。因此，衡量教学方法的好坏不能只看形式，必须视其实质，要看能否遵循学生的认知规律，最大限度地调动他们学习的主动性、积极性，能否自始至终地引导全体学生直接参与学习的全过程，培养他们独立获取知识的能力。

## 第二节　小学数学教学方法的选择

教学有法，教无定法，贵在得法。小学数学的教学方法多种多样，每一种教学方法都具有其特点和运用的范围，不存在在任何情况下对任何学生都行之有效的、万能的教学方法。因此，从实际出发，选择和采用适当的方法就显得更重要了。

什么是选择小学数学教学方法的依据？教学方法是教学过程这一整体结构中的一个要素，它和其他要素如教学任务、教材、教学手段、教学对象等都是相互联系、相互影响的。为此，小学数学教学方法的选择，必须从以下多方面综合考虑。

### 一、根据不同的教学任务选择教学方法

感知新内容时，以演示法、操作实验法为主；在理解新内容时，以谈话法、讲解法为主；在形成技能技巧时，练习法又成为主要的方法了。

### 二、根据不同的教学内容选择教学方法

小学阶段的几何属于直观几何，在教学中，要充分利用实物、教具和学具引导学生进行拼摆、折叠、绘画、测量等实际操作，掌握图形的特征和求积公式，形成初步的空间观念，因此演示法、操作实验法是教学几何初步知识的基本方法。应用题教学的重点在于引导学生在全面分析数量关系的基础上，掌握解题思路，一般适用谈话法或辅之以讲解法。此外，对不同的新内容，教学时也采用不同的教学方法，当新旧内容联系十分紧密时，往往采用谈话法、引导发现法，在关键处点拨，即能奏效；当教学某个崭新的起始概念时（如第一次认识分数），就要采用操作实验法等。

### 三、根据不同的教学对象选择教学方法

低年级儿童可以多用些演示法、操作实验法并辅之以引导发现

法。中年级则用谈话法，高年级可适当采用讲解法和自学辅导法。此外，教学方法的选择，还要视不同班级情况而异。有的班级学生思维相当活跃，可考虑采用引导发现法；有的自我评价能力较强，可以加强独立作业；有的抽象概括能力较为突出，那就可以减少直观手段；有的阅读课本习惯较强，也可适当采用自学辅导法。

**四、根据教师使用各种教学方法的能力选择教学方法**

有的教师擅长板绘，结合有关内容边讲边画，能起到很好的直观作用；有的教师长于言辞，善于表达，采用讲解法也能达到预期的效果。要提倡教学方法的百花齐放，不同的教师都可以有自己独特的风格。

除了以上四个方面以外，教学方法的选择还要考虑学校的物质设备条件。已配有电化教学设备的，在教学有关内容时，就应充分利用幻灯、投影、录音、录像、电影、计算机辅助教学等手段。如果没有，则可自制教具和学具，同样也能起到直观的作用，提高课堂教学的效率。同时，选择教学方法，还要注意到所需的教学时限，以保证按时完成教学进度。

教学方法的选择要综合以上各因素统一考虑，忽略任何一方，都会影响选择的效果。方法的选择要讲求实效，只依赖于一两种方法进行教学，无疑是有缺陷的。要注意多种方法的有机结合，逐步做到教学时间用得最少，教学效果最好，达到教学方法的整体优化。

## 第三节　小学数学基本的教学方法

我国小学数学常用的教学方法有：讲解法、谈话法、演示法、操作实验法、引导发现法、练习法、复习法、读书法、实践作业法。本节着重研究前六种。

**一、讲解法**

讲解是教师运用口头语言向学生说明、解释或论证数学概念、法则、规律的一种教学方法。其特点是教师系统地、有论据地讲解新的概念或规律，使学生在较短的时间内获得比较系统的数学知识，同时学到一些分析、推理的方法。这种方法要求学生有一定的听讲和理解能力，比较适用于高年级。运用讲解法的基本要求有如下几点。

（一）教师应具备较强的语言能力

讲解是以教师的口头语言为主要媒介，因此运用这一教学方法对教师的语言有更高的要求。要求教师的语言要清晰、精确、简练、逻辑性强，通俗易懂并有感染力。

（二）注意发挥学生的主体作用

讲解是以教师的论述、推导为主要活动，学生容易处在被动的地位。因此尤其要注意讲解的启发性，要注意引发学生的学习动机，有目的地在重点地方设“障”立“疑”，使学生始终带着强烈的求知欲去听讲。讲解必须引起学生的积极思维，才能收到良好的效果。运用讲解法一般占用的时间不长，并往往要与谈话法配合。

（三）讲解要选准新知识的生长点

讲解新知识时，要选准与新知识密切联系的并能作为其基础的旧知识，也就是要切实地复习那些在学生认识结构中能为新知识提供最佳关系的生长点，以便由旧引新，促进学生知识的迁移。例如，在讲多位数的认识时，要重点复习万以内数的读写；讲相遇问题前，则要着重弄清速度、时间与路程三量间的关系。

（四）要正确运用分析、综合、归纳和演绎的思维方法

数学课的讲解与一般的讲述不同，极少有琐细的叙事和情节的铺张，更多的是将关键内容进行分析、综合。一些定义、法则和规律都是由若干个部分组合而成的。教师在讲解时，要善于把这些整体划分成若干个组成部分，根据学生的知识基础排成由易到难、由浅入深的逻辑顺序，引导学生进行分析，使它们逐个地被学生所掌握，最后再综合，达到解决问题的目的。例如，讲两位数乘法46×12，先分成三步：（1）46×2；（2）46×10；（3）92＋460，最后再综合得出乘数是两位数的乘法的法则。

归纳是由个别到一般的推理，小学数学中的不少概念、法则、公式都是通过不完全归纳法进行讲解的。例如，教学加法交换律，先计算几组题目：

8＋5＝13　　　24＋17＝41　　　190＋310＝500

5＋8＝13　　　17＋24＝41　　　310＋190＝500

8＋5＝5＋8　　24＋17＝17＋24　190＋310＝310＋190

通过观察比较，分析异同，归纳得出："在加法中，交换加数的位置，和不变，叫做加法交换律。"演绎是由一般到个别的推理，例如，学过四边形后，再学梯形并定义"只有一组对边平行的四边形叫做梯形"，或者学了梯形后，再学等腰梯形并定义"两腰相等的梯形叫等腰梯形"，这种类属同化的学习，就是典型的演绎思维。当然，根据已学的法则、公式等对个别数学事实作出判断，都是演绎。如把加法交换律运用于简便算法就是演绎，归纳和演绎结合起来，是讲解数学知识时不可缺少的思维形式。

（五）要恰当运用板书

在讲解重点内容时，应配合板书。可以边讲边写板书，也可以在讲解结束最后总结时写板书。板书要有目的、有计划、简明扼要、条理清晰、布局合理。教师的板书犹如一幅具有整体结构的蓝图，把本节课的重点、关键鲜明而又形象地印在学生的头脑之中，起着提纲挈领、画龙点睛的作用。

（六）要使学生学会听讲的方法

听讲是学习的中心环节。要使学生学会听讲，首先要精神饱满，注意力集中；其次要抓住重点，弄懂关键问题；再次要积极思考，不懂就问，要跟上老师的思路，从老师的讲解中体会老师的思考方法；最后要认真听取总结，掌握概念和规律。

**二、谈话法**

谈话是通过师生对话的方式来理解数学新知识的一种教学方法。特点是教师根据学生已有的知识和经验，提出一系列的问题，引导学生积极思考，从而达到掌握新知识的目的。谈话法的精髓在于启发二字，用今日的话来说，就是要把当前的新课题转化为学生认识中的矛盾，激发求知欲，以此来推动教学过程的发展。谈话法有利于培养学生的逻辑思维和语言表达能力，也有利于教师及时获得反馈信息，调控教学程序，使教学过程处于动态平衡之中。谈话法不仅在理解新知识时采用，在感知、巩固以及组织练习、复习时也常采用。

运用谈话法的基本要求有如下几点。

（一）全面了解学生，为谈话作准备

谈话必须有的放矢,既要紧扣教材,更要结合学生实际。首先,要了解学生原有认知结构中作为新知识支柱的概念的掌握程度,有没有缺陷,新知识引入后,原有认知结构会产生哪些不平衡。其次,要了解学生对新课题的学习兴趣和要求。必要时引入一些容易的先行性材料作为新课题的铺垫,使学生在心理上做好准备。

（二）精心设问

施教之功，贵在引导，精心设问是谈话的核心，要有目的地设疑、激疑，引导学生去思考、去探索，直到未知的彼岸。设问是一种重要的教学艺术，设问要有目的性、针对性、启发性和连贯性，问在知识的关键处，问在思维的转折点，围绕教材的中心设置问题。

根据不同的教学目的，设问可分下列不同的种类：

1. 引入新课时的设问

引入新课时的设问属于组织注意定向的设问，目的是创设情境，引起学生的学习兴趣。这类设问要尽量与学生的生活经验和旧知识联系起来。例如，教学除法的初步认识，教师先让学生玩分小棒的游戏，“请大家都拿出 8 根小棒，把它分成两堆，怎么分都行。”接着出示学生不同分法的投影。（如图 6—1）

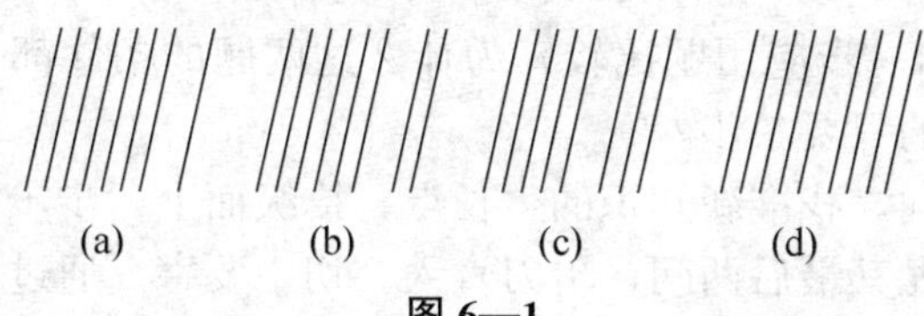


**图 6—1**

教师提问：“看看大家分得对不对？”“这四种分法中只有一种分法和其他三种是不同的，谁能把它找出来？”随后指出：“8 根小棒分成两堆，每堆同样多，这样的分法叫做平均分。”再带领学生进行几次“平均分”的实践活动。短短的两个设问由“任意分”到“平均分”，自然地引入“除法的初步认识”。

引入新课的谈话要简短扼要，可以有问有答，也可有问不答。例如，讲三角形内角和，有的教师引出课题时，也就问了两个问题："我们知道长方形、正方形的四个角都是直角，它们的内角和是多少度?""三角形的三个角的大小是不固定的，那么三角形内角和有没有规律呢?"前一问要回答，后一问不必回答，接着说："现在我们一起来研究这个问题。"这两个设问开门见山，别具一格。

2. 理解新知识时的设问

理解新知识时的设问目的是使学生由感性认识上升到理性认识，弄懂概念，推导法则、公式，掌握解题方法。这种谈话既不能"放羊"，也不能替代学生思考，必须在重点地方设问。要丝丝入扣、由浅入深、由表及里地引导学生思考，最后揭示问题的本质。

**例 1** 教学"求比一数多（少）几的数"的两步应用题。

新课："小明做了 5 面旗，小红比小明多做 3 面，两人一共做了多少面?"

教师设问：

（1）这道题目中告诉了我们什么条件？要求的是什么问题?

（2）要求两人一共做了多少面，必须先知道什么条件?

（3）这个条件告诉我们没有？先求什么，再求什么。

（4）怎样列式？（5+3=8　8+5=13。由学生分别说明两式各表示什么意思）

（5）第一式 5+3，第二式 8+5，为什么一个"5"要加两次?

（6）（和一步应用题比较）为什么这两题的条件都一样，有的要两步，有的只要一步?

以上设问，找准新知识的生长点，拾级而上，步步深入地启发学生思考，尤其最后两问，单刀直入，切中要害。通过比较，使学生找到解决问题的途径。

**例 2** 教学"某数$\times\left(1-\frac{a}{b}\right)$"的应用题。

检查：给出已学过的题目后，让学生到黑板上演示："修一条长 120 千米的水渠，已修全长的$\frac{3}{4}$，修了多少米?"

学生列式为：$120\times\frac{3}{4}=90$（千米）。

新课：将上题的问句改为："还剩多少米？"

教师设问：

（1）从线段图上看，应改变些什么？（原图问号画在"$\frac{3}{4}$"相应之处，让一名学生上黑板改图，学生将问号移到最后的"$\frac{1}{4}$"相应处）

（2）观察一下，剩下的这段有多少千米？

（3）你们又是怎样算出来的？（教师留给学生一定的思考时间，根据学生的回答板书）

（a）$120-90$　（b）$120-120\times\frac{3}{4}$　（c）$120\times\left(1-\frac{1}{4}\right)$

（d）$120\div4$　（e）$120\times\frac{1}{4}$

教师启发大家讨论分析：（a）式中 90 是未知的，不成立；（d）、（e）两式属同一类型，存在与（a）式同样的缺点；（b）、（c）两式合理，但都认为（c）式更简便。

（4）仔细想一想，解决这道题的关键在哪里？（关键在于把"已修全长的$\frac{3}{4}$"这一间接条件转化为"还剩全长的$\frac{1}{4}$"这一直接条件）

以上设问，有观察、有讨论，最后一问，画龙点睛，使学生找到了解题的症结所在。

3. 巩固新知识时的设问

巩固新知识时的设问目的是为了巩固知识、加深理解知识。设问应具有更大的启发性和一定的难度，学生要通过深思熟虑去回答。问题可以有收敛性的，也可有发散性的，要放得开，收得拢，要把问题提得活一些、深一些、广一些。

**例 1**　教学巩固"三角形内角和"的提问，教师安排一组问题，引导学生从不同角度加深对这一规律的认识。

（1）已知一个三角形的两个内角分别是120°和34°，求第三个内角的度数。

（2）直角三角形中的一个锐角是48°，求另一锐角。

（3）为什么直角三角形只能有一个直角？钝角三角形只能有一个钝角？

（4）把一个大三角形纸片剪成两个小三角形，想一想，每个小三角形的内角和是多少？

**例2**　教学巩固“真分数和假分数”的提问。

教师拿出一张卡片由学生判断：“$\frac{a}{b}$是真分数还是假分数？”有的学生说是“真分数”，有的说是“假分数”，还有的说“不一定”……通过争辩，得出结论：当$a<b$且$b\neq 0$时，$\frac{a}{b}$是真分数；当$a\geqslant b$且$b\neq 0$时，$\frac{a}{b}$是假分数。

**例3**　教学“异分母分数加减法”后的提问。

教师可抓住知识的内在联系进行设问：

（1）整数加减法为什么要数位对齐？

（2）小数加减法为什么要小数点对齐？

（3）同分母分数加减法为什么分子可直接相加减而分母不变？

（4）异分母分数加减法为什么必须先通分再计算？

通过比较，让学生自己悟出“计算单位相同，才能直接进行加减”的概括性更高的计算原理，渗透了“单位”的数学思想。这种上位同化的学习，沟通了知识间的横向联系，很大程度改善了学生原有的认知结构。

（三）要鼓励学生质疑问难

教师不仅要善于设问，还要满腔热情地促使学生发问。提出一个问题往往比解答一个问题更为重要，要使学生多思善思，首先要让他们多问善问。要启发学生在阅读课本和听课时，把疑难的地方提出来，养成质疑问难的习惯。教师要鼓励学生提出各种质疑，学生的质疑有许多是有价值的问题：“课本面是长方形，球场也是长方形，但课本的四个角比球场的四个角小得多，怎么说都是 90°?”“既然比的后项不能是 0，为什么赛球时有 3∶0 呢?”在学习小数除法时，有的学生提出：“书上把除数变成整数，我把被除数移动小数位，变成整数，一样能算出结果（并自己举例说明）。”面对这些有意义的联想和发问，教师不要急于回答，要把问题推给大家去思考。例如，对第三个学生，教师充分肯定他的设想，不迷信课本和老师，且言之有理，随后让他再算 37.5÷2.25（除数的小数位多于被除数的小数位)，除数随着被除数小数点右移一位后仍是小数（22.5)，于是学生心悦诚服地认为课本上的方法比自己的具有普遍意义，使全班学生都加深了对知识的理解，扩大了受益面。教学是师生信息相互传递的可控的双边活动，根据学生的质疑，教师有针对地给予疏导、释疑、解惑，大大地提高了课堂教学效率。

教师尤其要鼓励后进生的质疑。后进生有自卑感，往往不懂也不敢发问，于是得不到及时的补救，到了问题成堆时，就更无从问起。

（四）认真倾听学生回答

教师设问要留给学生足够的时间去思考，让他们想清楚后再回答；教师要认真倾听学生的回答，并及时作出正确的评价，要肯定每个学生点滴的进步，以增强学生学习的自信心。必要时，教师可以进一步提出补充问题引导学生思考。例如，有的学生说“圆的直径都相等”，教师可以追问：“所有的圆直径都相等吗?”有的学生说：“能被 1 和它本身整除的数叫做质数。”教师可以接着设问：“4 能被 1 整除吗? 4 能被 4 整除吗? 4 是不是质数?”帮助学生及时扫除认识中的障碍，作出合乎逻辑的判断。

（五）谈话要面向全体

谈话要让全体学生都能参与，可以有意识地向不同水平的学生提出难易不同的设问，调动每个学生的积极性和主动性，使各类学生的思维水平都在各自的基础上得到发展和提高。一定不要把谈话对象只集中在少数优等生的身上，使多数学生成为被遗忘的角落。这种教学，表面看来热热闹闹，实质是以少数人的对答如流掩盖了大多数人的迷惑不解，是另一种形式的注入式。

运用谈话要注意组织讨论，讨论和争辩可以形成教师与学生、学生与学生的多渠道、多方位的信息交流，使学习成为一个开放的系统，使全体学生收到明辨是非、相得益彰的效果。

**三、演示法**

演示是教师通过展示的实物、教具等，指导学生通过观察获得感性认识的方法。演示法在小学数学教学中有着重要的作用，尤其对低年级学生以及几何初步知识的教学更是必不可少的重要方法。它不仅可以激发学生的学习兴趣，集中注意力，而且能使抽象知识具体化，缩短学生掌握数学知识的认识过程，提高教学效果。

运用演示法的基本要求有如下几点。

（一）根据教学要求、教材性质和学生认知规律选用教具

教具演示目的要明确，重点要突出。例如，认识 20 以内的数，可选用小棒、小木块等作教具，目的是突出十位和个位。认识万以内的数应用计数器，为了说明数位顺序。认识几何形体往往采用模型和实物，以形成空间观念。应用题的难点是分析数量关系，低年级可用实物图，中年级用示意图，高年级学习分数、百分数应用题，利用线段图揭示部分与整体的关系，更有其独到之处了。

（二）教具设计要科学，使用时机要恰当

教具设计要符合差异律、组合律和活动律的要求，大小、色彩以及安放的位置都要适宜，使学生对观察对象获得完善的感知。教具演示应到使用时才展示，以免分散注意力和削弱新颖感。每节课使用教具不宜过多过杂。演示必须讲究实效。

（三）演示教具要突出对象的本质特征或发展过程

运用直观教具要选择各类典型事例，揭示对象的数量关系或几何特征。例如，学习“5”，所用的教具有图片、实物，5 只猴子、5 顶帽子、5 匹马……让学生数出 5 根小棒、5 支铅笔，还可以把 5 杯水倒入盆中，请大家闭目听 5 下拍手声，也可以请第 5 组同学起立，其中第 5 名同学坐下。这里有基数和序数，而且要用眼看、用耳听、用手摆、用口说，多种感官参与活动，由此获得对“5”的认识。

教具演示还应有目的地引导学生观察事物的变化过程，使学生获得清晰、准确的表象。例如，利用教具推导圆面积公式，应让学生先观察圆的周长和半径，并用不同颜色（如红蓝色）把半圆周和

半径涂上，然后慢慢地把两个半圆展开，拼成一个近似的长方形，这时学生从红线和蓝线的移动中看到转化后的长方形的长与宽和原来圆的周长与半径的关系，逐步推导出圆面积的计算公式。

（四）演示要配合适当的讲解或谈话

演示与讲解或谈话配合，可以提高观察的效果。演示前应向学生提出观察的具体目的和要求，说明观察的方法；演示中，教师要运用明确的指导语，指引其观察方向，尤其对某些不易观察到的重要部分，要加以引导，使学生的注意力集中在事物的本质特征上，预防非本质特征的干扰；演示后，要求学生用自己的语言说明观察结果，同时结合讲解，把观察到的现象通过分析综合、抽象概括，逐步上升为理性认识。例如，在建立“体积”这一抽象的空间观念时，老师在两个形状大小相同的玻璃杯里盛水和放进大小不同的土豆，下面是师生的系列谈话。

教师：（往两个杯子里倒水）谁能告诉我，哪个杯里的水多些？哪个少些？（指出两个一模一样的水杯，水平面在同一高度，当然水是同样多的。）

教师：（在第一杯中放进一个土豆）你们看到什么？发现了什么？水面升高是不是水多了？为什么？

学生：因为您放进去的东西占地方，把水挤上来了。

教师：（在第二杯中放进一个较大土豆）这次你们又见到什么？

甲生：杯子里的水面也升高了，而且超过第一个杯子的。

乙生：我想您这次放进去的东西个儿一定更大。

在教师明确的指导语引导下，学生获得了“物体不仅要占据空间，而且所占的空间有大小之别”的感性认识，此时此刻再出示课本中的结语“物体占据空间的大小，就叫物体的体积”，便水到渠成了。

**四、操作实验法**

操作实验是在教师指导下，利用一些设备或学具，由学生独立操作，从而获得直接经验的一种方法。操作实验法与演示法有类同的功能，但本身仍有三大特点。首先，演示法是教师演示给学生看，教师是操作者，是主动的，而学生是观察者，相对是被动的；

而学生操作学具，人人动手，认真思考，思维随之而展开，容易把学生推到主体的地位。皮亚杰曾对此作出中肯的分析："当着儿童的面做实验而不让儿童自己去做实验，就消失了由动作本身所提供的那种提供知识与培养性格的价值。"其次，从数学学科的性质来看，它的反映是符号化的数量关系和空间形式，因此，数学课的操作实验与自然课的操作实验是有区别的。自然课中学生实验的对象就是其认识对象（如学习"水的三态"，实验对象是水，用试管、酒精灯等工具，通过实验得出了水的三态的变化规律）；而数学课的操作实验，学生只是把学具作为中介物，利用自己的动作，把某些蕴含的数学的抽象逻辑关系物化出来，操作的动作本身往往就是其认识的对象（如学习"6"的组成，学生用小棒或其他材料，把6分成5和1、4和2……他们关心的是自己的动作本身，而不是小棒）；学生的动作就反映了其解决问题的思维过程，同时，又通过语言的作用，使这些物化的外部程序内化成学生的智力活动方式，从而掌握了数学知识，并发展了初步的数学思维。所以，操作实验法不仅有利于动作思维、形象思维，也有助于抽象逻辑思维，促使大脑两半球的和谐发展。再次，教学中操作学具，学生的手、眼、口、耳等多种感官协同活动，有利于建立广泛的神经联系，有利于知识的理解、巩固和提取。1990年5月北师大实验小学三年级就"植树问题"教学进行对比实验，教师、教材以及教学对象等条件作了严格控制，惟一不同的是实验班采用操作实验法，对照班采用演示法。实验结束后两周测试结果如表6—1：

**表6—1　　实验班与对照班测试比较**

| 班级 | $N$ | $\overline{X}$ | $S$ | $Z$ | $P$ |
|---|---|---|---|---|---|
| 实验班 | 34 | 90.9 | 8.06 | 2.40 | $P<0.05$ |
| 对照班 | 31 | 85.3 | 10.46 | | |

说明：表中$N$代表人数，$\overline{X}$代表平均分，$S$代表准差，$Z$代表归一化的离均值。

$P<0.05$，说明实验班与对照班的成绩差异是显著的。曾经也有教师对平行四边形、三角形和梯形的面积公式教学进行了"学生

剪拼法”与“教师演示法”的等组对比实验。① 结果证明，两种教学方法的近期效果无显著差异；但教学结束后一个月的后期测试中，采用“学生剪拼法”的实验组成绩明显优于对照组。充分说明，有无学生的亲自动手操作实验，对数学知识的巩固和提取是大不一样的。

运用操作实验法的基本要求有如下几点。

（一）学具操作要有明确的目的

新课讲解前的操作实验是为了使学生亲自获得一些感性的具体材料，为掌握新知识作些必要的准备。例如，学习除法的初步认识前，教师引导学生用小棒分一分，“8 可以分成几和几”，逐步引出“平均分”的概念。新课讲解中的操作实验，则是为了揭示概念的本质特征或概括出某些规律。例如，教学“三角形的内角和”，引导学生用折拼、撕拼或测量等活动，发现其规律。至于巩固环节进行操作实验，往往是为了深化知识，或发现某些概念之间的联系。例如，学习梯形的认识后，立即给每个学生已学过的三张不同形状的纸片，让他们设法在平行四边形、长方形、三角形中画一条线段，沿线剪出个梯形来（如图 6—2），沟通了这些平面图形之间的联系。

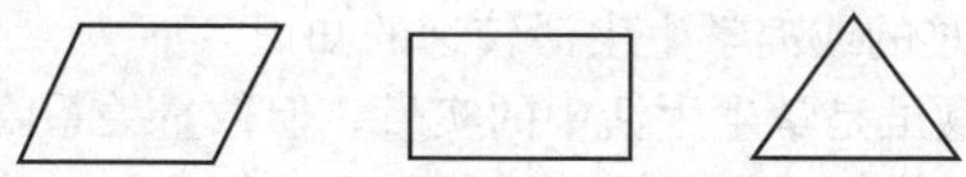

**图 6—2**

又如在学习长方体的认识后，教师又出示两个大小、形状完全相同的长方体玻璃容器（底面是正方形），由两组各派一名代表，将两桶水分别倒入这两个容器内，看谁能又对又快地使它们呈现出一个长方体来。结果有一名代表只倒入少量水，呈现出一个扁平的长方体，由此而获胜。从而进一步突破了学习难点，深化了知识。

（二）学具操作要选择恰当的内容

---

① 范一平等：《推导平行四边形、三角形和梯形的面积计算公式》，小学数学教师，1984（2）。

哪些数学内容更需要引导学生通过学具操作来学习呢？

1. 建立某些起始概念

所谓起始概念，是指很难找到与其相适应的旧知识的那些新概念，例如，认识10以内的数、20以内的数，第一次学习乘法、除法、分数的初步认识，第一次建立面积、面积单位等概念，最好都让学生用学具进行操作。

2. 区别某些易混易错的数学知识

例如，比多、比少应用题历来是低年级学生学习简单应用题的难点。儿童思维比较狭隘，往往容易出现见“多”就加，见“少”就减的不良定势。如果教学中，让学生用学具充分地摆一摆，就容易突破这个学习难点。

（1）第一排请摆出4个圆片，第二排摆的圆片比第一排多2个。

（2）第一排请摆出7个圆片，第二排摆的圆片比第一排少2个。

（3）把圆片和三角形片摆两排，要求圆片比三角形片多3个，怎么摆都行。摆后要求学生说出：你先摆的什么？后摆的是什么？又是怎么想的？

通过几次操作，从动作到表象，学生自然会悟出谁是较大的数，谁是较小的数。

3. 理解较难的或离学生生活较远的知识

有些应用题虽是学生生活中的实事，但数量关系隐蔽，仍有一定难度，可通过模拟或学具操作进行教学。笔者曾对北京海淀区三所小学的二年级学生进行应用题解题水平的测试，其中有一道填空题：“姐姐和妹妹都有20张画片，姐姐给妹妹3张以后，妹妹比姐姐多（　）张。”大多数学生答：“3张”；在面试时，教师随手用办公桌上的作业本进行模拟，在表演过程中，通过“姐姐送给妹妹3张”的动作，使学生真正意识到一加一减的数量关系。到了高年级，虽然小学生的认识能力有所提高，但对离他们生活较远的概念，如杆高与影长之间的比例关系，一组相互咬合的齿轮中，齿数与转数之间的反比例关系等认识起来仍较困难，采用操作实验法更可使这些生疏的数量关系为学生所理解。

4. 推导抽象的公式和法则

在学习“20以内进位加法”时，利用学具操作，容易使学生掌握“凑十”的思路。在认识有关几何形体的特征，推导面积、体积的公式时，利用操作实验法使它们等积变形，效果亦十分明显。

（三）操作实验要与语言相结合

词与操作相结合，是提高实验效果的重要途径。首先，要精心设计教师的指导语，以保证学生操作实验中思维定向的正确性。例如，低年级教学“有余数的除法”时，可提出：“用9根小棒，每4根摆成一个正方形，可以摆成几个这样的正方形？你手里还有多余的小棒吗？为什么不再摆一个正方形？”然后再拿10根小棒来摆正方形……通过操作，学生不仅懂什么叫余数，而且明白为什么“余数要比除数小”的道理。到了中高年级，指导语应更开放些。其次，要让学生陈述自己的操作过程，以语言的条理性促进思维的逻辑性，并要求学生说出实验的结果，用语言把已获得的认识成果固定下来。

（四）要给学生留下足够的思维空间

数学课的操作是学习意义上的操作，是一种特殊的动手活动，其特殊性是在于学生借助手的活动来实现和反映其内部的思维活动，所以必须给学生留有足够的思维空间。例如，教学“分数的意义”时，先请每个学生拿出一张同样大的正方形纸：“怎样折叠，可以得到它的$\frac{1}{4}$？”学生有以下多种折法如图6—3。

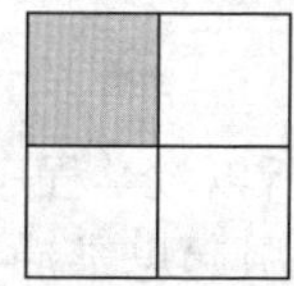
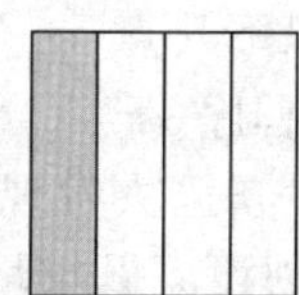
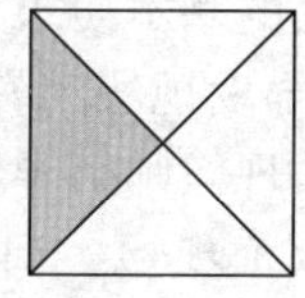
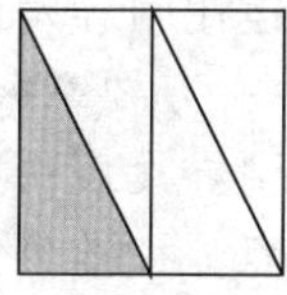

**图6—3**

教师引导学生比较：“这些$\frac{1}{4}$的形状都不同，大小相等吗？为什么？”再让学生每人将自己准备的线绳（长短不一）折一折，表示各自绳长的$\frac{1}{3}$，再次引导比较：“都是$\frac{1}{3}$，长短相等吗？又是为什么?”通过正反两例的比较，突出了整体与部分的关系，加深了学生对分数意义的认识，并培养了学生的分析能力。

（五）学具操作要注意适时、适量和适度

适时就是要注意最佳时机，当学生想知而不知，似懂而非懂时，用学具摆一摆，就会起到化难为易的效果。适量是指要控制使用的次数，不要搞得琳琅满目、多多益善。适度是指当学生的感性认识已积累到一定程度时，就应使学生在丰富的表象的基础上及时抽象概括，掌握火候，使感性认识逐步上升为理性认识。

**五、引导发现法**

发现法是由教师提出课题，让学生完全独立地去探索和发现结论的一种方法。这种教学方法是20世纪50年代末布鲁纳所倡导的，并流传到欧美各国。这种方法在不同的国家有不同的名称，如问题研究法、探索法等，其实质都基本相同。布鲁纳认为：人类全部生活中最突出的特点是人会独自发现事物，因此，他把学生不仅看成是学习的主体，而且是发现者，甚至要像科学家那样去发现，这是发现法的最大特点。引导发现法与布鲁纳最初提出的“纯”发现法略有区别，它允许教师在学生拟订解决问题的途径和提出的有关假设出现较大故障时，酌情给予一点帮助和引导。发现法能很大程度地激发学生学习的主动性和创造性，提高学习兴趣，培养学生的思维能力和独立获取知识的能力，尤其通过发现能使学生了解某些数学知识产生的由来。

运用引导发现法的基本要求有以下几点。

（一）要掌握引导发现法的教学程序

引导发现法要体现教师引导学生自己去发现，所以教学程序有其特点，大致分为六个步骤。（1）创设问题情境，引起思维冲突，促使学生探索；（2）明确探究的目标和中心；（3）拟订解决问题的途径，收集资料；（4）根据所得数据或资料，提出假设；（5）组织讨论，检验假设；（6）得出结论。

（二）要重视学生发现的过程，留给学生充分的时间去探索

例如，教学长方形面积的计算时，教师给学生创设了问题情境：每人三个大小不等的长方形纸片，一张面积计（即透明的方格

纸，每方格为1平方厘米），几十个表示这样面积单位的小正方形纸片，学生用的米尺一把，让他们用不同方法求出每个长方形的面积。学生紧张地活动着，有的用面积计去直接测量，有的用面积单位去“铺方格”，有的用尺子去量长方形的长和宽，再在上面画方格……最后终于找到它们的共同规律。在整个20分钟内，学生经历了一番曲折的道路，有尝试、假设、操作、探究和分析的一系列活动，终于找到解决问题的途径。因此，在学生探索、发现的关键时刻，教师一定要舍得花时间，要善于等待，让学生有足够的时间去探索和思考。

（三）要注意引导发现法运用的范围

应选择小学生有可能、也有必要发现的某些新教材作为采用发现法的内容。小学数学教学中有些内容是约定俗成的，绝不能靠学生去发现而且也发现不了的，如整数的读法和写法、几何形体的名称、四则运算的顺序等。有些内容则是学生通过观察、操作、思考可以发现的，例如，长方形、正方形的面积计算、加法和乘法的运算定律等。此外，要考虑到必须是大多数学生在已有经验和知识的基础上，通过努力能够发现的规律，否则，费时很长，不一定收到好的效果。

（四）要注意发挥教师的引导作用

在一般教学过程中，教师的主导作用是直接的、明显的；而引导发现法却不然，教师的主导作用是潜在的、比较间接的，它反映在教具、学具的准备，方案的设计，估计发现的困难等方面。因此，如何做到真正发挥教师的引导作用并恰到好处，仍是一个值得研究的问题。一般应注意：（1）上课前要细致地设计方案，明确探究的目标和所需要的操作材料。（2）要充分估计学生在探究中可能遇到的困难，可能发生的问题。必要时，可以启发，但一定要避免暗示。（3）要引导学生充分讨论或争辩，出现某些错误的结论时，留给大家去辨析，教师不要过早地作出评判。（4）必要时，教师可配合适当的讲解。

**六、练习法**

练习是在教师的指导下，巩固数学知识，形成数学技能技巧时常用的一种方法。练习在数学教学中占有特殊的重要地位，它有教学、教育、发展和反馈四方面的功能。教学功能是指数学知识的巩固和应用；教育功能即思想品德的熏陶、学习习惯的培养；发展功能是指思想方法的训练、思维品质的培养；反馈功能就是师生双方及时获得来自练习中的反馈信息，有效地调整教与学的程序。练习是一种有目的、有计划、有指导的教学活动。心理学家曾指出："书法很坏的人，写了一生，但是他的书法也不能由此而变好，只有经常的重复，而没有练习。"因此，如何科学地组织练习，提高效率，是一个至关重要的问题。

运用练习法的基本要求有如下几点。

（一）练习内容要有针对性和典型性

练习要抓住主要矛盾，在学生认识的转折点上下功夫。例如，小数除法是整数除法的延伸，关键在于如何处理除数中的小数。可进行以下针对性的练习：

根据商不变的性质把下列各题改为除数是整数的除法：

$62.8\div17.3=(\quad)\div173$

$25.6\div0.032=(\quad)\div32$

$10\div0.04=(\quad)\div4$

$19.8\div52.8=(\quad)\div528$

小学生思维比较狭窄，对某些形似实异的内容缺乏细致辨析的能力，学了面积就和周长混淆，学了反比例又和正比例干扰。有意识地把它们安排在一起作对比练习，将能收到良好的效果。例如：

$6-4\frac{3}{5}$ 和 $6\frac{3}{5}-4$

$\frac{5}{8}\div5$ 和 $5\div\frac{5}{8}$

某商品原售价 20 元，现售价 12 元，降价了百分之几？

某商品原售价 20 元，现降价 12 元，降价了百分之几？

（二）练习安排要有坡度、有层次

智力技能的形成，有一个由懂到会、由会到熟、由熟到巧的过程。练习的安排也应贯彻循序渐进的原则，先单项后综合，先基本后变式，先尝试后独立，有坡度、有层次地进行。练习一般要经过模仿、熟练和创造三个阶段。第一是技能初步形成的阶段，题目可以是基本的、带有模仿性的；第二是技能巩固的阶段，可以有变式题、小型综合题，这时要注意以新带旧，逐步注意知识的系统性，当这些技能达到一定的熟练程度后，就要转入第三阶段；第三阶段是技能的发展阶段，练习题要有一定的综合性和灵活性，促使学生能灵活地运用知识去解决实际问题。教学中，要掌握火候。过多地停留在第一阶段，简单重复，会影响学生的智力发展；过早地进入第三阶段，未熟求巧，欲速则不达，后进生更感到困难。要根据班级具体情况设计练习，条件好的，坡度可适当大些；条件差的，坡度可以小些，但是不论怎样，练习总要有坡度、有层次，为学生提供思维的阶梯，不能在一个平面上原地踏步。下面是一组平均数应用题的练习设计，供读者自行分析以窥其一斑。

（1）小明看一本故事书，第一天看 38 页，第二天看 41 页，第三天看 50 页。平均每天看多少页？（基本题）

（2）气象小组在一天的 2 时、8 时、13 时、20 时测得温度分别是 12℃、20℃、27℃、21℃，求这天的平均温度。（搀入说明事理而不进行计算的条件）

（3）拖拉机第一天耕地 4 公顷，第二天耕地 3.8 公顷，第三天上午耕地 2 公倾，下午耕地 1.6 公顷。平均每天耕地多少公顷？（加权平均数）

判断正误　（4＋3.8＋2＋1.6）÷4

（4＋3.8＋2＋1.6）÷3

（4）糖厂一二月份共生产糖果 17 200 千克，三月份生产糖果 12 650 千克。求第一季度平均月产量。（加权平均数）

判断正误　（17 200＋12 650）÷2

（17 200＋12 650）÷3

（5）谢美期末考试语文、数学、外语的平均成绩是 85 分，已知语文得 83 分，外语得 80 分，求数学考试成绩。（逆向）

（三）注意练习的质与量的辩证统一

处理好练习中质与量的辩证关系是提高练习效率的重要保证。

练习成功的条件之一是练习的经常化，但练习决不是简单的重复，每一次练习都必须有明确的目标和要求，才能达到巩固知识、培养技能、发展智能的目的。目前教学中存在的“以多取胜”盲目加大练习量的错误倾向，只能得到广种薄收、事倍功半的结果。许多心理学家的研究证明，练习量超过负荷，学生不仅不会受益，反而效率递减，智力更加迟钝，至于“错一罚五”的惩罚性作业，不仅迫使学生的作业“龙飞凤舞”、“缺胳膊短腿”，而且造成学生的逆反心理，更是贻害无穷。作业的设计，必须在保证一定练习量的前提下，着重于练习题质上的提高。要使学生练习一题有一题的收获，甚至一道好题当作十题来练，使学生从中悟出规律，达到举一反三、触类旁通的目的。

例如，一位教师在教三角形面积计算后，出示一道练习题，见图 6—4。①

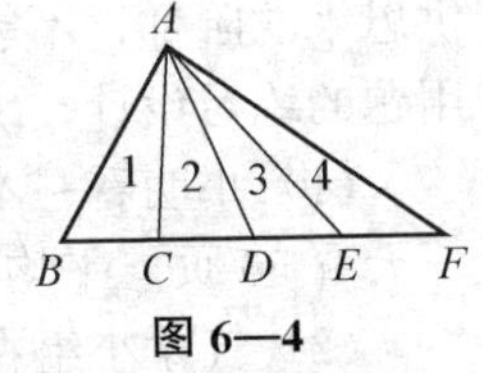

**图 6—4**

“如果 $BC=CD=DE=EF$，图中的四个三角形哪个最大？”问题一提出，全班气氛便活跃起来，在争论中统一认识：这四个三角形等底等高，面积相等。然而教师并不就此“收场”，进一步提出开放性的问题：“能不能用另外的方法把这三角形平均分成 4 份？”学生根据已有的认识又出示了多种答案，见图 6—5。这样的题目深化了知识，激发了兴趣，锻炼了学生的思维。

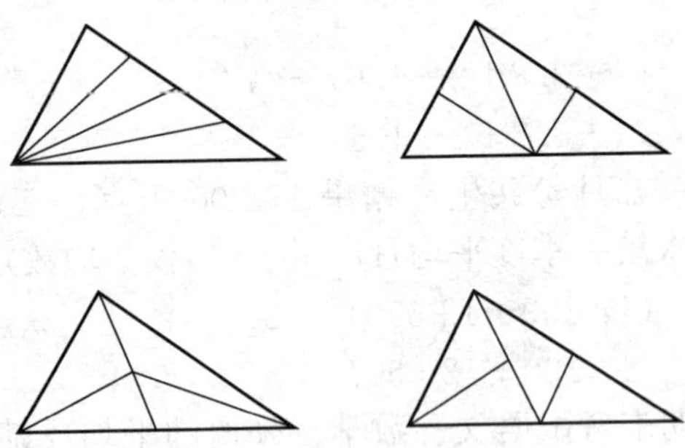

**图 6—5**

① 曹永南：《易中置疑再起波澜》，载《小学数学教师》，1996（6）。

（四）练习要多次反馈

成功的数学教学，不仅在于成功的讲解，而且还取决于高效率的练习。好的练习能主动地把学生学习的疑难问题、困惑之处诱发出来，及时而公开地予以纠正，使错误消灭在萌芽之中。应当看到，学生做完作业后，总是抱着希望知道练习的结果，并且抱着不再出现错误的愿望去学习。学生智力技能的形成，很大程度上取决于是否能及时获得这种矫正性的信息。因此，一节课可以有尝试性的、半独立性和独立性的几次练习，不断从学生的练习中获得反馈信息，调整教学程序，有目的地促进学生智力技能的形成。

（五）注意科学地安排练习时间

合理安排练习时间对提高练习效率起着重要的作用。根据心理学研究结果，技能技巧练习的一般规律如下，见图 6—6。

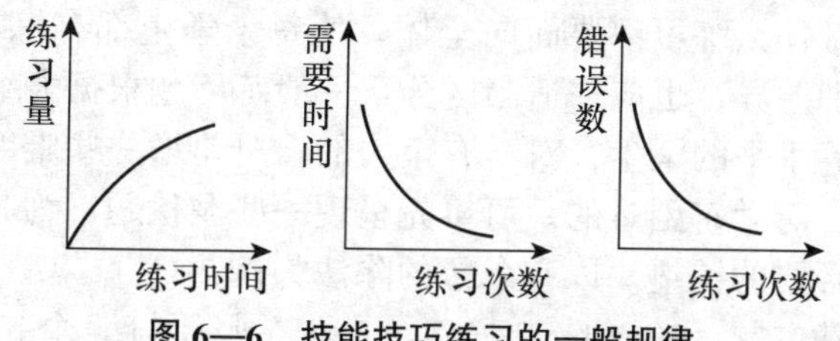


**图 6—6　技能技巧练习的一般规律**

从图 6—6 中看出：（1）单位时间完成的练习量随着练习时间的后延而不断增加；（2）随着练习次数的增加，对于一定量的练习所需用的时间则逐步减少；（3）练习次数逐步增加，练习中出现的错误也相应减少。根据这一般规律，我们要研究练习时间的长短、次数的多寡以及间隔的疏密等问题。一般说来，分散练习比过度集中练习效果好。例如，每天进行三分钟的口算（包括视算、听算），持之以恒，必然使学生计算能力提高很快。根据遗忘“先快后慢”的规律，在学完新知识后要及时组织练习，练习次数的分布要“先密后疏，就是在开始练习时，间隔时间要短，次数可以集中些，以后间隔时间可逐步加长，次数也逐渐减少，但是仍要在一定时间内交叉进行。例如，练习分数四则运算时，带一些整数、小数计算；练习应用题时，穿插一些几何求积的题目。要使旧知识不断地溶化、综合在新知识中，不断得到加深和巩固。另外，在练习中有时会出现“高原现象”，即以一定的阶段如口算的速度和正确率都处在相对稳定状态，再也不容易提高；这就要分析原因，要以改变练习形式或提出更新的要求，如简算的要求，用化繁为简来减少失误。

（六）练习形式要灵活多样

练习形式除了常见的口算、笔算和应用题以外，还可以适当采用填空、判断、选择、改错等形式，并要注意发挥各种不同题型的不同功能。学习几何初步知识，还要采用作图、测量、小制作等实践作业。低年级更可采用夺红旗、找朋友、开火车等游戏或竞赛性的练习。丰富多样的练习可以大大地提高学生的学习兴趣，促进学生从不同角度来巩固所学的知识和技能。

（七）练习要面向全体，因材施教

无论做什么练习都要面向全体，使每个学生都有练习的机会。但由于个别差异，也应作适当区分：一般练习题根据大纲要求面向大多数中等水平的学生；对学有余力的，可略增一些难度，让他们博学多思；对学有困难的，可事先呈现一些孕伏题，为其顺利解答正式题作必要的铺垫。以有余数的除法为例：

（1）基本题。38÷4，52÷7；一件衣服要钉 5 个扣子，43 个扣子可钉几件衣报，还剩几个扣子？

（2）提高题。（ ）÷3=7……2，47÷（ ）=6…5；编两道除数是 5，余数是 3 的除法式题。

（3）孕伏题。找出下面各题的错误，说一说为什么错：29÷4=6…5，45÷5=8…5，23÷8=3…1。

把练习分为几个层次，可使能力弱的学生吃得消，一般的学生吃得好，能力强的学生吃得饱。而且不同水平的学生随着他们的进步必然会有变化，能力弱的做完基本题后，有时也可试做提高题，使他们也逐步提高。

（八）要教会学生练习的方法

要培养学生独立作业、认真思考和自我检查的良好习惯：（1）练习前，要使全体学生明确练习的具体目标和要求。（2）认真审题、抄题、计算和解答。（3）对解答的结果和过程进行细致的检查和验证。(4) 练习后认真总结，分析错误所在以及原因，以便不断提高。

本节仅就小学数学中常见的六种教学方法作一阐述。教学方法是多种多样的，随着教育思想的更新，教育改革的深化，将会出现更多的教学方法。

## 第四节　小学数学教学手段的现代化

近二三十年以来，现代化教学手段在小学数学教学中的运用已日益深入和广泛，并开始涉及到教学模式的改革。本节着重对电化教学手段在小学数学教学中的作用、选择和使用作一简述。

### 一、电化教学与小学数学教学

(一) 什么是电化教学

在教学中，运用现代教学媒体并与传统媒体适当结合以传递信息，达到教学过程的优化叫做电化教学。平时所说的电化教学手段就是指运用幻灯、投影、电视、电影、录音、录像、电子计算机等电教媒体进行教学的方法和方式。为使概念清晰，特作以下说明。

第一，媒体是 media 的英文译名，指载有信息的工具，如报章、广播等。“教学媒体”是储存并传递教学信息的工具，其中分两类：一类是书本媒体，如教科书、练习册、教学参考书等；另一类即非书本媒体，也就是电化教学媒体。现代教学媒体就是指当前教学时所采用的电教媒体，它由硬件和软件两部分组成，硬件指各种教学机器（如幻灯机、投影仪、录像机、录音机、电视机、计算机等），软件则指载有教育信息的幻灯片、投影片、录像带、录音带、电影片、计算机软件等。在教学中凡正确运用了电教媒体的，就是电化教学。

第二，电化教学必须遵循现代教育理论的指导，运用现代教育技术。因此人们常用这样的公式来表述：电化教学＝现代教育科学理论×现代教学技术。

第三，在教学中，电教媒体的使用绝不排斥传统的教学媒体（如图片、仪器、文字教科书等），为实现同一个教学目标，这两种媒体是相互配合着使用的。一般说来，电教媒体必须恰当地与传统教学媒体结合才能更好地发挥其功能。

第四，电化教学过程与一般教学过程相同，教师必须起主导作用，即人与机器之间，人始终是主导者；所不同的是在电化教学中，必须要有教学机器的参与。

电化教学是一种新的教学手段或方式。它是随着社会经济、科学技术以及现代教育理论的发展而发展的。回顾其发展历史，19世纪90年代，幻灯开始进入教育领域；20世纪初，发展到无声电影；20世纪20年代，无线电广播开设了最早的教育节目；20世纪30年代，有声电影和电视成为“视听教育”的最早工具；20世纪40年代，录音技术被引入了教育领域；20世纪60年代，闭路电视在教育系统中运用；20世纪70年代，电子计算机辅助教学等得到了应用。不到一个世纪，电化教学手段发展得如此迅速，这一切与教育理论、系统论、信息论、控制论的理论发展，有着十分重要的联系。

（二）电化教学手段在小学数学教学中的作用

第一，电化教学手段可以根据教学的需要，把数学内容在大与小、远与近、动与静、快与慢、虚与实、部分与整体、外表与内观之间相互转化，使数学概念的形成、数学事实的联系、数学规律的推导等过程，能形象而清晰地显现出来，从而缩短认识过程，起到化抽象为具体、化难为易的重要作用。

第二，电化教学手段利用声、形、色等多种渠道，同时作用于学生大脑，形成鲜明的表象，有利于知识的获取和巩固。而且这种手段的生动、形象和感染力，大大激发起学生的学习兴趣，激活思维活动，使学生在欢快、愉悦、充满活力的情趣中获取数学知识。

第三，电化教学手段不受时间、空间的限制，运用方便，在感知、理解、巩固及应用数学知识的各个阶段都可采用，促进数学认知结构的建立、数学能力的培养。由于不少电化教学手段都可以随时随地反复运用，也有利于适应个别差异，因材施教。

第四，电化教学手段可以加大课堂教学密度，提高教学效率。数学教师利用幻灯、投影，甚至计算机辅助教学进行口算、应用题、几何等内容的练习，大大节省师生抄题的时间，把有限的时间用在解决问题的重点上，同时练习中可以及时、全面、准确地获得反馈信息，引导学生矫正错误，有效地促进智力技能的形成。

第五，电化教学手段可以提高信息的增殖率。用现代化教学方法如广播电视、卫星传播电视等，可以把优秀的数学教学录像课、专家的学术报告等信息的增殖率扩大到几千倍、几万倍……大大扩大受益面，提高教师素质。

第六，电化教学手段的运用也将促进小学数学课堂教学模式的改革。传统的课堂教学是人——人的系统，现代化教学是人——机——人的系统，电化教学手段的广泛运用，尤其是计算机辅助教学的引入，原来的课堂教学模式会有相当大的变化。

## 二、电化教学手段的选择和应用

### （一）电化教学手段的种类和功能

电化教学手段根据其特点可分为光学的、音响的、声像的以及综合的四大类。小学数学教学中常用的电化教学手段有以下几种。

1. 幻灯

幻灯机是一种能把图片放大并成像于屏幕的光学仪器，主要用于提供放大的静止图像，而且可以任意控制图像呈现时间的长短。小学数学教学中，可使用幻灯观察主题图、重要插图、计算示意图等。必要时，还可加上抽拉片、覆盖片，变静态为动态，以加强观察效果。利用幻灯进行教学，可以集中学生的注意力，培养观察力，加深对数学知识的理解。

2. 投影

投影仪是另一种光学仪器，不仅能将透明的图片放大成像于屏幕，而且可以当作黑板使用，教师可以边讲边写、边讲边画。使用时不需要严密的遮光设备，而且它和银幕距离较近，使用起来较幻灯更方便、更灵活，是当前我国小学数学教学使用最普遍的一种电化教学手段。

3. 录音

录音主要用于记录、重放和传输声音。录在磁带上的声音磁迹可以长期保存，不需要时可抹去并重录，功能完备的录音机可以自动录音、自动关机和自动循环放音等。小学数学教学如配合某些素材的录音，可以烘托教学情境，吸引学生的注意力，培养想像力。例如，教学“年、月、日”一节，用录音机播放“时光老人”的一段插话，向学生进行遵守时间、爱惜时间的教育，可以收到很好的效果。

4. 录像

录像可以记录、重放图像和声音，既传形又传声，是一种很好的声像教学媒体。如果配合摄像机便可录制教学活动的过程，教师观看可以分析教学过程中的优缺点，改进教学。录像往往用于录制和播放电视教材。

5. 电视

电视的基本功能与电影相仿，但比电影更具有速报性、同时性和广泛性。根据图像和声音传播的方式可分为两类：一是闭路电视，图像与声音只在有限区域内通过电缆传送，往往一位教师在教室里上课，可同时使若干教室里的学生同时看到；二是开路电视，用无线发射方式传送信息。现在开路电视主要通过卫星转播，播放我国优秀的小学数学教师的录像课，对提高义务教育质量起了十分重要的作用。

6. 计算机辅助教学

用计算机进行辅助教学的过程是：学生通过键盘向中央主机提出请求，中央主机接受信息后，经过分析提供所需信息，并通过电视屏幕传出（配合声音信息）。中央主机还可要求学生回答问题，学生通过键盘或光笔作出某种反应，计算机根据其正确与否再进一步提供信息。目前在小学数学中进行的计算机辅助教学，较多用在两个方面：一是训练和练习，可以减轻教师的重复性劳动。学生回答计算机给出的题目，机器及时反馈并给予鼓励，如果已掌握所学知识，又给出略难的一组题目。二是对某些微观的过程进行模拟，例如，学习圆的认识，传统手段就是利用挂图，从实物到图形的认识，学生对“圆”的形成仍无所知，采用计算机辅助教学，荧屏上首先闪动一个“点”（指圆心），然后按顺时针方向哒，哒，哒……地（伴有音响）闪动出圆圈，通过动态演示，使学生形象地感到

"圆就是在平面内到一定点距离等于定长的点的轨迹"，于是，发现"圆心决定圆的位置，半径决定圆的大小"的道理。这种模拟是其他手段所不能代替的。

当前，随着微电子、计算机、通讯技术的发展，多媒体技术已开始进入教学领域。多媒体是指能同时抓取、处理、编辑、存贮和展示两个以上不同类型信息媒体的技术。多媒体把电视式的视听信息传送能力与计算机交互控制功能相结合，使计算机多媒体化。多媒体虽刚露头角，已显示其优越性。但是，由于其制作技术复杂，费用较昂贵，目前只在条件好的地区开始推广。

（二）运用电化教学手段的一般模式

电化教学的一般模式，有以下几种。

第一，学生直接向电化教学媒体学习，电化教学媒体对学生的反应作出反馈。这种模式一般在电子计算机辅助教学时采用。其特点是不需要教师作中介，教师的作用在于编制程序教材并通过程序设计间接控制教学过程，因此，要求学生具有掌握使用电子计算机的操作技能。这类模式，在小学数学教学中往往用于练习，并适合于个别教学。

第二，教师借助电化教学手段向学生传递教学信息，师生交互反馈。这种模式一般在课堂教学中采用。教师的讲解与运用电化教学手段相结合，并共同完成教学目标。这种模式在数学教学中用得最普遍。如教学长方体的体积，教师利用投影仪，依次出现下图（图6—7），又配合启发谈话，得出长方体体积的公式，然后进行练习。

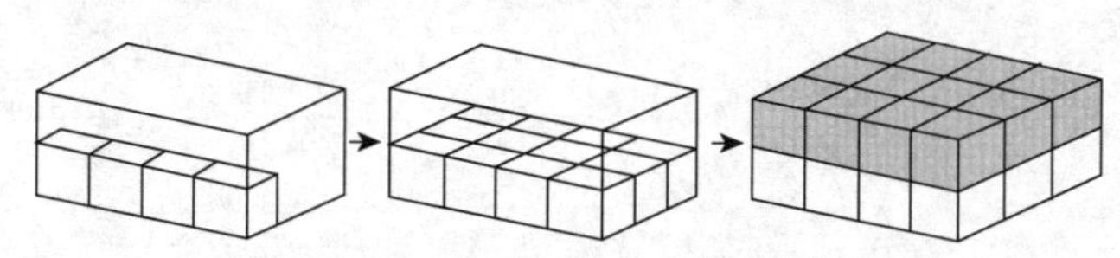

**图 6—7 长方体体积公式推导演示**

第三，学生向教学媒体学习，通过教师作出反馈。这种模式一般在自学辅导和远距离教学时采用。我国的电视广播大学就是用媒体传授与教师面授相结合的模式。在平时教学中，由教师布置作业，学生自己在视听中心（或资料中心）运用各种媒体独立完成，最后由教师检查，也是这一模式的应用。

还应着重说明的是，虽然我们阐述了多种提高数学教学效率的教学方法以及现代化的教学手段，但重要的是不能使这些方法和手段绝对化，一定要弄清楚在什么条件下使用才能发挥最大的作用。同时，在选择和使用这些方法时，要充分表现出每位教师自己的能力、特长和才华来，这样才能唤起学生深刻的情感体验，真正激活学生学习的动力，更好地实现教学过程的优化。

## 思 考 题

1. 试论小学数学教学方法的指导思想。
2. 选择小学数学教学方法的依据是什么？
3. 举例分析小学数学课的讲解法与一般讲述有什么不同？
4. 引导发现法与谈话法有什么区别？自选一个内容写出你运用这两种教学方法的具体过程。
5. 试述操作实验法在数学教学中的意义和作用，并举例说明。
6. 什么是电化教学？结合教学实践分析其功能。
7. 你认为怎样才能实现教学方法的整体优化？

# 第七章　小学数学教学的组织

## 内容提要

课堂教学结构是指在一定的教育思想指导下，为完成一定的教学目标，对构成教学的诸因素，在时间、空间方面所设计的比较稳定的、简化的组合方式及其活动程序。设计小学数学课堂教学结构要掌握以下七个原则：(1) 教学目标具体化原则；(2) 暴露认知建构过程原则；(3) 信息交流多向性原则；(4) 教学方法整体优化原则；(5) 信息反馈调控原则；(6) 知情交融原则；(7) 时控性原则。小学数学课堂教学类型有综合课与单一课之别。单一课可分准备课、新授课、练习课、复习课、检查测验课、作业讲评课等，每一种课型均有它自己的特点及基本结构。备好课是提高课堂教学质量的根本保证。小学数学课外活动有其自己的功能、特点和内容，它和数学学科课程一起相辅相成地发挥在培养学生数学素质方面的整体功能。

九年义务教育的课程分类包括学科课程和活动课程两大部分。本章阐述的小学数学教学的组织也涵盖了课堂教学与课外活动两大部分。

## 第一节　小学数学课堂教学结构

### 一、什么是课堂教学结构

课堂教学结构必须从教学过程谈起。第五章中已经提及，教学过程是指学生在教师的指导下，从不知到知，从知之较少到知之较多的认识过程，它是教师、学生、教材、教学方法、教学手段等多种要素综合发挥整体功能的过程，所以我们可以认为，教学过程的实质是个多层次、多方面、多矛盾的复杂过程，也有人称之为“大系统”。教学过程的“多方面、多矛盾”前面已阐述，至于教学过程的层次，则由高到低至少可分为四种。第一种是指一门学科从开始到结束作为一个教学过程；第二种是指一门学科从学期始到学期终作为一个教学过程；第三种指某一单元或某一章自始至终的教学作为一个教学过程；第四种指某一知识点或某一节课自始至终的教学作为一个教学过程。这四种是一层包含一层的。在研究时，人们往往把第四种教学过程当作一个“细胞”来进行分析，这就是我们研究的课堂教学结构所涉及的范围。但是，第四种教学过程也只是整个教学过程“长河”中的小小的一段，这一小段由于它在整个教学过程的位置之不同，就有不同的结构和模式。

课堂教学结构是指在一定的教育思想的指导下，为完成一定的教学目标，对构成教学的诸因素，在时间、空间方面设计的比较稳定的、简化的组合方式及其活动程序。

课堂教学结构是受不同教育思想所左右，并在教学实践中逐步形成的。它反映了教学过程基本的理论框架，具有指导师生进行教学活动的作用。从近代教育史看来，19 世纪德国的教育家赫尔巴特认为，学生主要接受的是书本知识，教学时要唤起学生心目中已有的观念，把课堂教学分为：明了——联想——系统——方法四个阶段；20 世纪初的美国教育家杜威强调以儿童为中心的实用主义，主张教学结构是模拟科研的过程，分为情境、问题、假设、解决、验证几个阶段；20 世纪 40 年代苏联教育家凯洛夫总结了苏联二三十年代的教育经验，批判地吸取了进步教育家的思想，把课堂教学结构分为新授课、练习课、复习课若干类型。以新授课为例，分为复习检查、导入新课、讲解、巩固、作业等步骤。这些不同的结构和模式在不同的历史阶段都影响了教学发展的进程，具有一定的进步作用，同时也暴露了某些弊端。例如，赫尔巴特树立教师的绝对权威，完全以教师为中心，反映了时代的局限性；杜威的以儿童为中心，虽然重视了活动和兴趣，但是降低了教师的作用，并使所学的知识缺乏系统性；凯洛夫的教育思想应该说是以辩证唯物主义为指导的，强调了教师的主导作用，重视“双基”，但也存在片面重视智育的倾向。近年来，随着现代教育思想的深入，小学数学课堂教学结构正逐步进行改革，一方面对原有的传统结构从性质上加以改变，另一方面也出现了一些新的课堂教学结构，如探究研讨、自学辅导的教学结构等。不论采用什么结构，都要充分调动学生学习的主动性和积极性，发挥学生的主体性，变消极地接受为主动地获取知识，从而获得全面发展。

**二、设计小学数学课堂教学结构的若干原则**

第五章阐述的小学数学教学的六个原则同样是课堂教学结构必须遵循的基本原则。除此以外，本节再就课堂教学结构方面提出以下几个具体原则。

（一）教学目标具体化原则

目标是一种预先想要达到的结果，在数学教学中，如果事先不确定教学目标，就无法设计教学过程，也无法评估课堂教学的有效程度。制定明确而具体的教学目标是优化课堂教学的前提和保证。教学目标首先要明确，不能含糊其辞、模棱两可；其次要具体；再次，要求要恰当，不高不低，让大多数学生通过努力可以达到，切实可行；最后，要完整，既要有认识目标，又要有情感目标，具体说来要包括基础知识、数学能力、非智力因素及思想品德教育等各方面，而且融为一体。

（二）暴露认知建构过程的原则

儿童的认知结构是从教材的知识结构转化而来的。它是怎样转化的？根据皮亚杰的观点，是主客体的相互作用中，主体认识的一种主动、积极的建构过程。因此，作为数学教师，在设计课堂教学结构中，必须着重抓准学生新旧知识的连接点，以便架起“认知桥梁”，剖析新旧知识的分化点，以加强新旧知识的可辨别性；采用各种途径，让学生充分展现建构过程，以了解自己得出结论的过程和先决条件，这样才能使学生真正参与到知识形成的过程之中，做到主动地学会数学。有位教师在讲“梯形的认识”后，开展了一个别开生面的竞赛：“看谁能在最短的时间内记住梯形的定义？”随即请了几位记得最快的学生回答自己是怎么记的。甲生说："我把梯形和平行四边形的定义比较一下就记住了。"乙生说："我头脑里想像一个梯子的样子就记住了。"丙生说："我是一个字一个字地去记的。"三人记忆速度都很快，但认知策略可不同，甲生抽象逻辑思维较强，乙生形象思维较强，丙生则较死板。由此可见，建构是每个学生自己的建构，由于知识背景、学习方法和思维特点的不同，每人都以自己独特的方式进行着。如果在教学中，教师经常鼓励学生说一说"这道题你是怎样分析的"、"你怎么会想出这种解法的"……不断地促使每个学生暴露自己的思维过程，展现和交流各自的建构过程，重视对认知过程的认知，这便有助于学生认知结构的改善，使每个学生越学越聪明。

（三）信息交流多向性原则

心理学家们认为，教育正像其他社会过程一样，它的成效依靠着"交往"。在课堂教学中，我们不仅要建立师生间的双向交往，还应该有学生与学生间的广泛的、多向的信息交流，尤其当学生输入的信息量大于教师输出的信息量时，教学过程才能发挥最大的效益。一般说来，课堂教学中师生交往可分为四种基本形式，如图7—1。

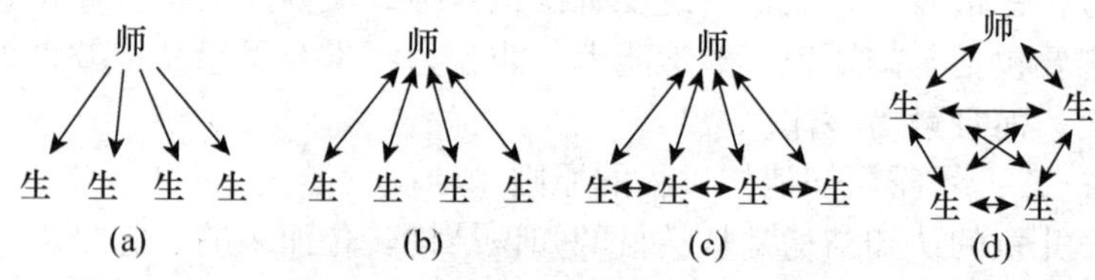


**图 7—1 课堂教学师生交往的模式**

图中（a）教师与学生单向交往，效果最差；（b）中师生间的双向交流，效果较差；（c）中除师生双向交流外，还保持在一定范围内学生之间的信息交流，效果较好；（d）教师成为群体中的平等的一员，师生间进行广泛的信息交流，效果最好。设计课堂教学结构时，要尽量选择信息交流广泛的形式。鉴于我国班级学生人数较多，不太可能建立第四种交往方式，因此，在较大范围内采用第三种方式是可行的。这里所指的某些小组交流，最好是小组合作学习。小组合作学习可根据学习水平、智力、性别、性格的差别进行异质分组，以利于互相学习；这里可以寻求一个既有利于每个学生获得成功又利于集体获得成功的活动方式；既强调竞争，也强调同伴间的合作；学习时每个学生都能获得平等参与学习的机会，给予每个学生充分发言的机会，尤其鼓励学有困难的学生发表自己的认识，如有不懂，本组同伴将主动地给予帮助，他们用自己理解的儿童语言来说明，比起老师往往更容易贴近同龄人。因此，要使课堂教学信息交流多向化，最好采用以班级授课为主、小组合作学习与个别辅导相结合的形式。

（四）教学方法整体优化的原则

设计课堂教学结构，很重要的是能根据不同的教学任务、教学内容和学生的实际情况，恰当地选择教学方法，并把它们有机地结合起来，做到教学时间用得最少，教学效率最高，达到教学方法的整体优化。选择教学方法时，除了考虑常用的谈话、讲解、演示、练习、复习以外，还要重视操作实验，注意充分利用电教手段，而且各种教学方法和手段的选用都要尽量为学生设计多种性质的“活动空间”。例如，教学求平均数应用题，过去的教学设计是从除法引入，然后由旧引新。但是，按照《九年义务教育全日制小学数学教学大纲（试用）》的精神，平均数是统计初步思想中的重要内容，不能只作为一类应用题来处理。一位特级教师在公开课中作了新的设计。首先，从教学目标上要求：第一，初步建立平均数的基本思想，即平均数可以标志一组数据分布的典型情况（把几个大小不等的数移多补少，使它们平均）；第二，初步掌握求平均数的解题规律：总数量÷总份数＝平均数。教学开始，教师拿出3个笔筒，分别插有2支、7支和3支铅笔，问：“谁能把铅笔移动一下，使每个笔筒里的铅笔同样多?”一位学生想了片刻，从第二个笔筒里拿出2支放入第一个笔筒，又拿出1支放入第三个笔筒。教师又问：“现在第一个笔筒里有几支？第二个呢？第三个呢?”“谁看见他刚才是怎样移动的?”（暗示移多补少）通过第一层次的操作活动，获得初步的感性认识。接着又问：“还有没有别的办法?”大家跃跃欲试，又一位学生前来，把三个笔筒里的铅笔都放在手中，在每个笔筒里放进4支，边放边说："把12支铅笔平均分成3份，每份是4支。"教师立刻追问："这12支是哪儿来的?"（暗示总数量是原来几个大小不等数量之和）然后大家讨论"喜欢那种方法"。一般认为两种方法都可以，但是如果数目大，第一种方法就很不方便了。于是教师引导大家寻找解题规律，顺利地得出：

（2＋7＋3）÷3＝4（支）

总数量÷总份数＝平均数

又把平均数"4"与原来三个笔筒里的铅笔数相比，它比第一个、第三个笔筒里的铅笔多，比第二个笔筒里的铅笔少，让学生明确求平均数的实际意义。在课堂练习了几道简单的求平均数题目后，教师又结合本班实际请4名中学生分别报出自己的体重，让大家估计他们的平均体重。不一会儿，有的学生说："平均体重应该不大不小，在中间。"有的说："最重不超过××（四人中最胖的），最轻不低于××（最瘦的）。"至此，他们已基本掌握了平均数的基本思想以及解题规律，并悟出了估算平均数的取值范围。在整个过程中，教师恰当而巧妙地运用了操作实验、谈话、讲解、练习等方法，并把它们有机地结合起来，环绕本节课的重点，启发学生自己去思考、探索，促使他们主动地获取了知识，掌握了数学思考方法，达到了预定的教学目标。

（五）信息反馈调控的原则

教学过程是师生双方信息交流可控的双边活动，要十分注意信息反馈，没有反馈，就谈不上控制，不能控制，也就不成为系统。信息反馈是双向的。学生可以从教师的评定、要求和表态中获得反馈信息，凡得到肯定的就强化，得到否定的就予以改正，从而主动调节自己的学习活动。教师又可从学生的回答、作业、眼神、表情、行为乃至整个课堂气氛中获得反馈信息，随时检查自己的教学效果，调控教学进程。这样才能保证教与学信息畅通，达到教学效果，师生心理同步，使教学过程始终处在一个动态平衡的过程之中，促进教学过程的优化。

首先，信息反馈要及时、准确。在一节课中，教师要随时捕捉来自学生各方面的反应，以便有针对性地进行教学。眼睛是心灵的窗户，从学生的眼神和表情中往往可以推知他们的心理活动。发现学生紧锁双眉，眼神疑惑，说明他们遇到困难而不得其解，这时教师就应减缓进度，必要时可问“哪儿不明白”。当学生嘴角浮现一丝微笑，眉梢微扬，说明难点已攻破。要是学生聚精会神，整个课堂气氛和谐融洽，说明信息比较畅通，课堂教学比较成功。学生的回答是提供反馈信息的重要来源，从他们的回答中可以细致地剖析学生概念掌握的程度，解题思路的优劣以及思维水平的层次。因此，教师一定要仔细倾听和分析学生的回答，而不简单地表示肯定和否定，必要时可以引导学生作进一步的深层思考。例如，有的学生回答：“从1°到89°的角叫做锐角。”教师可以紧问：“除了1°到89°以外，还有没有其他的锐角？”这样根据反馈信息，教师随时提出补充问题，帮助学生及时扫除认识中的障碍，作出合乎逻辑的判断。

其次，信息反馈要全面、多向。教师要对全体上、中、下（指学习困难的学生）不同水平学生的反应全面了解，还要在课前、课中和课下全过程中全面接受反馈信息。一般说来，在练习中一节课至少有两次集中反馈。第一次是新课后的半独立作业，此时应把注意力关注于中等偏下水平的学生，发现错误可以及时纠正。例如，在讲解小数乘法新课后，发现计算0.18×6.5的题目时，全班有4名学生都错得0.117，很明显是操作顺序有误，先划去了积的小数末尾的“0”再点小数点，教师便正本清源，从算理着手进行了补救，取得了良好的效果。第二次集中反馈是最后的课堂独立作业，这是全面验收本节课教学效果的重要环节，不仅可使学生巩固知识，促进技能的形成，还可使教师了解全班学生逼近教学目标的程度，为后继课的教学设计提供切实的依据。

最后，信息反馈要经济、高效。经济是高效的前提。要充分提高40分钟的课堂教学效率，不少教师创造了不少新的信息反馈形式，如用反馈板（用两种不同颜色的牌子表示对命题的肯定与否定）、反馈数字卡片、说悄悄话、打手势等，使教师提出的每个设问或题目，全班学生都能立即作出无声的反应，教师从中马上能获得大量的第一手信息，调控教学过程。必须提高对反馈信息的利用率，随着学生的练习，统计并公布每题答对的人数，固然是评价教与学效果的方式之一，但不能满足于此。因为评价的目的在于改进，反馈信息获得的目的在于调控教学进程。还必须弄清学生做错的症结所在，做错的原因，对于做对的学生，也不妨注意他们是否真懂，必要时请说明理由。

总之，及时、全面而又经济地获取学生的反馈信息，是教师设计课堂教学结构中的重要原则。

（六）知情交融的原则

教学过程既是师生信息交流的双向过程，也是师生情感交流的过程。苏联教育家苏霍姆林斯基曾说："我们教给他们的知识不是什么与人截然分开的东西，它们是和人的情感世界融合在一起的……"在课堂教学过程中，教师本身的情感对整个教学工作的情感活动起着十分重要的能动作用。教师的情感集中反映在对全体学生的热爱，"师爱"是一种社会性的高级感情，犹似母爱而不胜似母爱。数学教师要以自己对学科执着的追求，对学生真挚的爱来影响学生，"亲其师而信其道"，这是真理。

数学内容本来比较抽象，既不像语文那样用丰富的故事情节来感染学生，也不像自然那样用变幻莫测的自然现象来吸引学生，因此，要求数学教师更加精心设计教学，在教学中把比较缺乏情感因素的内容，赋予情感色彩，达到知情交融。

首先，采用各种方法，真正满足学生的成就动机，激发学习兴趣，做到寓教于乐。

其次，重视语言的作用。语言是传递信息的重要工具，数学教师的语言必须准确、简练、深入浅出、生动形象，必要时带有一定程度的幽默。

再次是体态言语。在教学中，手势、眼神、动作等体态言语在沟通师生感情、传递信息之间起着不可忽视的重要作用。对学生来说，教师光知道爱还不够，必须善于爱，就是能通过自己的教学活动将爱浸入学生的心田，引起他们积极的情感反应。学生对教师举动的观察是具有独特的敏感性的，正如加里宁所说的：再也没有任何人像孩子的眼睛那样能捉摸一切最细微的事情。教师的一言一行、一举一动、一颦一笑、一个眼神、一个手势都会增进师生的情感交流，从而加速和激活学生的认知活动，达到意想不到的教育作用。我们要求教师出自内心地把微笑带进教学中，用和蔼慈祥的目光覆盖全体学生，让他们感到自己是被关注的、被重视的，缩短师生之间的心理距离。总之，要使每一个学生都能在民主、和谐、愉悦而又紧张的课堂氛围中学好数学。

（七）时控性原则

设计课堂教学，必须合理地分配每个教学环节所需要的时间，让分散的局部时间成为一个科学的组合整体，保证在时间上突出重点，完整而有效地达到教学目标。根据小学生注意力不能持久的特点，要科学地组织教学，使随意注意和不随意注意相互交替，提高每个教学环节的效率，并把讲解新课把握在最优的教学时域之内（即上课后 15 分钟～20 分钟之内）完成。

## 第二节　小学数学课堂教学类型

课是学校进行教学工作的基本组织单位。一定教材单元的教学，要求每节课构成一个完整的体系，并完整地反映教学过程中感知、理解、巩固、检查和应用等各教学阶段的任务。根据教学任务的不同，便有不同的课堂教学类型。一般在一节课只完成一两个教学任务的叫做单一课；完成两个以上教学任务的叫综合课。不同的课型都有其不同的教学结构。在小学数学教学中，既要完成理解新知识、巩固新知识的任务，还要形成技能、技巧，像这样的综合课型往往适用于低年级，尤其是一年级。原因有二：一是一年级的教学内容比较简单，有可能在一节课内完成多个阶段的任务；其二是这种课型变化较多，适合低年级儿童年龄特征，可以更好地组织他们的注意力。在小学数学教学中的单一课，可分准备课、新授课、练习课、复习课、检查测验课、作业讲解课，其中主要的是新授课、练习课和复习课，本节着重分析以上三种基本课型。

## 一、新授课

新授课是以传授新的数学知识为主的课型。随着采用的教学方法的不同，小学数学的新授课还可以分为讲练课、探究研讨课和自学辅导课三种。

### （一）讲练课

这是新授课最常用的一种课型。基本结构如下：

1. 基本训练

凡属一些必须熟练掌握的基本技能、技巧，可在上课开始的三五分钟内作基本训练，如整数、小数、分数的口算、简算，基本应用题的解答，公式、定律的能力训练等。其作用除了形成熟练技能外，还可以为新课作必要的铺垫，起到组织注意定向的作用。

2. 引入新课

新课可以由旧知识引入，也可以结合生活、生产实例引入；方式可以开门见山，也可以由远而近，步步深入。目的使要学习的新知识转化成学生内在的需要，引起学习动机。

3. 进行新课

这是新授课的中心环节。教师要根据知识的内在联系及儿童认知规律，采用各种有效的教学方法，通过分析综合、抽象概括，逐步把握重点，突破难点，形成概念。在这个阶段中，尤其要注意把学生推到主体的地位，让他们通过自己的活动（主要是思考）来获取新的知识。

4. 尝试练习——第一次的集中反馈

通过尝试练习，全面了解各类学生（尤其是中等偏下水平的学生）掌握新知识的程度，要把他们的困惑、疑难之处诱发出来，及时而公开地加以解决。

5. 阅读课本并小结

数学课本往往是以例题及练习题为主要形式而呈现的。首先要引导学生阅读例题以及旁注或说明，必要时加以解释，尤其对定义、法则、公式或结语，要引导学生理解其真正含义后，再逐步掌握，必要时可要求复述。

6. 独立练习——第二次集中反馈

如果尝试练习是半独立性的，那么这次练习就是独立性练习。

7. 布置作业

以上七个教学步骤并非固定不变，完全可以根据实际情况变动，如阅读课本可在最后也可在讲解新课时穿插进行。这七个步骤表面上虽与传统的“五步”教学法形式相似，但在性质上有很大不同。以必要的基本训练代替冗长的检查复习；强调多次反馈，保证教学信息畅通；尽量在最优时域内讲完新课，以提高效率。

（二）探究研讨课

引导学生利用已有的知识和所提供的结构化的材料，通过自己的操作、实验、思考、研讨多种途径，掌握数学概念或结论。采用这种课型，应选择那些有必要探究而且可能发现的内容。利用得当，这种课型能较好地发挥学生的主体作用，并有利于创造思维能力的培养。探究研讨课的基本结构如下。

1. 明确教学任务，准备操作材料

首先，教师要根据教学任务，围绕教学重点，精心选择一些有结构的物质化材料，这种材料应具有较大的可操作性，以引导学生进行各种操作，从中发现数学事实中的逻辑关系。其次，教师要学生说明学习的内容及研究课题，以组织注意定向。再次，分发学具，说明操作时应注意的事项。

2. 探究

这是这种课型的中心环节，探究得越充分，以后的研讨就越深入。把学生分组或以个人为单位进行操作和探究，如学习几何初步知识，可以通过画、量、剪、拼等活动探究；学习10以内数、20以内数的加减法可用小棒、彩色木条等拼摆进行探究。探究中，教师有目的地巡视，不断鼓励学生探究的信心，必要时，可略作引导。

3. 研讨

组织学生讨论，每人把自己观察、发现所得，用语言表达出来相互交流。在讨论中，教师既是学生中平等的一员，又要发挥主导作用，对大家的争执或尚未觉察到的重点，及时引导大家讨论；要细致观察和分析学生的反应，以判断其认知水平。

4. 得出结论

在共同研讨的基础上，去粗取精，去伪存真，逐步得出正确的结论。

5. 阅读课本

6. 巩固练习

（三）自学辅导课

自学辅导课指以学生自学课本为主，教师指导为辅的新授课。这种课型一般用于高年级，对某些新旧知识联系很紧密掌握又不十分困难的内容，如学过万以内数的认识，再自学亿以内数的认识等。这种课型对培养学生的自学能力有促进作用。自学辅导课的基本结构如下。

1. 基本训练（同“讲练课”）

2. 提出课题

提出课题后，还要向学生说明自学要求，有时可出示自学提纲，引导学生围绕课题的中心和重点进行阅读和思考。

3. 自学

学生独立阅读课本是本题型的中心环节。要保证学生有足够的时间去阅读和思考，阅读时要随时把疑问记载下来，以便讨论。可以将全部内容阅读完再讨论，也可以分段落阅读，边读边讨论。

4. 讨论并解答疑难

教师组织全班，根据在自学中提出的疑难问题进行讨论并答疑，必要时，还可反复阅读课本，加深对重点、难点的理解。教师视实际情况可作必要的讲解。

5. 整理小结

6. 巩固练习

**二、练习课**

练习课是在学生理解新知识的基础上，以学生的独立练习为主要内容的课型。一般在新授课后便有练习课，目的是形成技能、技巧。要注意不能把练习课上成新授课，也不能上成自习课。练习课的基本结构如下。

1. 基本训练

2. 检查复习

复习并检查新授课有关知识，如有缺陷，可再作必要的补充讲解，形式视低、中、高年级而异。

3. 明确练习的目的要求

4. 课堂练习

这是练习课的中心环节。练习内容要结合新授课的内容有层次地安排几组练习题，由基本练习到深化练习，最后是综合练习。配合各种练习可有明确的提问，把练习中应注意的重点、难点，或是易混易错之处进一步提示出来，并加深理解。

5. 讲评并小结

6. 布置课外作业

**三、复习课**

复习是以巩固、梳理已学的知识和技能为主要任务，并促使知识系统化，提高解决问题能力的一种课型。复习课主要指的是总结性复习，如单元复习、期末复习以及毕业前的复习等。复习课的基本结构如下。

1. 明确复习要求或提出复习提纲

2. 进行复习

这是复习课的中心环节。复习时要针对知识的重点、学习的难点和学生的弱点，引导学生按照一定的标准把已学的知识进行梳理、分类、综合，弄清它们的来龙去脉，沟通知识间的纵横联系，从整体上来把握知识结构。复习中要利用课本，低、中年级可采用提问、讨论等方式，在教师指导下围绕重点进行系统整理；高年级可以编拟复习提纲由学生自己把知识归类整理，并以表格或图示总结出来，提高概括能力。教师还可根据需要作些必要的讲解，有的是提纲挈领，帮助学生梳理知识，有的是解答疑难问题，帮助学生解惑的，也有的是讲解作业引导学生寻找规律的。但这一切绝不是把学过的知识原封不动地再讲一遍。

3. 总结

4. 课堂练习

复习课中要组织一定的练习，练习内容要注意综合性和灵活性，使学生能从不同的角度加深对知识的理解。例如，复习乘法运算定律时的练习可要求学生自己说理和举出例证。

（1）根据图 7—2（a）说明乘法分配律。

（2）根据图 7—2（b）说明乘法结合律。

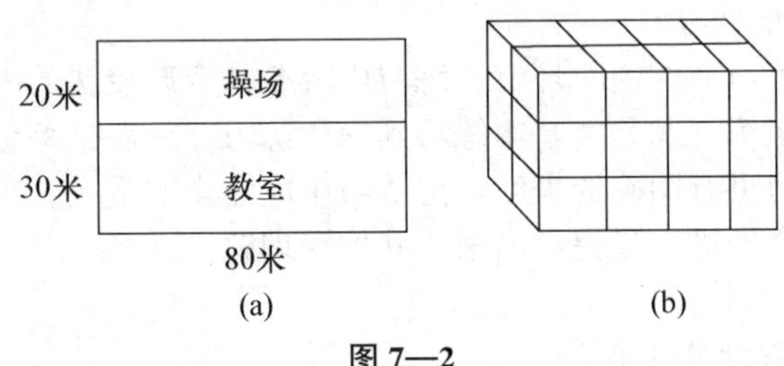


**图 7—2**

5. 布置课外作业

以上只阐述了几种常用的基本课型，其余各种课型，在此从简。每种课型虽有其比较简化的、相当稳定的活动程序，但绝不是固定的，教学中往往要根据实际加以调整。例如，人们采用较多的讲练课，遇到内容较多的课时，就可减少基本训练；反馈可集中在两次进行，可以讲讲练练，再练练讲讲；总结可以在独立练习之前，也可在布置作业之后。但是，必须遵循设计课堂教学结构的若干原则，都要以辩证唯物主义为指导，全面考虑教学过程的诸因素，使教学安排的程序成为一个科学有序的组合方式，每一个教学环节都成为这一整体中的有机组成部分，最后达到教学过程的优化。

## 第三节　小学数学课堂教学的准备

备课是教师进行课堂教学前各项准备工作的总称，备好课是提高课堂教学质量的根本保证。备课应从钻研大纲和教材、了解学生、选择恰当的教学方法等方面着手。

**一、钻研大纲和教材**

领会大纲的基本精神，明确教学的指导思想，把握每一年级数学教学的具体要求，掌握教学法的基本原则，这些都是钻研教学大纲的主要目的，必须纠正只看教材不钻研大纲的倾向。

钻研教材应做到以下几个方面：

（一）驾驶教材的内容联系

驾驭教材具有它独特的逻辑性和系统性，许多优秀的数学教师之所以获得成功，除了他们有丰富的教学经验，精湛的教学艺术之外，更重要的是掌握了教材的来龙去脉，驾驭了全部教材的体系和结构，所以在教学中能瞻前顾后，融会贯通。备课要从大到小，从整体到部分，从全套到一册，再从一册到单元，最后到一节课，确定这节课在整个知识体系中的地位和作用。这样，才能走一步看两步，想到第三步，而不是“铁路警察，各管一段”。例如，教学同分母分数加减法，如果只要教会学生运用法则计算，则花不了10分钟就能完成任务，而有经验的教师却把重点放在“为什么分母可以不变，只要分子相加（减）”的算理上，突出“分数单位相同”，便十分自然地为后继学习异分母分数加减埋下伏笔。

（二）明确教材的重点和难点

要反复研究每一道例题及其说明，挖掘教材中的智力因素，确定教材的广度、深度、重点和难点，不能平均使用力量。在时间上保证重点，讲解时突出重点，练习中环绕重点；至于学习难点，则采用预作准备、减缓坡度、利用直观等措施，使之逐步解决。

（三）钻研练习题

首先，把全部题目从头至尾做一遍，从中分析各类题目编制的意图，分清哪些是与新课相仿的基本题，哪些是加深理解的变式题，哪些又是概括提高的综合题，或是智力训练的思考题。其次，根据题目的难易，把它适当分配在几节课内，分清第一次试作题和第二次独立作业题，再安排独立完成的家庭作业题。必要时，可根据情况，自编一些题予以补充。

（四）分析教材中的思想教育因素

要结合适当的教学内容，可以有机地进行爱祖国、爱社会主义的思想教育，进行辩证唯物主义的启蒙教育，可以有意识地培养学生良好的学习习惯和态度。

**二、了解学生**

（一）分析学生的知识基础

首先要弄清哪些是学习新知识的支撑点，在作为支撑点的基础知识中，哪些是应基本掌握的，各部分所占的比例，不能掌握的原因何在。其次，考虑新概念的引入会造成原有认知结构的哪些不平衡，教学中采取什么途径使之平衡。

（二）了解学生的非智力因素

备课中要充分考虑学生学习这部分内容的兴趣、动机、态度以及平时的学习习惯。如果班上学生对数学缺乏兴趣，要更多采用生动活泼的教学方法，设疑激疑，培养学习兴趣；如果作业马虎了草，就在每个教学环节中提出恰当而又严格的要求，如书写应工整，计算要正确，做完题后必须检查。

**三、选择恰当有效的教学方法**

在钻研大纲、教材和了解学生全面情况的基础上，如何使教材中的知识内容转化成学生内在的认知结构，就要对教材进行教学法加工。一句话，要选择达到教学目标的最恰当而有效的教学方法。这是一件复杂而细致的工作，如要考虑学生在学习新知识前，应有什么样的知识准备；要创设什么情境，促进其知识的迁移；怎样联系实际引入新课；如何突出重点、分散难点，怎样运用教具或学具，如何设问引导学生自己发现规律；怎样发挥全体学生的主体作用；怎样组织练习的几次反馈，使各类学生受益等等。

综合考虑以上三方面因素，才能写出指导自己教学、切实可行的教案，达到备课的真正目的。

## 第四节　小学数学课外活动

课程是培养人的蓝图，要培养什么样的人，就需设置什么样的课程。根据21世纪社会发展对人才的需求，国家教育委员会颁布的《九年义务教育全日制小学、初级中学课程计划（试行）》中规定："课程包括学科和活动两部分。"它突破了数十年来我国传统课程只以学科为取向的局面，也是由应试教育向素质教育转轨的重大举措。

数学学科课与数学课外活动是构建小学数学课程两个不可缺少

的部分，它们都是以社会发展的需求为依据，培养学生数学素质方面相辅相成地发挥整体功能。根据《九年义务教育全日制小学、初级中学课程计划（试行）》的安排，小学数学活动包含于科技文体活动之内，所以我们暂定为课外活动。

## 一、小学数学课外活动的功能

数学课外活动具有以下功能：

（1）激发学生学习数学的情趣，培养良好的心理品质。

（2）拓宽学生数学视野，增长才干。

（3）渗透数学思考方法，培养良好的思维品质。

（4）培养从数与形的角度观察事物的态度和意识，运用数学知识分析和解决实际问题的初步能力。

## 二、小学数学课外活动的特点

### （一）活动性

顾名思义，数学课外活动就是数学＋活动。数学课外活动与数学学科课程最大的区别在于活动既是它的形式，又是它的手段。可以这样解释，如果没让学生都参与活动，没有让大家真正地“动”起来，没有在活动中学数学，就不能称为数学活动。总之，同课堂教学相比，数学课外活动能为学生创设更多更大的活动空间，室内、室外、校内、校外，均视需要而定。

### （二）自主性

课外活动比学科课程更加开放、宽松，在活动中每个学生都有较大的自主权，可以最大限度地发挥自己的主观能动性，他们都是数学活动中的小主人。例如，他们可以当“数学小报”的编辑、记者，“数学医院”里的大夫，“数学信箱”中的智慧老人，他们还可以用自己喜爱的形式表现自己的数学才能，如自编自演数学相声，猜数学谜语，组织数学游戏，制作几何模型，进行调查访问，举办数学讲座等。

### （三）思考性

数学课外活动不仅要有生动活泼的活动形式，更要十分重视活动的内容。对数学来说，“问题”是数学的心脏，“方法”是数学的行为，“思想”是数学的灵魂。数学课外活动可以通过学生在动手、动口、动脑的活动中渗透数学思想和方法。例如，有的让低年级学生通过摆一摆、想一想，学“小鸡、小鸭、小兔排队”，找出规律；小鸡排第一，有两种排法，小鸭或小兔排第一，又各有两种排法，生动地渗透了“排列”的概念；有的通过“圆圈的妙用”接触有重叠的数量关系，渗透交集、并集的数学思想。这种渗透仍不出现高深的名称，但用生动的形式，使原来在课堂教学中不容易教学的内容充分地反映出来。

**三、小学数学课外活动的内容**

数学课外活动的内容与学科课程有密切的联系，因为数学学科课程在知识、技能方面已为活动打下必要的基础，所以数学课外活动的内容在一定程度上受到学科课程的制约。但是，数学课外活动并不是数学学科课程的延续，更不是它的重复，活动的内容又可不受大纲的限制，可以根据学生情况较自由地作些选择，并且可以适当扩大些。为此，数学课外活动的内容选择要注意以下几个方面。

（一）实践性

实践性指把数学内容与儿童生活实践、社会实践联系起来，体现“学用结合”的精神，使学生体会到生活处处有数学，处处用数学，以弥补课堂教学中的“单纯训练”和“吃中段”的不足。

（二）趣味性

趣味性指数学活动的内容要为学生所喜爱，形式要生动活泼，使学生在愉悦的气氛中通过活动学好数学。

（三）综合性

数学活动可与科技活动、文体活动或其他活动课配合进行。如组织某些主题活动，可以使学生综合运用各种知识，结合实际施展自己的活动才能。

## 思　考　题

1. 什么是课堂教学结构？为什么说课堂教学结构受教育指导思想左右？

2. 设计课堂教学结构有哪些主要原则？

3. 试以“除数是两位数的除法（笔算）”第一课时为例，说明教学目标具体化的原则。

4. 以“异分母分数加减法”第一课时新授部分为例，说明暴露认知建构过程的原则。

5. 小学数学教学有哪几种常用的课型？说明新授课、练习课的大致教学结构。

6. 自选内容编制复习课的教案。

7. 你认为小学数学课外活动的功能和特点是什么？

# 第八章　小学数学教学评价

## 内容提要

教学评价是根据教学目标，对教学过程中的诸因素进行综合的、全面的价值判断的过程。评价与测量既有联系又有区别。教学评价具有规定性、系统性和综合性三个特点。它包括课堂教学评价和学生学业成绩的评价，具有导向、反馈、激励和改进的功能。为了增强教学评价的客观性、准确性和全面性，应明确教学评价的若干原则：教育性原则、客观性原则、数量化原则和可行性原则。

小学数学课堂教学评价应涵盖教学目标、教学内容、教学过程、教学方法、教师素质、教学效果以及教学特色等各方面，并制定以上各项的具体标准，逐项进行评价。

小学数学学业成绩考评，无论是总结性的还是形成性的，都属于目标参考性考评。成绩考评是一件很严肃的工作，要以教学大纲作为成绩考评的依据，命题前要制定双向细目表，大规模的考试事先应作预测。命题是一件科学性和技术性很强的任务，不同的题型都有它自己的功能，要注意把传统的题型与客观式题型（填空、判断、选择、匹配等）相互补充，使命题既基本又灵活，考评出学生真实的数学水平。评分必须科学、客观。最后必须作出群体的质量分析，以达到改进教学，全面提高教学质量的目的。

## 第一节　教学评价概述

### 一、教学评价的含义

教育评价是根据教育目标对组成教育系统的各有关因素进行综

合的、全面的价值判断的过程。教学评价是教育评价中的一个组成部分，它是根据教学目标，采用科学的方法，对教学过程中的诸因素进行综合的、全面的价值判断的过程。

许多人把测量和评价混为一谈，必须看到，教育测量和教育评价是两个既有联系又有区别的概念。测量是用数目对资料进行描述，教育测量就是根据某种规定，采用一定的科学程序，给人的行为赋予可资比较的数量，所以说，测量面对的是客观条件，是一种量的表示。而教育评价是对客观条件的个人反应，是对价值的测定，是根据教育目标评定其质的适合与否，换句话说，评价必须以价值观为基准，质与量并重，主客观兼容。根据美国教育测量专家的研究，可用下面的公式表示两者关系：

数量的描述
评价＝　和/或　　　＋价值的判定
质的描述

所以，用测验来测量或评价学习效果正如医生用温度计来测试人的体温一样，根据测得的体温初步了解健康状况，这是“测量”；而进一步根据各种因素分析诊断其病由所在，这就是“评价”。

由此，数学评价具有以下三个特点：

（一）规定性

教学评价是对理想的教学目标进行比较的过程，因此，对教学诸方面的量与质都有规定性，而且这种规定性随着社会的需要，科学、教育的进步而不断变化，带有一定的动态性。

（二）系统性

教学评价是一个过程，这种过程是一种特殊的、系统的、连续的活动。从确定目标开始，直到对各种可行的途径作出价值判断，每一步骤都应十分明确。

（三）综合性

教学评价对教学过程的各要素进行多侧面、多层次的评价，采用测验、问卷、听课、调查等多种形式，然后作出全面而综合的评价。

## 二、教学评价的功能

教学评价包括课堂教学的评价、学生学业成绩的评价等等，它们具有以下几种主要功能。

（一）导向功能

不同的教育价值观，将有不同的评价标准；不同的评价标准，也必然对教学实践起着不同的导向作用。我国实施九年义务教育必须由应试教育向素质教育转轨，那么教学评价也必须对德、智、体等诸方面和谐而全面的发展进行综合的评价，发挥其对教学的指导作用。

（二）反馈功能

通过课堂教学评价，可以客观地衡量教学的双边活动是否达到教学中各项的要求，公平而科学地鉴定教学过程设计的合理性、教学方法和手段选择的有效性以及教学质量的实际水平。通过对学生学业成绩的评价，同样可以较客观地衡量学生通过学习逼近预定教学目标的程度。教师从评价中获得的反馈信息，可以更科学地组织教学，保证教与学的信息畅通，使教学过程处在动态平衡的良性循环中运行。学生从评价中获得的反馈信息，可以更自觉地调节自己的努力方向，有目的地提高学习效率。

（三）激励功能

通过教学评价，可以及时地获得大量的信息，使被评者既看到本身取得的进步，也了解到在教与学两方面存在的差距，有利于激发被评者的内驱力，调动奋发向上的精神。

（四）改进功能

教育评价的专家们认为，评价的作用不在于证明，而在于改进现状，这是对评价最好的解释。通过课堂教学评价，会使教师对如何改进教学，实现教学过程的整体优化作出努力；通过对学习成绩的考评，学生本身也必然会进一步改进学习方法，提高学习的自觉性。

## 三、教学评价的原则

教学评价的原则应是评价原理的具体体现，也是调控、组织评价过程的保证，可以增强评价工作的客观性、准确性和全面性。

（一）教育性原则

首先，教学评价必须以全面贯彻教育方针，全面提高教学质量为目标。小学数学教学评价就应以小学数学教学大纲为依据，要符合学科特点以及教学规律，要正确体现教育的价值观。

其次，坚持评价的教育性原则，应使教学评价的过程成为一个教育过程，使评价者与被评者通过评价自身都有所提高。

最后，坚持评价的教育性原则，要使被评者不仅是评价的客体，也能进行自我评价，增强评价的参与意识，使评价的过程成为被评者的自我认识、自我完善的过程。

（二）客观性原则

所谓客观性原则，就是指一定要尊重事实，实事求是，不因评价者个人的情感或主观的认识而造成评价的失真。为此，评价目标体系的确定必须全面，分类要合理，权重的分配要恰当，分清各要素在整体中的地位和作用，从而在占有多层次、多方位的资料的基础上，作出准确、全面的分析和判断。尤其是对课堂教学的评价，要素很多，影响教学活动的主客观因素也较多。有时课堂教学质量的高低并不完全取决于教师个人的努力程度，还包括教师群体和学生自身素质的作用；课堂教学质量不仅反映现任教师的业务水平，还涉及到前任教师的教学工作等。所以评价者应采取公正客观的态度，运用科学的方法，作出符合实际的判断。

（三）数量化的原则

前面说过，评价是以价值观为基础，质与量并重。一般说来，能够量化的尽量量化，使之更加客观。但是还要注意，也不能过分追求定量，如思想品德的评价目前还没有更好的定量分析方法。因此，我们主张把定量与定性结合起来。选择科学的方法，还要从实际出发。

（四）可行性原则

评价作为一个过程，必须使其评价程序清晰、简易、评价方法简便易行。总之，这一切不仅具有教育性、客观性、科学性，而且具有可操作性，这才能推广使用。

## 第二节　小学数学课堂教学的评价

### 一、课堂教学评价的要素

课堂教学评价属于微观的教育评价。要保证课堂教学评价的客观性和全面性，评价指标应覆盖课堂教学这一动态系统的全部要素，这里包括教学目标、教学内容、教学过程、教学方法、教学效果、教师素质和教学特色等。

（一）教学目标

教学目标是教学活动的出发点，也是预先想要达到的结果。它是评价教学效果的依据。教学目标的制定必须正确处理大纲、教材以及学生实际水平三者之间的关系，从知识、能力以及非智力因素这三方面作出统一考虑。作为数学教师，要善于将教学单元的总目标恰当地分解为每课时的教学目标。教学目标必须制定得明确、具体、恰当而完整。

（二）教学内容

小学数学教材的基本模式是例题加上习题，或者有些旁注和结论。在处理教学内容时，首先，教师要根据本节课的目标，确定内容和范围；其次，教学内容的安排应有科学性。根据小学生的认知规律，数学概念的呈现应是分阶段的，有时只给初级概念，描述其含义，这时更要确保概念的科学性；再次，要看教学内容的系统性和逻辑性，先呈现什么，再呈现什么，要遵循小学生的认知规律；最后，还要考虑数学思考方法的合理渗透。总之，教材内容对小学生来说是外在的、客观的，只有通过教师对它进行教学法加工，才能更好地为学生所接受和掌握。

（三）教学过程

教学过程要在教师有目的、有计划、有步骤的组织下，环绕教学目标有序地展开；要使各教学环节联系紧密、过渡自然，组成一个促使学生获取知识、培养能力、促进个性全面发展的整体结构；要突出重点和难点；要做到信息渠道畅通，反馈及时；各教学环节的时间要分配合理。

（四）教学方法

根据不同的教学阶段的要求，灵活地选择不同的教学方法和教学手段，并且重视各种教学方法的有机结合，讲求实际效果，坚持启发式教学，充分发挥学生的主体作用。所有教学方法的选择和运用要有利于学生的思维能力、动手操作能力、语言表达能力以及解决实际问题能力的培养；要充分发扬民主，为学生的质疑提供条件；练习设计要有针对性、有层次、有坡度；要坚持面向全体又因材施教。

（五）教师素质

教师的基本素质对课堂教学的效果有着直接的、潜移默化的作用。教师的素质首先反映在为人师表的言谈举止之中。教师的教态、仪表、语言、板书都要达到一定的标准。教师对课堂教学的组织能力、应变能力要强。教师使用教具、学具及电化教学手段的技能要娴熟。教师要善于调动学生学习的积极性，做到知情交融。

（六）教学效果

教学效果主要指通过教学过程的反馈信息检验教学目标达到的程度，包括是否已掌握了基础知识和基本技能、智能是否已有所提高、思想品德教育进行得是否恰当、学生参与活动是否广泛、信息交流是否多向、学生回答问题的质量如何、学生思维是否活跃、整体效果是否良好。

（七）教学特色

课堂教学中除了以上要素以外，有时还能表现出教学中的某些特色。要鼓励教师根据自己的优点、特长，形成色彩缤纷的、别具一格的教学风格。例如有的在自制教具、学具方面颇有特色；有的在运用电化教学手段方面与众不同；有的在课堂教学模式上有新的突破。这些教师均应予以肯定和鼓励。

以上各种评价要素，可以为具体制定课堂教学评价指标提供依据。

## 二、小学数学课堂教学评价指标

根据教学评价的基本原则，将评价小学数学课堂教学的七大要素作出整体的安排，通过调查研究、分析综合、分层筛选，最后拟出评价指标。这个评价指标下设评价项目，每个评价项目又有评价标准，以保证评价指标能具体全面地落实下来。

现将“小学数学课堂教学评价表”举例如下。该评价表共分7个评价项目，28个评价标准，每个评价项目赋予权重，每个评价项目又分为A、B、C、D、E五个等级，见表8—1。

**表8—1** 小学数学课堂教学评价表

| 任课教师 | 课题 | 班级 | 日期 | | | | | |
|---|---|---|---|---|---|---|---|---|
| 项　　目 | 评　价　标　准 | | 权重 | 等　级 | | | | |
| | | | | A | B | C | D | E |
| 教学目标 | 1. 根据大纲，教学目标明确、具体。<br>2. 符合学生实际，教学要求恰如其分。 | | 0.10 | | | | | |
| 教学内容 | 3. 保证科学性。<br>4. 重视系统性、逻辑性。<br>5. 有较高的处理教材的能力。 | | 0.14 | | | | | |
| 教学过程 | 6. 始终围绕教学目标。<br>7. 教学结构科学、合理。<br>8. 环节紧凑，过渡自然。<br>9. 把握重点，突出难点。<br>10. 时间分配恰当。 | | 0.20 | | | | | |
| 教学方法 | 11. 采用启发式教学。<br>12. 讲求实效，灵活运用教学方法。<br>13. 充分发挥学生学习的主体作用。<br>14. 重视培养思维能力和动手操作能力。<br>15. 信息反馈及时、全面。<br>16. 发扬教学民主，为学生陈述不同见解创造条件。<br>17. 练习有针对性、有层次、形式多样。<br>18. 面向全体并注意因材施教。 | | 0.24 | | | | | |
| 教师素质 | 19. 教态亲切、仪表端庄、举止自然。<br>20. 语言简明生动、合乎逻辑、有启发性。<br>21. 板书规范、简明清晰、布局合理。<br>22. 教具、学具选用得当，目的明确，演示娴熟。<br>23. 知识面广，应变能力强。 | | 0.16 | | | | | |

继前表

| 任课教师 | | 课题 | | 班级 | | 日期 | |
|---|---|---|---|---|---|---|---|
| 教学效果 | 24. 达到预定的教学目标。<br>25. 学生思维活跃，信息交流畅通。<br>26. 学生应答面广、质量高。<br>27. 课内练习正确率高。 | | | | | 0.16 | |
| 其他 | 28. 教学特色。 | | | | | 加 0 分～5 分 | |
| 评语 | | | | | | 总分 | |

## 三、小学数学课堂教学评价的实施

### （一）听课准备

听课前，评价者要熟悉教学大纲中对本单元教学的要求，明确本单元教学内容以及本节课在本单元中的地位和作用，查阅授课教师的教案设计。

### （二）听课记录

听课中，评价者要认真作好听课记录。记录教学过程的详细安排、教师的设问、讲解、演示、板书，以及学生的应答、活动、参与的情况。记录教师收集信息、处理信息的方式，反馈的次数以及各教学环节所用的时间。最后还可记录评价者对听课的感受等。

### （三）填写评价表

听课后，评价者根据授课教师的教案及其实施情况，对照评价项目及标准，逐项评定等级。全部达到要求为 A 级，较好达到为 B 级，基本达到要求为 C 级，基本不符合要求为 D 级，完全不符合要求为 E 级。

### （四）计算各项得分

根据定量与定性相结合的原则，采取等级赋值的方法，A 级 95 分，B 级 80 分，C 级 65 分，D 级 50 分，E 级 35 分。

计算得分时，根据评价表中规定的各评价项目的权重，计算评价项目的分项得分，计算公式为：

分项得分＝等级赋值×权重

为了便于计算，将评价项目等级分值列在表 8—2 中。

教学特色可由评价者视实际情况确定，加入总分之中。

（五）计算总分

将各项实际得分相加，即可得到总分。如是多人评价，可先计算各项目得分的平均值，然后相加，即可得出总分。

**表 8—2　　　　评价项目等级分值表　　　　单位：分**

| 分值＼等级／项目 | A | B | C | D | E |
|---|---|---|---|---|---|
| 教学目标 | 9.5 | 8.0 | 6.5 | 5.0 | 3.5 |
| 教学内容 | 13.3 | 11.2 | 9.1 | 7.0 | 4.9 |
| 教学过程 | 19.0 | 16.0 | 13.0 | 10.0 | 7.0 |
| 教学方法 | 22.8 | 19.2 | 15.6 | 12.0 | 8.4 |
| 教师素质 | 15.2 | 12.8 | 10.4 | 8.0 | 5.6 |
| 教学效果 | 15.2 | 12.8 | 10.4 | 8.0 | 5.6 |
| 总　分 | 95 | 80 | 65 | 50 | 35 |

（六）填写评语

对一节课教学的优缺点进行全面而简要的定性分析，如有条件可听取授课教师的自评意见及学生的课后反映，综合后写出评语。

如果是多人评价，亦可采用充分讨论、交流的形式，然后各自写出评语，但必须让大家各抒己见，任何人不得作倾向性的引导。

## 第三节　小学数学学习的考查与评价

### 一、学习考评的种类

自古以来，凡有教育活动就有教育考评。我国是考试的发源地。根据《礼记·学记》中的记载："比年入学，中年考校，一年视离经辨表，三年视举止乐群，五年视博习亲师，七年视论学取友，谓之小成。九年知类通达，谓之大成。"九年之中分成五个小段两个大段，可见，在战国时期已有一套较严密的成绩考评制度。至于科举，则是世界教育史上影响最大的考试，有1 300年的历史。回顾历史，应该说我国在考试的制度、内容、目的、种类、程序等方面积累了丰富的经验，尽管它受当时封建社会的制约，有过积极与消极的作用，也不同于今日科学的考评，但是仍为后来考评的发展提供了不少值得借鉴的东西。

现在的考评种类较多，划分不一。最主要的有以下几种。

（一）按考评的性质划分

1. 显示性考评

显示性考评的目的是为了使被试在受教育以后，能把已获得的知识、技能、能力充分地显示出来，如期末考试、毕业考试等。编制这类试题的关键在于对考核内容中的代表性取样。

2. 预示性考评

预示性考评的目的是为了测试被试在受教育之前的某一方面或某几方面的潜能，从而估计其今后发展之可能，如高考、数学能力测评等。编制这类试题的关键在于试题与预测行为之间的相关程度。

（二）按考评的作用划分

1. 形成性考评

形成性考评的目的是为了测定学生在学习过程中的进步程度，并根据这些反馈信息调节教学程序。这类测试以教师自编的居多，常常在教学过程中进行。

2. 总结性考评

总结性考评的目的是为了测定学生在学习结束后掌握知识、技能以及能力发展的程度。这类总结性考评如期末考评、毕业考评等，测试题目的内容范围较广。

3. 诊断性考评

诊断性考评的目的是为了诊断学生在学习中反复出现的、持续的错误所在及其原因。这类测评的题目往往坡度较小，梯度较密，便于逐项逐级检查。

（三）按测评结果的解释划分

1. 目标参考性考评

目标参考性考评的目的是为了了解学生学习的结果逼近预定教学目标的程度。其特点是把学习结果与教学目标相比，而不与他人相比。如期末考评等。

2. 常模参考性考评

常模参考性考评的目的是为了了解学生学习的成绩在同一群体中所处的相对的位置。其特点是把学习结果与他人相比，即以同一群体的“常模”作为参照标准，而不与教学目标相比。

根据以上的分类，我们可以这样认为：小学数学成绩考评无论是总结性的还是形成性的，都是属于目标参考性考评，并要求被试能将自己已掌握的数学知识、技能和能力水平通过试卷充分地显示出来，以便测评者能给予正确的评价。

## 二、小学数学成绩考评的命题工作

前面已经确定了小学数学成绩考评的性质，则其命题应注意以下几个根本问题。

（一）以小学数学教学大纲作为成绩考评的依据

小学数学教学大纲中规定的目的和要求是根据国家对义务教育小学阶段的培养目标制定的，具体说明了基础知识、基本技能以及各种能力和范围、程度和水平。应根据大纲的总要求以及某一阶段的具体要求编拟试题，切忌任意拔高或降低。

（二）制定双向细目表

为了保证试卷能根据大纲的要求，既考查“双基”又考查智能，覆盖面大，重点突出，做到效度、信度较高，难度比较恰当，题量比较适中。应该改变过去只凭经验命题的弊病。在正式命题前，制定知识与能力两个维度的细目表，并给各类知识和能力以恰当的权重。一份良好的试卷，应该是考查的知识、技能以及能力范围内的一个最佳的代表性取样。

下面是一个小学六年级数学考评的双向细目表，见表8—3。

表 8—3　　　　　　　　　　小学六年级数学考评双向细目表

| 数学能力 / 题号 / 数学知识 | 计算能力 | 思维能力 | 空间观念 | 解决问题能力 | 权重 |
|---|---|---|---|---|---|
| 数与计算 | 口算(1)～(20)<br>笔算(23)～(28)<br>简算(32) | (29)(30)(31)<br>(33)(39)(47) | | (38)(44)(53)<br>(54)(55)(57)<br>(59) | 63 |
| 比和比例 | (22) | (35)(36)(43) | | (46) | 7 |
| 几何初步知识 | | (40)(41)(42) | (37)(45)(48)<br>(49)(50)(51)<br>(60) | (58) | 21 |
| 代数初步知识 | (21) | | (34) | (56) | 6 |
| 统计初步知识 | | | | (52) | 3 |
| 权重 | 41 | 16 | 16 | 27 | 100 |

注：本试卷共 60 题。

（三）预测

大规模的测试应事先有预测，预测的目的是为了避免一些无关因素对测试的干扰，如发现有的题意不清、数据不实、题目不妥等，甚至包括标点符号、题目容量、时限种种情况，均可从中获得可靠的资料，以便改进试题。一个十分重要的问题是，必须选用与以后的被试具有相同课程背景的同一群体中的部分学生来预测，这样可以保证必要的信度。

以上阐述的是命题工作的三个步骤。

此外，除了总结性考评以外，必须重视形成性考评和诊断性考评。诊断性考评主要由教师自编试题，可以在教学过程中全面地随时获得大量的反馈信息，诊断学生困难之所在，调节教学程序，使学生的学习结果逐步地、有针对性地逼近教学目标。

**三、题型的选取**

题目的形式是为考查目的服务的，并受其内容制约。除了经常采用的式题、应用题以外，还可以采用部分是非题、选择题、填空题、匹配题、序列题、改错题等，这些题型容量较大，评卷省时，评分比较客观，也有一定使用价值。现分别作一简要评述。

（一）是非题

是非题只考虑事物的正反两方面，即二择一。它适用于概念的判断，不适用于高度推理。在低中年级较多采用，高年级的有关命题也可酌情采用。

**例 1** $a$ 比 $b$ 小，$c$ 比 $a$ 大。

那么，$c$ 是最小的；（ ）

$a$ 是最大的。（ ）

**例 2** 能被 1 和它本身整除的数叫质数。（ ）

圆柱体体积等于圆锥体体积的 3 倍。（ ）

**例 3** $480\times60=480\times6+480\times10$（ ）

$540\times14=540\times2\times7$（ ）

$98\times99=98\times100-1$（ ）

$98+99=98+100-1$（ ）

是非题的编制要则有以下几点：

（1）测试题涉及的应是数学中的重要概念或规律，防止出现不证自明或无关紧要的内容。

（2）不要用书上现成的结论作命题，或只加一个否定词组成错误的项目，应将命题重新组织或表述。

（3）题目要有确定性和隐蔽性，使被试既能确切地辨别真伪，又不能轻易地看出是非。

（4）根据测验专家的研究，答案中的“正”“误”比例不必相等，而且可多用误句少用正句。因为被试因概念不巩固而对命题产生疑问时，心理状态一般是倾向于默许，而少反问。

（5）是非题的最大缺点是机遇性大，光凭猜测每题答对的概率是 50%。有人主张做错题实行倒扣分，人们亦有异议。近年来经国内外教育科研人员的研究，可要求被试将认为有错的项目提出正确的表述，这颇有参考价值。

（二）选择题

选择题由题干及备选答案两部分组成。选择题是多择一，机遇性较是非题小。它适用于考查被试对概念细微的辨别能力、判断能力、推理能力以及运用原理解释问题的能力，它是客观式试题中用途最广、效率最高的一种题型。但编制选择题比较费时，要求技术较高。

**例 1** 比较某数与它的倒数的大小。

A. ＝　　B. ＜　　C. ＞　　D. 不一定

**例 2** 把下面表示分解质因数的式子挑出来。

A. 27＝3×9　　B. 54＝2×3×3×3

C. 24＝2×3×4　　D. 140＝2×5×7

**例 3** 两城相距517 千米，两列火车从两地相向开出，甲车每小时行 48 千米，乙车每小时行 46 千米，两车行几小时相遇？

A. 5 小时　　B. 5 小时 30 分

C. 5 小时 50 分　　D. 不知道

选择题的编制要则有以下几点：

（1）备选答案应难易相仿，长短详略一致。

（2）错误答案要有似真性，使每一答案都有被选的可能，只有高水平的被试能选出正确答案。为此，可在平时批改作业中注意收集学生常犯的错例，用以编制选择题中的备选答案。

（3）正确答案的位置是随机的，但各个位置分配次数以大致相等为宜。

（4）备选答案如果是用数表示，应遵循由小到大（或由大到小）的顺序编排。

（5）选题可有多种形式，直叙式、问题式，亦可如例 2 “找出不同类项”，另一种可要求“选择最佳答案”，后者在数学（尤其在小学）试题中很少使用。

（三）匹配题

匹配题编制分为两列，一列是刺激项目，另一列为应答项目。被试由后列选出与前列中相对应的项目与之匹配。匹配题能测查学生辨认两者关系的能力。如用于说明人与事、事与时代、事与场所的关系、因果关系、原理与应用的关系。在数学中可反映数与形、数与式的关系等。匹配题实为选择题的复合型，如果编制合理，使用价值很高。

**例** 粮店用汽车运面粉。第一车运了 $2\frac{1}{2}$吨，

| | |
|---|---|
| (1) 第二车比第一车多$\frac{1}{3}$，第二车运多少吨？ | $2\frac{1}{2}\times\frac{1}{3}$ |
| (2) 比第二车少$\frac{1}{3}$，第二车运了多少吨？ | $2\frac{1}{2}\div\frac{1}{3}$ |
| (3) 是第二车的$\frac{1}{3}$，第二车运了多少吨？ | $2\frac{1}{2}\times(1+\frac{1}{3})$ |
| (4) 第二车比第一车少$\frac{1}{3}$，第二车运多少吨？ | $2\frac{1}{2}\div(1+\frac{1}{3})$ |
| (5) 第二车是第一车的$\frac{1}{3}$，第二车运多少吨？ | $2\frac{1}{2}\times(1-\frac{1}{3})$ |
| (6) 比第二车多$\frac{1}{3}$，第二车运了多少吨？ | $2\frac{1}{2}\div(1-\frac{1}{3})$ |

匹配题的编制要则有以下几点：

(1) 两列项目都应分别使用同一类材料，以保证每一应答项目对刺激项目都有似真性。

(2) 匹配的两列项目中，其中一列按顺序（如数目大小、算式简繁、时间先后顺序、字母顺序等）编排，另一列则随机编列，并要注意避免各配对项目的固定格式。

(3) 匹配的对数不宜过少。当对数较少时，可采用不完全匹配法，使两列项目不完全一一对应，可以有重复或空漏，这样可以避免用“排除法”猜测答案的可能，增加信度。

(四) 填空题

填空题可以考查学生对概念的理解、巩固和简单应用。这种题型在我国用得较多，是从我国科举考试中的“帖经”演变而来的。目前有的试题只把课本中的一些定义、结论去掉几个词让学生填空，如果长此以往，容易造成死记硬背的不良学风，因此必须慎重对待。

**例 1** （欠佳句） 有______个钝角的三角形，叫做钝角三角形。

（较佳句） 三角形三个内角度数之比是 3∶1∶5，这个三角形是______三角形。

**例 2** 写出三个大于$\frac{1}{3}$，小于$\frac{1}{2}$的分数：________。

填空题的编制原则有以下几点：

（1）填空处应是关键内容，一般只有一个正确答案。

（2）每句空白处之多少，以不影响题目的明确性为准。

（3）空格的大小或画线的长短必须一致，以免有暗示作用。

此外，还有序列题（如“把下列分数、小数、百分数由大到小排列起来”等）和改错题，在此不再一一列举。

以上所讲的客观式试题（意即评分客观）的功能可分两大类：一类是再现性质，即当已掌握的知识、已经验过的事物再度呈现时，让被试进行辨认，如是非题、选择题、匹配题、序列题。另一类为再生性质，当已掌握的知识或经验尚未呈现时，让学生再度回忆，如填空题。改错题则既有再现，又有再生性质，要求较高。究竟怎样选择，应视考查的目的和内容而定。被试回答这类题目的正确程度，取决于对获得的概念是否真正理解、是否经常运用。因此，只要编制合理，就能有效地考查学生的数学知识和能力。编制客观式题目应附有简明的指导语及样例。平时练习中也可适当地采用各种题型，以发挥各类题型的功能，并有利于扩大题目容量，提高学习兴趣。

总之，编拟题目是一件科学性和技术性很强的工作，要注意选择合适的题型，使原来传统的题型与客观式题型相互补充，考评出学生真实的数学水平。

### 四、评分与质量分析

#### （一）绝对评分与相对评分

考评的结果一般都是用分数来表示的。世界上有两种不同的评分制度——绝对评分和相对评分。

绝对评分以教学目标作为衡量的标准，分数的高低说明考生达到教学目标的程度。全部达到为满分，一般把达到教学要求的60％定为及格，也就是我们常说的百分制中的60分为及格。相对评分以被试所属团体的“常模”（该团体的平均分）为标准，分数的高低反映考生在同一团体内的相对位置，但是否达到教学目标它是不考虑的。绝对评分与教学目标相联，对教学起直接的调控作用；相对评分建立在个别差异的理论基础上，对学生起监督作用。

我国通用的是绝对评分，如在条件许可的情况下，两者配合使用，效果会更好。例如除了通知学生考分外，还能知道考生所属大群体中的分数分布情况，可使分数被赋予一定的实际意义。

（二）怎样进行客观评分

既然分数的高低代表了学生成绩的优劣，因此评分必须科学、客观。科学就要合理，客观即指尽最大可能避免评卷人的主观偏见。换句话说，不同评卷人在不同时间评阅同一答题都能得到相同的分数。进行客观评分的具体要求有以下几点：

（1）根据教学要求合理分配各题所占的分数。每题所含的分值应根据命题的目的、题目的难易和比重等综合分析决定，不能平均分配。例如填空题不论难易，每空都算1分，这是不合理的。

（2）标准答案要明确、全面，根据各解答步骤决定具体的评分标准。掌握评分标准要兼顾“双基”和能力，要重视解题过程，解法有创见算法巧妙而简捷者可酌情加分，以资鼓励。

（3）严格评分手续，尽可能减少各种无关因素对评分的干扰。为保证评分的可靠性，试卷上可以不写姓名只写学号，或将姓名密封；评卷采用“流水作业”以便统一掌握评分标准；阅卷时间尽量保持连续性；阅卷后必须全面复核。

（三）做好质量分析

对试卷作出分析，既可评价教学质量，诊断学习中的缺陷，改进教学，还可以对试题作出质量分析，积累好题，为以后的科学命题积累资料。质量分析可从以下几方面进行：

（1）成绩统计。除求出平均分、及格率外，最好能求出标准差S：

$$S=\sqrt{\frac{\sum_{i=1}^{n}(x_i-\bar{x})^2}{n}}$$

式中 $x_i$ 为每生实得的分数；$\bar{x}$ 为全体平均分；$n$ 为全体人数。平均分代表全体学生成绩的集中趋势，标准差代表全体学生成绩的离散趋势，两者结合便可用数理指标说明学生成绩的总水平，也便于进行比较。

（2）题目分析。按题统计正误人数，错答的实例，并分析原因。还可统计每题的难度，为以后筛选试题作参考。

（3）改进教学。试卷分析后，就备课、教学、辅导作业等各方面提出切实可行的改进意见，以全面提高教学质量。

## 思 考 题

1. 试述教学评价的含义和功能。

2. 教学评价有哪些原则？

3. 选择一节课参照“小学数学课堂教学评价表”作出评价。

4. 请结合你自己的教学，制定某一年级的数学考评双向细目表。

5. 编拟数学选择题、是非题、填空题各两道，并作出简要分析。

# 第九章　数学思维与数学思维能力的培养

## 内容提要

数学思维是人脑和数学对象交互作用，并按照一定的思维规律认识数学内容的内在理性活动。数学思维具有概括性、问题性和逻辑性的特点。数学思维包括逻辑思维、形象思维与直觉思维三种方式。逻辑思维是一种确定的、前后一贯的、有条理、有根据的思维，它是数学思维的核心，基本形式是概念、判断和推理。形象思维是依托于对形象材料的意会，从而对事物作出有关理解的思维，它们的基本形式是表象、直感和想像。直觉思维是一种整体的、粗线条的、简约的、跳跃式的思维，它的基本形式是直觉和灵感。数学思维的基本方法是：观察、实验、比较、分类、分析、综合、抽象、概括、归纳、演绎、类比、联想等。数学思维的品质包括：思维的深刻性、灵活性、敏捷性、批判性和独创性。

小学生的数学思维是处在由具体形象思维为主向抽象逻辑思维为主的过渡阶段。培养小学生初步的数学思维能力，要以初步逻辑思维为主，其他非逻辑思维（初步形象思维与直觉思维）与之交叉运用，相互补充；要有目的、有计划地配合有关教学内容，将数学思维能力的培养贯穿于教学过程的始终；要加强知识的发生、发展过程的教学，构建良好的认知结构；要给学生提供足够的思维材料、空间与时间；要加强思维训练，使学生掌握数学思维的基本方法；要注意思维能力培养的阶段性和连续性等。

数学是思维的体操。在第三章中，我们把数学学习的本质定义为“是学生获取数学知识，形成数学技能和能力的一种思维活动”。历年来的小学数学教学大纲也把培养初步逻辑思维能力确定为小学数学教学的主要目的之一。本章将着重讨论数学思维的特点、结构、形式、分类、方法以及培养小学生初步数学思维能力的途径。

## 第一节　数学思维概述

### 一、数学思维的含义

思维是人脑对客观事物的本质与内部规律性的概括的、间接的反映。思维与感知不同，感知所反映的是个别事物的个别属性及其外部联系，即感性认识；而思维反映的是一类事物共同的、本质的属性和事物间的内部联系。因此，可以这样说，思维是在感知、表象的基础上逐步进行分析、综合的结果。

数学思维是指在数学活动中的思维。这种活动是以数学作为对象的，所以说：“数学思维是人脑和数学对象（空间形式、数量关系、结构关系）交互作用并按照一定思维规律认识数学内容的内在理性活动。”① 它既具有思维的一般性质，又有自己的特性。最主要的特性表现在其思维的材料和结果都是数学内容。

### 二、小学生数学思维发展的阶段

现代发展心理学通常认为：“就思维的起源来说，不管是种系发展还是个体发展，思维的发生和发展都要经历直观行动思维——→具体形象思维——→抽象逻辑思维这样三个阶段，并在儿童、青少年的发展中，表现出一定的年龄特征。”② 我们认为，小学生的数学思维是在数学学习过程中发展起来的，基本上也经历着这样三个阶段，而且这三个阶段是相互渗透、相互补充的。

（一）直观行动思维

---

① 任樟辉：《数学思维论》，18页，南宁，广西教育出版社，1990。

② 朱智贤、林崇德：《思维发展心理学》，21页，北京，北京师范大学出版社，1986。

这是以实际的操作行动为依托的数学思维。思维的客体是本人正在接触的事物、直接操作的物体，思维与动作没有分开。个体往往不能在动作之前设想自己解决问题的方法，不能作出计划，更不能预知动作的结果。这种思维主要是协调感知和动作。例如，初入学的学生学习“3”的组成，学生拿出 3 个圆片一边摆一边说，这是在动手操作中进行初步的分析综合；如果动作中断，思维也往往就此而中断。

（二）具体形象思维

这是以事物的表象为依托的数学思维，它是一般形象思维的初级形态。表象是指当被感知过的物体或活动过程不在眼前时，个体头脑中保留下来的形象。如果这个表象是过去感知的重现，就是记忆表象；如果这个表象不完全是过去感知过的，而是根据图画或别人的描述等等进行加工所呈现的新表象，就是想像表象。例如，一名小学生解这样的题目：“学校有 9 个小足球，又买来一些，现在有 20 个，买来多少个?”他回忆起教师上课时用金鱼图片讲的例题，自己画了一个示意图（见图 9—1），然后根据这个具体形象，列出算式：

20－9＝11（个）

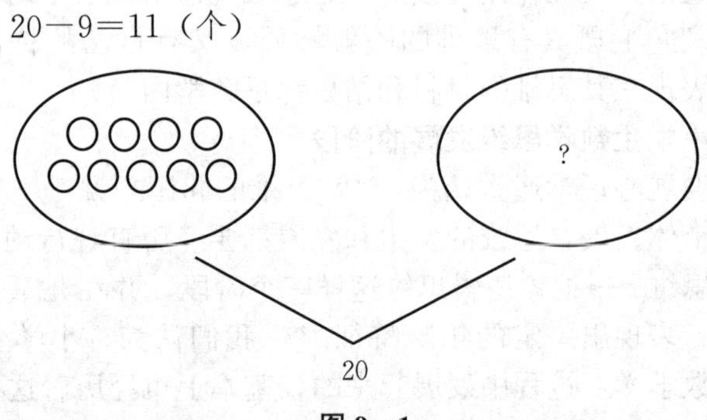


**图 9—1**

像这种已经可以脱离面前的直接动作来进行的数学思维属于具体形象思维，低年级小学生的思维大多属于这种类型。

（三）抽象逻辑思维

这是脱离了直观形象，依靠概念、判断和推理所进行的数学思维。

**例 1** 根据分数的基本性质进行通分和约分。

$$\frac{2}{5}+\frac{3}{7}=\frac{2\times7+3\times5}{5\times7}=\frac{29}{35}$$

$$\frac{\overset{3}{\cancel{9}}}{\underset{8}{\cancel{24}}}=\frac{3}{8}$$

**例 2** 根据乘法的意义直接判断在 13×5○13×6－13 中，○里填什么关系符号。

**分析** 左边表示 5 个 13 的和，右边表示 6 个 13 再减去 1 个 13，也是 5 个 13，因此在○里填上等号。

例 1 是根据性质进行推理，例 2 是利用概念进行判断，这些都是进行逻辑思维的过程。

我国心理学家朱智贤认为，小学生的思维处在由具体形象思维为主向抽象逻辑思维为主的过渡阶段。瑞士心理学家皮亚杰将个体心理发展分为以下四个阶段：感觉动作阶段（0 岁～2 岁）、前运算阶段（2 岁～7 岁）、具体运算阶段（7 岁～11 岁）、形式运算阶段（11 岁～15 岁）。其中的“具体运算阶段”，其内涵所指的“可逆、守恒，仍离不开具体事物的支持”等性质，与上述的“由具体形象思维为主向抽象逻辑思维为主的过渡阶段”的实质是相似的。

根据近年来的实验研究，我们认为小学生的数学思维是在直观行动思维的基础上，由具体形象思维为主向抽象逻辑思维为主的过渡阶段。在此，要注意“过渡”两字。首先，它表明了小学生的数学思维是逐步发展的，低年级学生更多地是具体形象思维；随着年龄的增长，知识的积累，到了中年级，具体形象思维逐步减少，而抽象逻辑思维成分逐渐加大。其次，正因为是“过渡”，即使到了五六年级，学生仍然不能像成人那样完全依托抽象的数学概念进行思维，他们还往往要以具体的表象作为认识的支柱。再次，这种“过渡”，不是单纯的一减一加的关系，数学的具体形象思维和抽象逻辑思维往往是兼而有之，始终是相互渗透，相互补充的。

**三、数学思维的特性**

小学数学教学实质是数学思维活动的教学。要了解数学思维活动，必须研究其特性。小学生数学思维的特性有思维的概括性、思维的问题性和思维的逻辑性。

（一）思维的概括性

概括是数学思维的重要特征。数学思维的概括性指的是以客观事物为依据，在原有经验的基础上，舍弃了具体事物的非本质特征，揭示数量关系和空间形式的本质特征及其规律，并把它推广到同类事物或现象之中。例如，小学生认识分数，就是通过等分一个圆、一条线段、一个物体、一群物体，并逐步舍弃这些具体事物的非本质属性，从而得出“把单位‘1’平均分成若干份，表示其中的一份或几份的数是分数”这一共同的本质属性，这样便获得了对分数的认识，并且由此推广到同类事物之中。数学概念的形成、数学公式、法则的获得都需要通过抽象概括。因此，概括水平的高低是衡量数学思维能力强弱的重要标志之一。

（二）思维的问题性

问题是数学的心脏。数学的起源和发展都是由实际问题所引起的。我国古代的数学巨著《九章算术》，就是由问题构成的解题方法的汇集。数学思维的问题性，主要表现为数学思维总是与数学的实际问题相联系，总是表现为不断地提出问题、分析问题直到解决问题。因此说，数学思维的问题性是数学思维的又一个重要特征，也是数学思维的目的。例如，学习面积时要比较任意两个图形的面积的大小，只用直观判断法或者只用重叠法是不行的；借助画方格、数方格的方法也很不方便。总之，这些都不是真正测量面积的方法。这样，学生便产生了问题，有问题就要思考，于是列出了平方厘米、平方分米、平方米等面积单位。又如应用题是含有情节、事理、数量关系，并有明确问题目标的实际问题，在小学教科书中占有一定的比重。解答应用题，首先要把实际问题转化成数学问题，其次要对数学问题进行分析，找出解决问题的途径和方法，再按照一定的方法求出问题的答案，最后还要通过检验，确认其是否合理。总之，这一系列的过程正是指向问题目标并求解的思维过程。

（三）思维的逻辑性

逻辑思维是数学思维的核心，无论从数学学科的特点，还是从小学生的数学学习过程来看，都可以得出这样的结论。正因为如此，小学数学教学大纲中将培养小学生的初步逻辑思维能力作为重要的目标之一。例如，学习“小数的基本性质”时，通过“把5分米、50厘米、500毫米改写成用‘米’作单位的小数，并比较它们的大小”，可以看出：

$$5\text{分米}=\frac{5}{10}\text{米}=0.5\text{米}$$

$$50\text{厘米}=\frac{50}{100}\text{米}=0.50\text{米}$$

$$500\text{毫米}=\frac{500}{1\,000}\text{米}=0.500\text{米}$$

$$\because 5\text{分米}=50\text{厘米}=500\text{毫米}$$

$$\therefore 0.5\text{米}=0.50\text{米}=0.500\text{米}$$

由此概括出结论：“小数的末尾添上‘0’或者去掉‘0’，小数大小不变。”整个学习过程，有观察、比较、分析、综合、抽象、概括，结论的得出就是学生进行有根有据、有条有理的逻辑思维的结果。

**四、数学思维的结构**

结构是指组成某一事物的各种成分以及各成分间的排列或关系。数学思维作为一个整体，一个结构，是多种因素的联系系统，而且这一系统是动态的、不断发展变化的。数学思维的结构可以分为以下几个主要方面：数学思维的材料和结果、数学思维的基本方法、数学思维的基本形式、数学思维的品质。而且这些不同方面、不同层次的组合，又形成了相对稳定的数学思维方式，这些思维方式实质上是数学思维方法与数学思维形式的统一。

数学思维的材料和结果，指的是数学思维的内容。正如前面所说的数学思维是以现实世界中的数量关系和空间形式为材料的，就个体而言，它包括学生头脑中已有的数学知识或经验；思维的结果最典型而集中的反映就是教科书中全部的数学知识。数学思维的材料和结果是相对而言的，小学生过去数学思维的结果——有关的数学概念和规律，必然参与到当前解答数学问题的过程之中，从而转化为今日数学思维的材料。

数学思维的基本方法，又称为思维的操作手段。小学数学思维的基本方法有：观察、实验、比较、分类、分析、综合、抽象、概括、归纳、演绎、类比、联想等。

数学思维的基本形式，按思维活动的三种方式分类，主要指逻辑思维的基本形式——概念、判断和推理；形象思维的基本形式——表象、直感和想像；直觉思维的基本形式——直觉和灵感。

数学思维品质是衡量小学生数学思维发展水平的标志，它主要有深刻性、灵活性、敏捷性、批判性和独创性等特点。

## 第二节　数学思维的分类

数学思维根据其不同的标准，可有不同的分类：根据小学生数学思维的发展阶段可分为直观行动思维、具体形象思维和抽象逻辑思维三种类型（本章第一节已作阐述）；根据数学思维活动的总体规律又可分为逻辑思维、形象思维与直觉思维（有关内容将在下面第四、五、六节中详述）；根据解决数学问题的方向不同可以分为集中思维和发散思维；根据数学思维的品质可分为再造性思维与创造性思维。

### 一、集中思维与发散思维

集中思维是朝着一个目标、遵循单一的模式，求出归一答案的思维，又称为求同思维；在数学学习中往往反映为按照既定的目标，严格用意义、定律、法则、公式等去思考，从而获得同一的结论。发散思维则表现在解决问题时，能根据已提供的条件，利用已有的知识和经验，从多个方向、不同的途径去探索思考，以寻求新的解决问题的途径和方法，所以发散思维又称为求异思维。在数学学习中，发散思维往往反映为一题多解。一般说来，集中思维有利于思维的确定性、规范性，发散思维有利于思维的灵活性、创造性。

集中思维和发散思维往往是密切联系、不可分割的。在集中的基础上才能发散，在发散的基础上再集中；集中是发散的起点和归宿，发散又是其中的中心环节。尽管发散思维有利于思维的创造性，但它并不是创造性思维的惟一形式。创造性思维要求尽快地联系，尽可能地提出各种假设，提出各种解决问题的方案。但是创造决不到此结束，还必须通过检验筛选，对各种方案作出评价，这就是集中，对各种正确解法还要择优，也需要集中。因此，可以这么说，创造性思维是集中思维和发散思维的有机结合。

**例** 校园里有一个长方形花坛，它的四周有 1 米宽的甬道（如图 9—2），求甬道的面积。

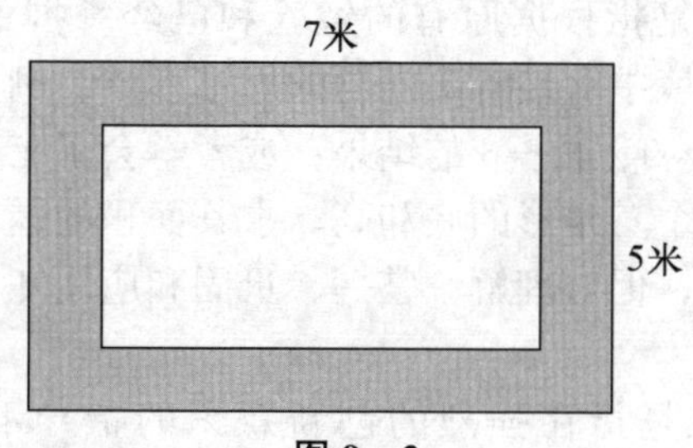


**图 9—2**

学生列出多种解法：

(1) 7×1×2＋5×1×2

(2) (7×1＋5×1)×2

(3) (7×2＋5×2)×1

(4) (7＋5)×2×1

(5) (7－1)×1×2＋(5－1)×1×2

(6) [(7－1)＋(5－1)]×2×1

(7) [7×1＋(5－1×2)×1]×2

(8) (7＋5)×2×1－(1×1)×4

(9) 7×5－[(7－1×2)×(5－1×2)]

……

**分析** 根据以上不同解法，学生判断的结果是：(1) 式～(4) 式都是错误的，因为式中没有注意到四个角是重合的；其余的有的认为 (5) (6) 两式较好，因为它们只有 5 个步骤；也有的认为 (9) 式很新颖，从大面积中减去一个小面积。教师又进一步启发大家思考："当一道题目有多种解法时，其内部定有必然的联系，能不能把它们的内部规律找出来？"学生很快地发现："规律就是要看到长方形的四个角是重合的。”这样，从理解长方形的面积求法（集中思维）⟶提出求甬道面积的多种解法（发散思维）⟶判断正误并找出最佳解法（第二次集中思维）⟶探索多种解法中的规律性联系（第三次集中思维），通过集中⟶发散⟶高一层次的集中，使学生的认识更为深化，思维水平逐步提高。

**二、再造性思维与创造性思维**

再造性思维是指根据原有的经验和已经掌握的解题方法、策略，在类似的情境中直接解决问题的思维形式。例如学生学会乘法口诀后去计算 8×9、42÷6 的结果；或者学会了三角形的面积公式后，计算已知一个三角形的底和高，求其面积的题目。再造性思维的创新成分较少，但对理解、掌握、巩固和应用知识都有十分重要的作用。

创造性思维是指在强烈的创新意识的指导下，把头脑中已有的信息重新加工，产生具有进步意义的新设想、新方法的思维。这种新设想冲破了原有的模式，新颖、独特而又进步，与课本上写的、老师教的不同，在学生的知识仓库中是不能找到现成答案的。

**例** 某车间计划一天生产 400 个零件，18 天完成任务，实际工作效率提高了 20％，几天能完成？

一般解法　400×18÷［400×（1＋20％）］＝15（天）

特殊解法　18÷（1＋20％）＝15（天）

**分析** 工作总量一定，工作效率和工作时间成反比。现实际工效是计划工效的 1.2 倍，那么计划工时应是实际工时的 1.2 倍，两步计算便能解答。

创造性思维是创造力的核心，它支配着创造性的活动。创造性思维一般可分高、中、低三个层次。高层次的创造性思维可产生重大发明，起到划时代的作用，如居里夫人发现镭的过程。中层次的创造性思维是对原有知识进行加工改组，可产生有社会价值的创造性产物，但不能起到划时代的作用。低层次的创造性思维则指其创造性思维的结果是本人前所未有的，但是社会上其他人已有的，小学生的创造性思维多属于这一类型。例如，一个从未学过分数乘法的小学生，能自己推算出$\frac{3}{5}\times\frac{2}{3}$的结果：求$\frac{3}{5}$的$\frac{2}{3}$是多少，就是把$\frac{3}{5}$平均分成 3 份，取其中的 2 份，那么$\frac{3}{5}$是 3 个$\frac{1}{5}$，把它分成 3 等份，每份就是$\frac{1}{5}$，再取 2 份就是$\frac{2}{5}$。再如，才上二年级的高斯，在计算 1＋2＋3…＋100 时，能根据数目的特征，首尾相加，直接得出 5 050 的结果，这就是创造性思维；如果此题让一个已学过等差数列的中学生计算，只能是再造性思维。由此可见，创造性思维离不开再造性思维，前者是在后者基础上的发展和飞跃。创造性思维也不是单一的思维活动，而是多种思维的综合表现，它是集中思维与发散思维的结合，也是逻辑思维、形象思维与直觉思维的综合。

## 第三节　数学思维的一般方法

数学思维中存在一定的可操作的思维方法，这些方法应该从小开始逐步渗透和培养。小学数学思维的一般方法有观察、实验、分析、综合、比较、分类、抽象、概括、归纳、演绎、类比、联想等。当学生掌握了这些方法，一般也可称为具有这方面的能力，如分析综合能力、抽象概括能力等。

### 一、观察与实验

（一）观察

观察是受思维影响的，有目的、有计划地通过视觉器官去认识事物、状态及相互关系的一种主动的活动。正因为观察是思维的窗口，在数学学习中要使学生学会观察的方法，养成观察的习惯。

**例 1**　数一数图 9—3 中有多少个锐角？

**分析**　通过观察，发现任意两条射线间的一部分都构成一个锐角：

最小的基本锐角有 4 个；

由 2 个基本锐角构成的有 3 个；

由 3 个基本锐角构成的有 2 个；

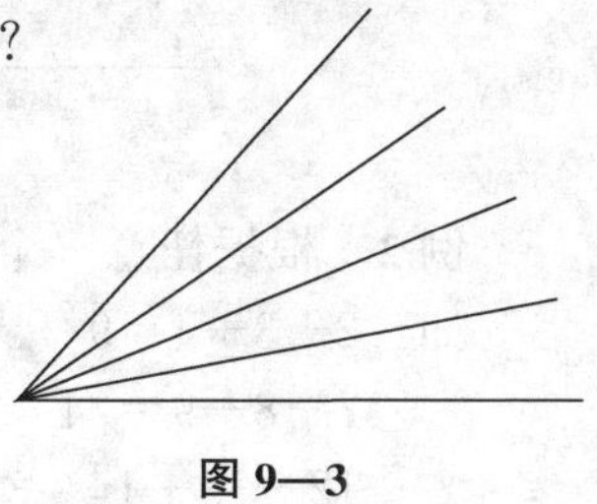

**图 9—3**

由 4 个基本锐角构成的有 1 个。

也就是 4＋3＋2＋1＝10（个）。

**例 2** 观察下面这组数有什么规律，再根据规律在(　　)里填上适当的数：

1，1，2，3，5，8，13，21，(　　)，(　　)。

**分析** 通过逐项观察，发现这组数有如下的规律：

第一个数加第二个数等于第三个数　1＋1＝2；

第二个数加第三个数等于第四个数　1＋2＝3；

第三个数加第四个数等于第五个数　2＋3＝5；

……

于是根据“任何相邻两数之和等于紧接着的第三个数”的规律，在括号中分别填出 34，55。

（二）实验

实验是有目的、有控制地创设一些有利于观察对象，并对其实行观察和研究的活动方式。实验方法的特点，往往是创设一个简单的模型，以利于观察和推知某一复杂问题的性质。在小学，由于学生的年龄特征所限，很多概念和规律的获得都不是通过严格的证明，而往往是采用实验方法得出。

**例 1** 三角形的内角的和是多少度？

**分析** 研究这一性质，可让学生用纸剪一个任意三角形，取其两边的中点连线（见图 9—4），沿着虚线折起来，三个内角之和就成一个平角，由实验得出“三角形的内角和是 180°”。

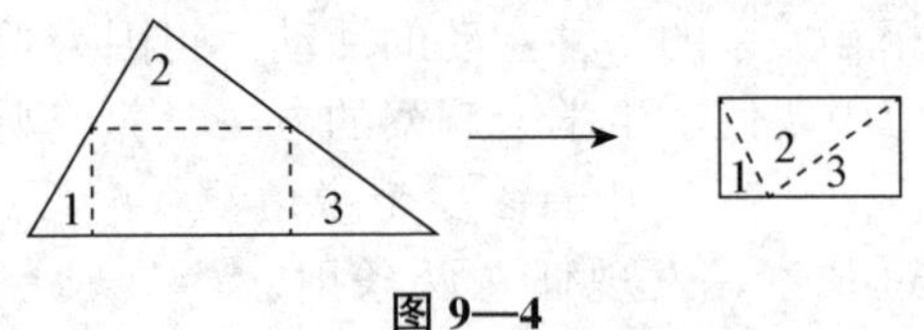


**图 9—4**

**例 2** 根据任意三个连续整数求和的实验，观察其和的性质。

如　2＋3＋4＝9

　　7＋8＋9＝24

　　12＋13＋14＝39

**分析** 根据观察可以发现：9、24、39 都是 3 的倍数，由此得出结论：“任意三个连续整数之和均是 3 的倍数。”

**例 3** 五年级两个班有 104 人，共选出 14 人参加数学竞赛，其中甲班选出了全班人数的$\frac{1}{7}$，乙班选出全班人数的$\frac{1}{8}$。两班各有学生多少人？

**分析** 甲班人数应为 7 的倍数，乙班人数应为 8 的倍数。根据“14”的组成来思考，逐个实验。

如果两班各选 7 人，则 $7\times7+7\times8=105$，$105>104$，不合题意；

如果从甲班选 6 人，乙班选 8 人，则 $6\times7+8\times8=106$，$106>104$，仍不合题意；

如果从甲班选 8 人，乙班选 6 人，则 $8\times7+6\times8=104$，符合题意。

实验是有控制的观察，实验为观察创设对象；又通过观察获得实验的结果。因此，实验与观察是紧密联系的，而且它们又是数学发现的重要手段。

**二、分析与综合**

（一）分析

分析是把思维对象的整体分解成各个部分、方面或要素，并对它们分别加以研究、考察的一种思维方法。

在小学数学教学中，分析得到了十分广泛的应用。例如，教学“长方形的认识”时，先出示许多实物，观察其表面，然后分别认识长方形有几条边和几个角，它的边和角各有什么特点，这实际上就是一种分析过程。又如，教学一道复合应用题时，先把它分解成若干个连续的简单应用题，实际上是把一个思维对象拆成若干部分，通过对各部分的思考，从而可以得到对对象整体的思考，这同样是一种分析过程。

在小学数学学习中，学生往往自觉地运用分析的思维方法。例如，一道四则混合式题要根据运算顺序，确定先算什么，后算什么，这“先算”与“后算”，便是通过分析得出的；又如求组合图形的面积时，先要观察它可以分解成几个简单图形，然后求其面积；再如低年级学生口算 37＋8，其思维过程也是首先把 37 分为 30 与 7 的和，然后再进行计算。

（二）综合

综合就是把已有的关于研究对象的各个部分、方面或要素联合成整体，从而进行整体认识的思维方法。

分析是把一个对象或现象分解成若干部分（从整体到部分），综合是把一个对象或现象的各个部分结合成整体（从部分到整体）。在整个思维过程中，综合与分析是不可分割的，没有分析便没有综合。综合是以分析为基础的综合，分析又是在综合指导下的分析，二者相互依存。在小学数学的教学过程中，它们都是密切相联的。在数学教学中，许多老师总是把一个复杂的数学概念或问题分成几个组成部分，按照学生已有的知识基础，排列成一个严密的顺序，由表及里地分析，然后再一步步综合，直到达到解答问题的目的为止。例如前面提出的复合应用题，当把它分解成若干连续的简单应用题后，便要一个个地解答，这些连续简单应用题的联合，便完成了整个应用题的解答。又如一年级学数的组成，要把 8 分成 6 和 2，这是分析，也要懂得 6 和 2 组成 8，这便是综合。可以这样说，要使学生掌握数学知识，就要通过分析、综合。

**三、比较与分类**

（一）比较

比较是确定两个或两个以上的对象或同一个对象在不同时间条件下的相同与不同点的思维方法。比较是对事物进行分类、抽象、概括的基础，分析与综合又是比较的基础。苏联教育家乌申斯基指出比较是一切理解和一切思维的基础。心理学家谢切诺夫认为，比较是人的最珍贵的智力宝藏。世界上的一切事物总要通过比较从而被人们认识。

完全不同的事物无从比较，只有同类的或有某些相似的事物才能比较。小学数学中的许多概念联系紧密而又容易混淆，必须利用恰当的时机，引导学生比较，只有分清它们的异同，才能获得正确的认识。例如，平均分和平均数、增加了多少和增加到多少、最大公约数和最小公倍数、奇数和质数、偶数和合数、一堆煤烧去$\frac{2}{3}$和烧去$\frac{2}{3}$吨、正比例、反比例和似是而非不成比例的量等。

小学生比较能力的发展是随着年龄和年级的增长而不断提高的，从直接感知的具体形象的比较发展到运用语言对抽象概念的比较，由比较个别部分的异同发展到比较多个部分的异同。从国内外的一些实验材料中发现，小学生最初进行比较时分不清本质与非本质的特点，而且往往容易发现事物的相异点。因此，在教学中最好先比较相异点，然后比较相同点，而且先从相差悬殊的特点比起，再比较其细微的差别。

小学数学概念的建立，有时要从感知到抽象，有时却要与原有的旧概念相比较来认识。如教材中学习“角的认识”时，总是先学习“直角”，然后再学锐角、钝角、平角，并把它们都和直角相比加以认识；又如有余数的除法总是在没有余数（余数为0）的除法的基础上引入的；“＞”、“＜”是与“＝”相比较才获得清晰的认识的；“增加了几倍”也只能在与“是几倍”的原有概念相比之中，才能让学生真正理解。比较是掌握知识的一种重要的智力活动，一般小学生喜欢比较，但又不善于比较，因此，教师要注意引导他们比什么，怎么比，通过学生自已的观察比较去得出正确的结论。

（二）分类

分类是以比较为基础，按照一定的标准，把相同性质的事物归为一类，不同性质的则归入不同类别的思维方法。

例如，以自然数而言，按照“一个大于1的自然数，除了1和自身以外有无其他约数”的标准，可将它分为三类：

$$\text{自然数}\begin{cases}1\\ \text{质数}\\ \text{合数}\end{cases}$$

在每一次分类中，应符合以下基本原则：首先，每一次分类必须按一个标准；其次，分类必须不重不漏。例如，有的学生把小数分为纯小数、带小数和循环小数，这是有问题的。首先，它们不是按同一标准划分的。纯小数与带小数是按小数的整数部分这一标准划分的，而循环小数则是按小数的小数部分来划分的；其次，出现漏分现象。有限小数被漏分了。同时，又出现交叉现象，如 $8.\dot{3}$ 既是带小数，又是循环小数。因此上述分类不符合逻辑。

对小数的正确分类应有以下两种分法：

（1）按整数部分是否是 0 的标准划分。

- 小数
  - 纯小数
  - 带小数

（2）按小数部分是否有限的标准划分。

- 小数
  - 有限小数
  - 无限小数
    - 无限循环小数
      - 纯循环小数
      - 混循环小数
    - 无限不循环小数（如 $\pi=3.1415926\cdots\cdots$）

比较与分类是密切联系的。分类是在比较的基础上进行的，在分类过程中又往往要继续运用比较的思维方法。分类以后才能促进概念的系统化。

### 四、抽象与概括

#### （一）抽象

抽象是指在认识事物中，抽取其共同的、本质属性或特征，舍弃其非本质属性或特征的思维方法。小学教学中的任何一个数、一个公式、一种符号、一个概念或一个规律都是进行抽象（包括概括）的结果。

小学数学学习中的抽象是有不同的层次的。一种是从具体事物、具体现象中的抽象，可称为具体的抽象。如一年级从画面上的 5 只小鸡和 3 只小鸭，抽象出 $5>3$；从打开的折扇，张开的剪刀来初步认识“角”；通过学具操作，看到 $4+2$ 等于 6，$2+4$ 也等于 6，得出 $4+2=2+4$ 等等，这些都是从具体的实物或生动形象的背景中获得抽象的结果。另一种是在前者基础上的较高层次的抽象，可称为原理性的抽象。例如从 $2+4=4+2$ 中得出“交换两个加数的位置，和不变”，从而再抽象到 $a+b=b+a$。小学数学的抽象是相对的，是逐级提高的，往往只有通过原理性的抽象，才能达到理性的认识。

（二）概括

概括是在认识事物的过程中，将抽象出来的同类事物的共同属性连结起来，并把它推广到同一类事物上去的思维方法。

**例** 通过绳测法或滚动法（将圆滚动一周，从尺子 0 刻度算起），测量直径不同的几个圆，看看圆的周长与直径的比有什么关系。见表 9—1。

**表 9—1** **圆的周长与直径的比**

| 周长 $c$（厘米） | 直径 $d$（厘米） | $\frac{c}{d}$的比值（保留两位小数） |
| --- | --- | --- |
| 12.53 | 4 | 3.13 |
| 6.27 | 2 | 3.14 |
| 3.14 | 1 | 3.14 |
| … | … | … |

通过观察实验知道，圆的周长总是直径的 3 倍多一些，然后得出圆的周长和直径的比值是一个定值（$\pi$），这样便把所有圆的这一性质联合起来，即$\frac{c}{d}=\pi$，也可以写成 $c=\pi d=2\pi r$，并将这一公式推广应用于计算任何一个圆的周长之中。

概括与抽象是相互联系的两种思维方法，没有抽象不可能进行概括，抽象之后又必定有概括。数学中的任何一个公式、结论、符号都是抽象概括的结果。例如“三角形”这个概念，我们不是指任何具体形状的、颜色、大小不同的三角形实物，而是舍弃其具体事物的物理、化学性质，只指一般的三角形，这是一种抽象，继而概括得出“由首尾相接的三条线段所围成的图形是三角形”的结论。

小学生数学学习中的抽象概括是有阶段、有层次的。对同一个概念的学习，受儿童年龄特征的制约，往往分成由低到高几个层次来进行。以“分数意义”为例：①

① 吴纯武、郑济安、司马寿林：《小学数学教学中培养抽象概括能力的探索》，载《中国小学数学教育》，1991（1～2）。

(1) 像$\frac{1}{2}$，$\frac{1}{3}$，$\frac{1}{4}$，$\frac{3}{4}$，$\frac{1}{5}$，$\frac{2}{5}$，$\frac{4}{5}$，$\frac{1}{8}$，$\frac{3}{8}$等都是分数——直观形象概括。

(2) 把一个物体平均分成几份，这样的一份就是几分之一；这样的几份就是几分之几——具体形象概括。

(3) 把单位“1”平均分成若干份，表示这样一份或几份的数，叫做分数——形象抽象概括。

(4) 形如$\frac{a}{b}$（$a$、$b$都是整数，且$b\neq0$）的数叫做分数——本质抽象概括。

究其原因，由于学生对单位“1”的多样性和可分性，对形如$\frac{3}{1}$、$\frac{0}{13}$等是否是分数的认识程度存在差异，因而产生不同的概括水平。

抽象与概括正如分析与综合一样，都是密切相联的。抽象与分析的方向有若干相似之处，但分析是把一个物体分成若干部分，而抽象是把同类事物的本质属性与非本质属性区分开，并把非本质属性舍去；概括与综合也有相似之处，但综合是把同一事物的个别部分加以联合，而概括则是把不同事物的共同的本质属性加以联合。抽象概括必须在分析、综合、比较的基础上进行，没有分析综合，就不能比较，不能比较也必然找不出事物的异同，也无法区分事物的本质属性与非本质属性，所以抽象概括是比其他思维方法更高一级的思维过程。通过抽象后，人们对事物进行了去伪存真、去粗取精、由表及里、由此及彼的工作后，才能由感性认识上升到理性认识，才能认识事物的本质和规律。因此，抽象概括的水平是小学生数学思维能力高低的重要标志之一。

**五、归纳与演绎**

（一）归纳

归纳是从同类事物中的若干特殊事物所含有的同一性或相似性中，得出这类事物的一般属性的思维方法。

归纳有不完全归纳与完全归纳两种。由完全归纳而获得的结论应是可靠的；由不完全归纳获得的结论则不一定可靠。

不完全归纳是根据某类事物中的部分对象具有（或不具有）某种属性，推知该类事物的全部对象都具有（或不具有）这种属性的思维方法。不完全归纳法又称简单枚举法。

小学数学中的不少概念、法则、公式都是对一些个别的数学事实或数学式子进行观察、比较、分析、综合，用不完全归纳归纳出一般结论的。例如，乘法分配律是通过观察了 $7\times(3+5)=7\times3+7\times5$，$10\times(2+12)=10\times2+10\times12$，$125\times(9+8)=125\times9+125\times8$ 等算式后，归纳出“两数的和与一个数相乘，可以把两个加数分别与这个数相乘，再把两个积相加，所得的结果不变”的结论。不完全归纳比较符合小学生的年龄特征，便于学生接受。尽管它缺乏严格的证明，但对培养学生的发现、创造能力有很重要的作用。

完全归纳是依据同类事物的每个对象都具有（或不具有）某种属性而推出该类事物的全体具有（或不具有）这种属性的思维方法。由于它考察了该类事物的全部对象，因此结论是可靠的。例如，通过实验证明，直角三角形、锐角三角形、钝角三角形的内角和都是 180°，归纳得出三角形内角和的规律。

（二）演绎

演绎是由同类事物的一般属性推出其个别对象属性的思维方法。

演绎与归纳正好相反，学生根据已掌握的定义、公式、法则等去解决相应的计算题、应用题及其他具体的数学问题时，常用演绎法。演绎比较严谨，一般在中高年级才逐步学习。演绎的基本形式是“三段论”。例如：

凡是一个数的各位上的数的和能被 3 整除，这个数就能被 3 整除。（大前提）

3 129 各位上的数的和是 15，15 能被 3 整除。（小前提）

---

3 129 能被 3 整除。（结论）

演绎推理的大小前提都必须真实，结论才能正确。

归纳和演绎既相互区别，又相互补充，在思维过程中密切联系、相互依存。

## 六、类比与联想

（一）类比

类比是根据两个对象之间存在着一些相同或相似的属性，推测另一些属性也可能相同或相似的思维方法。类比的形式是：

$A$具有性质$a$、$b$、$c$、$d$，
$B$具有性质$a$、$b$、$c$，

---

$B$也可能具有性质$d$。

在小学数学学习中，经常利用新旧知识间的某些相似处进行类比。例如，由整数乘法的意义推出分数乘法的意义。即由“求一个数的几倍”类推为“求一个数的几分之几”；根据除法、分数与比之间的内在关系，由除法有商不变的性质，推出分数的基本性质和比的性质。类比带有或然性，其结论不一定可靠。例如，从整数大小的比较，类比推出无限循环小数大小的比较，就可能出现错误。比如出现$1.38\dot{9}<1.39$这样的错例。因此，其结论还要依靠其他方法来检验。但是，尽管有一定的局限性，类比在帮助学生由旧知识探求新知识方面起着启发思考的重要作用。

（二）联想

联想是由当前的某一事物想到与其关联的另一事物的思维方法。

在小学数学学习中，联想主要表现在引起学生对旧知识的回忆，并与新知识相沟通，它能起到举一反三的作用。常见的是由事物间的相似处引起的联想，这种联想与类比相通，又称为类比联想。例如，学习乘法交换律时，就联想到加法交换律；学习圆柱体体积时，就联想到圆面积公式是用割补剪拼的方法推导出来的，因此，圆柱体体积的求法也可用类似方法推导。此外，还有由对比关系引起的对比联想。例如知道男工与女工人数之比为8∶7，就联想到女工人数与男工人数之比为7∶8；看到了9＋4＝13，就想到13－9＝4，13－4＝9；认识了小数点向右移动一位（两位、三位），小数值就扩大10倍（100倍、1 000倍），由此联想到如果小数点向左移动一位（两位、三位），小数值就会缩小到它的$\frac{1}{10}$（$\frac{1}{100}$，

$\frac{1}{1\,000}$)。

上述的各种数学思维方法，在数学学习中都是密切联系，相互补充的。

## 第四节　初步逻辑思维能力及其培养

逻辑思维是数学思维的核心。逻辑思维是一种确定的（a 就是 a，不是 b）、前后一贯的（不相矛盾的）、有条有理的（循序渐进的）、有根有据的（理由充分的）思维。我国历年的小学数学教学大纲中把培养小学生的初步逻辑思维能力定为一项重要目标，这是由数学学科的性质所决定的。

### 一、培养初步逻辑思维能力的总要求

《九年义务教育全日制小学数学教学大纲（试用）》指出："结合有关内容的教学，培养学生进行初步的分析、综合、比较、抽象、概括，对简单的问题进行判断、推理，逐步学会有条理、有根据地思考问题；同时注意思维的敏捷和灵活。"这一要求既指出了逻辑思维的方法和形式，也提出了思维的品质。

在逻辑思维过程中，要用到分析与综合、比较与分类、抽象与概括等思维方法，还要用到概念、判断、推理等思维形式。应该看到，逻辑思维撇开事物的具体形象，以抽象性为其特征，抽取事物的本质属性，从而形成概念，并借助概念进行判断推理，揭示事物的内部规律和联系。因此，逻辑思维的形式是概念、判断和推理。可以这样认为：人们借助概念、判断、推理这种形式进行思维，而思维的结果又往往以概念、判断、推理等形式反映出来。其中，概念是思维活动的基本单位，判断和推理都是由概念组成的，是概念的展开和发展。在逻辑思维过程中，上述的这些思维方法和思维形式总是结合在一起发挥作用的。

在小学数学教学中，培养初步的逻辑思维能力，主要是通过数学概念、规律以及应用题的学习，使学生能正确地使用概念，准确地进行判断，合乎逻辑地进行推理，把科学的思考方法转化为自己

的思维工具，从而提高学习效率。

（一）概念明确

概念是反映客观事物本质属性的一种思维形式。合数这个概念，必须有以下两个基本特征：“它是自然数；除了 1 和它本身外还有别的约数。”要明确合数的概念，以上两个特征是缺一不可的。又如，梯形这一概念的本质特征是：“它是四边形；它只有一组对边平行。”要明确梯形这一概念，必须充分理解和掌握它的两个特征，尤其是第二个特征中的“只”字的含义，表示了在梯形中必须有一组对边平行，而不能有两组对边平行。

逻辑思维以概念作为思维的“细胞”，因此概念明确是培养数学思维能力的重要前提，也是进一步学习数学知识，形成数学能力的基础。以计算分数加减法为例，最重要的要有明确的分数概念，如$\frac{1}{2}+\frac{1}{3}$，1 个$\frac{1}{2}$和 1 个$\frac{1}{3}$相加，分数单位不统一，必须通过通分，使它们分别转化成大小不变的同分母分数，然后再相加。可见，明确的数学概念确实为计算技能的形成提供了切实的保证。

（二）判断准确

判断是对某个事物的性质、现象作出肯定或否定的思维方式。数学判断是对数量关系和空间形式有所肯定或否定的一种思维形式。表达数学判断的语句又称数学命题。数学中的定义、法则、性质、公式等都是判断。

判断由主概念、谓概念和联系词三部分组成。数学命题中的联系词，除了用“是”与“不是”以外，还常用=、＞、＜、≈等符号表示。例如：

| 平行四边形的面积 | = | 底×高 |
|---|---|---|
| （主概念） | （联系词） | （谓概念） |

| 乘法 | 是 | 求几个相同加数的和的简便运算 |
|---|---|---|
| （主概念） | （联系词） | （谓概念） |

| π | 不是 | 循环小数 |
|---|---|---|
| （主概念） | （联系词） | （谓概念） |

判断有对有错，命题也有真有假。数学中的一切定义、法则、性

质、公式等都是经过实践检验的，是被论证了的，因此都是真实的。

在小学阶段，要求学生对简单的数学问题进行恰当的判断。在这里，我们并不要求学生去研究命题的结构、形式（肯定判断、否定判断、全称判断、单称判断），也不要求研究有关命题（原命题、逆命题、否命题、逆否命题）之间的同真同假及其关系，而是要求学生根据已获得的数学概念对数学事实及问题作出恰当的判断。从命题形式上看，简单判断（判断中只含有一个判断）多于复合判断（判断中含有其他的判断），后者一般用"如果……就……"的叙述方式，在高年级用得较多。例如，"三角形的内角和等于180°"；"真分数都小于1"；"最小的合数不是2"等都是简单判断。"一个分数的分子缩小3倍，分母也缩小3倍，分数值不变"；"如果一个因数扩大10倍，另一个因数也扩大10倍，积就扩大100倍"等都是复合判断。

小学生的判断力主要反映在判断的正确性和敏捷性上。正确的判断依赖于对原有概念的正确掌握，如果概念不清，判断必然不当。例如，有的学生认为"2是最小的合数"这一命题正确，究其原因是混淆了偶数与合数的概念；有的学生认为"纯循环小数一定小于1"的结论正确，主要原因是把纯小数与纯循环小数混为一谈。小学生除了对上述的形似实异的命题容易失误外，对一些复合判断往往由于忽略命题成立的前提也容易判断错误。例如，"圆锥体体积等于圆柱体体积的$\frac{1}{3}$"，缺少了"等底等高"的条件；"假分数的倒数都小于1"，忽略了"分母与分子相等的也是假分数"这一情况。又如，"正方形的周长与它的面积成不成比例？成什么样的比例？"不少学生误认为成正比例关系，究其原因是只看到了两个相关联的量，一个扩大（或缩小）另一个随之而扩大（或缩小），而忽略了$\frac{x}{y}=K$（一定）这一根本条件，造成了判断失误。

小学生的判断能力随着数学知识的掌握而逐步提高。数学概念是判断的基础，判断又是概念的展开和发展，因此要提高学生的判断能力，首先要加强概念教学，同时要在解决实际问题中，提高学生作出准确判断的能力。

（三）推理符合逻辑

推理就是由一个或几个已知的判断推出一个新判断的思维形式。已知的判断叫做前提，推出的新判断叫做结论。所谓推理合乎逻辑，就是指在推理过程中要遵守一定的逻辑原则。

推理分归纳推理、演绎推理和类比推理三种。有关内容在本章第三节“数学思维的一般方法”中已经涉及，在此举例加以分析。

**例 1** 因为

$$\left.\begin{array}{l}9\times 8=8\times 9\\12\times 45=45\times 12\\600\times 30=30\times 600\\\cdots\cdots\end{array}\right\}\text{（前提）}$$

所以 $ab=ba$ （结论）

**例 2** 因为 不能被 2 整除的数叫奇数 （大前提）

35 不能被 2 整除 （小前提）

所以 35 是奇数 （结论）

**例 3** 因为 $(a+b)\times c=a\times c+b\times c$ （前提）

所以 $(a+b)\div c=a\div c+b\div c$ （结论）

例 1 是归纳推理，是由特殊到一般的推理，而且是属于不完全归纳推理，所得的结论并非都正确，必须通过其他方法进行检验。在小学数学学习中，为便于学生接受，大量采用的是不完全归纳推理。

例 2 是演绎推理，是由一般到特殊的推理。演绎推理结论的正确性是由大小前提的真实性予以保证的。在小学阶段，并不要求学生去运用三段论，但当学生得出一个新判断时，教师就可以启发学生：“你根据什么这样想的?”这个“根据”往往就是大前提或小前提。这样可以逐步培养学生有根据地去思考问题。

例 3 是类比推理，是由特殊到特殊的推理。类比推理是根据事物间的某些相同或相似处进行的推理，是一种或然推理，其结论不一定可靠，如例 3 推出的结论是正确的。又如，由 $a\times(b+c)=a\times b+a\times c$，类比推出 $a\div(b+c)=a\div b+a\div c$ 这个推理的结论便是错误的。类比推理和不完全归纳推理有共同之处，结论还需进一步检验。但是类比推理对数学发现具有很大的作用。

总之，无论是哪种推理，推理的前提必须真实，推理的每一步要符合逻辑原则，这样才能得出正确的结论。

## 二、培养初步逻辑思维能力的阶段目标

### （一）小学数学各年级逻辑思维能力的培养目标

小学数学教学以培养初步逻辑思维作为主要的教学目标之一，但是从低年级至高年级，小学生的思维水平存在着很大的差异。为使教学有依据，评估有标准，使小学生的初步逻辑思维能力得到持续而有效的培养，有必要制定各年级的阶段培养目标。表 9—2 便是笔者执笔由五年制小学数学试用教材（北师大版）编写组提出的小学各年级初步逻辑思维能力的培养目标。表中将小学数学初步逻辑思维能力的培养目标分成五个阶段，每一年级为一个阶段，每一年级的具体特征都表示学生思维发展中的小小质变。

**表 9—2　　五年制小学各年级初步逻辑思维能力的培养目标**

| | |
|---|---|
| 一年级 | （1）能从实物、图形抽象出数。<br>（2）能对某些事物进行简单的分类。<br>（3）会用“＞”、“＜”、“＝”判断数与数、数与式的大小。<br>（4）会区分应用题的条件和问题。根据加减法的意义，从两个已知条件出发，通过初步的分析综合，推知问题的解答。<br>（5）开始能从一个简单的判断，推出另一个新的判断。如知道 5 比 3 多 2，就推知 3 比 5 少 2；能把一个加法改写成两个相应的减法。<br>（6）能用比较清楚的语言，回答较简单的数学问题。 |
| 二年级 | （1）在教师的帮助下，能逐步概括出加法、减法的笔算法则。能用语言初步概括出长方形和正方形的特征。<br>（2）开始掌握和、差、积、商的数学术语，并能学会简单应用。<br>（3）会根据乘、除法的意义，解答乘、除法的一步应用题。通过初步条件、补充问题等方式，开始学习由条件推向问题（即“综合法”），由问题推向条件（即“分析法”）的思考方法，学会找出“中间问题”，解答比较容易的两步应用题。<br>（4）逆向思维开始萌发。能熟练地利用乘法口诀求商，把一个乘法改写成两个除法。能解答一些简单的逆向应用题。<br>（5）在教师的指导下，先想后说，能用比较完整的语言，说明自己想说的数学问题。初步学会口述应用题的条件和问题。 |

续前表

| | |
|---|---|
| 三年级 | (1) 在教师的指导下，逐步掌握十进制记数法，能由个级推知万级、亿级数的读、写。能由两位数相乘的法则，逐步推知三位数相乘的法则。<br>(2) 通过分析综合，能掌握四则混合运算的顺序，学会由分步列式转入综合列式。<br>(3) 掌握加、减、乘、除各算式中各部分的关系，并根据这种关系求 $x$。<br>(4) 学会正确地分析数量关系，掌握常用的数量关系（如时间、速度与路程，单价、数量与总价，工效、工时与工作总量等三量关系），解答两步和较容易的三步应用题，学会口述解题思路。<br>(5) 在教师的指导下，能从一组有联系的式题的比较分析中，逐步发现已知数的变化引起得数变化的某些规律（如商的变化规律）。<br>(6) 思维开始灵活。能利用数的特征，根据运算性质进行简算；学会简单的估算；会用两种方法解答某些应用题，并做出比较。 |
| 四年级 | (1) 能用字母表示数，表示数量关系、运算定律和公式。<br>(2) 能理解和掌握加与减、乘与除之间的互逆关系。<br>(3) 能用“>”、“<”、“=”判断小数、分数的大小。<br>(4) 能用比较简练的语言，概括出常见的平面图形的特征（如三角形、平行四边形、梯形）。<br>(5) 逐步学会区分事物的本质特征和非本质特征，会按事物的本质特征分类。能将自然数分为质数、合数和“1”，或分为奇数和偶数；把四边形分为长方形、正方形、平行四边形、梯形等。<br>(6) 能理解和掌握有关数学概念的定义或结语，并能举出恰当例证进行说明。<br>(7) 在教师引导下，通过比较分析，能逐步概括出小数点移动引起小数大小变化的规律，并据此进行小数乘法、除法的计算。<br>(8) 能正确、全面地分析数量关系，逐步掌握对应、比较、等量、假设、转化等思考方法，解答三步计算或较复杂的应用题。初步学会列方程解应用题。<br>(9) 思维逐步灵活。会把运算定律推广到小数，进行简便计算。学会简单估计小数的积与商的近似值。<br>(10) 能比较连贯地说明解题思路。 |

续前表

| | |
|---|---|
| 五年级 | (1) 认识整数、小数、分数、百分数之间的联系，掌握它们之间的互化方法，能用“>”、“<”、“=”判断各数的大小。<br>(2) 根据 $xy=k$ 或 $\frac{y}{x}=k$ 的关系式，能正确判断两个变量之间的正比例、反比例关系。<br>(3) 根据运算定律及某些数目的特征，能灵活而合理地进行整数、小数、分数的四则运算。<br>(4) 初步学会在数据整理中进行比较分类，半独立地制作简单的统计图表，并会对此做出简单的分析和说明。<br>(5) 注意概念的种属、并列、交叉等关系，对学过的几何图形（平面、立体）进行系统分类。<br>(6) 能全面分析数量关系，根据题目的具体情况，灵活合理地选择算术方法或列方程解应用题。能运用所学的数学知识和方法，分析和解决生活中一些简单的实际问题。<br>(7) 能有条理、有根据地说明思考过程和解题思路。<br>(8) 初步学会用列表、拟提纲等方式，小结学习重点，把所学知识进行整理和归类。 |

（二）有关各年级培养目标的若干说明

1. 掌握数学知识与培养逻辑思维能力有密切的关系

应该看到，抽象的逻辑思维是通过以词为代表的概念和语言来进行的，过去思维的结果——有关数学概念和知识，必然会参与到当前解答问题的思维过程之中，并影响着思维的效果。掌握数学知识和培养逻辑思维能力是两个不同的但又密切联系的系列，并在数学学习过程中统一起来。小学生初步逻辑思维能力的培养总是以数学知识的学习为载体的，因此，应结合各年级数学知识的扩展编制逻辑思维发展的目标。

2. 逻辑思维能力是个整体结构

在数学学习的实际思维活动中，各种思维方法和形式都是密切联系，相互补充，交叉作用的。在各种思维方法中，分析综合是最基本的方法，其他方法都是分析综合的继续和深化；同时，以概括水平的提高作为衡量思维的指标。学生通过对事物或现象的分析综合，可以把两个（或两个以上的）事物进行比较，找出异同；在分析比较的基础上，进一步区分对象的各个组成部分，分出哪些是一类事物共同的本质属性，哪些不是一类事物共有的，只是某些事物所特有的非本质属性，然后把这些共同的属性结合起来，进行抽象概括，从而形成了概念。而逻辑思维是依靠概念、判断、推理这些思维形式来进行的。概念是进行判断、推理的基础，学生对数学事实、现象进行判断和推理的过程，又是进行多层次、多阶段、多水平的分析综合的过程。因此，在各年级的培养目标中，均分别指出了有关的思维方法和形式。

3. 逻辑思维能力培养的阶段性和连续性

小学各个年级中，每一年级是相互连续又相互独立的，前一年孕育着后一年的一些特点，后一年又遗留着前一年的某些痕迹。以抽象概括为例，一二年级处于直观形象的概括阶段，主要是对实物或图形进行直观、形象的概括。三四年级（指四年级前半期）处于形象抽象的概括阶段，即从形象水平向抽象水平的过渡时期，学生能学会分出对象中的主要与次要、本质与非本质的属性。四五年级（指四年级后半学期开始）处于以本质的抽象概括为主的阶段，学生能对数学材料的本质属性和内在联系进行抽象概括，开始能掌握概念的某些定义，逐步形成概念系统。因此，各年级的培养目标尽量结合实际，体现阶段性与连续性的辩证关系，使小学生的初步逻辑思维能力能够得到持续而又正常的发展。

**三、培养初步逻辑思维能力的基本途径**

（一）要挖掘教材中的智力因素，把培养逻辑思维能力贯穿于教学的全过程

数学教材中可供培养逻辑思维的内容很多，关键在于深入挖掘，充分利用。上海特级教师封礼珍老师在教学“三角形的种类”时，别具匠心地给学生出示一些三角形的局部，让学生判断它们各属于哪种三角形。第一次出示时，只露出一个直角，学生回答是直角三角形。第二次只露出一个钝角，学生回答是钝角三角形。第三次只露出一个锐角，学生回答是锐角三角形。此时教师默不作声，

掀开一看，原来仍是直角三角形（或钝角三角形）。这给学生一个深刻的印象，要判断一个锐角三角形，只看一个角是锐角从而作出是锐角三角形的结论是不充分的，只有三个角都是锐角时，才能判断其为锐角三角形，克服了学生思维中的惰性。由此可见，如果教师能不失时机地利用教材内在的智力因素，进行逻辑思维的训练，将会对提高学生的逻辑思维起到很好的作用。

（二）要给学生提供足够的思维材料

逻辑思维能力是在数学知识的学习过程中潜移默化地得到培养的。培养思维能力，必须为学生提供足够的思维材料。按性质划分，思维材料可分为感性材料和理性材料两种，而且这两种思维材料有时是交互作用的。

1. 提供感性材料

感性认识通过表象向理性认识过渡，是促使小学生逻辑思维发展的重要途径。对于低年级学生，教师更应提供具体的感性材料，让他们通过声音、颜色、图像、动作获得充分的感知。常见的是利用课本上的插图，利用教具演示或学具操作，让他们看一看、摆一摆，通过比较、观察、分析、综合，获得数学的初步概念。教师提供的感性材料应是充分的，而且要有思维阶梯。在中高年级的几何教学中，也同样如此。在教学“圆面积”时，一位特级教师采用了实验──→推导──→引申三个层次组织如下的教学。

**实验**　取三个同样大的圆形纸片示范，分别分成 8、16、32 等份，逐一拼成近似的长方形，使学生确信图形虽变，而面积大小不变。圆被等分的份数越多，所拼成的近似长方形的曲边也越来越直。

**推导**　从图形割补变形中看出：

| 长方形面积 | ＝ | 长 | × | 宽 |
|---|---|---|---|---|
| ‖ | ＝ | ‖ | | ‖ |
| 圆　面　积 | ＝ | 圆周长一半 | × | 半径 |
| | ＝ | $\pi r$ | × | $r$ |
| | ＝ | $\pi r^2$ | | |

**引申**　教师出示图 9—5(a)，说明 $r^2$ 就是以圆半径 $r$ 为边长的

小正方形的面积。接着再出示图 9—5(b)。圆面积比 4 个小正方形的面积小,比 3 个小正方形的面积大,圆面积正好是 $r^2$ 的 $\pi$ 倍。

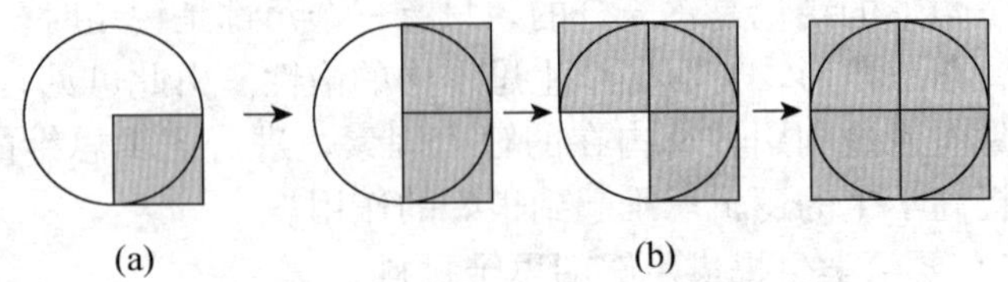


**图 9—5**

这样的教学设计，分层次地给学生提供了思维的足够的感性材料，不仅使学生通过等积变形，知道了圆面积公式的由来，而且对 $\pi r^2$ 有了形象而又实质性的理解。更进一步，又引导学生把圆面积与圆周长的公式作比较，圆周长是直径（$2r$）的 $\pi$ 倍，圆面积是 $r^2$ 的 $\pi$ 倍，把两个学生最容易混淆的公式区分开来，并了解其间的联系，形成良好的认知结构。

2. 提供理性材料

数学教材呈现的概念和规律都是具有逻辑意义的。但是，对学生来说教材是外在的，如何内化成自己的认识，还需要教师进行教学法上的加工。在学了分数乘法后，学生已经知道一个数乘以真分数，乘积必小于这个被乘数，那么在什么情况下，乘积必大于被乘数呢？教师为了使学生获得正反两方面的认识，给学生提供了以下算式：

$$16\times2 \qquad 16\times\frac{3}{5} \qquad 16\times3 \qquad \frac{1}{2}\times11$$

教师　哪几道题的乘积大于被乘数？这里有什么规律？

学生　只要乘数是整数，积就大于被乘数。

教师　0 是整数吗？

学生　只要乘数是自然数，积就大于被乘数。

教师　16×1 呢？

学生　只要乘数是大于 1 的自然数，积就大于被乘数。

教师　16×1.5 呢？

学生　只要乘数是大于 1 的整数、分数、小数，积就大于被乘数。

教师　能不能更简单些?

学生　只要乘数是大于1的数，积就大于被乘数。

从以上可见，教师提供了一定的思维素材，使学生通过观察、分析，多层次地概括，最后终于获得了正确的结论，逻辑思维也得到了训练。

(三) 要顺着学生的思维，重视学习过程

由于年龄、生活经验及思维水平的差异，教师和学生对教材的理解也存在着差异。教师认为容易的学生可能感到难；教师感到深奥的，学生却不以为然。因此，作为一个教师，一定要了解学生是怎样想的，又是怎样做的，然后才能有的放矢地进行教学。在教“商的近似值”时，学生已掌握了“一般先除到比需要保留的小数位多一位，再按四舍五入将末一位去掉”的结论，教师有意识地问:“这‘一般’两字是什么意思?”当学生回答“大部分情况应这样，有时也不一定”时，教师便顺着学生的思路，提出挑战性的问题:“你们能否不多除一位小数，又能正确而简捷地获取商的近似值呢?”接着提供以下几道竖式，“不动笔，想一想，商保留一位小数各应是多少?”

```
     3.6            4.2              0.6             1.3
  ──────         ──────           ──────          ──────
6)21.7        12)50.6          18)11.7          6)11
   18             48              10 8             8
  ────           ────            ──────          ────
    3 7            2 6              9              3 0
    3 6            2 4                             2 4
   ────           ────                            ────
     1              2                               6
```

通过观察、分析、比较，终于找出简捷的方法。这一教例，可以说明教师能顺着学生的思路，放手让他们去思考，体现了数学学习的过程，从而有效地训练了学生的逻辑思维。

(四) 要重视数学语言的表述

思维的发展与语言的表达有着密切的关系。语言是思维的结果，也是思维赖以进行的载体。人们思维的结果，认识活动的成就都是通过语言（口头或书面）表达出来的。反过来，由于语言的经常磨练，也促使人的思维更加精确。语言与思维的这种辩证关系，使得人们的抽象逻辑思维能力得以逐步提高。

数学语言包括书面的和口头的，如数学符号、图式等属于书面语言，和、倍、扩大、缩小等属于口头语言。数学语言具有准确、简练、严谨的特点，在培养小学生初步逻辑思维的同时，必须注意训练数学语言的表述。语言表述要分层次，低年级要求学生先想后说，能用完整的句子进行表述；中年级可以要求学生有条理地、连贯地表达自己的思维过程；高年级则侧重语言的准确、简练，并要有根据地进行表述。这样有计划、有要求地注意培养，持之以恒，定有成效。尤其要加强中高年级数学语言的表述，语言训练不仅有利于学生解答文字题，更可训练学生思维的逻辑性。

在这方面，数学教师的语言应该成为学生的表率。数学教师的语言应力求准确、条理清楚、深入浅出、逻辑性强，还要注意启发性和生动性。要讲究板书的质量，书写要规范，重点突出，有系统，有层次。总之，提高教师自身的素养，是培养学生逻辑思维能力的前提条件。

## 第五节　初步形象思维能力及其培养

形象思维是依托于对形象材料的意会，从而对事物作出有关理解的思维。逻辑思维的特征是思维材料的抽象性，而形象思维的特征是思维材料的形象性。形象思维的基本形式是表象、直感和想像。

### 一、形象思维的基本形式

#### （一）表象

表象是在感知基础上形成的感性认识的高级形式。它是人们过去感知过，但是现在并不直接感知的那些保留在人脑中的事物的映象。表象有视觉表象、听觉表象、运动表象及其他表象等。

表象的特征有两个。一是直观性。表象是建立在感知的基础上的，感知后事物留下的痕迹保留在人脑中形成映象，这种映象是形象的、直观的，与原来的感知相似，但又没有感知那样鲜明和清晰。例如，学习长方形时，学生见过黑板面、课桌面、书本面……这些物体表面的形状都是长方形，以后一说长方形时，就有“如见其形”

之感，但其形象比感知时模糊。二是概括性。表象在多次感知后留下痕迹。以前面所说的长方形为例，学生头脑中呈现出来的长方形已不是原始的黑板面、课桌面的直观形象，而是一般的、概括的、综合的形象。因此，表象是人脑对当前没有直接作用于感觉器官的、以前曾被感知过的事物形象所形成的直观而又比较概括的映象。

数学表象可分为两种基本类型：图形表象和图式表象。图形表象是与外部几何图形形状一致的头脑中的示意图。如当人们一听到梯形、圆柱体等名称时，头脑中就能浮现出一般梯形和圆柱体的形象。图式表象是与外部数学式子的结构关系相一致的模式形象。例如，加法结合律的图式表象为（△＋□）＋○＝△＋（□＋○）的模式形象；比例式的图式表象为$\frac{\times}{\times}=\frac{\times}{\times}$的模式表象。

表象是表象思维的基本元素，是形象思维的“细胞”。形象思维在感性认识的基础上，可以根据典型材料对表象进行加工或组合，并借助于逻辑思维的渗透，产生更一般的表象，形成表象系统。没有表象，便谈不上形象思维。在小学数学教学中，普遍采用形象思维。

例如，小学生学习几何初步知识，其根本的着眼点是要形成相应的几何观念，也就是图形表象。拿小学生认识图柱体来说吧，大致经历以下过程：观察茶叶筒、圆柱形铅笔、灯管等实物──→头脑中形成圆柱体的整体形象（表象）──→画出圆柱体的示意图（表象的外化）──→直观分析其底面、侧面、高等几何要素──→形成关于圆柱体的形状、大小、位置关系的表象系统。这样，为今后圆柱体概念的形成打下了基础。

又如，学习 8＋5 的进位加法时，先出示实物图进行演示或操作（见图 9—6），使学生从图中看出，把 5 分成 2 和 3，8 和 2 凑成 10，然后 10＋3 便得 13。

接着便在算式上勾画，帮助学生形成图式表象。

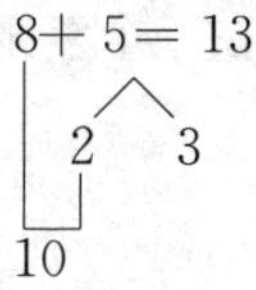

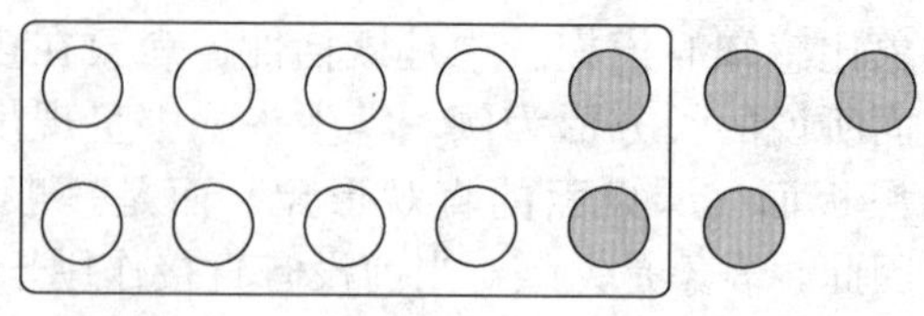

**图 9—6**

然后，利用这样的图式表象，再学习其他的进位加法时，就能起到举一反三的作用。如：

利用数学表象，不仅有助于学习新知识，而且有助于数学记忆，激发学生的学习兴趣，降低学习难度，提高学习效率。

（二）直感

直感是运用表象对具体形象的直接判别和感知。形象思维中的直感类似逻辑思维中的判断，不同的是，直感并不依赖概念，也不以语言为中介，只依托原有的表象记忆。数学直感是在数学表象的基础上对有关数学形象的判别。

在小学数学学习中，直感一般可分为形象识别直感和形象相似直感。

1. 形象识别直感

它是用数学表象这种整合的普遍形象的特征来比较具体数学对象是否与之同质，这种思维形式主要表现在对图形、图式在变式情况下的再认，或者在复合形态下的分别辨认。

例如，当等腰三角形的“腰”不在左右两侧，而处于其他方位时；当梯形不是上底短下底长时；当长方体的形状有两个相对面是正方形，并且这两个面比其他四个面都大得多时，对这些变式图形的再认，就属于形象识别直感。又如让学生去辨认在一个复杂的图形中，含有多少个基本图形，也是形象识别直感。

2. 形象相似直感

当进行形象识别时，如果在头脑中找不到同质的已有表象，便往往寻找最接近于目标形象的已有表象来进行形象识别，比较异同，利用其相似处进行适当加工，从而解决问题。形象相似直感往往与联想、类比等有直接关系。

例如，圆柱体体积公式的推导就是利用圆面积推导的过程。把圆面分成若干等份，然后将各个小扇形拼成近似的长方形，推导出圆面积公式。如果把圆面看成有一定厚度，就成为圆柱体，用同样方法分割，便可拼成近似的长方体，由此获得圆柱体体积的公式。这就是利用图形相似的直感。

（三）想像

想像是在头脑中对已有表象经过结合和改造，产生新表象的思维过程。想像与思维有许多共同之处，也有区别。“想像是以组织起来的形象系统对客观现实作超前反映，而思维是以组织起来的概念系统进行超前反映。”① 数学想像是数学表象和数学直感在人脑中的有机联结和组合，从而产生新的表象。

在小学中,数学想像有着不同的表现形式。按内容可分为图形想像和图式想像两类;按深度可分为再造性想像和创造性想像两类。

1. 图形想像与图式想像

图形想像是以空间想像直感为基础的对数学图形表象的加工和改造，图式想像是以数学直感为基础的对数学图式表象的加工和改造。图形想像是以形状、位置作为形象思维的材料，而图式想像往往以数据结构作为形象思维的材料。两者一般都要经历构想、表达、识别和推理四个密切联系的层次。

下面是图形想像的例子。

**例 1**　一个挂钟分针长 20 厘米，经过 45 分钟后，这根分针的尖端所走的路程是多少厘米？

**分析**　要解答此题，首先要根据题意在头脑中对图形进行构想，接着将构想的图形画成草图（图 9—7），这就是进行图形表达。从图中可以看出分针尖端所走的路程是以分针长为半径，经过

---

① 章志光：《心理学》，18 页，北京，人民教育出版社，1985。

圆周长的$\frac{45}{60}$，这样进行了图形识别。于是，马上进行图形推理，分针尖端所走的路程是以 20 厘米为半径，求出其圆周长，再取其$\frac{3}{4}$即可。这里的图式想像也必然渗透着逻辑思维活动。

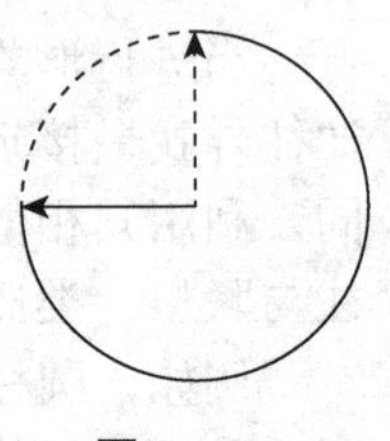

图 9—7

再看看图式想像的例子。

**例 2** 客车与货车同时从甲乙两地相对开出，6 小时相遇。已知客车与货车两车速度的比是 3∶2，求客车走完全程所需的时间。

**分析** 此题可以综合运用按比例分配及行程问题等知识解答。这样的解法为：$1\div\left(\frac{1}{6}\times\frac{3}{3+2}\right)=10$（时）。而有相当一部分学生采用画线段图的方法，利用图式想像来解答，见图 9—8。

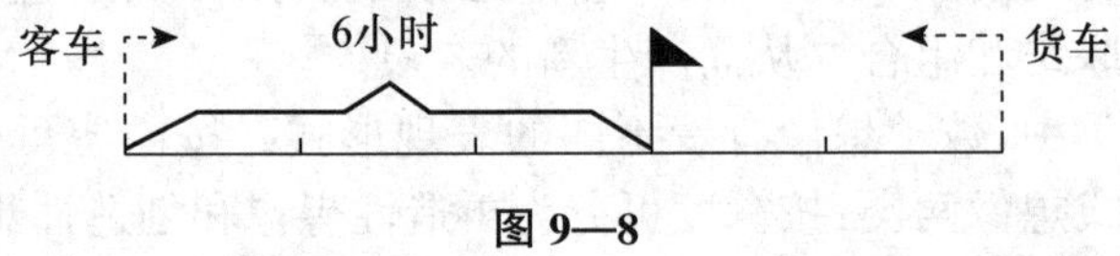


图 9—8

他们首先根据题意构思，这与相遇问题有关，于是把构思的内容用线段图表示出来（即图式表达），画图时考虑到客车与货车速度之比为 3∶2，因此相遇处应离客车出发处更远，两车相遇时路程之比也是 3∶2。根据线段图进一步识别其中的数量关系，相遇时间为 6 小时，在线段图上加注“6 小时”，就是客车自始到相遇点行了 6 小时（即图式识别）。这样，6 小时行全程的$\frac{3}{5}$，行全程所需的时间为 $6\div3\times5=10$（时）。最后通过图式推理，问题迎刃而解。

图式想像比单纯的逻辑推理更为清晰，往往可以起到一眼看到底的“透视”作用。在小学应用题教学中，对一些较难理解的题目，学生总是喜欢通过画出示意图使数量关系明朗化，实际是利用图式想像的形式，把抽象逻辑思维与形象思维交叉作用，使其起到“共振”的作用。

2. 再造性想像与创造性想像

再造性想像是根据言语的描述或图形、符号的描绘，在头脑中形成相应的新形象的心理过程。由于有了再造性想像，小学生才能在平面图上“看出”立体图形，才能理解点（没有大小）、线（没有粗细）、面（没有厚薄）以及平行、无限等概念。前面讲到的小学生根据应用题画出示意图或线段图，也是再造性想像的表象。再造性想像在小学低年级学生中就表现得相当突出。例如，笔者为了考查低年级学习应用题的思维水平时，曾对一年级下学期的学生出示这样的测试题：“二年级有两个班，这学期一班转走 5 人，二班转来 8 人，这学期二年级人数比上学期（　　）（　　）人。”此题正确率为 42.7%。有一部分学生作出如此回答：因为转来的人数比转走的多，8 比 5 多 3，所以这学期人数比上学期多 3 人，这是利用逻辑推理解题的。另一部分学生也作答正确，其中有一名学生先在草稿纸上画图（见图 9—9），并生动地说明自己的思考过程：本来两个班的人数都是全的，后来一班转走了 5 人（画$\downarrow$5人），二班又转来 8 人（画$\uparrow$8人），这样从二班的 8 人中抽出 5 人去补给一班（画$\xleftarrow{5人}$），还剩 3 人，所以这学期人数比上学期多 3 人。很明显，他对自己头脑中的原有表象进行加工、揉合，构造出新的形象，从而清晰地解答了这个问题。再造性想像可以说是沟通形象思维与抽象思维之间的桥梁。

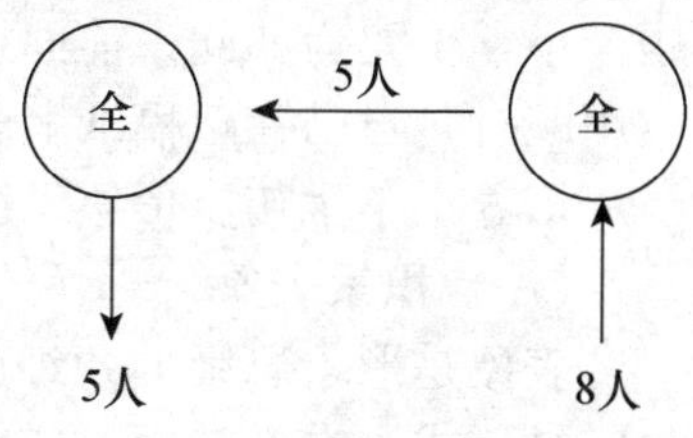

图 9—9

创造性想像则是按照一定的目的任务，运用自己以往积累的表象，在头脑中独立地构想出新形象的心理过程。创造性想像的特点是新颖、独创和奇特。同时创造性想像在解决数学问题的过程中，又常常表现为对事物发展的推测。例如，三角形的内角和是 180°，四边形可以分割成 2 个三角形，其内角和是 180°×2，五边形可分割成 3 个三角形。内角和是 180°×3……依此规律推测，$n$ 边形的内角和即为 180°×($n$−2)。当然，这种推测的结果还需要作出证明。

再造性想像与创造性想像是根据其创新程度来划分的，两者差别有时不十分明显。

**二、培养初步形象思维能力的基本途径**

人们已经知道，人的大脑右半球主要监管形象思维，而左半球主要监管抽象思维，如果在教学中，我们能注意到大脑两半球的和谐发展，一定会更加有利于学生数学思维的培养。一般说来，人们总是利用已知去认识未知，而且当已有的经验已不能解决新问题，且二者相差较大时，那么就要借助于想像，利用形象思维来解决问题，小学生尤为如此。前面提到的一年级学生解答某些从未见过的应用题时，自己在草稿纸上画示意图，就是最好的说明。

培养小学生初步形象思维的基本途径如下。

（一）积累表象

表象是形象思维的“细胞”，积累的表象越丰富，形象思维就越容易形成。在教学中，应结合教材内容，利用教具、学具，让学生通过多种感官进行形象感知，然后再通过形象记忆进行形象识别以及想像。人们都知道，感知得越充分，形成表象越鲜明，进行形象识别就越迅速、越准确。例如，学习“百以内数的认识”，可以利用小棒、数位筒演示和操作，并以“座次”来比喻数位，以促进学生表象的形成。又如，学习“长方体”时，不仅出示药盒、砖等实物，长方体的模型和长方体框架，而且要结合学生的实际让大家寻找周围哪些实物的形状是长方体，这样便形成了概括的图形表象。为了加强形象记忆，还要让大家闭目默想“过电影”，用手指一指教室的 6 个面、8 个顶点、12 条棱的位置，这种教学设计必然会取得良好的效果。应该看到，没有形象记忆便不可能有表象积累。所以，当学生观察图画或操作学具后，都要注意让他们把画面内容、操作过程进行必要的复述，这是形成形象记忆的有效方法。

（二）数形结合

数形结合是数学课上培养形象思维的重要途径。

例如，在应用题教学中，教师经常通过画线段图、示意图以及表格，把符号化的数量关系转化为形象化的数量关系，促使学生去理解，从而获得解答。

**例 1**　某班有学生48人，参加作文竞赛的有20人，参加数学竞赛的有27人，两种竞赛都未参加的有18人。求同时参加作文、数学两种竞赛的人数。

**分析**　从图9—10中便可清楚地看出，参加竞赛的人数是：

48－18＝30（人）

而参加作文与数学竞赛的人数之和应是20＋27＝47（人），47比30多的部分（指阴影部分）就是同时参加两种竞赛的人数：

47－30＝17（人）

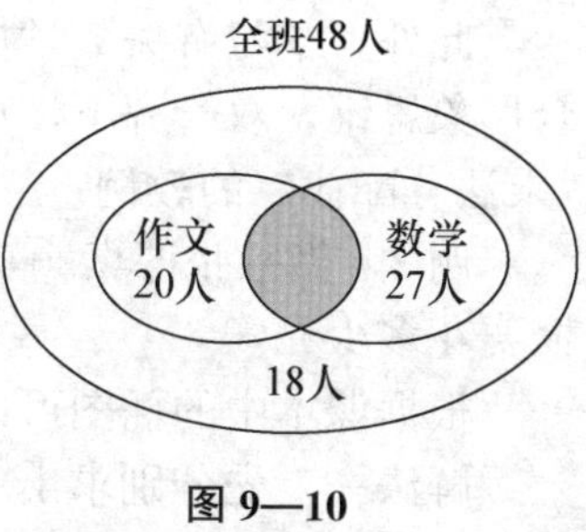


图 9—10

此题利用韦恩图，将错综复杂的数量关系明朗化，为学生解题提供了好的思路。

**例 2**　一件工程，甲独做20天完工，乙独做30天完工。开始两人合作，中途甲因事离开几天，经过15天完成了全部工程。甲离开了几天？

**分析**　此题数量关系也很复杂，见表9—3：

表 9—3

| | 工效 | 工时 | 工作总量 | |
|---|---|---|---|---|
| 甲 | $\frac{1}{20}$ | （　） | （　） | 1 |
| 乙 | $\frac{1}{30}$ | 15 | （　） | |

根据表9—2所示，明显看出有3个未知量，但可以根据已知量逐一求得：

乙工作总量　$\frac{1}{30}\times15=\frac{1}{2}$

甲工作总量　$1-\frac{1}{2}=\frac{1}{2}$

甲工作时间　$\frac{1}{2}\div\frac{1}{20}=10$（天）

甲离开的天数　15－10＝5（天）

利用表格，便于理清思路，依据工效、工时与工作总量的关系，推算出甲离开的天数。

此外，学习有关数学概念或规律时，如果既利用逻辑推理又配合形象思维，双管齐下，更易于深层次地理解其中的原理。下面是“乘法分配律”的教例。

**例 3**　做一张课桌30元，做一把椅子8元，做4套这样的课桌椅要花多少元？

根据课本中的插图可以看出这道题应该用两种方法解答。

解法一　先分别求出4张课桌和4把椅子的价钱：

30×4＋8×4＝152（元）

解法二　先求出每套课桌椅的价钱：

（30＋8）×4＝152（元）

比较　30×4＋8×4＝（30＋8）×4

通过比较得出结论:两数的和与一个数相乘,可以把两个加数分别与这个数相乘,再把两个积相加,所得结果不变。

教师可以进一步引导学生，能否不通过计算来说明以上两个算式必然相等呢？出示图9—11：

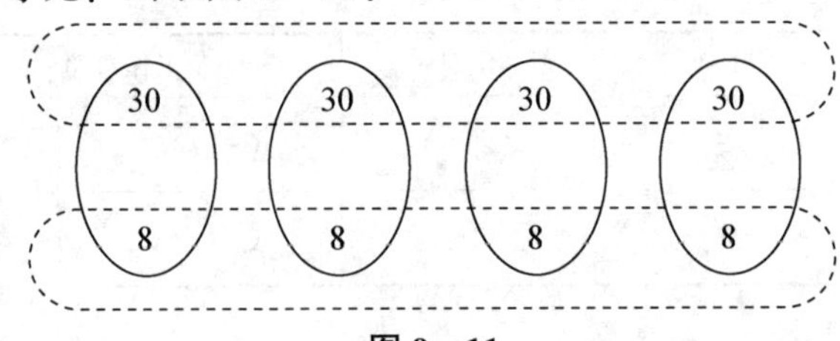


**图 9—11**

通过图示，学生便一目了然地发现，两个算式都是求这8个数的总和，理应相等。可见，形象思维与逻辑思维相互补充，将使学生更好地把握数学事实的本质，合理地发现规律。

（三）重视想像

形象思维不能只停留于“表象的积累，直感的运用”阶段，还应重视学生能利用原有表象进行加工改造，从而产生新的表象。小学生在这方面的想像力不可低估。在数学教学中，要启发学生多看一看，多想一想，给学生多一点思维空间，引导他们进行想像。在图式想像方面，包括简便运算中的分解、组合、凑整，应用题的图示、图解，对循环小数小数位所作的“无限”的想像等；在图形想像方面，根据图形与图形之间的关系想像其运动变化的情况，如分解、割补、平移、旋转等，在利用分割圆面拼成长方形时，更可有意识地引导学生作“极限”的想像。

## 第六节　初步直觉思维能力及其培养

直觉思维是一种整体的、粗线条的、高度简约的、跳跃式的思维。它依托于对事物的直接认识，从整体上把握对象，经过一段充分的准备，一下子接触到问题的实质，找到答案。著名的科学家钱学森认为：“直觉是一种人们没有意识到的信息加工活动，是在潜意识中酝酿问题，然后与显意识突然沟通，于是一下子得到了问题的答案，而对加工的具体过程，我们却没有意识到。”① 直觉思维的本质是突发性的，它的基本形式是直觉和灵感。

### 一、直觉思维的基本形式

（一）直觉

直觉是在原有知识和经验的基础上，通过观察、联想、猜测等，对出现在人们面前的新事物、新现象的一种直接的、极为敏锐的判断和对其内在本质的理解，这种思维形式往往不受逻辑规则的约束。在小学数学学习中，常常表现为建立在原有经验基础上的，能迅速找到解题的方向和途径的洞察力。

**例 1**　一位心理学家为了研究学生的解题思路出示下题：两个等圆的半径均为 1，已知两个阴影部分的面积相等，求 $OP$ 长（见图 9—12）。

一个学生看了一会儿，沉思片刻后忽然回答：“长方形的面积等于半圆，$OP$ 长等于$\frac{\pi}{2}$。”再问他的具体思路时，他只说：“上面

① 钱学森：《思维科学探索》，22 页，太原，山西人民出版社，1985。

的阴影部分可以用下面的阴影来代替。”除此以外，再也“挤”不出什么来了。

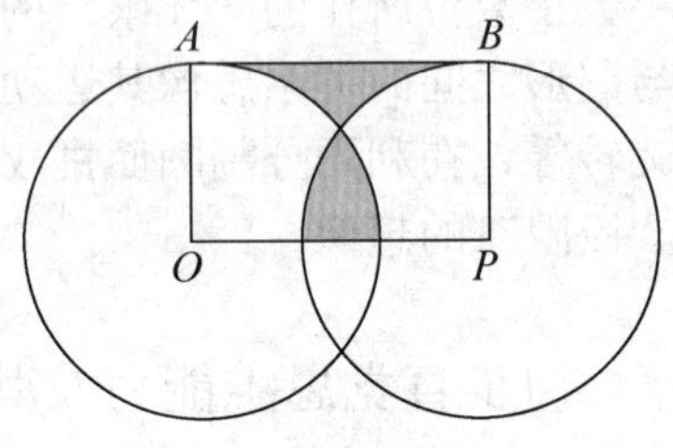


图 9—12

**例 2**　一个学生的家离学校 3 千米。他每天早晨骑车上学，每小时行 15 千米恰好能准时到校。一天早晨因为逆风，开始 1 千米他只能以每小时 10 千米的速度骑行，剩下的路程他应以怎样的速度骑行才能准时到校？

不少学生列式为：

(3－1)÷(3÷15－1÷10)

可是，有一名学生只画了一个简单的草图（见图 9—13）并列了一个公式：路程＝速度×时间，就很快地回答：“既然剩下的路程是已行路程的 2 倍，要想准时到校，那么，所需的速度必然是已行路程速度的 2 倍，就是每小时 20 千米。”

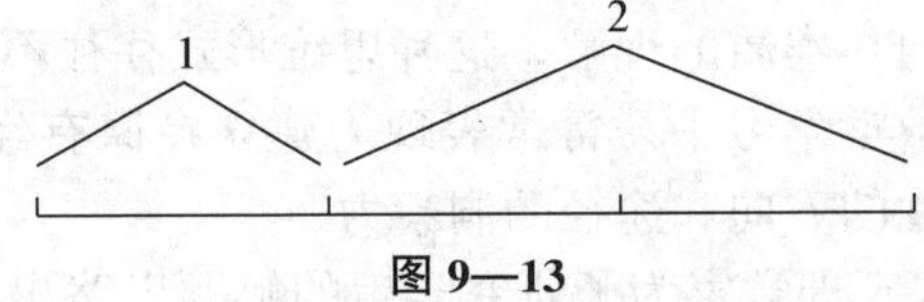


图 9—13

从上面两个例子可以看出，直觉具有经验性、跳跃性和或然性的特点。他们这种解题思路并不是从天上掉下来的，而是原有知识和经验的重新组合。这些知识又往往形成了联系较紧的“组块”，在解决问题时，“组块”迅速联结而形成对问题整体的综合判断。直觉思维的跳跃性更多地反映在不按逻辑规则思考，即使在一定程度上还有逻辑的分析综合，但往往是不连续的、不完整的、粗线条的，有大幅度的跳跃性，具有“一眼看到底”的特点。直觉思维的结果并非一定正确，它带有一定的偶然性，还需要经过实践和逻辑证明。

（二）灵感

灵感又称为顿悟，是直觉思维的另一种思维形式。表现在人们研究某些问题时，常常百思不得其解，暂时搁置一边，思维便从显意识转入潜意识，又由于偶然因素的触发，突然茅塞顿开，形成瞬间的认识思路。灵感是人们对长期探索的未能解决的问题的突然领悟的思维形式。

灵感与直觉既有联系又有区别。直觉的对象一般在眼前，是通过逻辑思维与形象思维的多次作用，在一定情况下结合产生的；而灵感常常出现在思考对象不在眼前，并多次直觉受阻，思维从显意识转入潜意识，又由于某种情境的触发，产生信息沟通而形成顿悟，灵感往往带有创造性。

数学灵感是人脑对数学对象结构关系的一种突发性的领悟。①

**例** 一个有 20 条边的多边形，内角和是多少度？

小学生虽然已学过三角形内角和是 180°，可是有 20 条边的多边形的内角和是多少度呢？一个小学生怎么也想不清楚。第二天早上，见到旭日东升，阳光照射，突然“灵感”上来，拿起笔在一个任意多边形内取上一点，与每边的两端点相连后发现有多少条边就可画成多少个三角形，再减去中间的 360°，就是 20 条边的多边形内角和，即 180°×20－360°＝3 240°。

这个学生开始怎么也想不出来，而睡觉起床后，在阳光照射的一瞬间，突然顿悟，这便是灵感。

灵感的特征是突发性、模糊性和非逻辑性。突发性即思维出现的无法克制性；模糊性是指信息出现的隐约性；非逻辑性，即指这种瞬时作出判断的思维，往往没有明确的过程。正如波利亚说的：“好念头的出现，每人都会体验过，但只能心领神会，而难于言传。”

## 二、培养初步直觉思维的若干建议

直觉思维不同于逻辑思维。如果说逻辑思维用于数学推理，那

---

① 参见任梓辉：《数学思维论》，84 页，南宁，广西教育出版社，1996。

么直觉思维更可用于数学发现。科学的发明往往离不开直觉思维。爱因斯坦曾多次提到过：我相信直觉和灵感；1997 年荣获诺贝尔奖的华裔实验物理学家朱棣文在谈到自己的成功之道时指出：你必须看到那些别人已经看过但没有发现的东西。如何做到这一点呢？要么你有先进的设备……要么，你能尝试将问题‘内消化’，使其成为一种直觉，这样当你进行研究时，直觉会引导你走向成功。在当前现代教育的推进下，更应重视培养学生初步直觉思维的能力。

（一）重视知识“组块”的积累

直觉和灵感的产生是建立在丰富的知识和经验的储备之上；对小学生来说，要重视其知识“组块”的积累，良好认知结构的形成，也就是要使学生具有解决问题所需要的多方面的背景知识，同时，还要培养其整体感知的能力。例如，在求 20 条边的多边形内角和时，一方面要具有三角形内角和的“组块”基础，另一方面又要有整体感知的能力，才有可能触发灵感。

（二）鼓励合理猜想

数学猜想是运用非逻辑手段所得到的一种数学假设，它是人的思维在探索数学规律时的一种策略。数学猜想不是胡思乱想，而是合理猜想，著名的哥德巴赫猜想就是经过合理猜想而获得的。

直觉思维本身蕴含着相当合理的猜想成分，是具有独创性的。在教学中，既要重视逻辑思维的培养，要求学生有根据、有条理地讲清算理，阐明解题的依据，也要重视学生非逻辑的直觉思维的培养。根据心理学家、教育学家的研究，这种跃进式的思维在数学能力强的学生中显得更为突出。他们具有敏锐的观察力，敏捷的判断力，丰富的想像力以及一下子接触到问题实质的能力。在平时的教学中，有的教师对这样的学生不注意，说他们是“猜的”、“懵的”，一下子把孩子心灵上的智慧火花扑灭了。科学发明往往都是先猜想、假设然后再进行证明，“猜”不对，却又向真理逼近了一步，也是难能可贵的。对于直觉思维、合理猜想，必须珍惜它、爱护它，还要善于捕捉它，有意识地培养它。

（三）敢于创新

直觉和灵感的出现，存在于对问题寻求解答的反复思考和艰苦的探索之中。要知道人们对事物的认识有一个曲折迂迴的过程，它既包括长期的准备和积累，又有短时间的攻关和突破。因此，当“灵感”爆发时，学生就能将原有认知结构中的信息重新组合，解决新问题。不过，它和逻辑思维不同，这种组合加工的过程自己是意识不到的，真所谓“功到自然成”。因此，在教学中必须培养学生敢于创新、善于思考的精神和潜心钻研的习惯，因为这些都能为直觉思维的产生打下思想基础。

## 第七节 数学思维品质及其培养

数学思维品质是学生数学思维发展中的个性差异，又称为数学思维的智力品质，它是数学思维发展水平的重要标志。

### 一、数学思维品质

许多实验表明，在学生具备了一般条件的情况下（如最基本的知识、积极的学习心向等），思维品质将决定认识活动的效果。数学思维品质主要包括数学思维的深刻性、灵活性、敏捷性、批判性和独创性。

#### （一）思维的深刻性

思维的深刻性主要指能从数学的感知材料出发，通过逻辑思维，揭示数与形的本质特征，确定它们的内在联系和规律，并预感事物的发展进程。思维的深刻性是思维品质的基础，它可以促进思维的准确性、概括性和预见性，它主要表现在对数学结论不仅知其然，又知其所以然，能透过表面现象揭示问题的本质。例如，一个边长为 8 厘米的正方形，在其一角上去掉一个边长为 3 厘米的小正方形，周长将发生什么变化？思维能力较强的学生，便能通过思考，认识到边长有增有减，而最后周长未变。

#### （二）思维的灵活性

思维的灵活性主要指善于从不同的角度、不同的方面进行分析思考，善于根据条件或问题的变化转换思路，做到思维起点活，思维过程活，有较强的迁移能力。教学中的一题多解、一题多变等均有助于培养思维的灵活性。

（三）思维的敏捷性

思维的敏捷性主要指思维活动的速度。它表现在解决问题时思考敏捷，接触实质快，能缩短中间环节，简化思考过程。例如，能又对又快地进行计算（包括简算）等。思维的敏捷性往往是以思维的深刻性和灵活性为前提的，同时必须具有扎实的基础知识。

（四）思维的批判性

思维的批判性主要指在数学思维活动中，能严格估计思维材料和精细检查思维过程，能随时对思维过程进行监控和调节的品质。思维的批判性是思维过程中自我意识作用的结果，它表现为能随时发现问题，能从正反两方面的情况中作出判断；有独立见解，不随着某些暗示而盲目附和，具有“自知者明”的特点。思维的批判性指的是对思维过程和结果进行自我监控和调节的品质，在当今高科技发展的新时代里，它对培养人才有重要的意义。

（五）思维的独创性

思维的独创性是指在面对从未见过的新问题时，能采取相应的对策，并能给予独特、新颖的解决，它是数学思维发展的高级表现。小学数学学习中的独创性主要表现在学生采取的策略是本人前所未有的，具有新颖、独特的特点。例如，本章列举的“求任意多边形的内角和”，小学生依托原有的三角形内角和的知识，推断出任意多边形内角和为 $180°\times(n-2)$；也有的学生“灵感”突发，在多边形内任取一点与各边两端相连，得出 $180°\times n-360°$。这种发现都反映了数学思维的独创性。

本章前面所说的创造性思维与思维的独创性本质相同，它们的不同之处表现在：创造性思维是就思维过程而言的，思维的独创性是就思维品质而言的。

## 二、小学生数学思维品质的培养

数学思维品质是数学思维（包括逻辑思维、形象思维和直觉思维）发展水平的重要标志，上述三种思维能力培养的途径在第四、第五、第六节均已分别阐述，在此，只将初步数学思维能力的培养作一总结，并把它作为本章的结束语。

第一，数学知识是小学数学思维发展的载体，要有目的、有计划地引导学生构建良好的认知结构，使数学思维与数学知识相互促进，同步发展。

第二，要明确培养小学生的初步数学思维能力要以初步逻辑思维为主，其他非逻辑思维（初步的形象思维、直觉思维）应交叉运用，相互补充。

第三，要发挥教师在培养小学生思维过程中的主导作用，要加强知识的发生、发展过程的教学，通过教师的教学法加工，使教材中的数学知识，转化成学生自己积极、主动的思维过程。

第四，教师要大胆放手，要给学生提供足够的思维素材（感性的和理性的），足够的思维空间和时间，给学生以充分的信任，让他们能主动地暴露自己的思维过程和结果，逐步培养良好的思维品质。

第五，要加强思维训练，使学生掌握基本的数学思维方法。尤其要重视逆向思维的训练，它将有助于学生发现新的联系，产生新的构想。

## 思　考　题

1. 什么是数学思维？试述数学思维的特性。

2. 试述小学生数学思维的三个阶段。

3. 数学思维的基本方法有哪些？请举例分析。

4. 什么是逻辑思维？逻辑思维的主要形式是什么？

5. 试述小学生的初步逻辑思维能力培养的要求和基本途径，并结合教学实践做出说明。

6. 什么是形象思维？形象思维的主要形式是什么？

7. 试述培养小学生的初步形象思维的基本途径。请举例分析。

8. 什么是直觉思维？请举例说明直觉思维在小学生数学学习中的表现。

9. 教师应培养小学生具备哪些数学思维品质？

# 第十章　小学数学教学中非智力因素的培养

## 内容提要

非智力因素是指在认识过程中，对认识活动起着始动、定向、维持调节作用的动机、兴趣、情感、意志、习惯等心理因素。学生的认识活动实际上是智力因素与非智力因素共同参与、相互作用的过程，培养良好的非智力因素是发展智力因素的前提和保证，是学校全面实施素质教育的需要，是未来社会对人才的需要。在小学数学教学中，研究非智力因素的培养有着极为重要的意义。了解和掌握具体措施，以便充分发挥非智力因素在学生认知中的积极作用。

智力因素一般包括感知、思维、概括、识记等方面，属于人的认识活动的范畴。而非智力因素这一概念，是以智力因素作参照物的。我们综合了心理学家的意见，作出这样的界定：非智力因素是指学生在认识过程中的智力与能力之外，对认识活动起着制约作用的动机、兴趣、情感、意志、习惯、性格等心理因素。

学生的学习活动实际上是智力因素与非智力因素共同参与、相互作用的过程。非智力因素可以促进学生对数学知识的获取和数学能力的提高，而学生在获取数学知识、提高数学能力的同时，又将促进非智力因素的发展。智力因素与非智力因素的培养与发展常常表现出一致性，有人曾用这样的公式来表述：成功＝智力因素＋非智力因素，这是有一定道理的。

## 第一节　培养非智力因素的重要意义

现代心理学认为，作为学生（学习的主体）在学习过程中，其智力因素担负着信息加工的任务，即对客体进行感知、识记、保持和应用。它可以使人类积累的经验转化为个体的知识结构，属于操作系统。而非智力因素对操作系统来说又起着始动、定向、维持、调节等作用，它属于主体的动力系统。这两个系统是什么关系呢？传统教学观与现代教学观在认识上是有很大差别的。在传统教学观看来，非智力因素只作为吸引学生注意、保证上课不走神的一般条件，甚至作为附加于教学活动之上无足轻重的东西；而现代教学观看来，在教学过程中主体的非智力因素与智力因素是协同作用的，这种协同作用不是此一时彼一时的交替出现，而是同时的，不是单向的，而是相互促进、密切配合的。

培养学生的非智力因素究竟有什么重要意义呢？

**一、培养良好的非智力因素是发展智力因素的前提和保证**

在智力活动中，人的智力因素要想发挥最大的效能，必须有良好的非智力因素的支持和推动。尤其是对于智力水平一般或智力状况偏低的学生来说，非智力因素将像生化反应中的酶一样起到促进作用，它会激起学生求知的兴趣与欲望，使学生勤奋向上。非智力因素对于智力活动将起着难以估量的补偿作用，当然，这种补偿作用与教育工作者的辛勤劳动有着密不可分的关系。

**二、培养良好的非智力因素是学校全面实施素质教育的需要**

非智力因素的培养从根本上来说，也是学校全面实施素质教育的需要。素质教育的实质就是实施主体性的教育，学生的主体性发展主要应表现在独立性、主动性与创造性这三大特征上，这三大特征正体现了非智力因素的重要内涵。学生对学习数学有信心，能独立完成学习任务，能正确对待自己的解题策略与学习结果，并能进行适当的评价与调控。学生对学习数学有兴趣，能主动参与学习活动，积极思考，主动交流；学生乐于并勇于质疑问难，善于并敢于面对困难与挫折，在学习中发挥创造精神。因此，可以这样说，培养小学生的非智力因素，最终体现在主体性的发展上。

**三、培养良好的非智力因素是时代的需要**

良好的非智力因素还会影响学生将来的生活、学习与工作。学生在学校学习的时间毕竟是极为有限的，迎接他们的将是一个充满着激烈竞争与新的挑战的大变革时期，这就要求未来的劳动者不仅要具有广博的知识与才能，还必须具有良好的非智力因素，才能适应新时代的需要，才能承担起新的历史使命。

## 第二节　非智力因素在认知活动中的作用

非智力因素对智力因素具有能动、促进的作用，能保证学生积极、主动地学习，并获得成功。具体作用不外乎以下三个方面。

**一、始动作用**

正如机器要靠煤、电、油启动那样，学生的认识过程总要靠某种动机引发，他们的学习也要依赖于某种“能源”，而构成动机的任何一种非智力因素都可以当启动者。例如对数学学习内容的好奇，对某门学科的感情，甚至对某位任课教师的依赖，或者为了取悦家长，为集体获得荣誉等等。无论是由需要而产生的内驱力，还是由情感转化成的兴趣，只要一旦和一定的目标相结合，就产生了为达到目标而进行努力的行为动机，从而激励学生积极地参加学习。

**二、定向作用**

学习活动带有明确的指向性。学生对教师给予的信息，不是不加选择地全部接受，而是有倾向地加以取舍。对那些感兴趣、有价值的知识便主动吸收，对那些不感兴趣的知识往往不愿学习。因此，教师应通过自己精湛的教学艺术，促进学生这种定向作用的积极效应。

**三、维持调节作用**

维持调节作用表现在使人们始终按照目标坚持行动，尤其当活动受阻或遭受挫折时，仍能依靠坚持不懈的意志，合理地调整自己的心理状态，调节各智力因素的兴奋程度和活动幅度，使之达到预定目标。

在这里必须指出的是，不良的非智力因素同样会对学生的认知活动产生作用，但它是一种消极的作用，会使学生丧失学习目标、缺乏学习动力、不能自我调控、无法前进。所以，对非智力因素较全面的提法应该是：要充分发挥非智力因素在学生认知活动中的积极作用，在促进学生的全面发展、形成学生健康的个性，以及提高学生的整体素质中发挥作用。

## 第三节　小学生非智力因素的培养

小学生的数学学习是一个复杂的心理活动过程，它既与学生在认识活动中的智力因素有关，也与动机、兴趣、情感、意志、习惯、性格等非智力因素有关。两方面的心理因素在学习过程中各自发挥着作用，同时，相互之间又有着一定的联系。因此，影响学生学习效果的，除了智力因素之外，非智力因素也起着非常重要的作用。非智力因素与智力因素一起制约着学生学习数学的认知过程。所以，在小学数学教学中研究非智力因素的培养有着极为重要的意义。

### 一、学习动机

#### （一）学习动机概述

动机是激励个体从事有关活动与满足需要的动力。动机是需要的具体表现。需要是指一个人在生活中感到某种欠缺，而寻求满足的一种心理状态，它是激发人的积极性和推动意识活动的原动力。当需要指向某一具体对象，产生达到目标的欲望时，就形成了活动的动机。

学习动机是直接推动学生进行学习的心理因素，是激励学生学习的内部动力。学习动机从产生根源上看，可以分为内在动机和外在动机。内在动机是由学习活动本身所引起的心理因素（兴趣、爱好、求知欲）转化而来的动机；外在动机是由学习结果所引起的心理因素（成绩、荣誉、奖励、赞许）而产生的学习动机。不管是内在动机还是外在动机，其产生的内驱力都同个人需要的强弱程度有着密切的关系。需要越强烈，由此产生的内驱力也越强烈。一般来说，内在动机水平高的学生，往往是自我需要十分强烈的学生，由此产生的内驱力巩固、持久；而外在动机常常是在外部刺激下形成的，因此，所产生的内驱力相比较要弱一些、缺乏持久性。当然，在实际的认知过程中，两种动机是交替发生作用的。我们一方面要从培养学生的外在动机着手，逐渐引导学生将外在动机转化为内在动机；另一方面，当学生已经具有较稳定的内在动机之后，还要不断激发外在动机，使外在动机与内在动机相互结合，才能更有效地推动和维持学生对学习的积极态度。从某种意义上说，学习态度正是学习动机的具体体现。

（二）学习动机的培养

正确的学习动机是不会自发产生的，需要教师和家长有目的、有计划地进行激发与培养。在教学实践中，教师不仅要重视学生外在动机的形成，也要重视学生内在动机的形成。

1. 进行学习目的的教育，培养学生学习的自觉性

学习目的是学生进行学习所要达到的结果，而学习动机则是促使学生去达到目的的某种动因。因此，要使学生形成正确的学习动机，首先要进行学习目的教育。

对于刚入学的小学生来说，他们的学习目的大多是停留在家长的期望上，年级越低，学习目的越具体。因此，教师要根据不同年级学生的年龄特点，有目的、有计划地结合教学内容与教学活动的实际情况，有意识地进行学习目的的教育。通过教育使学生逐步明确学习数学的社会意义，把今天的学习与未来参加祖国的社会主义现代化建设联系起来，与实现自己的远大理想联系起来。学生在不断端正学习态度，明确学习目的，提高学习热情的过程中，产生学习数学的自觉性，从而形成正确的学习动机。

对学生进行学习目的教育的机会是很多的。因为数学是一门在日常生活、生产与科学研究中应用极为广泛的学科，教师可以适时地利用生动的事例、数据与史料，向学生进行学习目的的教育。如通过商品标价、实际测量身高得不到整米数等感性材料，明确学习小数的目的；通过为什么相片那么小，我们还能准确地认出相片中

的人物等实例，说明在日常生活、生产与科学研究中，往往需要借助一种方法对某个物体在不改变原来形状的前提下，进行扩大或缩小的处理，由此明确学习比例尺的目的。也可以组织学生到工厂、农村、商店、军营，了解数学知识在社会实践中的应用，使学生深切感受到数学知识应用的广泛性，进一步提高学好数学的自觉性。还可以结合教学内容，从生产、生活或科研的实践中引入一些学生能够接受的新知识、新问题，激发学生学好数学，应用数学知识去解决问题的积极性，这对学生明确学习数学的社会意义，培养正确的学习动机都是极为有效的。

2. 创设问题情境，激发求知欲望

培养学习动机重要的是激发学生对数学知识的学习具有一种"自我需要"。教师为了组织学生积极参与到教学活动中去，必须创设各种问题情境，设置各种具有启发性的外界刺激，激发学生的求知欲望和参与意识。课堂教学的导入是诱发学生学习动机的重要环节，教师要善于把握好它，使学生尽快地进入最佳的学习状态。如教学"通分"时，教师出示五组分数，让学生比较出每组中两个分数的大小。其中两组分母相同，另两组分子相同，学生可以应用旧知识，顺利地比较出这四组中两个分数的大小来，惟独最后一组分数，它们的分母不相同，分子也不相同，学生感到束手无策，如何才能将异分母分数转化成为同分母分数，成为学生学习的需要，这是由困惑而产生的强烈的求知欲望。教师还要在课堂教学的进程中创设新的问题情境，不断激起学生的认知冲突，善于捕捉各种激励因素，机智巧妙地、不失时机地化消极因素为积极因素，激起学生新的学习动机，产生新的学习需要。如教学"百分数的意义和写法"的过程中，教师要求学生写出10个百分号（%），要求一个比一个写得规范。学生写了一会儿，教师突然让学生停笔，并提出这样的问题："你能用今天刚学的百分数的意义，告诉大家你完成的情况吗?"学生顿觉有趣，经过积极思考后，学生作了这样的回答"我写好的百分号个数占要写的总个数的40%"；"我完成了任务的50%"；"我还剩任务的60%没有完成"；"我再写10%就完成任务的一半了"等等。只有当学生亲身体验到学习数学既有意义又有收获时，就会增强学习好数学的信心和责任感，在新的动机驱使下，就会更加积极主动地去探求新知识。

3. 运用反馈原理，强化学习动机

重视学习情况的反馈，不只是为了让学生能及时知道自己学习成绩的优劣，还可以及时了解自己掌握知识的具体程度。哪些已经弄懂、学会；哪些还不明白；哪些已经理解、掌握，并能简单应用；哪些虽然会了，但尚不能灵活应用；哪些熟练；哪些不熟练等等。这些反馈的结果，无论是成功还是失败，是好还是不好，都可以成为激发学生进一步努力学习的动机。因为，通过学习情况的反馈，学生看到自己的成绩与进步，可以体验到获得成功后的喜悦心情，从而激励自己更加努力学习好数学的信心。学生看到自己的问题与不足，弄清原因后，会树立起克服缺点的决心，继续努力学好数学。在教学中，教师要重视信息的及时反馈，把反馈到的信息作为调控教学进程的重要依据，又作为强化学习动机的重要手段。

运用反馈原理进行教学，要做到反馈及时、全面与准确。及时反馈一方面是指教师要及时检查学生练习结果的正误，以便及时调整教学进程；另一方面是指学生能及时获得反馈后的信息。心理学研究表明，学生对练习结果关心的程度，随着时间的推移会越来越淡薄。及时反馈，就能满足学生想知道结果的愿望，反馈后的效果最佳。全面反馈是指教师要全面掌握全班学生的反馈信息，而每个学生也能从中了解自己在班级中的位置，随时修正错误或进一步获得激励，充分发挥反馈的维持和调节的功能。准确反馈是指教师应当获得准确的信息，才能据此有效地调控教学进程，如果以偏概全，势必会对教学效果作出错误的判断，不利于运用反馈手段达到激励与调控的目的。总之，有效的反馈，无疑能起到激励和强化学习动机的作用。

4. 发挥迁移功能，增强学习信心

这里说的“迁移”是指动机迁移，即引导学生把从事其他活动的动机迁移到数学学习中来。我们知道，学校教育是一个有机的整体，学习动机会在学科之间、各项活动之间相互影响和迁移。缺乏数学学习动机的学生，对于其他学科（语文、外语、体育、音乐、美术等）的学习与参加文体课外活动小组，可能具有相当高的热情与浓厚的兴趣，如果教师对学生这方面的积极性能给予充分地肯定与鼓励，并使之与数学学习建立起某种联系，从而转化为学习数学的动机，是完全有可能的。但如果教师为了培养学生的数学学习动机，而限制学生其他方面的爱好，其效果将会适得其反。

迁移功能还表现在利用表扬与批评手段实现情感迁移。教师对参与数学学习活动的全体学生的所有表现要给予充分的关注，既要善于挖掘学生获得成功的原因，给予恰如其分地肯定与赞许，激励学生奋发向上，并在集体中树立各种类型的榜样；也要善于分析学生造成错误的原因，进行真心实意的批评与帮助，鼓励学生不怕挫折，并在班级中树立勇于进取的榜样。教育学生既要经得起表扬，也要经得住批评，受到表扬不骄傲，受到批评不气馁。总之，无论表扬还是批评，仅仅是教育的手段。通过人际间的情感交流，发挥情感迁移功能，增强学生学习的信心，才是目的所在。

## 二、学习兴趣

### （一）学习兴趣概述

兴趣是人认识、欣赏与探索某种事物的倾向。兴趣不是先天固有的，而是后天获得的。因此兴趣是可以随着情况的变化而发生变化的。学习兴趣是学生有选择地、积极愉快地学习的一种心理倾向。学习兴趣往往源于好奇心，但是好奇心没有明确的目标，容易得到满足，并常常在满足之后很快地消失。而兴趣有较为明确的目标，一旦得到满足，不仅不会消失，反而会更加浓厚。所以说，学习兴趣是学习动机中最现实、最活跃的成分，如果学生对数学学习产生了兴趣，就会表现出对数学学习的一种特殊情感，学习起来乐此不疲，在时间与精力的投入上不作计较。

根据学习兴趣的倾向性来看，可以分为直接兴趣与间接兴趣。直接兴趣是由学习过程本身与知识内容的特点直接引起的，如教学内容新颖、教学方法生动、教学手段多样、教师语言幽默等均能引起学生的直接兴趣。间接兴趣是由教学的目的、任务与学习的结果引起的，如认识到学习的意义、获得优良的成绩、受到集体的称赞等均能引起学生的间接兴趣。直接兴趣与间接兴趣是相互联系的，对学生来说是缺一不可的。若缺乏直接兴趣，会使学习成为一种负担；若缺乏间接兴趣，会丧失坚持学习的毅力。只有将两者有机地结合起来，才能激发学生学习数学的自觉性，保持与增强积极参与数学学习的动力。

（二）学习兴趣的培养

小学生的学习兴趣是在学习需要的基础上发生的，并通过学习的实践活动逐步形成与发展。在兴趣的形成与发展的过程中，学生与学生之间，虽存在个别差异，但仍有许多共同的心理倾向。

学生对数学的钟情往往是从兴趣开始的，由兴趣到探求，由探求到成功，在成功的喜悦中产生新的兴趣，如此往复循环，推动数学学习的不断前进。但由于数学是一门具有高度抽象性、严密逻辑性和应用广泛性的学科，学生理解、掌握与应用数学概念、定律、性质、法则等数学知识时，总会感到有一定的难度，教师在设计教学过程时，必须激发学生的学习兴趣，才能达到预定的目的与要求。

数学知识蕴含着许多能激起学生兴趣的因素，教师要充分挖掘，并把它体现在教学活动之中。

1. 联系实际，唤起兴趣

数学问题来源于生活、生产与科研的实际，运用数学知识去解决各种各样的实际问题，既能体现学习数学的社会意义，又能最大限度地唤起学生学习数学的兴趣，学生对数学的兴趣往往就是由讨论数学问题开始的。教师要巧妙地联系学生的生活实际，合理地组织好教学内容，化抽象为具体，使学生对所学的数学知识产生浓厚的兴趣。如教学“圆的认识”时，教师问学生：为什么车轮要用圆形的？如果不采用圆形，改为椭圆形、长方形、正方形的行不行？为什么？这样一个司空见惯的现象，却引发了学生思考与讨论的兴趣：是呀，为什么一定要用圆形的？究竟圆形有什么特点？如果改用其他形状将会出现什么情景？为了进一步唤起学生学习的兴趣，教师利用电脑适时地放映了“小动物们乘坐在各种不同形状的轮子的车上行进时的状态”，真是妙趣横生，课堂内一派欢声笑语，极大地激发了学生们学习圆的兴趣与热情。

教师还要及时引导学生将学到的数学知识应用于实际，巩固学生学习数学的兴趣。如教学“统计初步知识”以后，让学生分头去了解本校各年级各班男女生人数，然后制成简单的统计表。又如教学“年、月、日”以后，让学生自制一份新年历，还可以根据自己的兴趣与爱好，配上插图后赠送给朋友。让学生感到学习数学很有用处，从而进一步激发学生的学习兴趣。

2. 探索规律，引发兴趣

数学是一门科学性很强的学科。数学教学不仅仅是让学生学会解答某个具体问题，更重要的是培养学生学会探索、发现与掌握数学知识的内在规律性，能够做到举一反三、触类旁通，在发现规律的过程中，逐渐积累愉快的体验，引发学生学习数学的兴趣。如教学“9 加几”时，学生不仅掌握了计算方法，能够正确地得到计算结果，更重要的是总结出了“凑十”的计算规律。当学生学习“8 加几”、“7 加几”、“6 加几”时，就能运用规律依此类推了。又如教学“乘法口诀”时，是在学生初步认识了“求几个相同加数的和，用乘法来计算比较简便”的乘法意义后进行教学的。当学生学习编制 3 与 4 的乘法口诀时，发现每相邻两句口诀间相差的数是固定的，3 的乘法口诀相差数为 3，4 的乘法口诀相差数为 4，当学生学习 5、6、7 等的乘法时，就可以结合乘法的意义，应用规律自己独立地编写出乘法口诀了。掌握了规律，就掌握了学习的主动权，有了学习的主动权，就进一步引发了学习的兴趣。

3. 质疑问难，激发兴趣

古人说：学起于思，思起于源。又说：学贵知疑，小疑则小进，大疑则大进。可见，“疑”是打开思维大门，激发学习兴趣的“金钥匙”。

教学中平铺直叙地讲解，一般是不会引起学生学习兴趣的。如果教师能够根据教学内容，设置悬念，引起学生认知上的矛盾与冲突，便能激发起学生要求解疑的心理需求。如教学“循环小数”时，教师出了三道除法题让学生用竖式进行计算。第一题能除尽，第二题补“0”后能除尽，第三题则是补多少个“0”，也无法除尽。当学生计算到第三题时，纷纷举手，问老师：您是否把题出错了？

有的同学甚至抱怨地说：这第三道题算到哪辈子才能完呀！当教师估计到全班学生都已经算到了第三道题，并产生了很大的困惑时，认为最佳的教学时机已到。教师是在学生“愤悱”之时，开始了新知识的教学，学生的学习兴趣也就不言而喻了。

创设“愤悱”心态，不仅在课的开始，在教学的过程中，也要根据教学内容的需要适时地设置悬念，揭示矛盾，使学生的学习兴趣保持良久。如教学长方形周长概念后，要求学生对长 6 厘米、宽 4 厘米的长方形说出求周长的方法。不同认知水平的学生列出了如下几个不同的算式：6＋4＋6＋4、6＋6＋4＋4、6×2＋4×2、(6＋4) ×2。这时，教师充分肯定这几种算法都是对的，都能够求得这个长方形的周长，进而提出：哪种方法最简便？启发学生在比较中选择，并归纳出求长方形周长的公式。稍后，教师又问：你们能想出求正方形周长的办法吗？为什么？从疑到不疑的过程不断往复，让学生的思维始终处于兴奋的状态之中。特别重要的是，在释疑的过程中，一定要有一个民主和谐的外部环境，允许学生发表各种不同的、甚至是不正确的意见，要教育学生不讥讽、不歧视有错误想法的同学，这样才能在最大的空间内激活学生的思维，在最长的时间里激起学生的学习兴趣。

4. 手脑并用，促进兴趣

小学生的年龄特点之一是活泼好动。让学生用多种感官参与认知活动，不仅可以丰富学生对数学知识的感性认识，还能促进学生的学习兴趣。在教学中，教师一定要根据教学内容的需要，为学生创造动手操作的条件，并要求学生在操作时，做到边看、边想、边动手，有时还要口述操作过程，这样做既符合小学生“好动”的心理需要，也有利于学生对知识的理解与掌握。如教学“除法的初步认识”时，教师通过让学生亲自动手分小棒，弄明白怎样分才能使每一份同样多，怎样分才能知道可以分多少份。又如学“三角形分类”时，教师让每个学生读出自己手上的每个三角形的三个角的名称，诸如锐角、锐角、直角；锐角、钝角、锐角；锐角、锐角、锐角；教师还要求学生边读边将同一类的三角形放在一起。分类之后，教师又要求学生给每类三角形起个名字。这样就使原本比较枯燥的教学内容，变得充满趣味。

5. 体验愉悦，稳定兴趣

学生在数学学习中获得成功，便能体验到成功带来的愉悦。教师应该让不同认知水平的学生都能有体验成功的机会，这样将有利于培养学生稳定的学习兴趣。如教学“平面图形的初步认识”之后，让每个学生展开想像，用教师提供的长方形、正方形、三角形、圆形拼摆出各种组合图形，诸如房子、小船、汽车、动物等，并让学生把自己拼好的图案粘贴在纸上，在班上展示，使每个学生都能沉浸在创造的欢乐之中，去尽情体验成功的愉悦。

在教学中，教师要特别关注学习有困难的学生，如果他们经常困难重重，一筹莫展，长此下去就会对数学学习失去信心，兴趣也就无从谈起了。学生对数学学习的困难，大多发生在教材的重点和难点处。为此，教师必须在突出重点、突破难点处下功夫，在技能的训练上采取有针对性的、有效的措施，帮助学生去克服学习中的困难，并尽可能做到当日的学习内容当日消化。还要注意发现他们的进步与闪光点，及时鼓励，及时表扬。实践证明，只有帮助学生减少学习中的困难，树立学好数学的信心，才能培养学生稳定的学习兴趣。

6. 课外活动，发展兴趣

开展丰富多彩的数学课外活动，可以发展学生学习数学的兴趣。学生学到一定的数学知识以后，就会不满足于课内的学习，希望通过丰富的课外活动扩大视野、拓宽知识、发展特长、增长才干。教师应积极组织各种数学课外活动，为学生创造一个自由宽松、生动活泼的学习环境。数学课外活动与课堂教学既有联系又有区别，它需要课内学习的知识做基础，但又不是课堂教学的重复与延续。课外活动比课堂教学更具开放性，更有利于因材施教，学生可以根据自己的兴趣、爱好、特长自愿参加。如低年级可以组织讲数学故事、做数学游戏、猜数学谜语等；中高年级可以组织数学课外活动小组、开展数学竞赛、建立数学园地、出数学墙报或小报、阅读数学课外读物、举办介绍中外数学家的故事会、开设数学专题讲座等。让学生在灵活多样、丰富多彩的数学课外活动中，不断地培养起学习数学的兴趣。

## 三、学习情感

### （一）学习情感概述

情感是人的需要是否得到满足所产生的一种内心体验，它是由客观事物引起的，但它反映的并不是客观事物的本身，而是人对客观事物的态度的体验。人对客观事物的肯定、支持的情感，如喜爱、愉快、满足等，以及否定、反对的情感，如讨厌、忧伤、遗憾等。情绪与情感既有联系又有区别，简单地说，情绪是情感的外部表现，情感是情绪的本质内容。

学习情感是学生对学习环境是否满足自身求知欲望需要的一种积极态度的体验。健康的学习情感对学生的认知活动将产生增效的作用。情感还具有感染性，因此，在教学中，必须加强师生间的情感交流，引起健康情绪的共鸣。教师的情感对学生有着直接的感染力，尤其是对低年级学生，这种感染作用更为明显。学生对老师尊敬、热爱的情感，也常常会迁移到教师所教授的学科上。要着力于创设良好的学习环境，培养学生健康的学习情感。

### （二）学习情感的培养

学生的认知活动始终伴随着情感。积极的学习情感表现为爱学、好学、乐学；消极的学习情感表现为厌学、弃学、逃学。情感本身就是动机，学习的内驱力只有经过情感的放大才有动力作用。因此，健康的学习情感是学生积极参与认知活动的动力。

1. 用教师的爱，诱发学习情感

教师的爱能促使学生产生积极的情绪体验，使学生感到温暖、受到鼓舞。教师对学生的爱是理智的，它既具有父母对子女的爱心，但又不存有偏爱与溺爱；它既具有兄弟姐妹的手足之情，但又不存有迁就与姑息。爱因斯坦说过："只有热爱，才是最好的老师。"教师对教育事业的忠诚，对本职工作的热爱，都是通过对教育对象的爱来体现的。不少学生极为重视教师的爱，甚至胜过追求父母对自己的爱，这是因为学生在学习阶段的大部分时间是在学校与教师一起度过的，他们的喜怒哀乐、学习情感的变化、学习成绩的好坏在一定程度上均与教师的爱有着密切的关系。

感情是双向的，教师热爱学生，学生也会热爱教师。学生对教师的爱是极为敏感的，真可以达到心有灵犀一点通的程度。教师要把爱撒向全体学生，让每一个学生都能感受到。当然，我们并不主张用“感化”的手段去“祈求”学生努力学习，但也不能让学生对学习产生畏惧心理与抵触情绪，尤其是学习上有困难的学生，教师要给他们更多的爱。融洽的师生关系，有利于培养学生健康的学习情感。

2. 用教师的“导”，保持学生的学习情感

课堂教学是教师与学生的双边活动，教师是主导，学生是主体，教师的教是通过学生的学来体现的，教师的主导作用应体现在组织学生最大限度地参与学习活动上。所以，在教学中，教师要着力把学生推到主人的位置，给学生思考、发问、答问、动手操作等机会，改变教师讲学生听，教师问学生答，教师出题学生练的被动局面。在学生认知过程中，要努力实现让学生自己去探索知识，发现规律，归纳结论，评价效果，总结问题。只有满足了学生精神世界中探索与创造的需求，健康的学习情感才能得到保持。

教学也是一门艺术，教师既是导演也是演员。教师要根据教学目的与要求，恰当地组织教学内容，精心地设计教学过程，巧妙地选择教学手段，合理地安排教学时间，机智地处理教学矛盾。让学生在群体的学习环境中，充分地体验探索知识时的神秘与新奇，遭到失败时的痛苦与成熟，获得成功时的愉悦与自信。教师正确地发挥教学的主导作用，有利于学生保持健康的学习情感。

3. 用学科的“美”，陶冶学生的学习情感

数学中的数、形、定律、法则等等，蕴藏着抽象的美、对称的美、序列的美、平衡的美、规律的美。在教学中，教师要善于发现美，充分地体现美，并引导学生去主动地欣赏美。数学教师还必须从构建美、创造美的高度，严格自身的教学基本功训练，提高教学素养，做到仪表端庄、教态和蔼、举止自然、语言简练、幽默、板书规范、字迹美观、教具、学具制作精美等等，让学生在美的熏陶下，进一步陶冶对数学学习的情感。

从小学生入学后上第一节数学课开始，教师就要着意通过教学

的每一项活动、每一个环节、每一步要求去展现数学的美。如指导书写阿拉伯数字时，对如何起笔、运笔、收笔才能把数写得规范、美观方面，教师不仅要说，还要亲自范写，给学生作出榜样。脱式计算题，除了题目应计算正确外，在书写格式上也应严格要求：左侧等号对齐，等号的大小统一。出示的几何图形，从线条、色彩、大小等方面也都要规范、协调，给学生以美的享受。学生平日的书面作业、活动作业或单元、学期的综合练习等，也要做到书写工整美观，解题思路科学合理，让学生自觉地参加到创造美的行列中来。

4. 用集体的舆论，强化学习情感

集体舆论是学校教育效果远远超过家庭教育效果的重要原因。学生学习、劳动、工作、生活在班级、学校的群体中，他们的一举一动、一言一行都能及时获得集体的评价。教师在教学中，要善于培育集体的正确舆论，并利用集体舆论，鼓励学生积极向上，强化健康的学习情感。

当学生正确地回答了教师的提问时，教师应该给予肯定；当学生的回答不仅正确，还具有独到的见解时，教师不但自己要用热情洋溢的语言加以肯定，还要引导学生进行“情感交流”，如发动学生给予掌声鼓励，给予赞许的评价等等。集体的赞扬最能温暖孩子的心，最能强化学生积极向上的学习情感。

当学生不能正确地回答教师的提问时，教师的神态、语言将会直接影响到这名同学在班集体中的处境，因此，教师要慎重地对待。既要保护回答问题同学的积极性，又要指出其中的错误与不足。最好的办法是当场启发，给答错的同学纠正错误的机会，这样可以使其转败为胜，仍能保持学习的自信；如果启发无效，则可以请其他同学帮助解答，让其复述，而且注意以后给他提供“再表现”的机会。重要的是，教师要教育学生认识到学习的过程就是一个不断解决矛盾、修正错误、提高认识的过程。学习中出现错误与问题，本该是很正常的事。某个学生回答得不正确，其原因是多种多样的，可能是因为听讲还不够专心，也可能是老师讲解得还不够透彻；错误的回答可能是个别现象，也可能有一定的代表性。及时反馈情况，有利于教师调控教学进程。教师要为学生创设一个民主、和谐的学习氛围，使每一个学生在集体的关心与鼓励下不断强化学习情感。

**四、学习意志**

（一）学习意志概述

意志是指人自觉地确定目的的、支配自己的行动、克服各种困难，以实现预定目的的心理过程。意志能推动人从事达到预定目的所必需的行动和制止不符合预定目的的行动。意志不仅能调节和支配外部动作，也能调节和支配人的心理过程，在一定程度上还能调节和支配某些生理活动。人的意志是通过克服前进道路上的困难表现出来的。

学习意志是直接支配和调节学生的学习活动，实现预定的学习目的的心理过程。小学生要完成的学习任务是一种有一定困难的社会义务，它要求学生不但要学习一些有趣的内容，而且还要学习一些虽然没有兴趣，但又必须学习的内容。所以，学生在参与认知活动的过程中，必须为达到预定的目的而自觉行动，必须克服困难，作出努力。在教学中，教师要根据学生的年龄特点，发展和增强学生的意志力，培养学生良好的意志品质。

（二）培养学习意志

爱迪生曾说过："伟大人物的最明显标示，就是他坚强的意志。不管环境变到何种地步，他的初衷与希望仍不会有丝毫的改变，而最终会克服障碍，以达到期望的目的。"

对小学生来说，数学基础知识的学习与基本技能的训练是一项比较艰苦的脑力劳动，如果缺乏坚强的学习意志，在学习过程中容易产生动摇，导致虎头蛇尾、半途而废。教师在教学中要注意培养学生的学习意志。坚强的学习意志主要包括：意志的坚定性、意志的果断性、意志的坚韧性、意志的自制力。

1. 提高意志的坚定性

意志的坚定性是指一个人在行动中，具有明确的目的性，能充分认识到行动的社会意义，使自己的行动能够服从于社会要求的品质。坚定的信念是意志坚定性的源泉，教师要通过明确具体的学习目的与任务，充实学习内容，丰富学习方法，战胜困难去帮助学生提高意志的坚定性。

2. 提高意志的果断性

意志的果断性是指一个人在行动中能够明辨是非，迅速而合理地作出决定，并实现所作决定的品质。正确的认识是意志果断性的前提，教师要通过教学活动，让学生在加强基础知识学习与基本技能训练的同时，重视学生智力的发展、能力的培养，让学生学会数学思考方法，养成良好的思维习惯，形成优良的思维品质，这将有利于学生提高意志的果断性。

3. 培养意志的坚韧性

意志的坚韧性是指一个人在行动中勇于克服内部与外部的各种困难，坚持完成任务的品质。坚韧的品质是在长期与困难、挫折作斗争中锻炼出来的。教师在教学中要为学生创造锻炼的机会与条件，在新授课时，不宜做过多、过细的铺垫；在思维转换处，不宜急于点拨；在小组讨论时，不宜多作提示；在学生独立作业时，不宜多作暗示等等。在培养学生意志的坚韧性时，要从实际出发，对不同认知水平的学生应该有所区别，不能操之过急，否则会适得其反。学习能力较强的，可适当提高练习难度；学习能力中常的，要鼓励他们去追求新的学习目标；学习能力较弱的，要保护他们学习的积极性。总之，让每个学生都能在他们自己原有的基础上“跳一跳，摘到果子”。对于每个学生来说，学习都是一项长期的任务，今日的学习是明日继续学习的基础，没有坚韧的意志力，将一事无成。

4. 培养意志自制力

意志的自制力是指一个人在行动中善于控制与支配自己的行动品质。自制力既表现为迫使自己去完成应当完成的任务，也表现为控制自己不去做不该做的事。与自制力相悖的表现为冲动、任性，不善于控制自己，不能自觉地调节自己的行为。

意志的自制力的培养，要与意志的坚定性、果断性、坚韧性的培养结合起来。它要求学生按照社会的需要，抑制自己的冲动与任性。在学习过程中，学生可能因成绩落后而灰心丧气，因成绩优异而骄傲自满，因受到表扬而放松要求，因受到批评而自暴自弃，因与同学不和而闹情绪等等。教师要用学生身边的榜样去教育他们，还要善于抓住苗头，及时提醒，防患于未然，更要鼓励学生依靠自己内在的力量，去培养自己意志的自制力。

**五、学习习惯**

（一）学习习惯概述

习惯是一种稳固的动力定型，是长时期逐渐形成的，一时不易改变的行为或倾向。一定的学习行为重复多次，就会形成一定的学习习惯。习惯有好有坏，良好的学习习惯能增强学生对数学学习的兴趣，能有效地克服学生学习中的困难，提高学习成绩。不良的学习习惯不仅影响学生的学习成绩，还会引起学生学习情绪低落，学习意志消沉。叶圣陶曾明确指出："什么是教育？简单一句话，就是要养成良好的习惯。"

良好的学习习惯的形成受多方面因素的影响。积极的学习动机能增强学生的学习倾向，从而去重复某种行为，形成习惯；浓厚的学习兴趣能提高学生的学习欲望，从而去重复某种行为，形成习惯；健康的学习情感能激发学生的学习热情，从而去重复某种行为，形成习惯；坚强的学习意志能培养学生的学习责任，从而去重复某种行为，形成习惯等等。良好的学习习惯是学生个性心理品质在学习过程中的积极反映。

良好的学习习惯是在与不良的学习习惯作斗争中逐渐养成的，所以，对不良的学习习惯的纠正，也是培养学生良好的学习习惯所不可缺少的一个方面。总之，良好的学习习惯的培养要晓之以理，正面引导；动之以情，耐心帮助；持之以恒，一抓到底。还要做到学校、家庭、社会的协调与配合。实践证明外界的刺激越强烈，形成习惯的强度就越大，抵抗消极影响的能力也就越强。

（二）学习习惯的培养

学生数学学习的好坏，与其是否具有良好的学习习惯有着密切的关系。从小学生身心发展的规律来看，小学阶段是培养学生良好的学习习惯的最佳时期。在教学中教师要发挥主导作用，培养学生良好的学习习惯，只有当学生养成了良好的学习习惯，才能保证他们更好地发挥在学习中的主体作用。

在小学阶段，培养良好的学习习惯是多方面、多层次的。如专心听讲的习惯，认真阅读课本的习惯，独立思考、勇于质疑的习惯，按时、认真完成作业的习惯，认真审题的习惯，自我评价的习惯、独立思考的习惯，预习、复习的习惯等等。这些习惯都有利于知识的学习、能力的培养、智力的发展。

1. 养成专心听讲的习惯

专心听讲是学生主动参与认知活动的重要前提。专心听讲应包含看、听、想、说、做五个方面。看，就是看教师的演示、板书与动作；听，就是听教师的讲解与同学的发言；想，就是想学习的内容、问题；说，就是回答问题、发表意见；做，就是操作学具、做练习。

为了培养学生上课专心听讲的习惯，首先要求教师在讲课时精神饱满、语言清晰、方法灵活、手段多样，使课堂教学引人入胜。同时要求学生听讲时注意力要集中，不做与课堂学习无关的事；要积极回答老师的提问或认真听取其他同学的回答，想想是否正确，有没有补充意见或问题；对老师的演示、板书要仔细、认真地观察；要按老师的要求认真操作学具、做好练习等等。

2. 养成认真阅读的习惯

数学课本是学生获得系统数学知识的主要依据。培养学生认真阅读书本的习惯，首先要求教师在教学中为学生创造阅读的机会，并作必要的阅读指导，良好的阅读习惯才有可能养成。要培养学生具有课前预习阅读，课内新授后、作业前阅读，课后复习阅读等习惯。阅读时，应对不同年级提出不同的要求：低年级学生识字少，可以先教给学生观察插图的方法，再阅读算式及文字，随着识字量增加，适当扩大阅读的内容；中年级学生具有了一定的阅读能力，有些内容可以让学生先阅读后分析讲解；高年级学生阅读能力较强，可以选择部分重点或难点内容，让学生独立阅读后，组织讨论、提出问题，再扼要地进行分析与讲解。

要求学生能够独立地阅读练习题。有些学生常常喜欢依赖教师读题，尤其在解答应用题时，总是希望从教师读题的语气中得到提示，这样的做法，显然是不利于提高学生独立分析问题与解决问题的能力的。即使是低年级学生，由于识字不多，应用题中难免会有个别不认识的字，影响对题目的理解，我们完全可以采用给汉字注音的办法加以解决。

对于学生来说，学校的学习总是有一定的期限的，因此，重视培养学生良好的阅读习惯，将会使他们终身获益。

3. 养成认真审题的习惯

审题是正确解题的前提。学生练习中很多错误是由于没有认真审题所造成的。因此，一定要使学生养成认真审题的习惯。认真审题就是要求学生对需要解答的练习题进行仔细的观察、分析与思考，然后再确定解题的策略。对于计算题则要根据题里的数据与运算符号考虑先算什么，后算什么，能否应用运算定律、运算性质进行简便计算。对于应用题，则要弄清题里的已知条件与问题要求，哪些是直接条件，哪些是间接条件，最后决定先求什么，再求什么。对于几何初步知识问题，则要根据几何图形的特征思考与解题有关的公式，找到相应的条件与数据，并搞清楚计量单位。对于不同题型的练习，要有不同的审题方法。如判断题，要弄清楚题里每一个字、词、符号的含义，与已掌握的数学概念进行比较，以便作出正确的判断。选择题，先要弄清楚题目的要求，在求出正确答案后直接进行选择，也可以用排除法间接进行选择。

审题，不只是在解题开始前所需要的，在整个解题过程中，也要随时进行。教师要培养学生具有审题的习惯，在自己的教学中，就应该作出审题的示范，同时，还要让学生亲自体会到审题的好处，积累审题的经验，逐步养成良好的审题习惯。

4. 养成独立思考的习惯

数学是思考性很强的一门学科。知识的掌握、智力的开发、能力的培养都要靠学生自己去主动获取与内化，这是谁也不能替代的。在教学中，必须调动起学生的学习积极性，做到肯于思考、乐于思考、勤于思考、善于思考，逐步养成独立思考的习惯。

要培养学生独立思考的习惯，教师首先要提供思考的材料。思考材料一般都以提问的方式呈现。在提供思考材料的同时，要给学生足够的思考时间。多数情况是当老师提出问题后，智力水平高的同学很快就能举手作答，但为了照顾到中下程度的学生，应该多留一些时间让大家去思考，教师不能以获取答案为提问的惟一目的，从一定意义上讲，培养学生独立思考的习惯要比解答问题更为重要。因此，在提问时，要绝对避免出现大多数学生陪读的现象。要引导不爱思考的学生进行思考，明确提出“想比不想好，想错了也没关系”、“只有想了，才有可能想对”，要鼓励学生敢于说出自己的想法，明确要求“说比不说好，说错了也没关系”、“只有说了，才有可能说对”。要千方百计地调动起全班学生参与学习的积极性，充分发挥学生的主体作用。

在引导学生独立思考的同时，还要鼓励学生勇于质疑问难。任何发明与创造都是从提出问题开始的，提出问题往往要比解答问题更有意义、更有价值。教师要为学生质疑问难创设一个宽松的外部环境，即使学生所提问题幼稚可笑，或离题太远，那也无妨，重要的是学生独立思考了。当然，教师的责任还在于培养学生善于思考，通过经常性的训练，逐步让学生学会思考，学会分析，逐渐能提出一些有质量、有价值的问题来，这将有助于巩固与加深学生对数学知识的理解与掌握。

可见，独立思考的习惯，是学生学好数学必须具备的。学生通过独立思考，可能产生新的见解，有了见解就会有交流的愿望，交流又会促进思考，在不断的思考中，逐步养成独立思考的习惯。

5. 养成认真做作业的习惯

完成作业是学生学习数学最基本、最经常的一项任务，是巩固知识、形成技能、体现智慧与能力的主要手段，而且伴随着学生学习的全过程。因此，必须养成认真完成作业的习惯。

要培养认真做作业的习惯，教师首先要让学生明确作业的规范与要求。作业的书写要认真，字迹工整、美观，格式正确。认真书写不仅能提高作业的准确率，而且有利于培养良好的学风，对端正学生的学习态度、增强学习责任感、培育审美意识都有积极的意义。

教师要教育学生独立、专心、按时完成作业。独立，是指作业时不依赖老师、家长、同学的帮助，依靠自己的能力去完成。遇到问题，可以看书回忆，这样有利于学生重视课堂听讲；专心，是指做作业时专心致志，不左顾右盼，心神不定，只有专心，才能保证作业的质量，提高作业的效率；按时，是指作业在规定时间内完成，不拖拉，这就要求教师布置的作业分量适当，难易适度。

教师要培养学生能对自己的作业进行自我检查、自我评价。长期以来，似乎完成作业是学生的事，而作业的检查与评价则是老师或家长的事。其实，会检查的学生，才是真正会学习的学生。检查的方法多种多样，教师要结合教学内容有计划地教给学生，并要适当地让学生做自我检查的训练，这样才不至于将检查流于形式。凡是学生自我检查后订正的错题，教师要给以鼓励。当然，最好还是一次就把题目做对，让学生个个争当“百发百中”的“神枪手”。学生学会对作业进行自我检查，则是培养学生良好的作业习惯的重要内容。让学生评价自己的作业，有利于提高学生对作业的责任感，提高了作业的正确率。通过评价，还可以使学生对自己的认识更加全面，既看到自己在学习中的优势，也能了解自己在学习中的薄弱环节，有利于学生自觉、主动地分析产生错误与问题的主观原因。自我评价，能更有效地体现学生真正是学习的主体。

## 思　考　题

1. 在小学数学教学中培养非智力因素有什么重要意义？
2. 如何培养小学生的数学学习动机？
3. 如何培养小学生的数学学习兴趣？
4. 如何培养小学生的数学学习意志？
5. 如何培养小学生的数学学习习惯？

# 第十一章 概 念 教 学

## 内容提要

数学概念是客观现实中数量关系和空间形式的本质属性在人脑中的反映。掌握正确的数学概念是学习数学知识的基石，是培养数学能力的前提。要建立确切的数学概念，必须明确概念的内涵、外延以及概念的分类。根据学生的认识水平，在小学数学教材中对概念的表示方法有定义法和描述法等。影响小学生学习数学概念的因素有：认知因素、感性材料和生活经验、抽象概括能力以及语言表述能力等。小学生学习数学概念的主要形式是概念的形成和概念的同化。要根据这两种形式掌握在数学概念的引入、理解、巩固与深化等阶段中的教学策略，提高概念教学的效率。

## 第一节 小学数学概念教学的意义

### 一、什么是数学概念

概念是客观事物的本质属性在人脑中的反映。在理解这一定义时，我们可以有以下几点认识。首先，概念是客观事物的反映，不是人们凭空臆造的，这是辩证唯物主义反映论的观点；其次，概念反映的只是事物中的本质属性，那些非本质属性，则是不予理会的；再次，概念虽然与客观事物联系十分紧密，但并非与客观事物是同一东西，它是存在于人脑之中的对客观事物本质属性的一种认识、一种反映。这种反映不是对事物的简单“拍摄”，而是通过比较、分析、综合、抽象、概括等方法所获得的，因此它是一种思维形式。

数学概念是客观现实中的数量关系和空间形式的本质属性在人脑中的反映，因此数学概念是抽象的。

数学概念的抽象性有以下特点：

（一）概括性

在数学概念的形成过程中，首先是对数学对象（或事物）的性质进行观察、比较，找出对象（或事物）间的共同的本质属性，然后依照其是否具有这种本质属性加以分类。例如，从等价集合类的共同特征中抽象、概括出自然数概念来："自然数就是非空的等价集合类的共同特征。"这就是说，每一个数学概念都是反映了一类事物的共同特征。这就是数学概念概括性的表现。自然数、零、小数、分数、三角形、圆都是从现实世界中的事物直接抽象概括出来的。

（二）原理性

数学中的原理性抽象是不断发展的过程，因此，有不同层次的原理性抽象。例如，代数式的概念是在数的概念的基础上的原理性抽象，等式又是在代数式基础上的原理性抽象，方程又是在等式概念基础上的原理性抽象。原理性抽象不是由抽象回到具体，而是使抽象不断升级，达到更高的层次。

（三）理想化

在数学概念形成的过程中，不仅赋予其从现实原型中抽象出来的性质，而且还赋予了原型对象所没有的想像的性质。例如，在几何的原始概念体、面、线、点的抽象过程中，人为地赋予了理想化的性质。"点"没有大小，"线"没有粗细，"面"没有厚薄，"体"没有由面所围成的空间部分等等。事实上，在现实事物中是没有这种"没有大小的点"、"没有粗细的线"的。

理想化抽象既不是把数学概念引向神秘化，也不是使数学脱离现实，而它只是使数学的研究更为方便、更为简单所采取的必要手段。

**二、数学概念教学的意义**

（一）数学概念是学习数学知识的基石

心理学家奥苏伯尔曾经说过比起世界上的各种现象来说，人实际上是生活在一个概念的世界里。说明了人的学习是以语言为中介，通过词（符号）所代表的概念来学习知识的。

数学知识包括数学概念、定律、法则、公式等，数学概念不仅是数学知识的基石，也是数学知识的重要组成部分。一个学生概念不清，就无法掌握定律、法则和公式。例如，对分数的意义认识不清，就不能理解为什么同分母分数加减只要分子相加减，分母可以不变的道理，即使能够计算出来，也只是知其然而不知其所以然。又如，面积概念模糊，就必然导致把长方形的周长公式与面积公式混淆。相反，如果一个小学生真正明白了加法的含义，那么就很容易掌握加法交换律和结合律。事实也是如此，我们经常看到不少小学生由于概念正确、清晰，基础知识扎实，他们的计算能力和解题能力也都相当突出。

（二）数学概念是培养数学能力的前提

计算能力、数学思维能力、空间观念以及解决简单实际问题能力的形成，都是以数学概念为必要前提的。

**例**　计算 $47\div4+\frac{1}{4}\times52+(3-2\frac{3}{4})$

对于上题，如果按部就班地计算也是可以的，但不简便。

$$
\begin{aligned}
\text{原式}&=11.75+13+\frac{1}{4}\\
&=24.75+0.25\\
&=25
\end{aligned}
$$

如果用简便方法计算，就方便得多。

$$
\begin{aligned}
\text{原式}&=47\times\frac{1}{4}+\frac{1}{4}\times52+\frac{1}{4}\\
&=(47+52+1)\times\frac{1}{4}\\
&=100\times\frac{1}{4}\\
&=25
\end{aligned}
$$

在计算时要利用许多概念。其中包括：一个数除以 4 等于这个数乘以 4 的倒数；$\frac{1}{4}$等于$\frac{1}{4}\times 1$；提取公因数，按照乘法分配律进行计算，得出正确答案。

逻辑思维的过程，也是运用概念作出判断，进行推理的过程。在概念、判断和推理这三种思维形式之中，概念是思维的“细胞”，是判断、推理的起点。没有正确的概念，就不可能有正确的判断和推理，更谈不上逻辑思维能力的培养。

例如，“表示两个比相等的式子叫做比例”，这是一个判断。在这个判断中，人们必须对“比”、“相等”，“式子”这几个概念十分清楚，才能形成这个判断，并以此来推出下面的 6 道题目，哪几组可以组成比例。

(a) $4:8$　　(b) $1:5$　　(c) $0.5:1.5$

(d) $2:6$　　(e) $\frac{1}{4}:\frac{1}{2}$　　(f) $10:2$

通过一系列的判断、推理，学生初步逻辑思维能力逐步得到提高。

运用所学的知识解决简单的实际问题，这是小学数学教学的目的之一。这里所说的“简单的实际问题”也包括平时所说的应用题。应用题的基本要素是已知条件和所求问题，要解答应用题必须理解条件和问题的含义以及它们之间的关系，这一切都离不开概念。

**例**　某轧钢厂今年产钢 91.8 万吨，比去年增产 8%，比前年增产 14.75%。去年和前年各产钢多少万吨？

**分析**　解答此题，必须弄清“8%”相当于哪年产量的，“14.75%”又相当于哪年产量的，这里有一个“标准量”的问题，而且两个标准量是不同的。如果“标准量”概念不清楚，解答此题必然走入误区。

## 第二节　概念的内涵和外延

要使学生建立确切的数学概念，必须明确概念的内涵、外延和概念的分类。

## 一、明确概念的内涵和外延

从逻辑上说，概念反映的所有对象的共同本质属性的总和，叫做这个概念的内涵，又称含义。适合于概念所指的对象的全体，叫做这个概念的外延，又称范围。如平行四边形的内涵就是平行四边形所代表的所有对象的本质属性：有四条边，两组对边分别平行，对角线互相平分等；平行四边形的外延包括了一般的平行四边形、长方形、菱形和正方形。

概念的内涵和外延是相互依存、相互制约的，它们是构成概念的统一而不可分割的两个方面。如果只知其一，不知其二，就不能算概念清晰。具有从属关系的概念间具有以下的性质：概念的内涵扩大，其外延就缩小；内涵缩小，其外延就扩大。如图 11—1 所示。

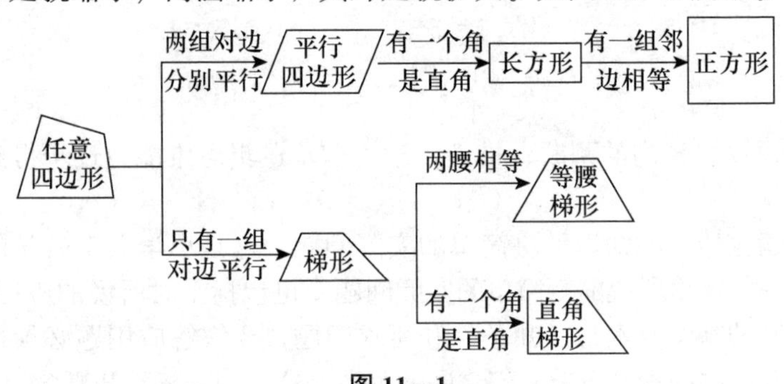


**图 11—1**

## 二、掌握概念的分类标准

概念的外延所包括的对象往往很多很多，甚至是不可穷尽的。因此，在逻辑上又可以通过分类的方法来揭示概念的外延。在小学数学教学中，当学生积累了一些概念后，尤其是中高年级，可以引导学生将概念进行分类，以形成概念系统，这是形成知识结构的一种良好方法。分类时，往往把一个大类分成若干小类，大类又叫种概念或上位概念，小类则叫属概念或是下位概念。概念的种与属是相对的。譬如：

四边形→平行四边形→长方形<br>（种）　　（属）<br>　　　　　（种）　　　（属）

平行四边形对四边形来说是属概念，对长方形来说又是种概念。有了这样的分类，概念之间的联系便一目了然了。

（一）分类的标准

1. 分类必须以同一个标准为依据

例如，把自然数按照它能否被 2 整除来分，是一种分类的标准；如果按照包含约数个数的多少来分，又是一种分类的标准。但是，在分类过程中，不得变换分类标准。（图 11—2）

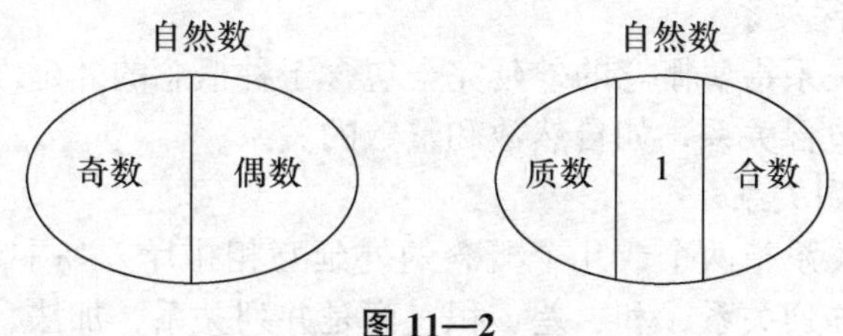


**图 11—2**

2. 分类应详尽无遗

分类时，属概念外延之和应等于种概念的外延，如把四边形分成平行四边形和梯形两类，就不符合分类的原则，遗漏了两组对边都不平行的任意四边形。

3. 各个属概念应相互排斥

各个属概念应相互排斥即指新分小类之间不能有交叉。有的学生在回答小数的分类时说“可以分成纯小数、带小数、还有循环小数”，其中循环小数可能是纯小数也可能是带小数，正是违反了这条原则。

4. 分类应当按级进行

小类应是大类的邻近的下位概念，不能越级。例如，把算术数（即非负整数）分为整数、自然数、质数等小类，就违反了概念的分类标准。正确的分类就是：

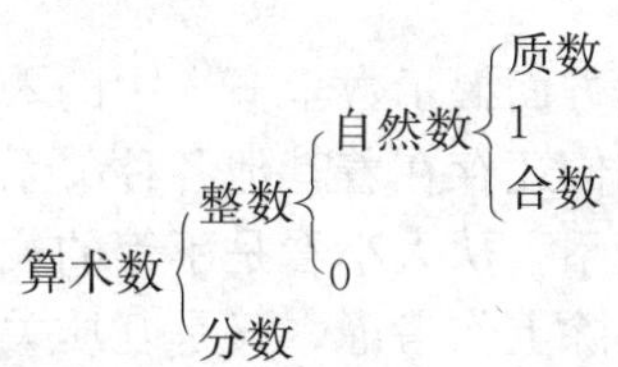

综合以上的标准，分类必须自始至终使用同一标准，分类要不重不漏，而且不能越级。

（二）从外延上看小学数学概念中存在的六种关系

1. 同一关系

同一关系指两个概念的外延完全重合，往往是同一概念采用不同的名词。如最简分数和既约分数、百分数和百分比、自然数和正整数、等边三角形和正三角形、长方形和矩形。

2. 包含关系

包含关系指属概念的外延完全包含于种概念的外延之中，这两个概念是包含关系，如自然数和整数的关系。

3. 并列关系

并列关系指两个或几个概念的外延互相排斥。如乘法交换律、结合律是并列关系，和、差、积、商是并列关系，加法、减法、乘法、除法也是并列关系。

4. 交叉关系

交叉关系指两个或几个概念的外延有部分重合。例如等腰三角形和直角三角形，质数和奇数的关系。

5. 对立关系

对立关系指两个概念的外延互相排斥，而它们外延相加之和又小于邻近的种概念。例如，质数与合数的关系、直角与锐角的关系。

6. 矛盾关系

矛盾关系指两个概念的外延互相排斥，而且它们外延相加之和等于邻近的种概念。正因为如此，两个概念的内涵可以相互否定。也就是说，可以否定对方的内涵作为自身的内涵。例如，正比例和反比例、真分数和假分数、循环小数和不循环小数、等于式和不等式、奇数和偶数等。

以上是从外延的方面揭示数学概念中的六种逻辑关系。如果从另外的角度来分析它们还存在着其他各种关系。例如“2”和“3”，从逻辑上看是并列关系，从大小看是不等的关系，从顺序看是先后的相邻关系，再从整除上作考虑，又是互质关系。这些关系，教师要十分清楚，这样才能使学生逐步了解概念间的内在联系，形成概念系统。作为学生并不要求他们去记住这么多的关系，但应该在头脑中逐步意会出其中的主要关系，这对掌握概念、培养逻辑思维能力都有直接而深远的影响。

## 第三节 小学数学教材中概念的几种表示法

在小学数学教材中出现的各种概念，根据小学生的接受能力，采用了各种表示的方法。

**一、定义法**

定义法是用简明而完整的语言揭示概念的内涵或外延的方法，具体做法是用原有的概念说明要定义的新概念。

(一) 定义法的种类

1. 属差式定义

属差式定义即：被定义的概念＝邻近的种概念＋属差。例如：

(1) 两组对边分别平行（属差）的四边形（种概念）叫做平行四边形（被定义的概念）。

(2) 含有未知数（属差）的等式（种概念）叫做方程（被定义的概念）。

(3) 分子小于分母（属差）的分数（种概念）叫做真分数（被定义的概念）。

属差式定义是运用最多的一种，运用时应注意以下几点：

(1) 种概念要是邻近的。如上例定义平行四边形用四边形作种概念，如是定义长方形就要用平行四边形作种概念。在小学教材的编排中是先学长方形再学平行四边形，只说明了长方形的特征是对边相等，四角都是直角的四边形，这种说明不能称为定义。

(2) 属差既是被定义概念的属性，又是它的同位属概念中所没有的。例如在定义方程时，“含有未知数”这一属性是方程所特有，而其他一般等式中所没有的。

2. 发生式定义

发生式定义指用事物发生或形成过程中的属性作为属差，定义时紧紧突出其“形成过程”这一特点。例如：

（1）把单位“1”平均分成若干份，表示这样的一份或者几份的数叫做分数。

（2）从三角形的顶点到它的底边作一条垂线，顶点到垂足之间的距离叫做三角形的高。

属差式定义和发生式定义是小学数学教材中常见的，都是从概念的内涵部分看到的。

3. 规定外延的方式

规定外延的方式指通过对概念的外延作出规定对概念下定义。这种方法往往是认为用前面几种定义法对学生过于深奥，就改用此法。例如：“什么是自然数?”如果用属差式定义表示为：“一切等价的有穷集合的基数叫自然数。”如果用规定外延的方式表示为：1，2，3，4，5……叫做自然数。

显然，第一种形式小学生是无法理解的，在小学教材中都采用第二种方式予以说明。

（二）下定义应遵循的规则

下定义是十分严肃的事，要正确地给概念下定义，要遵循以下的规则。

1. 定义应该恰如其分

一个概念的定义所确定的外延，必须和它所代表的对象的外延相等，既不缩小也不扩大。换句话说，“$A$ 就是 $B$”，也能说“$B$ 就是 $A$”。例如“表示两个比相等的式子叫比例”，也可以说“比例就是表示两个比相等的式子”。在小学教材中对平行线的定义是“在同一平面内，两条不相交的直线叫做平行线”，有的教师认为在小学可以不加“在同一平面内”，因为小学生无法体会，我们认为这是欠妥的。因为不加前一句子，必然包括两条异面直线不相交的情况。扩大了概念的外延，违反了“定义应该恰如其分”这条基本要求。为此，下定义要十分确切，语言简明、完整，多一字不必，少一字也不可。

2. 定义不得循环

这就是说不能同时用概念 $A$ 去定义概念 $B$，又用概念 $B$ 去定义概念 $A$，如果是这样就犯了同语反复的错误。例如，在定义直角时，用了垂直的概念，“两条直线相互垂直所构成的角叫直角”，而在定义垂直时又用了直角的概念，“两条直线相交成直角，则这两条直线相互垂直”，这样到底什么是直角，什么是垂直仍未作任何说明。

3. 定义不能用比喻

例如，有的课本上开始讲平行线时，通过插图说明：黑板上下的两条边、笔直的铁轨，像这样两条永不相交的直线叫做平行线。这就不能称为定义，只是描述。

4. 定义不能用否定的形式

例如，“分数不是整数”，“质数不都是奇数”……这里究竟什么是分数？什么是质数？它们的本质属性仍未作任何揭示。

**二、描述法**

用一些生动、具体的语言对概念进行描述，叫做描述法。这种方法与定义法不同，在小学数学教材中常见。一般分以下两种情况。

（一）原始概念

对数学中的点、线、面、体、集合等原始概念都用描述法加以说明。例如，小学数学教材中的“直线”就用一根拉紧了的线绳来描述，“平面”就用“课桌面”、“黑板面”、“湖面”来说明。

（二）较难理解的概念

由于小学生逻辑思维还处在初级水平，对某些抽象的数学概念如以简练、概括的定义出现是不易被理解的，则改用描述法。例如，对直圆柱和直圆锥的认识，小学生比较缺乏运动的观点，不能像中学生那样用旋转体来定义，只能通过观察、摆拼，认识到圆柱体的特征是上下两个底面是相等的圆，侧面展开的形状是长方形，像钢管、汽油筒、毛主席纪念堂的圆柱等。这些都只停留于直观描述。

从以上两大类的数学概念的表示方式中可以看出，小学低年级的概念采用描述法较多，随着小学生思维能力的逐步发展，中高年级逐步采用定义法，不过有些定义只是初步的，是有待发展的。教学中，应依据小学生的认识水平因势利导，逐步提高，使学生获得正确、清晰的数学概念。

## 第四节 影响数学概念学习的因素

影响小学生学习数学概念的因素很多，主要的内部因素有以下几个方面。

### 一、认知结构

小学生学习数学概念往往是利用概念的同化，也就是从自己已有的认识结构中，检索出与新概念有联系的概念，使之相互作用，从而揭示新概念的本质属性。因此，原有认知结构中定义的清晰度和稳固程度将对新概念的学习起着重要的作用。例如，学习小数的十分位、百分位是建立在对$\frac{1}{10}$、$\frac{1}{100}$…的初步认识基础上的，如果对分数的认识比较清晰，那么，对于“0.35”这个小数就很容易理解，其中十分位上的“3”表示3个十分之一，百分位上的“5”表示5个百分之一。又如，小学教材对“角”这一概念是这样描述的：“从一点引出两条射线，所组成的图形叫角。”学生在这以前必须对“点”、“射线”建立相应的概念，否则不能理解“角”。

### 二、感性材料和生活经验

小学生学习数学概念的另一种形式是概念的形成。它主要依靠着直接经验，从大量的感性材料中进行抽象概括，揭示概念的本质属性，从而形成概念。如果学生原有的生活经验比较丰富，提供给他们的感性材料比较充分，就有利于概念的形成。例如，对小数的初步认识往往是由小学生熟知的购买物品的货币“元、角、分”的使用引入的；此外，在几何图形的认识中，在认识标准图形后又注意提供各种变式图形，使学生有充分的比较和感知，就容易掌握圆形的本质属性。

### 三、抽象概括能力

在概念形成的过程中，学生通过观察客观事物，发现事物的各种属性，然后把其中的本质属性从中抽象出来，以掌握概念的内涵，再把这些本质属性推广到同类事物中，才能对概念所反映的同类事物有了普遍的认识，这才算理解了概念。例如，在认识平行线时，通过观察练习本上的横线、两条笔直的铁轨等，初步认识“在同一平面上两条不相交的直线叫做平行线”，进而认识到无论是处在水平位置或者非水平位置的，只要具有以上的本质属性都是平行线，这就是抽象概括在起作用。如果缺乏必要的抽象概括能力，概念的内涵和外延就会出现片面扩大或缩小的错误。

**四、语言表述能力**

概念是以词为外表的，是通过语言或符号来表述的。如果对数学语言表述能力差，必然对概念的表述不够准确，就会影响到概念的理解、巩固和运用。例如，有的学生把“半径”的定义说成是：圆心和圆的距离叫做半径。准确的回答应该是：“连结圆心到圆上任意一点的线段叫做圆的半径。”又如，“在有余数的除法里，被除数和除数扩大（或缩小）同数倍，不完全商不变，余数也扩大（或缩小）同数倍”，对上述性质，尤其要注意“余数也扩大（或缩小）同数倍”这一特点，否则会使计算出错。

$5\,000 \div 700 = 7 \cdots 100$

```
          7  … 100
      ────────────
7 0̸ 0̸ ) 5 0 0 0̸   ↑
         4 9        │
      ──────        └──(余数应是100,不是1)
           1
```

## 第五节　数学概念的教学策略

在本书第四章中已经阐述了小学生数学概念学习的两种基本形式，一种是由具体到抽象的概念形成，另一种是由旧知识到新知识的概念同化。本节所讨论的数学概念的引入、理解、巩固与深化是概念形成与概念同化两种形式的具体化，从而说明有关这方面的教学策略。

**一、概念的引入**

概念的引入是概念教学的第一步，这一步做得如何，将直接关系到学生对概念的理解和掌握。教师应认真研究各种概念引入的方法，以利于学生获得充分的感知和建立清晰的表象。

（一）通过直观引入

大家知道，数学概念的建立绝不是像物与物传递那么简单，也不是靠对大脑的直接灌输。儿童掌握概念是一个主动的、复杂的认识过程。他们的抽象思维仍是直接与感性经验相联系的。因此，首先要通过直观，为他们提供丰富而典型的感性材料，使他们逐步抽象、内化成概念。例如小学生认识自然数“3”时，教师可以让学生自己从学具袋中拿出 3 根彩色棒，3 个剪纸小鸟，点出班上 3 个同学的名字，拍 3 下手，走 3 步路……然后抛弃小棒、小鸟、人等非本质属性，使学生认识到这些“3 个东西”都可以用数“3”来表示。最后又通过第三个、第三行，从序数的意义上丰富学生对“3”的认识。

（二）通过生活实例引入

数学来自现实生活，儿童生活周围处处有数学，结合生活实际引入概念是个有效的途径。例如学习分数大小的比较时，先讲一件事：“小明、小刚、小方三个人各带同样长的线到广场去放风筝，小明把线放出$\frac{2}{5}$，小刚放出了$\frac{3}{5}$，小方放出了$\frac{2}{7}$。问他们三个人谁的风筝放得最高？”学生们积极性很高，可是都不能回答，这时教师因势利导：“只要解决一个什么问题，这件事就明白了？”引导学生把生活中的事例转化为数学问题——比较这三个分数的大小，激发学生的求知欲，为学习新知识创设了良好的情境。

数学概念的来源一般有两个方面：一是直接从实际经验中概括得出，即概念的形成；二是在原有的初级概念基础上，通过新旧概念的相互作用而获得，即概念的同化。小学数学中的概念许多属于前者。在引入这些概念时，要注意利用学生已有的经验，以形象生动的语言唤起学生的回忆，使学生重现在实际经验中所形成的表象。例如，引入平行线概念时可让学生想像平直铁路上的两条铁轨，引入射线概念时可让学生想像手电筒射出来的光线等。

利用学生的生活经验引入概念时，要注意学生的日常概念与所引入的数学概念的内涵是否一致。日常概念由于受生活经验的限制，有时会忽略了本质属性，有时又会包括了非本质属性。在教学中既要充分利用学生日常经验所形成的表象作用，又要防止它的消极作用。

（三）从旧知识引入

数学概念之间联系十分紧密，到了中高年级，许多新概念就可以通过联系紧密的旧概念直接引入。例如学习质数和合数，质数、合数的概念是通过它们有多少个约数来划分的。教学时，首先从复习约数的概念入手，然后让学生找出1、5、9、11、12各数中的约数，再引导他们观察、比较，看看他们大约有几类。通过分析，就能分出以下三类：

第一类：5⟶1，5；11⟶1，11。

只有约数1和它本身，5和11是质数。

第二类：9⟶1，3，9；12⟶1，2，3，4，6，12。

除了有约数1和它本身以外，还有其他的约数，9和12是合数。

第三类：1⟶1。

只有约数1本身，所以说1既不是质数也不是合数。

这样，把自然数清楚地分为三类，并建立了质数、合数的概念。

此外，还可以利用已学过的计算方法引入。例如“余数”、“分数”、“循环小数”等概念都和除法有直接关系，可以由9÷2引入“余数”（有余数的除法）的概念；由1÷2引入“分数”的概念；由1÷3引入“循环小数”的概念。

**二、概念的理解**

概念的理解是概念教学的中心环节。感知和经验只是入门的向导，对概念的本质属性的揭示才能成为判断的依据。概念的理解要以能否达到“守恒”为标志，换句话说，要真正掌握概念的内涵，然后根据内涵去确定概念的外延。

（一）利用变式突出概念的本质属性

这就是所提供的事例或材料要不断地变换呈现形式，改变非本质属性，使本质属性“恒在”，由此初步形成概念。

例如，初次建立乘法概念时可先出示下面一些等式：

$2+2+2+2+2+2=2\times6$

$5+5+5+5=5\times4$

$7+7+7=7\times3$

$10+10+10+10+10=10\times5$

通过比较分析，使学生认识乘法的本质属性是“同数连加的简便算法”，初步形成概念。

（二）通过反面衬托进一步理解概念的本质属性

从正反两方面进行概念教学是行之有效的方法。例如，方程的定义是“含有未知数的等式”。在这个定义里，要特别注意“含有未知数”和“等式”两个概念。为了使学生进一步理解，除了正面揭示外，还可以用反面衬托的方法，让学生辨别正误，确切地掌握方程的概念。

**例** 在下面各式中，指出哪些是方程，哪些不是方程？

$4+3x=10$　　　$4x+6\times8$

$3.7x=11.1$　　　$8x-3\times5=49$

$9+4\times5=29$　　　$x\div0.5=20$

（三）多层次地进行抽象概括

概念的理解不是一次完成的，要有一个长期的、反复的认识过程；同样，概括也要多阶段、多层次地进行。例如，对分数的认识在教学大纲中一般分成两个阶段进行，而且每一阶段还分几个层次。在教学“分数的初步认识”时，有的教师分成以下三个层次：

第一层次：突出把1个整体“平均分”以后的“取份”。

通过教具演示，把一个圆平均分成两份，把其中一份用阴影表示，说明阴影部分是整个圆的$\frac{1}{2}$，剩下的半圆也是整圆的$\frac{1}{2}$。然后依次认识$\frac{1}{3}$，$\frac{3}{4}$，$\frac{5}{8}$……

第二层次：着重解决部分与整体的关系。

（1）全班拿出事先分发的正方形纸片（大小相同）叠出$\frac{1}{4}$，用阴影把它表示出来如图 11—3：

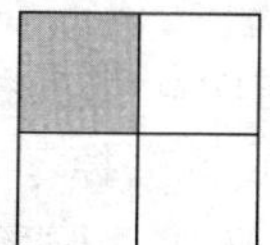 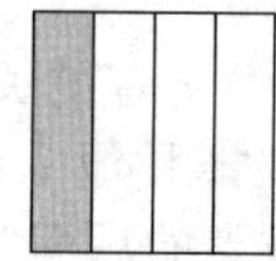 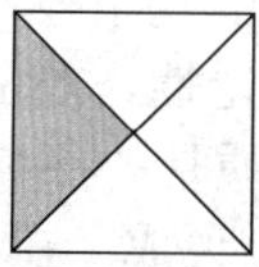 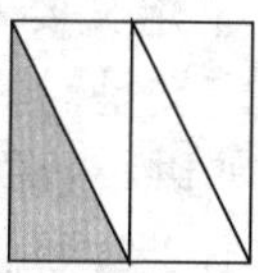

**图 11—3**

教师把学生折叠的结果分别展开出来，让它们说明阴影部分分别表示自己这个正方形的几分之几。接着启发学生思考："这些阴影部分形状不同，大小相等吗？为什么？"

（2）每人拿出自备的线绳折出它的$\frac{1}{3}$来，并上台前来向大家展示。教师又提问："大家折出来的都是线绳的$\frac{1}{3}$，为什么长短不一样？"（各人自备的线绳有长有短）。由此明确了部分与整体的关系，当单位"1"相同，$\frac{1}{3}$就相等，单位"1"不同，$\frac{1}{3}$必然不等。

第三层次：明确单位"1"可以是一个物体，也可以是一群物体。

请第二组同学上台前来，男女分站在左右两边（男 4 女 3），问："女生占全组的几分之几？男生呢？"再请男女生混合站排，同样观察男女生各占全班人数的几分之几。

至此，对分数的初步认识告一段落，为下一阶段的"中间突破"、揭示分数的本质属性打下了良好的基础。

（四）下定义或用简练的语言进行描述

通过多层次的概括，要用简练的语言把概念的本质属性固定下来，以利于对概念的理解、巩固和运用。

1. 要注意下定义的时机

对概念下定义能起到组织、巩固和整理知识的作用，要引导学生通过自己的观察、比较、分析、综合、抽象、概括出事物的本质属性，用清晰的语言进行描述，然后再下定义。下定义要注意恰当的时机，在学生还没有充分理解时就过早下定义，必然导致死记硬背，鹦鹉学舌，食而不化；如果过迟下定义，同样不利于概念的掌握，也阻碍了智力活动的内化。

2. 下定义要“咬文嚼字”

下定义是对概念定性，对定义中所有的关键词句都要反复推敲。例如讲小数的性质是“在小数的末尾添上零或者去掉零，小数的大小不变”，就不能说成“在小数点的后面”。又如“循环小数”的定义是：“一个数的小数部分，从某一位起，一个数字或者几个数字依次不断地重复出现，这个数叫循环小数。”这里包括两个内容：一指的是一个数的小数部分与整数部分无关；二指的是一个数字或几个数字重复出现，而且依次不断地出现。为了帮助学生确切地了解其中关键词语的含义，可以让他们判断下列这组数，哪些是循环小数？

(1) 8 888.426 重复部分不在小数部分。

(2) 6.101 001 000 1 小数部分 1、0 二数字重复出现，但不是“依次出现”。

(3) 9.426 426 小数部分 4，2，6 三个数字是依次重复，但不是“不断”出现。

(4) 5.426 426…符合循环小数的全部条件。

3. 表述定义要由低到高，逐步要求

由于人们对客观事物认识的不断深化，概念本身也不是一成不变的。概念有其确定性和阶段性。小学数学概念是最基本的、往往也是初级的、有待发展的。例如“角”的定义是：“由一个点引出两条射线所组成的图形。”这就很难使学生理解平角，尤其是周角也是角了。为此，在讨论《九年义务教育全日制小学数学教学大纲(试用)》时，就有这样的意见，周角是否不作统一的教学要求，到了中学，角的概念用“射线环绕它的端点旋转的旋转量”定义时再正式引入。由此可见，对概念下定义，一定要根据学生的认识能力和知识水平，要体现概念发展的不同阶段，提出恰如其分的要求。教学时，可以先让学生自己尝试着描述，而且开始时，只要求学生用比较具体的、展开的、不太精确的语言进行描述，以后逐步过渡到用压缩的、精确的语言揭示概念的本质特征，用定义的方式固定下来。

（五）注意和相近的、易混的概念比较

建立概念时，及时和邻近的、易混的已知概念进行比较，弄清它们之间的联系和区别，既可巩固旧概念，又能加强新概念的清晰度，有助于概念系统的逐步形成。例如，教完了小数的性质，就可以让学生思考："小数末尾添上零或去掉零，小数大小为什么不变？小数点位置移动，小数大小为什么就发生变化？"明确关键在于看小数位上的数字是否发生变化。学了"整除"就要和以前新学的除尽进行比较，使学生清楚地认识除尽包括整除和一切商是有限小数的情况。此外，还要注意对数与数字，数位与位数，奇数与质数，偶数与合数，化简比和求比值，时间与时刻等各种形同义近的概念进行辨析。

表 11—1 是用列表法对质数、质因数、互质数进行的辨析。

**表 11—1**

| 概　念 | 说　明 | 举　例 |
|---|---|---|
| 质数 | 看一个数本身的特征：　只有 1 和它本身两个约数。 | 2，3，7 |
| 质因数 | 既看一个数本身的特征，又看它和另一个合数的关系：本身是质数，又是另一个合数的因数。 | 42=2×3×7 |
| 互质数 | 看两数之间的关系：两数的最大公约数是 1，但它们本身并不一定是质数。 | 6 和 11<br>14 和 15 |

**三、概念的巩固**

小学生数学概念的建立不是一蹴而就的，必须通过及时的巩固，在巩固中加深对概念的理解。一般可采用下面几个途径。

（一）复述重要概念的定义或结语

对重要的概念进行有意义的记忆，对于巩固概念、运用概念以及培养学生的逻辑思维能力很有裨益。这里要注意，指的是"有意义的记忆"而不是机械记忆，而且是对一些重要的概念并非全部的结语（例如课本上的黑体字）都要熟记。例如，什么叫分数，什么是方程，什么是质数、合数、奇数、偶数，分数的基本性质是什么，小数的基本性质又是什么……这些重要概念都可以引导学生在理解的基础上记忆。

（二）自举实例

这就是要求学生把已经初步获得的概念简单应用于实际，通过实例来说明概念，加深对概念的理解。有经验的教师，根据小学生对概念的认识通常带有具体性的特点，在学生通过分析、综合、抽象、概括出概念以后，总是让他们自举例证，把概念具体化。从具体到抽象又回到具体，符合小学生的认识规律，使学生更准确地把握概念的内涵和外延。

（三）设计多种练习

数学概念的练习题也可有多种类型，一般除了口头提问外，可采用判断是非、选择、填空等方式进行练习。

1. 选择题

（1）下面哪个式子表示分解质因数？

A. $27=3\times9$　　B. $2\times3\times3\times3=54$

C. $24=2\times3\times4$　　D. $70=2\times5\times7$

（从不同角度加深对质因数概念的理解）

（2）下面四个式中，只有一个和其他三个不同，把它挑出来：

A. $9\times4+4x$　　B. $4\times(9+x)$

C. $4x+4\times9$　　D. $4\times(9\times x)$

（培养学生对乘法分配律的辨析能力）

2. 是非题

（1）3.3 米的$\frac{1}{7}$和 7 米的$\frac{1}{3}$同样长。（　　）

（巩固分数乘法的意义和对乘法交换律的理解）

（2）$a$、$b$ 都是自然数。如果 $a>b$，那么$\frac{1}{a}>\frac{1}{b}$。（　　）

（变换形式练习倒数的概念及其应用）

3. 填空题

（1）写出分母是 7，分子小于 12 的所有的假分数。（　　）

（从内涵和外延两方面巩固假分数概念）

（2）个位上是偶数又是质数，十位上是奇数又是合数，这个两位数是（　　）。

（综合考查奇数、偶数、质数、合数概念的掌握程度）

（3）把 20～30 这 11 个数按要求填在圆圈内。见图 11—4。

（综合考查能被 2、3、5 整除的数的特征，并且渗透集合思想）

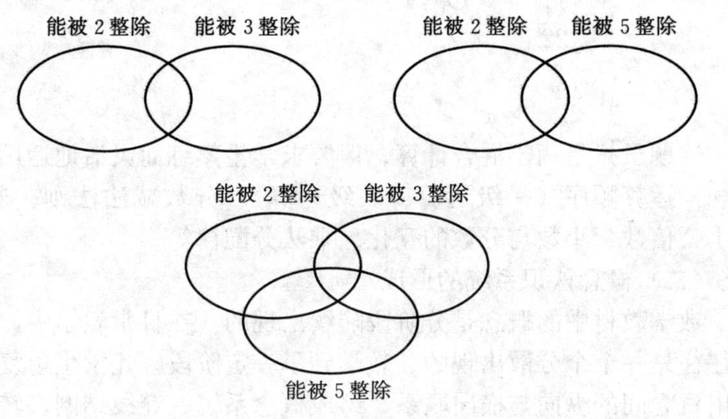


**图 11—4**

## 四、概念的深化

概念的深化主要包括两个方面的内容，一是概念的熟练运用，二是形成概念的认知系统。

（一）概念的熟练运用

掌握概念的目的是为了应用，通过应用可以加深对概念的认识。例如，一个学生只有当他学习了异分母分数加减运算后，才能对分数的意义、分数单位和分数的基本性质有较深刻的理解；会用三角板在线上或线外一点对已知直线作垂线，才能对垂线的特征有进一步的体会。教学中，要创造各种条件使学生能熟练而灵活地去运用概念。例如，在掌握分数基本性质后，就要求学生能熟练地通分、约分，并说明通分、约分的依据；学了小数基本性质后，就培养他们能较熟练地计算小数乘法，并懂得为什么乘积的小数位数是被乘数与乘数小数位之和。事实上，学生在应用知识解决实际问题的过程中，正是运用概念的过程。譬如：

$$120.5-10\times 10\frac{1}{11}$$

$$=120.5-\left(10\times10+10\times\frac{1}{11}\right)$$

$$=120\frac{1}{2}-100\frac{10}{11}$$

$$=120\frac{11}{22}-100\frac{20}{22}$$

$$=19\frac{13}{22}$$

这题虽只是两步混合计算，但要求学生熟练而灵活地运用以下概念：运算顺序（一级运算、二级运算）、分数减法法则、通分、最小公倍数、小数与分数的互化、乘法分配律等。

（二）概念认识系统的形成

数学教材中的概念是分阶段陆续出现的。在日常教学中，概念也往往是一个个分散出现的。教学到了一定阶段，让学生边复习边找出概念间的纵向与横向联系，组成概念系统，穿线结网，转化成学生头脑中的概念的认知结构，这种系统的认知结构不仅有利于概念的巩固、深化，也有利于知识的检索、提取和运用，促进学生知识的迁移，发展学生的数学能力。下面是“数的整除”部分的概念系统图，见图 11—5。

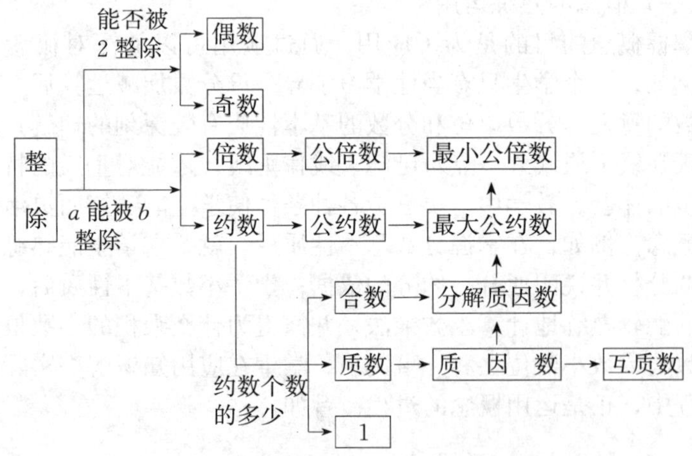


**图 11—5　“数的整除”部分的概念系统图**

综上所述，小学生数学概念的建立是学生主体进行活动的一个复杂的活动。教学中，要依据小学生的认知规律，从直观引入，从感知经过表象再进行抽象（概念的形成），从已知到未知（概念的同化），逐步建立概念；同时要注意要从抽象回到具体，在实际运用中巩固和深化概念，组成概念的认知结构。从而使学生能在掌握数学概念的同时，发展数学能力。

## 思　考　题

1. 什么是数学概念？
2. 举例说明数学概念教学有什么重要意义？
3. 什么是概念的内涵和外延？试述概念分类的标准。
4. 影响小学生数学概念学习的内部因素有哪些？
5. 结合教学实际谈谈“做好概念引入工作”的理论与实践。
6. 举例说明如何引导学生理解数学概念？

# 第十二章 计算教学

## 内容提要

计算教学直接关系着学生对数学基础知识与基本技能的掌握，关系着各种数学能力与非智力因素的培养与发展。学生在计算中出现错误是常有的现象，分析清楚造成计算错误的归因，方可防患于未然。计算能力的培养是一项系统工程。进行计算教学,既应让学生切实掌握好与计算有关的数学知识,还需组织好有针对性的多层次、多方位、多种形式的练习。为了能有效地提高学生的计算能力，必须遵循小学生的认知规律,采用恰当的教学策略,使学生对数学知识的掌握和计算能力的形成得到同步发展。

## 第一节 计算教学的意义和要求

我国小学数学教学中，历来都非常重视计算教学。早在 1963 年的《全日制小学算术教学大纲（草案)》中就明确提出小学数学教学应“以四则运算能力为中心”。1978 年，将“算术”课本更名为“数学”时，《全日制十年制学校小学数学教学大纲（试行草案)》仍然把“培养四则运算能力”作为主要的教学目的之一，这就使计算教学在整个小学数学教学中处于一个更加恰当的位置上。在《九年义务教育全日制小学数学教学大纲（试用)》中，仍然要求重视“培养学生的计算能力”。可见，在小学数学教学中，不但是要求学生掌握整数、小数、分数四则运算的方法，同时还要在学生计算能力的培养上多下功夫。

### 一、计算教学的意义

计算教学直接关系着学生对数学基础知识与基本技能的掌握，

关系着学生观察、记忆、注意、思维等能力的发展，关系着学生学习习惯、情感、意志等非智力因素的培养。有一定的计算能力是每一个公民必须具备的基本素养之一。

第一，计算是小学生必须掌握的一项重要的基本技能，在小学阶段使学生具有非负有理数（整数、小数、分数）四则运算的能力，也是他们继续学习数学和其他科学知识必不可少的基础。

第二，计算在日常生活与生产中应用非常广泛。计算能力是人们学习、生活、工作所必须具有的一项基本能力，也是对劳动者素质的一项基本要求。

第三，计算教学不仅要使学生能够正确地进行四则运算，还要能够根据数据特点，恰当地应用运算定律与运算性质，使计算过程更合理、灵活。计算过程既培养了学生的观察力、注意力与记忆力，也发展了学生思维的敏捷性和灵活性。

第四，计算是一项“细活”。通过计算教学，有利于培养学生专心、严格、细致的学习态度，善于独立思考、勇于克服困难的学习精神，计算仔细、书写工整、自觉检验的学习习惯。

**二、计算教学的要求**

随着科学技术与生产实践的飞速发展，现代化计算工具已日益普及，繁杂的大数目计算及四则混合运算完全可以由计算工具来替代。为此，《九年义务教育全日制小学数学教学大纲（试用）》规定在保证小学生具有一定计算能力的前提下，对那些实用价值不大，对进一步学习也无直接帮助的内容进行删减，并适当降低计算的要求。

（一）教学内容的范围

笔算加减法以三四位数的为主，一般不超过五位数；笔算乘除法以乘数、除数是两位数的为主，一般不超过三位数乘三位数和相应的除法。四则混合运算以二三步的为主，一般不超过四步。珠算只学加减法，而在使用珠算较多的地区，也可以多学一些珠算。分数四则运算，以分子、分母比较简单的和大部分可以口算的为主。

（二）教学要求

把原来对计算教学要求的“正确、迅速、合理、灵活”，调整为“会、比较熟练、熟练”三个层次。“会”，是指能够正确地进行计算；“比较熟练”，是指通过训练口算、笔算能够达到正确、比较迅速的程度；“熟练”，是指通过训练口算、笔算不仅能够达到正确、迅速的程度，有时还能选择简便的方法，合理、灵活地计算，从而形成能力。

20以内数的加减及表内乘除要求熟练地进行计算；百以内数的加减、万以内数的加减、乘数和除数是一位数、两位数的乘除法，要求比较熟练地进行计算；乘数、除数是三位数的乘除法，以及有关的四则混合运算，只要求会正确地计算。至于小数四则运算与分数四则运算，则要求能比较熟练地进行计算；而分数、小数四则混合运算只要求会正确地计算。

计算能力是需要结合教学内容与要求，结合学生的实际，进行有目的、有步骤的长期训练，才能逐步培养起来的。要鼓励学生使用已经学过的简便算法，能合理、灵活地进行计算。

## 第二节　小学生计算错误的归因

小学生在计算中出现错误是常有的现象，错误的情况虽然多种多样，但是，我们发现有些错误却是不分年代、不分民族、不分地区的，而且，这些错误即使对学生再三叮咛，到时仍然会出现。这究竟是什么原因呢？如果我们能从学生计算的错误中发现一些带有规律性的问题，并从中分析造成计算错误的归因，便能做到防患于未然，小学生的计算能力将能得到较快的提高。

小学生在计算中出现错误的原因大致是由知识和心理两个方面所造成的。

### 一、知识方面的原因

任何数的计算总是与其相应的知识密切联系的。如果概念不清、算理不明、口算不熟、笔算不准，计算时必定会错误百出。

（一）概念不清、算理不明

数学知识是建立在一系列数学概念的基础上的。如笔算加法的计算法则是由“数位”、“个位”、“相加”、“满十”、“前一位”、“进一”等一系列数学概念组成的。如果概念不清，就无法依据法则、定律、性质、公式等数学知识正确计算。

**例 1** 500－426＝84

$$\begin{array}{r} 500 \\ -\ 426 \\ \hline 84 \end{array}$$

**分析** 被减数个位上的 0 不够减 6，向十位借 1，十位是 0，向百位借 1，变为 10 个十，10 个十被个位借走 1 个十，十位上还剩 9 个十，9 减 2 得 7，不是 8。这道题错在退位概念不清，影响对减法计算法则的全面掌握。

**例 2** 2 600÷600＝4……2

$$\begin{array}{r} 4 \\ 6\not{0}\not{0}\overline{)\,26\not{0}\not{0}} \\ 24 \\ \hline 2 \end{array}$$

**分析** 被除数与除数同时缩小 100 倍，所得的商（不完全商）不变，而余数也因此缩小了 100 倍，要得到原题的余数，必须将 2 扩大 100 倍，余数为 200。这道题反映了学生的数值概念比较模糊，应用“商不变性质”去计算除法时，对余数相应发生变化的道理缺乏理解。

**例 3** 426×105＝6 390

$$\begin{array}{l} \quad 426 \\ \times 105 \\ \hline 2130 \\ 426 \\ \hline 6390 \end{array}$$

**分析** 用乘数百位上的 1 与被乘数相乘，积的末位 6 应写百位上。此题反映该生只掌握了笔算乘法的分步操作程序，而对每部分乘积的实际数值概念模糊。

由此可见，要纠正计算中的错误一定要从弄清概念入手，循理入法，才能根治。

（二）口算不熟、笔算不准

20以内数的加减、100以内数的乘除口算是进行多位数四则运算的基础，也是分数四则运算与小数四则运算的基础。因为任何一道整数、分数或小数四则运算都可以分解成一些基本的口算题。如果口算不熟，计算时必然会出现错误。只是计算中有一步口算出错，就会导致整道题的计算结果错误。

**二、心理方面的原因**

造成计算错误，除了知识方面的原因外，学生心理方面的原因也是不能忽视的。平时学生常爱说自己“粗心”，除了由于不良学习习惯所造成的错误以外，大多是感知、情感、注意、思维、记忆等心理上的原因。

（一）感知比较粗略

进行计算时，学生首先感知的是由数据与符号所组成的算式。但是，小学生感知事物特征时往往不够精细，比较笼统，而计算题本身无情节，外显形式单调，不容易引起学生的兴趣。因此，将56、109、30 003等数错读或错抄成65、169、3 003的事屡有发生。在54＋5□5＋45的□里填写等号的学生不会是个别的，甚至当教师指出填写有误时，有些学生还会感到茫然，这种视而不见的现象，年级越低的学生越为严重。

学生的感知还伴有浓厚的情感色彩，具有较强的选择性，从而忽略了全面、整体的认识。学生会将一些新奇的、感兴趣的强成分首先摄入脑海，而掩盖了其他弱的成分。由于“0”和“1”在计算中的特殊作用，以及“凑整”往往可以满足简便计算的要求，因此，这些因素均会对学生的感知产生强刺激，使学生在计算时忽略运算顺序、计算法则，导致计算出错。

**例1**　　$25\times4\div25\times4$

$=100\div100$

$=1$

**分析**　“凑整”成了强成分，忽略了运算顺序。

**例 2** $1\frac{4}{7}\div15\times\frac{2}{5}$

$=\frac{11}{7}\div\overset{3}{\cancel{15}}\times\frac{2}{\underset{1}{\cancel{5}}}$

$=\frac{11}{7}\div6$

$=\frac{11}{7}\times\frac{1}{6}$

$=\frac{11}{42}$

**分析** "15"与"5"这两个数正好可以约分的特征成了强成分，忽略了运算顺序。

（二）情感比较脆弱

学生在计算时，总希望能很快得到结果，因而，当遇到计算题里的数据较大、较为陌生，或算式的外形显得过繁时，就会产生排斥心理，表现为不耐烦，不能认真地审题，也不再耐心地去选择合理的算法，这样，错误率必定会升高。如 $(\frac{28}{33}-\frac{14}{27})\times\frac{3}{14}+\frac{32}{99}$，此题如果按常规计算，的确比较繁难；如果经过处理，就有可能化繁为简、化难为易。

**例** $(\frac{28}{33}-\frac{14}{27})\times\frac{3}{14}+\frac{32}{99}$

$=\frac{2}{11}-\frac{1}{9}+\frac{32}{99}$

$=\frac{18-11+32}{99}$

$=\frac{39}{99}$

$=\frac{13}{33}$

**分析** $\frac{28}{33}\times\frac{3}{14}=\frac{2}{11}$，$\frac{14}{27}\times\frac{3}{14}=\frac{1}{9}$。算式变得"眉清目秀"，计算也就容易了。

（三）注意不够稳定

注意是指心理活动对一定事物的指向和集中。小学生注意的稳定性较差，尤其面临一些单调乏味的内容对容易产生疲劳；注意的范围比较狭窄，如果要求他们在同一时间内，把注意分配到两个或两个以上的对象上时，也往往会出现顾此失彼、丢三落四的现象。

**例 1**　$100-12\times5+54$

$=100-60$

$=40+54$

$=94$

**分析**　脱式时忘了将“$+54$”抄写下来，出现了不等式。

小学生注意的转移能力也比较弱，不能很快地转移去适应新的变化。如连续几道加法题后面出现一道减法题，连续几道减法题后面出现一道除法题，学生仍然会按照前面的思路与方法去计算，造成不应该出现的计算错误。

（四）思维定势干扰

定势是一定心理活动所形成的准备状态，这种准备状态可以决定同类后继活动的某种趋势。定势有积极作用，也有消极作用。积极作用促进知识的迁移，消极作用则干扰新知识的学习。不良的思维定势表现在按照固定的思维模式去分析新情况，解决新问题；在计算方面，则表现为原有的计算法则、方法干扰新的计算法则、方法的掌握。如初学带分数减法时，分数部分不够减，要从被减数的整数部分借“1”，有些学生受整数减法计算法则的干扰，不管题目中被减数分数部分的分母是几，一律是借“1”当“10”后进行计算，酿成错误。

**例**　$5\frac{1}{7}-1\frac{5}{7}$

$=4\frac{11}{7}-1\frac{5}{7}$

$=3\frac{6}{7}$

**分析**　$5\frac{1}{7}$应等于$4\frac{8}{7}$。

在计算小数加减法时，开始总有一些学生不是将小数点对齐，而是将小数的末位对齐，这是受整数加减法计算方法的影响而产生的负迁移作用。

（五）短时记忆较弱

记忆的目的不只是为了信息的储存，更重要的是为了能及时准确地提取在计算中，经常需要发挥短时（或瞬时）记忆的功能。虽然瞬时记忆在大脑中逗留的时间仅为一秒钟左右，短时记忆在头脑中保留的时间也仅为一分钟左右，但它们 在计算过程中的作用是相当大的。由于学生短时、瞬时记忆能力比较弱，不能准确地提取储存信息，使计算出现差错。

**例 1** $7\times8+6=72$

**分析** “七八五十六”，需将十位上的“5”暂存记忆中，计算 6+6 时，又需向十位进 1，因为短时记忆的能力较弱，计算结果出现错误。

**例 2** $\dfrac{\overset{3}{\cancel{12}}}{\underset{7}{\cancel{35}}}\times\dfrac{\overset{1}{\cancel{7}}}{\underset{5}{\cancel{15}}}$

$=\dfrac{3}{7}\times\dfrac{1}{5}$

$=\dfrac{3}{35}$

**分析** 约分过程出现公约数不一致的现象，12 与 15 用公约数 3 约分后，应为 4 与 5，35 与 7 用公约数 7 约分后，应为 5 与 1。由于瞬时记忆能力不强，结果错误地成为 3 与 5，7 与 1。

以上种种造成计算错误的心理原因并非孤立存在，它们是互相影响、互相联系的。不管是何种原因造成的计算错误，都要引起教师足够的重视，并要做到有针对性地、有效地帮助学生加以克服。

## 第三节 培养计算能力的教学策略

计算能力的培养是一项涉及到多方面教学内容的系统工程，既要让学生掌握好与计算有关的数学概念与数学知识，又要通过有针对性的、多层次、多方位、多种形式的练习，把知识转化为技能、技巧。要有效地提高计算能力，必须遵循小学生的认知规律，采用恰当的教学策略，使学生对数学知识的理解与掌握和计算能力的形成得到同步的发展，以取得最佳的教学效果。

**一、切实掌握有关计算的知识**

我们要通过计算教学活动培养学生的计算能力，那么，学生应该掌握哪些与计算有关的知识呢?

（一）数的认识

数的认识是学习计算的第一步。认识了10以内的数，明确了数的实际含义，就为学习10以内数的加减法做了必要的准备；认识了20以内的数、100以内的数，初步认识数位，理解个位、十位上的数所表示的数值，知道相同的数字在不同的数位上表示的数值是不同的，这些又都为学习100以内数的四则运算做了充分的准备；认识了万以内、亿以内的多位数，进一步明确相邻两个计数单位之间的十进位关系，掌握数的组成和分解、读法和写法，这些又都为学习多位数的四则运算做好了准备；认识和理解了小数、分数的意义与性质，就又为学习小数、分数的四则运算做好了准备。

（二）运算定律和运算性质

运算定律和运算性质是对计算客观规律的概括，它反映了计算在一定的条件下，发生一定的变化过程的必然性。在（非负）整数范围里，加法、乘法总可以施行，而减法、除法不是总可以施行的，如3－5，2÷3，在（非负）整数范围内就不能施行，因此，总结出加法、乘法的运算定律及利用这些运算定律才能推导出四则运算法则，指导计算过程；同时，还可利用这些运算定律和减法、除法的一些运算性质，使运算变得简捷、迅速。

（三）计算法则

计算法则是指计算时必须遵循的一般规则，它促使计算过程程序化、规则化，并能保证计算的正确性。整数、小数、分数的四则运算都有它们独自的计算法则，每种计算法则都是根据数的意义、性质和运算定律推导出来的。如多位数加法的计算法则是把多位数表示为不同计数单位的和的形式（十进制），再根据加法运算定律得出的：

287＋309

＝（2 百＋8 拾＋7）＋（3 百＋9）

＝（2 百＋3 百）＋8 拾＋（7＋9）

＝5 百＋8 拾＋（1 拾＋6）

＝5 百＋（8 拾＋1 拾）＋6

＝5 百＋9 拾＋6

＝596

写成竖式：

$$\begin{array}{r} 287 \\ +309 \\ \hline 596 \end{array}$$

由此得出多位数加法计算法则是：数位对齐，个位加起，满十进一。

当然，对小学生我们不必去介绍这一依据，但可以采用直观的方法说明算理。

又如，分数乘法法则的本身也是由分数意义推演出来的。如，$10\times\frac{2}{5}$表示 10 的$\frac{2}{5}$是多少，即把 10 平均分成 5 份，取其 2 份。

$$10\times\frac{2}{5}\boxed{=10\div5\times2}=\frac{10\times2}{5}$$

（四）运算顺序

运算顺序是在四则混合运算过程中，对运算先后次序的一种规定。如果在一个算式中，只含加减或只含乘除的同一级运算，就按从左往右的顺序依次计算；如果含有两级运算，要先算乘除，后算加减。在含有括号的算式中，应按小括号→中括号→大括号的次序，先算括号内的，再算括号外的。

**二、弄清算理，以理驭法**

在计算教学中，有些教师认为计算没有什么道理可讲，只要让学生掌握计算方法后，反复“演练”，就可以达到正确、熟练的要求了。结果，不少学生虽然能够依据计算法则进行运算，但因为算理不清，知识迁移的范围就极为有限，无法适应计算中千变万化的各种具体情况。如果我们在教学中，重视讲清算理，就能使学生不仅知道计算方法，而且还知道驾驭方法的算理，既知其然，又知其所以然，那么，计算教学定会变得生动活泼、多姿多彩。

（一）通过教具演示说明算理

如一年级教学初步认识“交换加数的位置和不变”的性质时，先让学生观察教师左手有3支绿粉笔，右手有5支白粉笔，然后要求学生按照教师两手出示的顺序列出加法算式，并计算出结果。先左手后右手，列式为：3＋5＝8，先右手后左手，列式为：5＋3＝8。使学生看到加数位置的交换，只不过是出示顺序的变化，因此，并不影响计算的结果。通过演示，可以直观形象地说明：在加法算式中，交换加数位置和不变的道理。

（二）通过学具操作理解算理

如教学20以内数的进位加法时，当教师出示9＋2＝？的算式时，一般来说，学生都能很快地得出和是11。但是，教学9加几的目的不仅仅是为了让学生能正确地计算出结果，重要的是揭示进位加法的计算规律，让学生掌握“凑十法”的思考过程，同时训练学生的语言表达能力。学具操作应该在教师指导下分步进行：

第一步，先按算式上的数目摆出两堆小棒，一堆9根，一堆2根；

第二步，边思考边操作，要求学生用小棒摆出计算结果，让人一眼就能看出是11根；

第三步，边操作边口述过程。把2分成1和1，9加1得10，10加1得11，使学生初步理解“凑十法”；

第四步，将口述操作的思维过程在算式上展现出来。

通过9加几的教学，学生初步掌握“凑十法”，到教学8加几、7加几、6加几的时候，学生就可以在较大的范围内应用“凑十法”，实现了知识的迁移。

（三）联系实际讲清算理

如教学小数加减法的计算法则时，借助学生熟悉的人民币单位元、角、分的进率关系，讲清小数点必须对齐的道理，这就是计数单位相同的两个数才能相加减。

又如教学乘法分配律时，利用学生熟悉的生活事例：每件上衣10元，每条裤子8元，要买3套这样的衣服，共要多少钱？引导学生根据题里的数量关系列出：10×3＋8×3 和（10＋8）×3 两种算式，通过同一道题的两种不同解法，帮助学生理解乘法分配律。当然，从学生熟知的生活事例中去理解乘法分配律，是没经过严格的推导和论证的，但是这样做更符合小学生的认知特点。

（四）展示思路弄清算理

在教学四则运算的法则时，往往借助虚线、方框中的算式来阐明算理。例如：

4.38×1.3＝5.694

```
  4 3 8      扩大 100 倍        4. 3 8
              ———————→
 × 1 3       扩大 10 倍        ×1.3
              ———————→
―――――――                      ―――――――
1 3 1 4                        1 3 1 4
 4 3 8                          4 3 8
―――――――      缩小 1 000 倍    ―――――――
5 6 9 4      ←———————          5.6 9 4
```

从而得出小数乘法的计算法则，先按照整数乘法的计算法则算出积，再看因数中一共有几位小数，就从积的右边起数出几位，点上小数点。

**三、加强口算、重视笔算、学点估算**

四则式题在小学数学教材中占有相当大的比重，在解答量与计量、简易方程、几何初步知识、统计知识以及应用题时，也都离不开算。算得如何，准不准、快不快、巧不巧，直接关系着整个数学知识的学习，不能掉以轻心。

（一）加强口算

口算也称心算，是一种不借助计算工具，仅依靠记忆与思维，直接算出结果的计算方式。口算在计算能力的培养中占有重要的位置，这是因为：首先，口算是笔算的基础，笔算能力是在口算准确、熟练的基础上发展起来的，没有口算的基础，笔算就无从谈起；其次，口算在日常生活、生产和科研的各个方面，都有着广泛的应用。培养计算能力，要从加强口算着手。在不同的年级，根据不同的内容，有着不同的口算要求。

1. 基本口算要熟练

20 以内数的进位加法和退位减法以及乘法口诀表内的乘除法，

要达到“脱口而出”的熟练程度。基本口算的准确和熟练程度，直接制约着计算能力的培养和提高。在《九年义务教育全日制小学数学教学大纲（试用）》中特别提到：在低年级教学基本口算的基础上，中高年级要适当加强口算训练。

2. 常用数据要熟记

计算中的常用数据如果能在理解的基础上熟记，可以大大提高计算的准确性和速度。如 25×4 是 100，75×4 是 300，125×8 是 1 000，625×16 是 10 000；$\frac{1}{2}$是 0.5（50%），$\frac{3}{4}$是 0.75（75%），$\frac{1}{8}$是 0.125（12.5%），$\frac{1}{20}$是 0.05（5%）等等。

3. 简便口算要自觉

利用数目特征和运算关系，应用运算定律或运算性质自觉地进行简便计算，有利于培养学生思维的灵活性和敏捷性。

**例 1**

| | |
|---|---|
| 289＋198 | 454－296 |
| ＝289＋200－2 | ＝454－300＋4 |
| ＝489－2 | ＝154＋4 |
| ＝487 | ＝158 |

**分析**　以上两题利用和、差变化的规律进行简算。

**例 2**　计算。

| | | |
|---|---|---|
| 52×25 | | 52×25 |
| ＝（52÷4）×（25×4） | 或 | ＝52×100÷4 |
| ＝13×100 | | ＝5 200÷4 |
| ＝1 300 | | ＝1 300 |

| | | |
|---|---|---|
| 2 700÷125 | | 2 700÷125 |
| ＝（2 700×8）÷（125×8） | 或 | ＝2 700÷1 000×8 |
| ＝21 600÷1 000 | | ＝2.7×8 |
| ＝21.6 | | ＝21.6 |

**分析**　以上各题利用积、商变化的规律进行简算。

**例 3**　计算。

$$4\frac{4}{13}+2\frac{5}{9}-1\frac{4}{13}$$
$$=4\frac{4}{13}-1\frac{4}{13}+2\frac{5}{9}$$
$$=3+2\frac{5}{9}$$
$$=5\frac{5}{9}$$

$$6\frac{5}{11}-\frac{2}{7}+3\frac{6}{11}$$
$$=6\frac{5}{11}+3\frac{6}{11}-\frac{2}{7}$$
$$=10-\frac{2}{7}$$
$$=9\frac{5}{7}$$

**分析** 以上两题如果按照同级运算从左往右顺序依次进行计算的原则，必然要做较为繁琐的通分，现在交换了加数和减数的位置，运用了“凑整”方法，既省去了通分过程，又保证了计算的准确与迅速。

**例 4** 计算。

$$\begin{aligned}&2.5\times4.3-0.75\\=&2.5\times(4+0.3)-0.75\\=&2.5\times4+2.5\times0.3-0.75\\=&10+0.75-0.75\\=&10\end{aligned}$$

$$\begin{aligned}&0.132\times8\\=&(0.125+0.007)\times8\\=&0.125\times8+0.007\times8\\=&1+0.056\\=&1.056\end{aligned}$$

**分析** 以上两题利用乘法分配律进行简算。

(四) 口算练习要经常

口算练习应该贯穿于教学活动的全过程，要结合教学内容有针对性、有目的地进行。

第一，在新授课前练口算，温故知新，促进迁移。如教学除数是小数的除法时，先口算两组题：

(1) $24\div3$　$240\div30$　$2\,400\div300$

(2) $0.24\div3$　$2.4\div30$　$24\div300$

并说说为什么每组算式的商相同，再让学生应用商不变的性质填写下列算式中的被除数：

$65.8\div0.7=(\quad)\div7$　　$6.58\div0.7=(\quad)\div7$

$65.8\div0.07=(\quad)\div7$　　$6.58\div0.07=(\quad)\div7$

第二，新授课中练口算，有利于新知识的巩固。如教学小数乘法过程中，重点练习确定积的小数位。

**例** 根据 27×35＝945 和 45×38＝1 710 说出下列各式的积。

| | |
|---|---|
| 2.7×3.5＝ | 4.5×38＝ |
| 2.7×0.35＝ | 0.45×3.8＝ |
| 0.27×0.35＝ | 0.45×0.38＝ |
| 0.027×3.5＝ | 4.5×0.038＝ |

第三，新授课后练口算，有利于形成良好的认知结构。如教学四则混合运算以后，口算：

(1) 24÷8×3　　(2) 54－45÷9　　(3) 35÷7－2
　　24÷（8×3）　　(54－45）÷9　　35÷（7－2）

(4) 8＋32－8＋32　　(5) 5×4÷5×4
　　(8＋32）－（8＋32）　　(5×4）÷（5×4）

（二）重视笔算

笔算是根据一定的计算法则，用笔在纸上进行计算的方法。笔算教学有利于学生理解算理，也便于发现和检查计算过程中的错误。人们习惯把竖式计算称做笔算，这是相对于口算而言的。笔算不受数目大小的限制，必须一步一个脚印地书写出计算过程，可以培养学生认真负责、一丝不苟的学习态度，还可以结合格式规范、书写工整等要求，向学生进行美的教育。

1. 笔算过程要明理

由于笔算的步骤程序化，笔算的过程比较固定，容易使学生只注意到笔算过程的形式，不考虑数值，因此，教学时要把重点放在“明理”上。如教学退位减法时，连续退位是难点。在教学时，要使学生懂得“相同数位对齐，从个位减起，哪一位不够减，就要向前一位借 1 作 10”的算理。

**例 1** 1010－209＝801

$$\begin{array}{r} \dot{1}0\dot{1}0 \\ -\ 209 \\ \hline 801 \end{array}$$

**分析** 被减数个位不够减向十位借 1，十位借 1 后为 0，减数十位上是 0，够减，不需要向被减数百位上借 1，如果盲目退位，就会造成计算错误。

又如教学乘数是两位数的乘法时，关键是让学生理解乘数十位上的数与被乘数相乘，所得的积是表示若干个十，乘得的积的末位就与乘数的十位对齐的道理。

为了考查学生对除法计算法则中算理的理解程度，让学生分析下题，比较箭头所指的两个数，哪个大哪个小，数值大的在括号中填“大”，数值小的填“小”。

```
      3 8
   ┌──────
 4 ) 1 5 2
     1 2 ←——(    )
   ──────
       3 2 ←——(    )
       3 2
     ─────
         0
```

2. 检查验算要自觉

笔算的优势在于能够展现计算过程，便于检查。如 $\begin{array}{r}3.54\\+21.5\\\hline\end{array}$ 一眼就可以看出小数点没对齐，不同计数单位上的数不能相加。又如 5.08×1.5＝0.762，积的小数点的位置是划去了 0 以后才确定的，正确的方法应该是先点上小数点，后划去小数末尾的 0，所以正确答案是 7.62。为了确保计算的正确率，笔算以后要进行验算，可以采用口算、笔算相结合的验算方法，也可以用逆运算方法去进行验算。在教学中，要指导学生掌握验算方法，培养学生自觉验算的习惯。

3. 书写格式要规范

格式的规范可以防止与减少学生计算中的错误，有利于培养学生良好的书写习惯。要利用笔算的有利条件，锻炼学生的有意注意，增强计算质量（准确率与速度）的责任感。

（三）学点估算

估算是对运算过程与计算结果进行近似或粗略估计的一种能力。当前国际数学教育中十分重视估算，随着科技的迅速发展，有大量事实是不可能也不需要进行精确计算的。无数事例说明：一个人在一天活动中估计和差积商的次数，远比进行精确计算的次数多得多。对家庭收入与支出的估计，商场对营业额与利润的估计，企业对产量与销售额的估计，公交部门对运输能力的估计，城市流动人口的估计等等，都是采取忽略尾数不计的估算。尤其在使用计算器时，由于按键时的疏忽，就会出现很大的误差，因此更需要培养学生的估算能力。在平时计算时，估算也能起到重要作用。在计算前进行估算，可使学生自由而灵活地用多种方法去思考问题，在计算后进行估算，使学生能获得一种最有价值的方法去检验结果。因此，在《九年义务教育全日制小学数学教学大纲（试用）》中，明确提出要让学生“学一点估算”。

1. 促进计算结果正确

在计算教学中，可以应用估算对计算结果是否正确作出判断。如估计整数乘除法中积、商的位数。小数乘除法中积、商的数值范围，可以初步判断计算结果是否正确。如 $4.15\times6.8=2.822$，两个因数的整数部分相乘积是两位数，便可断定积 2.822 是错误的；也可以这样估算一下：4.15 大约接近 4，6.8 大约接近 7，乘积应在 28 左右，很快就能发现这道题的错误所在。估算也可以用在对混合运算部分计算结果的估计上。例如，$12\frac{1}{5}-3\frac{5}{6}+4\frac{1}{9}$，只要注意到加上的数比减去的数大，其最后得数一定比 $12\frac{1}{5}$ 大。估算可以比较简便地检查计算结果是否正确，有利于及时修正错误，提高计算的准确性。

2. 促进计算方法的灵活

由于估算是通过口算进行的，是口算技能的灵活应用。所以，估算在培养学生计算方法的灵活性上，有着特殊的作用。在解答应用题时，也经常需要应用估算加深对题中数量关系的分析与题意的理解。

**例**　修一条 600 千米的路，甲队独修需 20 天，乙队独修需 30 天，两队合修需多少天？

**分析**　解题之前，可以让学生先估计一下两队合修所需的天数。两队合修的天数肯定少于 20 天（实际天数为 12 天）。如果将这条路的长度改为 1 200 千米，其他条件不变，再让学生估计一下两队合修的天数，有的学生可能认为路长是原来的 2 倍，合修所需的天数也应该是原来天数的 2 倍，因而估计两队合修需 24 天，这显然是错误的。根据“商不变的性质”可以这样分析：路的长度扩大了几倍，两队的工作效率也随之扩大了相同的倍数，所以，两队合修的天数不应该改变，仍然为 12 天。如果这条路的长度改为 800 千米、900 千米、1 000千米、2 000千米，其他条件不变，让学生再估计一下两队合修所需的天数，学生会异口同声地回答：“12 天。”其中的道理也就不言而喻了。

**四、分层练习，形式多样，讲求实效**

对于数学学科来说，练习具有特别重要的意义。练习是巩固与应用数学知识、培养与发展数学能力的重要手段。计算技能属于智力操作技能，为了促使学生熟练地掌握计算的技能技巧，形成计算能力，除了进行一般的练习外，开展以积极、灵活的思维活动为主的练习也是十分必要的。练习的内容要注意有针对性、有层次、有坡度；练习的形式要多样，要重视练习的反馈，讲究练习的实效。

（一）围绕重点与难点

教学的重点内容直接关系到学生对数学知识的进一步掌握，教学的难点内容也常常是学生学习中的弱点。集中力量组织突出重点与突破难点的练习，有利于沟通知识间的联系，促使学生形成良好的认知结构。

在除数是小数的除法的教学中，教学的重点和难点是根据除数的小数位数，移动被除数的小数点以及为商的小数点定位。教学中可以组织有针对性的单项练习，压缩非重点的计算环节和过程。根据 5 145÷49=105，直接写出下列算式的商。

**例 1** 51.45÷4.9=　　5.145÷4.9=　　514.5÷4.9=

51.45÷0.49=　　5.145÷0.49=　　514.5÷0.49=

教学四则混合运算时，由于学生对同级运算的形式及顺序已经有了较为深刻的印象，为了避免旧知识的负迁移干扰，可以设计数据与运算符号相同、括号位置不同的一组算式，让学生自觉地养成计算前先审题，确定运算顺序后再计算的习惯。

**例 2** 确定运算顺序后计算下列各题。

100－60÷（2×3）　　　　（100－60）÷2×3

100－60÷2×3　　　　（100－60÷2）×3

一位数除几位数是除法的基础，其中商中间或商末尾有 0 的除法是教学的难点，可以设计一组练习，让学生在比较中辨析。

**例 3** 在正确算式后面的括号里画“√”。

412÷4＝130（ ）　　　　3 027÷3＝1 009（ ）

6 008÷4＝1 052（ ）　　　　412÷4＝103（ ）

**例 4** 在正确的得数上画“√”。

4 020÷4＝（105，1 005，1 500，1 050）

4 200÷4＝（105，1 005，1 500，1 050）

7 021÷7＝（130，1 030，1 003，1 300）

7 021÷7＝（130，1 030，1 003，1 300）

（二）易混易错的对比

在新概念形成、新知识掌握以后，要将相近、相似、易混、易错的内容组织在一起进行对比练习，以便区别异同，进一步提高学生的计算能力。在教学了表内乘法口诀以后，可以将积相近、相同、相似的口诀组织对比练习，以强化区别异同。如积相近的有：六九五十四、七八五十六，八八六十四、七九六十三等；积相同的有：二六十二、三四十二、三六十八、二九十八，四九三十六、六六三十六等；积相似的有：三九二十七、八九七十二，五九四十五、六九五十四，六七四十二、三八二十四等。

有一些外表相似的算式，学生在计算时错误率较高，也要有目的、有意识地组织对比练习，在比较中鉴别。

**例** 比较下列算式的异同。

$\frac{3}{7}+\frac{4}{7}$与$\frac{3}{7}\times\frac{4}{7}$　　　　$\frac{4}{5}\div\frac{2}{3}$与$\frac{2}{3}\div\frac{4}{5}$

$12\frac{4}{7}-2$ 与 $12-2\frac{4}{7}$　　　　1÷2.5 与 2.5÷1

16×5 与 15×6　　　　25×4 与 24×5

学生在计算中出现错误的情况是多种多样的，其中有些错误带有规律性，这里既有教学内容的编写与安排上的原因，也有学生认知心理上的原因。如在一年级教学10以内数的认识与10以内数的加减法时，学生往往对自然数“7”要比其他的数陌生，这是因为在日常生活中，学生对数量是“7”的物体接触比较少。教师除了要有意识地丰富学生对自然数“7”的感性认识外，还要加强 $4+3=7$、$7-4=3$、$7-3=4$、$2+5=7$ 等的练习。此外，相邻两个数相加及相减，也较其他的加减法式题容易出错，如 $6+7$、$13-6$、$13-7$、$8+7$、$15-8$、$15-7$ 等题，只要有针对性地练习，也是能够达到“脱口而出”的效果的。

在强调计算的速度以后，学生对“凑整”的数目有较强的敏感性，也确实有不少计算题是可以利用“凑整”这个条件使计算变得简便的。但是，必须首先符合运算顺序的规定，如果忽略了这一点，就会使计算出错。如，$13-0.9+0.1$，$2.4-0.4\div2$，$0.8+0.2\times0.8+0.2$，$\frac{1}{2}\div15\times\frac{7}{15}$，$\frac{1}{18}\times3\div\frac{1}{24}\times4$ 等题，容易出错的原因便在此。教师可以引导学生自觉地分析造成错误的原因，并有针对性地加强练习。

（三）发挥计算题的思维价值

学生掌握了有关计算的基础知识、运算定律和运算性质后，教师要为他们灵活地、综合地应用数学知识、提高计算能力创造条件。练习题的设计要有利于激发学生参与计算的积极性与创造性，并能使学生的聪明才智得到充分的展现。如有些带分数乘除法可以启发学生这样简算：

$$
\begin{aligned}
&3\frac{4}{5}\times20\\
&=3\times20+\frac{4}{5}\times20\\
&=60+16\\
&=76
\end{aligned}
$$

$$
\begin{aligned}
&28\frac{1}{8}\div9\\
&=(27+1\frac{1}{8})\div9\\
&=27\div9+\frac{9}{8}\div9\\
&=3+\frac{1}{8}\\
&=3\frac{1}{8}
\end{aligned}
$$

$$19\frac{7}{17}\times 34$$

$$=\left(20-\frac{10}{17}\right)\times 34$$

$$=20\times 34-\frac{10}{17}\times 34$$

$$=680-20$$

$$=660$$

通过这样的练习，发挥了计算题潜在的思维价值，让学生品尝到成功的喜悦，能更进一步激发学生思维的积极性与创造性。

（四）形式多样，引发兴趣

在设计练习时，要注意形式的多样化。有趣的数据、新奇的题型、巧妙的算法，都会使学生对枯燥的计算产生一种吸引力，激发起学生做计算题的兴趣。如“帮助小动物找家”、“送信”等变式匹配题，都是低年级学生喜闻乐见的练习形式。在设计匹配题时，最好既有多余答案，也有两式同为一个答案的，这将会更有效地调动学生参与练习的积极性。

**例 1**

| | | | |
|---|---|---|---|
| 5＋5 | 3×2 | 50.96÷4.9 | 104 |
| 2＋2＋2 | 6×2 | 509.6÷0.49 | 1.04 |
| 4＋4＋4 | 3×4 | 5.096÷4.9 | 10.4 |
| 3＋3＋3＋3 | 4×3 | 50.96÷0.49 | 0.104 |
| 6＋6 | 5×2 | 5.096÷0.49 | 1 040 |

**例 2**　在括号里填上适当的数，使算式正确。

$\frac{1}{4}$÷（　）＝$\frac{1}{5}$÷（　）＝$\frac{1}{6}$÷（　）

$\frac{1}{4}$×（　）＝$\frac{1}{5}$×（　）＝$\frac{1}{6}$×（　）

填写的时候，需要学生灵活运用数学知识与假设的思考方法，当学生发现可以填写的数并不是惟一的的时候，便会迸发出更高的练习热情。

类似的题目还有：在$45\overline{)\square 30}$的除式中，在□中填写哪些数，商是两位数？填写哪些数，商是一位数；在$\square\square\overline{)2\,103}$的除式中，

□中填写什么范围的数，商是两位数？填写什么范围的数，商是三位数，等等。通过这种填空形式的练习，帮助学生更深刻地理解商的位数的确定方法。

学生学习了异分母分数加法以后，练习填写$\frac{(\ )}{(\ )}+\frac{(\ )}{(\ )}=\frac{11}{12}$，要求所填写的两个分数为分母不超过 12 的最简分数，并提出在规定时间内看谁填得最多。这种带有竞争成分的练习方式，会刺激学生迅速转动思维的“旋钮”。在学生独立思考的基础上展开讨论，既能促进信息的交流，也有利于培养学生思维的有序性。

总之，多样化的练习不仅丰富了练习的内容与形式，还极大地调动起学生参与练习的积极性，对提高学生的计算能力起到了促进的作用。

**五、认真审题，多思善想，准中求活**

数学离不开计算，我们要通过课课算、天天练，培养学生良好的学习习惯。习惯的培养并不是抽象的、看不见摸不着的，而是实实在在的，既能看得见又能摸得着，所以，习惯的培养不能当做口号去喊，需要脚踏实地从一点一滴抓起。计算题出错的原因很多，学习习惯不好也是造成计算错误的原因之一。有些学生没有认真审题的好习惯，认为算式中的数据与运算符号都是明摆着的，不审题也照样可以进行计算，致使计算结果错误或在计算过程中走“弯路”的现象屡有发生。

（一）认真审题

认真审题是计算正确、方法合理、灵活的前提与保证。一审运算顺序，看先算哪一步，再算哪一步；二审数据特点，看看能否简算，又如何简算。例如（$9\frac{3}{5}-4\frac{1}{2}\div 6.3$）$\div 0.1\times 10$ 能先计算 $0.1\times 10$ 吗？显然是不能。它既违反了“同级运算”应自左往右依次进行计算的规定，又违反了“在含有小括号的算式中，先算小括号里的”的规定；又如，$46.8\times 0.37+4.68\times 6.3$ 从表面现象看题里没有共同因数可以提取，无法应用乘法分配律使计算简便，但仔细审题后发现：根据“一个因数扩大几倍，另一个因数则缩小相同的倍数，积不变”的规律，就可以应用运算定律使计算简便。

$46.8\times0.37+4.68\times6.3$

$=\underline{4.68\times3.7}+4.68\times6.3$　　（积的变化规律）

$=4.68\times(3.7+6.3)$　　（乘法分配律）

$=4.68\times10$

$=46.8$

计算过程中也要求学生继续认真审题，预见进程。做到算一步审一步，尽量利用全部可以简算的因素。

**例1**　$63+252\times\frac{1}{4}+126\times99$

$=63+63+126\times99$　　（$126\times99$ 先不计算）

$=126+126\times99$

$=126\times(1+99)$　　（乘法分配律）

$=12\ 600$

**例2**　$\frac{7}{15}-\frac{1}{6}\div\frac{5}{9}$

$=\frac{7}{15}-\frac{1}{6}\times\frac{9}{5}$　　（6 与 9 先不约分）

$=\frac{7}{15}-\frac{9}{30}$

$=\frac{14-9}{30}$　　（通分）

$=\frac{5}{30}$

$=\frac{1}{6}$

（二）多思善想，准中求活

多思善想不是没有依据的胡思乱想，与计算有关的数的认识、运算定律、运算性质、计算法则和运算顺序就是思考的重要依据。多思善想才能做到计算时既准又快、又活，但关键还在一个“准”字。计算是容不得马马虎虎、粗枝大叶的。计算题千变万化，在多思善想中锻炼学生思维的灵活性与创造性；在多思善想中力争在准确的前提下求得方法合理、灵活，促进计算能力的提高。

**例 1** $\frac{8}{9}\times[\frac{15}{16}+(\frac{7}{16}-0.25)\div\frac{1}{2}]$（小括号内用分数计算简便）

$=\frac{8}{9}\times[\frac{15}{16}+\frac{3}{16}\times2]$ （中括号内乘法计算不必约分）

$=\frac{8}{9}\times\frac{21}{16}$ （中括号内两数之和不必化成带分数）

$=1\frac{1}{6}$

**例 2** 73×64＋27×65

＝73×64＋27×64＋27 （乘法的意义）

＝（73＋27）×64＋27 （乘法分配律）

＝6 427

**分析** 此题经过认真思考，使原来要用三次笔算竖式才能计算出结果的题目，轻松地用口算就能准确、迅速地算出得数。

由此可见，审题以后，经过思考与分析，可以做到在正确的前提下去追求计算方法的合理、灵活、简便；反之，合理、灵活、简便的计算方法又促进了计算的准确率与速度的提高。同时，计算教学的实践也证明了：提高学生的计算能力，只能在计算的实践中得到实现。

## 第四节 关于培养计算能力的思考

第一，随着科学与技术的迅速发展，计算器（机）在日常生活与生产以及科研中的应用日益广泛与普及，因此，较复杂的计算可作进一步的精简，如三位数乘三位数和相应的除法等。同时，又因为正确使用计算器（机）已逐渐成为衡量现代人的基本素质的方法之一，可以考虑在小学高年级引进计算器（机），使用它不仅仅是为了计算得数的需要，更重要的是让我国的小学生能尽早地掌握这种计算工具的操作技能，跟上社会、经济高速发展的时代步伐。

第二，在当前一些试卷中我们发现“能简算的要简算”的提示已改为“下列各题要简算”。前者是要求学生在自己独立审题后，确定哪些题可以应用运算定律、运算性质进行简算；后者则是直截了当地告诉学生这些题可以简算，“剥夺”了学生独立审视、独立思考与分析的机会。这是有悖于培养学生的计算能力的教学要求的。其实，连“能简算要简算”的提示也可以省去，让学生把简算变成自觉的意识和行为。

第三，关于计算的准确与速度问题，历来是以准确为主，在准确的前提下求速度。由于计算是一种智力操作技能，知识转化为技能需要训练，但是，这种训练一定要做到“适量”、“适度”。基本口算已经达到了“脱口而出”时，就不要再无止境地去追求速度上的“极限”，否则会浪费学生宝贵的学习时间。计算只要求达到“比较熟练”或“会”的内容时，在速度上就不要不切实际地提出过分的要求，这样会挫伤学生学习的积极性，甚至使一部分学生精神过于紧张，计算的错误率反而会上升。毕竟计算训练不是竞技体育，保护好学生学习计算的积极性比多做对几道计算题更为重要。

第四，有些教师为了让学生在试卷的计算题部分得到满分，于是告诫学生做计算题一定要按照运算顺序的规定，一步一个脚印地算，没有要求简算的题千万不要省略步骤，宁可麻烦点。在这种思想指导下，下面这样的题目：$(3\frac{8}{15}\times21.3-9.5)\times0\div0.21$，本来可以根据“0”参与运算的特性“任何数与‘0’相乘得‘0’；‘0’除以任何不为‘0’的数得‘0’。”直接写出题目的得数为“0”，既省时又省力。可是，有些学生遵守老师的吩咐费时费力地去计算，甚至个别学生算了很长时间得数还是错的。这样的做法，即使计算对了，也不能说明“已形成计算能力”了。

## 思　考　题

1. 小学数学教学大纲中对计算能力有什么要求？
2. 试论计算教学的重要性。
3. 结合教学实际，分析学生产生计算错误的原因。
4. 你认为怎样才能有效地提高学生的计算能力？

# 第十三章　应用题教学

## 内容提要

应用题在数学教学中有一定的重要意义。应用题教学可以培养学生解决实际问题的能力和逻辑思维能力，有助于学生理解数学知识。应用题具有直观性、实践性、综合性和开放性等特点。小学生对应用题的难易判别取决于：题目情节、叙述形式、解题步骤、隐蔽条件、数量关系组合、分析的思维定向等多种因素。应用题的分类问题历来有争论，改革后的教材根据学习理论将简单应用题分为四类，比较顺乎数学本身的特点。要依据小学生学习应用题的心理特点，采用以下有效的教学策略，提高学生的解题能力和思维水平：（1）运用直观，帮助学生理解题意；（2）重视“两个转化”的过程；（3）引导学生寻找“中间问题”；（4）运用多种方法进行解析；（5）精心设计练习。但是，真正的改革应用题教学，还应正本清源，使其内容贴近学生生活的实际，并要适当淡化算术解法，加强列方程解应用题的教学。

应用题是根据日常生活和生产中的实际问题，用语言或文字表示数量关系并求解的题目。应用题由情节及数量关系两大部分组成。情节就是应用题所叙述的事实，数量关系即指应用题中已知数与已知数、已知数与未知数之间的关系。其中应用题的条件要满足以下三个要求：无矛盾性（条件与条件、条件与问题不能相互矛盾）、完备性（条件与问题之间要有联系、能够求出未知量的数值）、独立性（已知的几个条件不能相互推出）；应用题的问题应与已知条件相适应，是已知量与未知量之间的合理提问。小学应用题所反映的情节，应是该年级学生所能理解的，具有教育意义的，叙述的语句要正确、简练；小学应用题所涉及的数量关系既要符合实际，又要符合学生的接受能力。

通过以上分析，可以看出，应用题具有直观性和实践性的特点，它含有情节，与生活实际联系密切，比较具体，容易被学生所理解，这是问题的一方面。另一方面，它又具有综合性和开放性，由于解答应用题必须综合运用有关的数学知识及计算技能，而且有些题目可以用多种途径思考，为此，应用题的解答又要求学生进行相当复杂的思维活动，具有一定的智力水平，这也就是长期以来学生感到难学的症结所在。为此，应用题的教学，必须遵循儿童的思维特点、思维规律，并结合应用题本身结构的特点，改革教材与教法，才能化难为易，大面积提高教学质量。

## 第一节　应用题教学的意义

### 一、有助于学生理解数学概念及四则运算的意义

数学概念、定律、法则等都是抽象的知识，小学生学习起来往往有一定困难，如果用学生熟悉的生活事例编成应用题由学生解答，就显得容易理解。例如分数除法法则如果用式题推导说明“把除数的分子、分母颠倒再与被除数相乘”的道理，学生不易接受，如果改成从带有故事情节的应用题引入，结合实例分析，算理便不难掌握。特别在低年级教学“四则运算意义”时，教师总是借助讲故事的形式，引导儿童懂得讲的是什么事、给了什么条件、求的是什么，采用这种口述应用题方式，便生动形象地使学生逐步理解加、减、乘、除的意义。

### 二、有助于培养学生解决简单实际问题的能力

应用题取材于现实生活，反映了各种各样的实际问题。通过应用题的教学，可以引导学生观察和认识周围世界中最简单的数量关系。使学生根据题目中的情节和数量关系，选择恰当的运算方法，求得解答。这样，使学生所学的数学知识与实际建立联系，同时培

养了解决简单实际问题的初步能力。

**三、有助于发展学生的逻辑思维能力**

通过应用题教学发展学生的数学思维是有效的途径之一。每解一道应用题，首先要充分理解题意，想像事件发生的情境，在全面分析数量关系的基础上，确定解题计划，选择合理的解答方法，求出正确答案。在整个过程中，必须进行艰苦的思考工作，进行合乎逻辑的分析综合，运用正确的判断推理，最后还要检验解答是否正确。因此，通过应用题教学可以培养学生的逻辑思维和思维的创造性。

**四、有助于向学生进行思想品德教育**

应用题题材可以引用一些实际的、富有教育意义的、有说服力的数据和统计材料，利用数学语言的特点，结合有关事实，有目的地进行爱祖国、爱劳动、爱科学等思想教育。

在应用题教学中，可以培养学生勤于思考、善于思考、不怕困难的品质，养成独立、认真完成作业的习惯，形成良好的心理素质和良好的学风。

## 第二节　小学生解答应用题的心理特征

小学生解答应用题的心理特征主要反映在信息的选择和加工的全过程之中，外在表现是对应用题的难易区别上。

国内外许多教育实验证明，应用题的难易程度是由题目的情节以及数量关系决定的。大致有以下几个方面：

**一、学生对题目情节的熟悉程度**

题目情节与学生生活接近，学生便容易理解，如果离他们生活较远，即使数目很小，题意也明确，学生理解起来仍会发生困难。例如有这样的题目："1 千克黄豆可做 4 千克豆腐，12 千克黄豆可做多少豆腐？"大城市的不少小学生由于缺乏这方面的生活经验，错答成 12÷4＝3（千克）。

**二、应用题的叙述形式**

应用题叙述形式有顺向、逆向、正叙、倒叙之分。经过教学法专家和心理学家的研究，小学生（尤其是低年级）对逆向、倒叙普遍感到困难。下面四道题中，（2）（4）题比（1）（3）题难度大。

（1）小王有12张纪念邮票，送给小刚7张，还剩几张？（顺向）

（2）小王有一些纪念邮票，送给小刚7张，还剩5张，小王原有多少张纪念邮票？（逆向）

（3）苹果8个，梨比苹果多2个，梨有几个？（正叙）

（4）苹果8个，苹果比梨多2个，梨有几个？（倒叙）

低年级学生学习应用题时，总是利用自己的生活经验进行思考，当题目的叙述形式与生活行为顺序不一致（如（2）中送给→还剩→原有）时，思维不易逆转，只会利用自己原有的思维模式，有的写成12－7＝5，也有的写成7－2＝5。

低年级学生不善于从上下文中全面分析数量关系，而用题中个别的“关键词”代替对数量关系的分析，尤其当某一种题型出现较多时，把“关键词”与运算方法直接联系，见“多”便作加法，见“少”便减，见“倍”即乘，见“分”就除。

**三、解题步骤的多寡**

一般说来，解答步骤越多题目越难。复合应用题的条件与问题之间存在着“分离”的现象，根据所给的条件不能直接求出问题，解答时必须仔细分析条件与问题之间的联系，并从相关的条件中选择两个已知条件提出“中间问题”，把复合应用题分解成几个连续的简单应用题逐个解答。因此，步骤越多，选择相关已知条件也就越难。

我国心理学工作者曾对四年级、五年级、六年级各1 000名学生测试下面两道题：

（1）两辆汽车从两城同时相对而行，甲车每小时行37千米，乙车每小时行25千米，3小时相遇，求两地路程。

（2）将第1题中的“3小时”改为“3小时后两车还相距69千米”。测试后错误率如表13—1：

表 13—1　　　　四年级、五年级、六年级千名学生测试错误率

| | 四年级 | 五年级 | 六年级 |
|---|---|---|---|
| (1) 题 | 17.1% | 11.6% | 0.6% |
| (2) 题 | 28.5% | 24.4% | 0.9% |

由此可见，只要增加一个一般条件，解答步骤也相应增加一步，各年级错误率也都随之升高。

**四、应用题结构中所含的隐蔽条件**

所谓隐蔽条件主要指一个条件在解答过程中利用两次或两次以上的情况。遇到这类题目，学生一般感到困难。如“汽车厂一月份生产汽车 2 500 辆，二月份比一月份多生产 230 辆，一二月份共生产汽车多少辆?”其中“2 500”需利用两次，水平较低的学生往往错列为 2 500＋230＝2 730（辆）。

**五、对数量关系组合的熟悉程度**

学生对反映日常生活中常见数量关系的题目比较容易掌握，因为有规律可循。例如，单价、数量与总价；时间、速度与路程；工作效率、工作时间与工作总量等。相反，对数量关系较为特殊或陌生的题目，学生在解答中甚感困难。例如六年级的一道练习题：“一种药品第一次降价 25%，第二次按降价后的价格又降价 20%，现价是原价的百分之几?”过 5 分钟后竟无人表态，最后一学生列式为：(1－25%)×(1－20%) 后，全班同学还都认为不对，解释是“求一个数是另一个数的百分之几，应做除法”。由此可见，一方面是不良定势的干扰，另一方面充分说明学生对解答生疏的数量关系的难度系数增大。

**六、分析过程中的思维定向**

解答复合应用题时，把它分解成几个有联系的一步计算应用题，通常把这一过程叫做解析应用题。从已知数与已知数、已知数与未知数解析的思路来分析，大致有四个基本模式，如图 13—1：

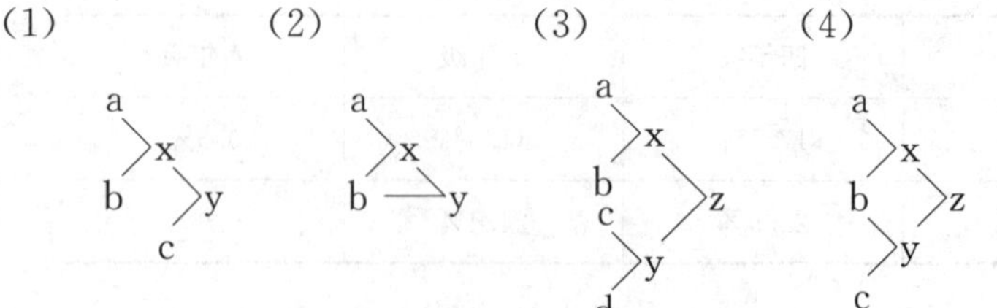


**图 13—1　复合应用题基本模式**

（a、b、c 表示已知数，x、y、z 表示未知数）

相对看来，第一种模式和第三种模式都比较容易。第一种模式中，未知数的解答是建立在一个已知数和一个已解答了的未知数的基础上；第三种模式建立在两个已解答的未知数的基础上。

第一种模式是最容易的，例如“一台榨油机 3 小时可榨油 285 千克。照这样计算，每天工作 7 小时，可以榨油多少千克？”这种题目，如果再接着提问“连续工作 5 天，共榨油多少千克？”学生解答起来也不会感到困难。这是因为思维定向基本一致，新的因素是单一而相继地进入原有的思维定向的，不容易混淆。

第二种模式是第一种模式的发展，与第一种模式不同的是有一个已知数连续使用两次，较第一种模式难。如“甲堆煤有 280 吨，是乙堆煤的 2 倍。两堆煤共有多少吨？”

第三种模式虽是三步计算应用题，但数量之间关系清楚。如“学校买来 18 个排球和 23 个小足球，每个排球 38 元，每个小足球 34 元。学校买小足球比买排球多花多少元？”

第四种模式是第三种模式的发展，包含着第二种模式的结构，学生学起来较为困难。例如“两个施工队挖水渠。先由甲队以每天 160 米的进度开始，2 天后乙队也参加了这项工程，乙队每天挖 190 米，他们再挖 7 天就能完工。求这条水渠的全长。”学生在解题的推理过程中可以出现两个或两个以上的思维定向，有甲队单挖的，有两队共同挖的，有先挖的 2 天，还有后挖的 7 天。新因素不是单一的而是多个地进入分析范围，同时，其中某些环节分析的结果还要在头脑中暂时保存起来，到需要时又要求准确无误地加以提取，这样，必然增加了思维的难度。解答中，学生有两种常出的错误。

160×2＋190×7（忽略后7天甲队仍在工作）

（190＋160）×7（忘记前2天甲队单挖的水渠长度）

这两种错误，均是由思维定向的不稳定性造成的。

以上所述的小学生解答应用题难易区别的五个方面并非是孤立的，而是相互联系并有一定补偿作用的。譬如遇到熟悉的数量关系，或是比较明确的思维定向，即使是解答步骤多两步也不显得困难。教学中，要根据每个题目的特点，并结合本班学生的思维水平，作出实事求是的分析，然后再采取相应的教学策略。

## 第三节　应用题的分类

按一般习惯，应用题分为简单应用题和复合应用题两类。前者是以一步计算解答而命名，后者指的是包括两步或两步以上计算的应用题。复合应用题中某些用特殊规律解答的又称之为典型应用题，如工程问题等。

我国近十多年来争论的是简单应用题的分类问题，报刊杂志上多次专题讨论亦未有结论。事实上，世界上的事物有相同性和差异性，根据“质的规定性”可以把它们归入相应的类别。根据不同的教育理论背景，分类出现两种不同体系。

### 一、传统的分类

受传统“可接受性”教育原则的影响，又结合我国历史算术教学的习惯，把简单应用题分为求和、求剩余、求比一数多几的数、求比一数少几的数、求相差等11种类型，而且每一种类型给一个结语。如此小步子的分散出现，加之教学又不得法，养成学生找类型、背结语、死套公式的弊病，题目稍一变化，便不知所措，最终增加了学生的负担。

### 二、改革后的分类

根据现代学习理论的观点，要学生学有成效，必须揭示知识间的内在联系和规律，规律揭示得越基本，知识越容易迁移。应用题如能按照事物发展的规律分类，便可缩短学生的认识过程，提高学习效率。通过改革实验，将简单应用题分为四大类，分为哪四类，仍有两种不同的设计：

（一）按四则运算的意义归类

持这种观点的人认为简单应用题本身便是加、减、乘、除四则运算意义的直接运用，于是，应用题的教材也完全按此顺序呈现，最后再集中比较。例如“求比一数多几的数”的应用题仍按照“合并求和”的意义说明。“红花 7 朵，白花比红花多 3 朵，白花有几朵?”白花的朵数是由两部分组成的，一部分是与红花同样多的“7 朵”，另一部分是比红花多的“3 朵”，把这两部分“合并求和”就是白花的朵数。从教学效果看来，学生能够理解，但很难说出这种“思路”，事实上也不应让学生去陈述这种不必要的过程。

（二）以四则运算意义为基础，以三量关系为基本因素，构成简单应用题的知识结构

根据“良好的认知结构必须要从良好的教材结构中转化过来”的思想，从整体观念着眼，以四则运算为基础，以三量关系为基本因素，构成简单应用题的知识结构。这种简单应用题的知识结构是一个整体，其中三量关系是结构图中最基本的因素，即 $a+b=c$，$c-a=b$，$c-b=a$ 和 $a\times n=c$，$c\div n=a$，$c\div a=n$。三量关系反映的数量关系有两大类。第一类是部分与整体的关系。当部分数为不等量时，表现为部分量与总量之间的和或差的关系；当部分数是等量时，又往往表现为部分量与总量之间的积或商的关系。第二类是两数的比较关系。反映比较关系的形式很多，低年级主要有“比较两数的相差关系”和“比较两数的倍数关系”，高年级所学的“比”、“百分比”就是在它的基础上的延伸。而且在每组数量关系中，首先突出基本概念，如“比较相差关系”中，着重抓住“差”的概念，然后把“比多”、“比少”、“相差”等题对比教学；在“比较倍数关系”中，着重抓住“倍”的概念，同样也抓住有关的“一乘两除”的题目进行对比教学。我们所学的复合应用题只是这些数量关系的重新搭配、组合和扩大。

改革后的两种编排设计均较传统分类方法在教学效果上有很大提高。

## 第四节　应用题的教学策略

### 一、创设情境，运用直观，帮助学生全面理解题意

应用题解答的成功与否，首先依赖于学生对应用题内容明确的程度，为此，应用题的内容应选择学生熟悉的。

培养学生认真读题的习惯十分重要。拿到题目粗略一看，动手就做，必然会发生错误。如果形式主义地去叙述哪些是条件，哪个是问题，也不等于理解题意。真正要达到这一目的，必须使题目的情节、数量关系这些外在因素转化成学生内在的认识，而且在解题时，自始至终地保持在学生头脑之中。也就是说，要让学生身临其境，进入角色。一般可以采用以下途径：

（一）演示与模拟

可以根据应用题的情节，直接用实物演示，使学生在观察数量关系的变化中理解具体的题意。如“男生 8 人，女生 7 人，分成 3 组做值日，平均每组几人？”可以直接请 8 位男生和 7 位女生上来，自动分成 3 组，每组人数相等。这种演示过程对思维水平较低的学生真正理解题意颇有作用。遇到某些数量关系隐蔽的问题，还可以采用模拟的方式让学生进入角色。如“姐姐和妹妹都有 20 张画片，姐姐送给妹妹 3 张后，妹妹比姐姐多多少张？”可以请一位同学扮演姐姐，另一位扮演妹妹进行表演，通过一送一接转化为一减一加，台上台下全体同学就意会到“妹妹比姐姐应多 6 张”。中年级学生曾对下面的应用题发生困惑：“有一座大桥长 1 550 米，一列长 100 米的火车以每秒 15 米的速度开过这座桥，火车过桥需要多少时间？”缺乏生活经验的学生往往错列为“1 550÷15”。如果引导学生用短铅笔比做火车，用铅笔盒比做大桥，自己表演一下火车是怎样过桥的？火车到什么地方才算全部过桥？学生会很快明白为什么要把火车自身的车长也计算进去，从而找到解题途径。

（二）图示与图解

画示意图是低年级儿童学习应用题时喜欢采用的形式，比起模拟操作已抽象了一步，因为它“简缩”了题目中的次要成分，把主

要成分全面而直观地展示出来。下面是一位二年级小学生在解题时对解题思维过程的生动自白。这道题是："幼儿园老师给 8 个小朋友分苹果，平均每人分 2 个，一共分了多少个?"这位小学生说："这道题看上去像除法，有'平均分'，可是最后又问'一共'，又像是乘法，我想不出来，就画图：(见图 13—2)

② ② ② ② ② ② ② ②

**图 13—2**

一看就是求 8 个 2 是多少，2×8=16（个)。"可见示意图可以帮助低年级学生理解题意。

图解法也是常用的辅助方法，尤其在学习分数、百分数应用题时，学生只要把部分与整体的关系、具体数量与比率的对应关系表示出来，应用题解答的任务便完成一半了。

**例** 某工厂四月份烧煤 120 吨，比原计划节约了$\frac{1}{9}$，四月份原计划烧煤多少吨?

本题中的等量关系见图 13—3。

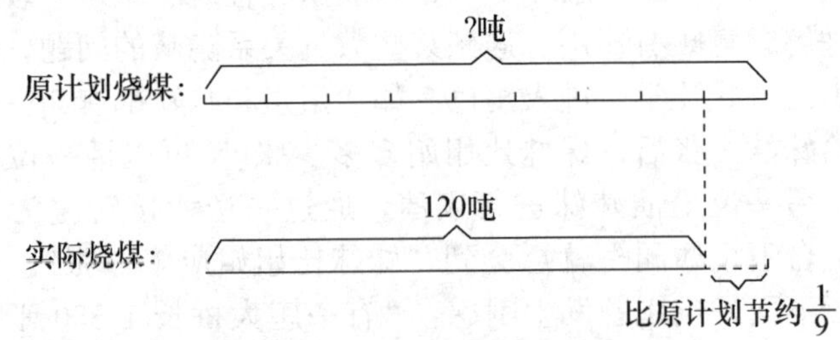


**图 13—3**

通过图 13—3 可知，此题的等量关系是：

计划烧煤吨数－节约的吨数＝实际烧煤吨数

解：设四月份原计划烧煤 $x$ 吨。

$$x-\frac{1}{9}x=120$$

$$x=135\ (\text{吨})$$

线段图可把应用题的情节、数量关系直观地显示出来为学生所掌握，使抽象问题具体化，复杂关系明朗化，为正确解题创造条件。

（三）复述题意

在学生初步理解题意后，可引导学生用自己理解的语言复述题意，这时可利用他们的再造性想像，把文字描述的题目情境转化成鲜明的表象。低年级在讲一道逆向题时（题目为“小明从书架上拿走8本书，还剩12本，书架上原有书多少本?”），老师让大家先闭眼想一想，把题中所说的事在头脑中呈现出一幅图画，然后说一说。一个学生说：“我想我家小书架上的书原来满满的，我拿走了8本后还剩12本，原来有多少本的意思就是我没拿书之前书架上有多少本。”至此，说明学生已真正理解了题意，为下一步的解题铺平了道路。

**二、重视做好两个转化**

应用题的解答过程是完成两个转化的过程。把生活中的实际问题转化为数学问题，把数学问题转化为数学算式。根据实验，我们得知，很多低年级儿童解答应用题的错误并不在于计算，也不完全在于理解题意，而往往是由于没有把生活情境中的数量关系和数学算式中的数量关系沟通起来，而沟通的“桥梁”就是数学语言或数学用语。因此，从低年级开始就要重视数学语言的掌握和运用，如用“和、差、积、商、多、少、倍、分……”来表述生活中的数量关系和读出有关算式。教学应用题时，学生不仅要算得正确，还要想得明白，说得清楚。通过说，使学生的思维条理化、概括化。

应用题中的“两个转化”解题思路流程图如图13—4：

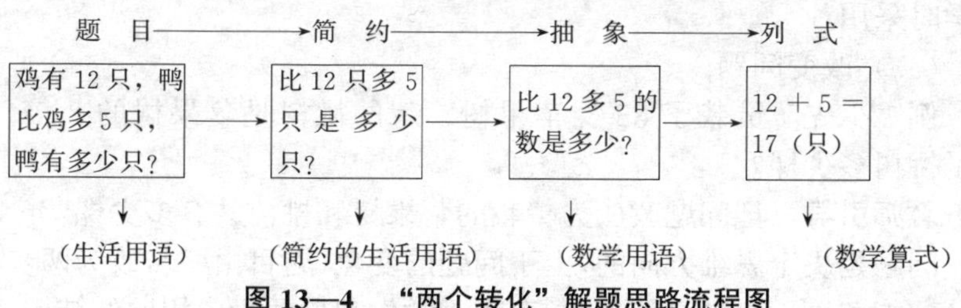


**图13—4 “两个转化”解题思路流程图**

从上面流程图中可以看出，在学生表述时，先提倡结合具体题目说一说，以后再逐步用数学语言表述。例如“15个同学做模型，每5个一组，可分几组”，可以提炼成“求15里有几个5”；“白兔

7只，黑兔的只数是白兔的2倍，黑兔有几只”，可以抽象为“求7的2倍是多少”。从一年级开始就要注意到日常用语与数学用语的“翻译”工作，做好这一工作，既可避免猜算法、凑答数的弊病，又为以后学习“单价、数量、总价”等抽象的常见数量关系打下基础。也为以后列方程解应用题作好准备。

**三、用各种途径引导学生寻找“中间问题”**

前面已经提到，复合应用题与简单应用题相比，起了质的变化，它的条件与问题之间存在形式上的“分离”现象。而且复合应用题的数量关系比较复杂，涉及的范围及反映现实生活的面也较广，因此学生必须有一定的思维水平才能正确回答。“一步是基础，两步是关键”这是广大优秀教师的经验总结。两步应用题应是提高解题能力的转折点，必须采取有效的方法，促使学生在条件与问题的“空隙”处找到突破口，做好认识上的过渡。

除了在学习简单应用题时，加强补充条件、补充问题等形式的训练外，还可以用连续两问、改变问题或条件等方法，帮助学生认识复合应用题的结构，为寻求“中间问题”铺路搭桥。

（一）连续两问改一问

**例** 小华做了7个红五星，小明做了10个红五星，两人共做多少个？如送给小英12个，还剩多少个红五星？

**教师引导** 删去题中第一问，改成一道两步计算应用题。

这种方法坡度小，学生容易找到“中间问题”，一般适合学生初学时采用。

（二）改变问题

**例** 少先队员栽了35棵苹果树，栽的桃树是苹果树的2倍，栽了桃树多少棵？

**教师引导** 把问题改变为“栽的苹果树和桃树共有多少棵？”

问题是决定思维方向的，由于问题的变化，题目由一步改为两步计算才能解答。这种设计方法，有利于学生掌握两步应用题的结构。

（三）改变条件

**例** 商店有36个皮球，卖出11个，还剩几个？

**教师引导** 把其中一个条件改成两个有关的条件，编成一道两步计算应用题。如把“有 36 个皮球”改为“有 3 盒皮球,每盒 12 个”,或者把“卖出 11 个”改为“上午卖出 6 个,下午又卖出 5 个”。

这种安排，可以先让学生算一步题，再算改编后的两步题，并启发学生思考，都是求“还剩几个”，为什么有的不能直接列式求出。这种设计有利于学生掌握解题思路，突出两步应用题与简单应用题的区别，有一定思考价值。

**四、运用多种方法解析应用题**

解析应用题是复合应用题教学的中心环节。解析的目的在于了解各条件与问题间的相依关系，把复合应用题分解成一系列相互联系的简单应用题。解析思路包括思维的起点、方向以及思维方法。一般情况下，解析应用题可以运用综合法或分析法，但是，由于应用题情况变化多样，有些题目结构特殊，除掌握一般的解析方法外，还应学会运用特殊的解题思考方法。

（一）分析法与综合法

分析法即从所求问题出发而推至已知条件，即“执果溯因”。综合法即从已知条件出发逐步推出所求，即“由因导果”。

分析综合联用法即指在解析应用题时，分析法与综合法往往不能截然分开。用分析法时，必须随时照顾到已知条件；用综合法时，要随时照顾到所求问题，两种思维过程是彼此联系、相互补充的。因此，学生在解析应用题时，时而是从问题到条件，时而又从条件到问题，不断地运动着。在解题时，常用的是分析综合联用法。下面一题便是采用分析综合联用法进行解析的。

**例** 一个电视机厂原计划每天生产 180 台电视机，实际每天比计划多制造 20 台。照这样计算，原计划 30 天完成的生产任务，现在只要用多少天?

上题解题思路详见图 13—5。

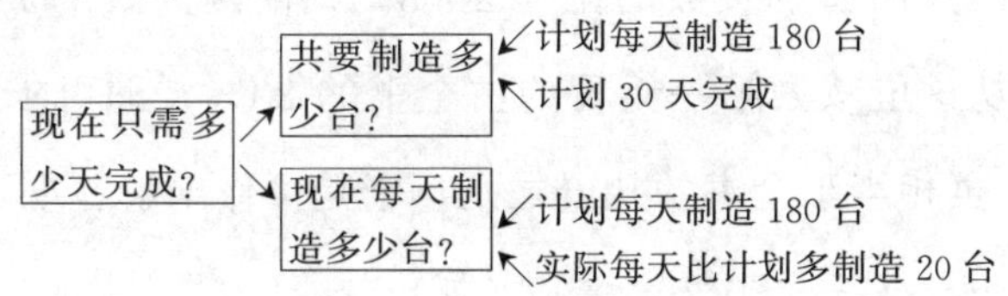


**图 13—5 应用题解析思路例图（分析综合联用法）**

（二）假设法

假设法是数学上常用的思考方法。其特点是对条件作出符合逻辑的假设，根据假设变化下的新条件，找出解题思路。我国古代的“鸡兔同笼”等数学问题，都是用假设法进行解答的。

**例** 光明小学体育室买了2个篮球和3个排球，共用去189元，已知1个篮球比1个排球贵17元，求篮球和排球的单价。

**分析** 这道题应该用假设法思考。假设买的5个都是篮球，付出的总价应增加17×3＝51（元），从而先求出篮球的单价，再求排球的单价。假设买的5个都是排球，付出的总价应减少17×2＝34（元），从而先求排球的单价，再求篮球的单价。

解法一　（189＋17×3）÷（2＋3）＝48（元）……（篮球）

48－17＝31（元）……（排球）

解法二　（189－17×2）÷（2＋3）＝31（元）……（排球）

31＋17＝48（元）……（篮球）

答：篮球单价是48元，排球单价是31元。

（三）对应法

对应法也是解答数学问题常用的思考方法。有的题目从关键的句子出发，寻找数量间的对应关系，问题便不难解决。尤其在解答分数、百分数应用题时，在明确单位“1”后，还必须找出具体数量与具体对应关系的比率，根据对应关系找出解题途径。

**例** 小林三天看完一本故事书。第一天看了全书的20%，第二天看了36页，第三天看的页数与前两天所看页数和的比为2∶3。求这本书的总页数。

**分析** 解答这道题必须找到与36页相对应的比率，也就是找到第二天所看页数相当于全书总页数的几分之几。已知第三天看的页数与前两天所看的页数的比为2∶3，则前两天看的页数占全书的$\frac{3}{2+3}$，从这里减去第一天看的占全书的20%，即可求出第二天所看的36页相当于全书的几分之几。于是可作出解答如下：

$$36 \div \left(\frac{3}{5} - 20\%\right) = 90\text{（页）}$$

答：这本书总页数为 90 页。

（四）转化法

有些题目的形式生疏，数量关系比较复杂，可以将某些条件转化成实质相同而表达形式不同的条件，就能使数量关系明朗，解题思路畅通。例如，“修一条长 160 千米的公路，已修部分是未修部分的$\frac{3}{5}$，已修多少千米？”可以把题中第二个条件转化为“已修部分是公路全长的$\frac{3}{2+3}$”。又如“一项工程，甲独做了 5 天，乙接着独做 7 天，完成了全工程的$\frac{2}{3}$”，可以把这组已知条件转化为：“甲乙合作了 5 天，接着乙又独做 2 天，完成了全工程的$\frac{2}{3}$”。

转化法可以使学生从不同的角度、不同的侧面来分析数量关系，因此一道题目往往可以用不同的方法解答。如分数、百分数应用题，可以用比例思路进行分析。

（五）量不变的方法

这是解答应用题的一种重要思考方法。解这类题的关键是要通过对数量关系的全面分析，找出始终不随其他量的变化而变化的某个量，在解答过程中，这个量保持不变，就以这个不变的量为标准，引出解答线索。

**例**　幸福小学图书室原有科技书和故事书共 8 400 册，其中科技书占 20%，后来又买进一些科技书，这时，科技书就占 30%。买进的科技书有多少册？

**分析**　题中的科技书册数在变化，同时图书总量也随之而变化，惟一没有变化的是其中故事书的册数。就利用这一不变量进行解答：

（1）原有故事书多少册？

8 400×（1－20%）＝6 720（册）

（2）买进一些科技书后，两种书的总数是多少？

6 720÷（1－30%）＝9 600（册）

（3）买进科技书多少册？

9 600－8 400＝1 200（册）

答：买进科技书 1 200 册。

（六）代数方法

这是解答应用题的一种重要方法。列方程解应用题与算术解法有着明显的区别。算术解法始终把未知数作为思考的“目标”，把它放在特殊的地位不能参与列式计算；而列方程解应用题，由于引入了未知数 $x$，一开始就可以让未知数与已知数处于平等地位，按等量关系列出一个含有未知数的等式（方程）。在解答较复杂的、尤其是逆向应用题时，用列方程解更为直接、顺当，解法也较灵活。在《九年义务教育全日制小学数学教学大纲（试用）》中已将简易方程扩大到 $ax \pm bx = c$，在一定程度上缓解了过去小学生那种“有的方程能列不会解”的缺陷，有助于开拓学生的解题思路。

**例** 一个化肥厂今年一月份平均日产化肥 284 吨，比去年平均日产量的 2 倍还多 44 吨，去年日产化肥多少吨？

设去年日产量为 $x$ 吨，它的 2 倍即 $2x$ 吨，再加上 44 吨应与今年一月份平均日产量 284 吨相等。根据题意可列出方程：

$2x + 44 = 284$。

此题如改用算术方法，思维必须逆转，有的学生往往错列成 $284 \div 2 + 44$ 或 $284 \div 2 - 44$ 等。

列方程解应用题的实质是完成“两个转化”的过程。一是通过分析把一个实际问题中的数量关系转化成数学问题，列出方程；二是通过解方程，将未知转化成已知。后者是方程的变形求解，在此前已解决，故重点必然落在列方程上。小学生列方程的困难又表现在以下两方面：一是他们长期困囿于算术解法，不适应用代数分析问题的思路；二是找出等量关系也不容易列出代数式。为使小学生掌握代数解法，缩短小学与初中数学内容间的差距，必须做好一些准备工作。

1. 加强列方程的基础训练

（1）用含有字母的式子表示数量关系。例如“苹果树有 $x$ 棵，梨树棵数是它的 4 倍，梨树有多少棵”。

（2）把方程与文字题“互译”。如将“90 比一个数的 2 倍多

24，求这个数”，列出方程：设这个数为 $x$，$90-2x=24$。又如把“$3x+16\div8=29$”读成“$x$ 的 3 倍加上 16 除以 8 的商，和是 29”。

（3）根据题意将方程补充完整。如“同学们外出春游，先乘了 1.5 小时的汽车，汽车每小时行 $x$ 千米，又步行 3 千米，一共行了 48 千米”。请同学根据题目叙述的顺序将方程补充完整：____________________ $=48$

2. 引导学生掌握寻找等量关系的方法

（1）根据四则运算的意义分析其间的相等关系。如根据和、差、倍、分、多、少、大、小等表示数量关系的用语，寻找数量间的相等关系。

（2）根据已学过的公式寻找等量关系。

（3）根据常见的数量关系寻找等量关系。

（4）根据某些应用题的特点寻找等量关系。如相遇、工程等问题都离不开三量关系，着重突出其中的不变量，便能寻找等量关系。相遇问题的“路程和”是一定的；锻压冷却问题中，加工前后的体积是相同的；稀释问题中，混合前后的纯量是不变的。

（5）采用列表、图示等方法，直观地显示等量关系，以便学生分析。

**例** 东西两城相距 300 千米，一辆汽车从东城出发，行了 5 小时还有 60 千米。汽车平均每小时行多少千米？

解题思路详见表 13—2，表中 $x$ 表示汽车平均每小时行的路程。

**表 13—2**

| 已知量 | 用已知量（或算式）表示 | 用含有字母的式子表示 |
|---|---|---|
| 东西两城的距离 | 300 千米 | $5x+60$ |
| 汽车已行的路程 | 300 千米－60 千米 | $5x$ |
| 汽车已行的小时数 | 5 小时 | $(300-60)\div x$ |
| 还剩的路程 | 60 千米 | $300-5x$ |

按上表可列出多种方程，培养学生思维的灵活性，并可防止给学生

算术解法带来的定势干扰。

**五、精心设计练习，提高解题能力和思维水平**

应用题有各种不同的组合、排列和层次，变化甚多，绝不是几个固定模式所能囊括的。因此，有针对性地设计练习大有必要。

（一）一题多解和一题多变

一题多解可以使有关知识相互沟通，引导学生在短时间内从不同角度去揭露同一事物的数量关系，这种求异思维，可以使学生的思维处在最佳状态，并培养思维的灵活性和创造性。一题多解，要引导学生选择最佳方案，这样，才有利于创造性思维的培养。

**例** 工厂生产机器零件，计划每天生产 400 个，15 天完成，实际每天工作效率提高了 20%，实际完成任务要多少天？

解法一　$400\times15\div[400\times(1+20\%)]=12.5$（天）

（通常的算术解法）

解法二　设实际完成任务的天数为 $x$。

$$400x+400\times20\%x=400\times15$$
$$x=12.5$$

（列方程解）

解法三　设实际完成任务的天数为 $x$。

$$\frac{1}{1+20\%}=\frac{x}{15}$$
$$x=12.5$$

（用比例解）

解法四　$1\div[\frac{1}{15}\times(1+20\%)]=12.5$（天）

（简约的算术解法）

解法五　$15\div(1+20\%)=12.5$（天）

其中第五种解法的思路为最优，不仅舍去“400 个”这一条件，而且将思维简缩到最简练的程度。

上述题目为什么有的学生能有这种创造性的解法呢？关键在于平日的训练。例如教学工程问题时，教师依次出示以下题目：

（1）修建一条 120 千米长的公路，甲工程队需修 20 天，乙工程队需修 30 天，现由甲乙两队合修，需几天完成？

(2) 修建一条公路，甲工程队需修 20 天，乙工程队需修 30 天，现由甲乙两队合修，需几天完成。

当解题后，启发学生思考：以上两题有什么异同，你们发现了什么？如果把公路长改为 150 千米、300 千米……，其他条件不变，答案还是“12 天”吗？为什么？随即教师将（1）题的解题过程作出分析，引导学生观察：

$$
\begin{aligned}
&120\div(120\div20+120\div30)\\
&=120\div\left(\frac{120}{20}+\frac{120}{30}\right)\\
&=120\div\left[120\times\left(\frac{1}{20}+\frac{1}{30}\right)\right]\\
&=120\div120\div\left(\frac{1}{20}+\frac{1}{30}\right)\\
&=1\div\left(\frac{1}{20}+\frac{1}{30}\right)\\
&=12\text{（天）}
\end{aligned}
$$

从算式中可以十分清楚地看到，工作总量“120 千米”在计算过程中已相除得“1”，因此不管工作总量如何变化，答案不变。这样使学生对工程问题的特点认识得更为深刻。以后再遇到类似的题目便有迁移能力，提高解题的灵活性。例如“两列火车从甲乙两地同时相对开出，一列火车从甲地到乙地需 12 小时，另一列火车由乙地到甲地需 15 小时，两车几小时相遇？”“王叔叔带 150 元，买同样的上衣可买 10 件，买同样的裤子可买 15 条。如果成套地买，可买多少套？”

一题多变的形式多种多样，可以有可逆性的变化（把已知条件和所求问题互换）、扩缩性变化（把原题中的某一个直接条件改为间接条件，使题目逐步复杂，反之，还可以把间接条件改为直接条件，使题目逐步简化）等。此外，在低年级学习简单应用题时，可安排表述变化的一组题目，使题目情节变化，而数量关系不变，让学生能从不同角度、不同方面对同一概念有一种新的认识，深化知识。只有简单应用题学得“不简单”，以后学习复合应用题才能感到“不复杂”。

以乘法为例，除了有被乘数与乘数叙述先后之别以外，还有以下变式：

（1）小林第一天算 7 道题，第二天和第三天都和第一天算得同样多，三天一共算了多少道题？

（2）每张画片 2 角钱，小刚比小英多买 4 张，应多付多少钱？

（3）一支圆珠笔 8 角钱，买 5 支同样的圆珠笔可以买一支钢笔，一支钢笔多少钱？

（4）从桶往瓶里装蜂蜜，每瓶装 2 千克，5 瓶正好装完。桶里原来有蜂蜜多少千克？

（5）一条线绳长 42 厘米，每次剪去 6 厘米，剪了 5 次，线绳短了多少厘米？

（二）易混易错的对比练习

对易混易错的题目，安排对比练习，增强学生的辨析能力。如：

（1）一种药水，药液与水的重量比为 1∶50，5 千克药水中有水多少千克？

（2）一种药水，药液与水的重量比为 1∶50，5 千克药液中要加水多少千克？

（3）一种物品，原价 40 元，现价 28 元，降价了百分之几？

（4）一种物品，原价 40 元，现降价 28 元，降价了百分之几？

（三）自编应用题的练习

自编应用题是学生自己从实际中选择材料，组织条件，提出问题而编制的应用题，这是一种创造性的作业，它有利于学生较深入地了解应用题的结构、数量关系，培养学生初步用数学观点来观察问题、分析问题和解决有关实际问题的能力，也可以发展学生的智力，尤其是创造力和想像力。

自编应用题的练习应由半独立到独立，如选择条件、选择问题、补充问题、补充条件，然后可以看图编题，看算式编题直到在实践活动中收集数据编题。这类练习可更多地放在课外活动中，以培养学生学习数学的兴趣。

## 第五节　关于改革应用题教学的思考

应用题是我国小学数学教学中占有相当比重的一个内容，由于它的内容变化多端，解题过程中又要求学生有较高的思维水平，再加之受传统教育观念的束缚，教学不甚得法，凡此种种，使解答应用题成为历来数学教学中的一个“老大难”问题。如何解决这一问题，除了按照学生认知规律组织教学以外，还应该正本清源，从应用题的本质上进行研究。为此，提出以下几个问题进行思考。

**一、要恰当地估计应用题教学的作用**

应用题教学在培养学生的思维能力和解决实际问题的能力方面，确有其独特的作用，这是无可非议的。但是解答应用题与解决简单的实际问题之间，是不能划等号的。人们运用数学知识来解决实际问题时，首先是从现实世界的错综复杂的实际问题中，抽取其全部有用的信息，抽象为数学模型，这是第一个转化；然后用数学方法求出该模型的解或近似解，再回到现实中去检验，这是第二个转化。而教材中的应用题是把现实中的实际问题，通过数学处理，转化为数学模型，即文字应用题，而且条件和问题经过筛选，具有无矛盾性和完备性，结论也是惟一的；学生只需要完成第二个转化，即根据题意，列式解答即可。因此，过多地迷恋于那些偏难、偏繁的应用题训练，并非能真正提高解决实际问题的能力，应该正确地、恰当地估计应用题教学的地位和作用。

**二、应用题的内容必须贴近学生的生活实际**

应用题，顾名思义目的在于“应用”。但是，目前教学中存在着不少虚构的、人为生造的、脱离生活实际的应用题，从而增加了难度，甚至致使有的学生望“题”生畏。我们应该力图让应用题贴近学生生活实际，让他们看得见、摸得着、用得上，使学生从接触应用题的第一天起，就建立起它与实际之间的天然联系。

**三、应用题的叙述要多样化**

现实生活中的实际问题是丰富多彩的，应用题的叙述也应多样化，不要都是一个面孔。条件的出现不一定一个不多、一个不少，可以出现少量的多余条件、不足条件或问题与条件不完全对应等情况，以此模拟生活实际，从而培养学生如何去寻找全部的有用信息、如何合理地处理信息的能力。

**四、适当淡化算术应用题，加强列方程解应用题**

纵观世界各国小学数学教学大纲和教材，绝大多数国家都没有将应用题列为独立内容，而是融合于其他部分（如数与计算、量与测定、空间图形等）之中。在极少几个将应用题列为独立内容的国家中，应用题所占比重最大的是我国。再从我国十多年来小学数学教学的实际来看，算术应用题的训练过多，恰恰增加了列方程解应用题的负面影响。所以，我们认为，根据数学的发展历史，根据学生学习算术应用题的必要性，应淡化算术应用题，加强列方程解应用题。这样，既可大大减少学生不必要的学习负担，又能更好地接触方程思想，更有利于培养学生的思维能力。

**五、教学方法要灵活**

应用题的教学方法必须十分灵活，要使学生从不同角度、不同层面去思考问题，培养学生的创造性思维。

## 思　考　题

1. 分析小学生解答应用题的难易取决于哪些因素？
2. 举例分析在应用题教学中运用直观手段有什么作用？
3. 如何使小学生在解答应用题时完成两个转化？
4. 举例说明用方程法与算术法解应用题在思维上有什么区别？
5. 结合教学实践说明为什么应该科学地组织应用题的练习？
6. 你对改革应用题教学有什么见解？

# 第十四章　几何初步知识教学

## 内容提要

几何在小学数学中占有重要的地位。几何初步知识教学有利于培养小学生的空间观念，提高学生用数学知识解决实际问题的能力，培养学生初步的逻辑思维能力。《九年义务教育全日制小学数学教学大纲（试用）》对小学几何教学作了三方面的改革：明确了在小学阶段学习的是直观几何；突破了“以求积为中心”的传统模式，加强空间观念的培养；从低年级起合理安排对几何形体的认识。小学生空间观念形成的心理特征主要反映在：明显要素与不明显要素、单个要素与要素间的关系、标准图形与变式图形、日常用语和科学用语、二维空间与三维空间、掌握特征和辨别图形、数与形的关系等方面。依据小学生空间观念形成的心理特征，培养初步空间观念的教学策略是：利用实物、模型的演示，引导学生观察；加强动手操作，指导学生实验；适时进行抽象概括。进行几何求积的教学策略是：在建立周长、面积、体积观念的基础上，开始几何量的计算；以等积变形的思想为主线，通过实验，推导求积公式；利用求积公式，解决实际问题，系统整理求积公式，促进知识系统化。

## 第一节　几何初步知识教学的地位和意义

### 一、从历史发展看几何在小学数学中的地位

“几何”这个词来源于希腊文，它的原意是土地测量。翻开我国古代数学巨著《九章算术》就可以看到，书中把许多平面图形都

称为“田”，如把正方形称为“方田”，把长方形称为“直田”，把三角形称为“圭田”，把梯形称为“斜田”等。根据以上史料可以说明，人们是在一系列测田亩、定四时的农业活动中逐步形成一些几何形体的概念的。

我国古代对几何学的研究有着悠久的历史。上古时期，人们利用规矩制作方圆，并用它来为生产服务。在两千多年前已经成书的《九章算术》中，对常见图形的求积也早有记载：三角形的面积是“半广以乘正从”，这里“广”是指矩形，“正从”即指高，意思是把三角形割补成矩形，取其底长的一半再乘高便是三角形的面积；圆的面积是“半周半径相乘得积步”，“积步”是当时的面积单位“平方步”，就是说圆周长的一半与半径相乘，用现在的圆面积公式来表示，就是$\frac{2\pi r}{2}\cdot r=\pi r^2$。至于祖冲之的圆周率，更是早出印度半个世纪，早出欧洲一千多年了。我国辉煌的几何学成就，是我国宝贵文化遗产中的一个重要组成部分。

几何进入我国基础教育已相当晚了。直到19世纪末，清朝的官立学堂、私立学堂和教会学堂开始使用的教科书《形学备旨》中才包括了几何。1903年《奏定学堂章程》中，正式规定在中学要开设几何、代数和三角，小学只设算术，而其中有一章“求积”，就是田亩的计算。

建国以来，小学数学教学大纲几经修订，几何初步知识在小学数学中已有明确的地位，内容也在逐步增加。1952年的《小学算术教学大纲（草案）》中，几何教学内容只包括直线、线段、直角、长方形和正方形（包括面积）、长方体和正方体（包括体积）等内容。1956年的《小学算术教学大纲（修订草案）》，增加了角、三角形及其面积等内容。1963年的《全日制小学算术教学大纲（草案）》又增加了垂线、平行线、平行四边形、梯形和圆（包括周长和面积）、圆柱、棱柱、圆锥、棱锥（包括体积）等内容，同时还学习一些简单的测量和作图。1978年的《全日制十年制学校小学数学教学大纲（试行草案）》，对1963年的大纲作了调整，删去了棱柱、棱锥，增加了扇形。1992年的《九年义务教育全日制小学数学教学大纲（试用）》中的几何知识与1978年的基本相同。

从以上对我国小学几何教学内容的回顾中,可以得出这样的结论:从20世纪以来,随着科学技术的进步,基础教育的发展,几何初步知识在小学数学教学中的地位日益明确,内容也逐步丰富了。

**二、《九年义务教育全日制小学数学教学大纲（试用）》中几何教学的几点改革**

（一）明确小学几何初步知识的性质——直观几何

从几何发展的历史中可以看到，人们对几何图形的认识首先是根据生活、生产实践的经验，依靠直觉观察、反复实验而形成的。小学生的思维正处在由具体形象思维为主向抽象逻辑思维为主的过渡阶段，他们对几何图形的认识相当于人类早期认识几何的阶段，因此，在小学阶段学习的是直观几何。《九年义务教育全日制小学数学教学大纲（试用）》中明确指出："在小学是通过直观学习一些几何初步知识"，强调"几何初步知识的教学要充分利用和创造各种条件，引导学生通过对物体、模型的观察、测量、拼摆、画图、制作、实验等活动，掌握形体的基本特征和面积、体积的计算方法，并注意在实际中应用，以利于培养初步的空间观念。"

（二）突破"以求积为中心"的框子，加强空间观念的培养

尽管1963年的《全日制小学算术教学大纲（草案）》中的几何知识内容比其他各时期教学大纲的几何知识内容都多，但大纲中还是提出了"以四则计算为中心"，与其相应的几何初步知识是"以求积为中心"，对空间观念的培养仍较忽视。而《九年义务教育全日制小学数学教学大纲（试用）》首先回答了什么是空间观念，空间观念是在空间知觉基础上形成的，它是物体的大小、形状及其相互位置关系在人脑中的表象。表象是什么？我们在前面已经说过，表象是当客观事物不在面前，它的形象保留在人脑中的映象，这种形象既有直观性又有概括性。例如这里有几个茶碗，"我"现在去看它、摸它、感知它，知道它是有把的、上口是圆的、周围是光滑的……过一会儿，茶碗不在眼前，刚才那种一般的形象仍然在"我"的头脑中浮现，这时保留的形象便是表象。表象就其直观性而言，与感知相似，但又不如感知那样鲜明、清晰；就其概括性而

言，与概念相接近，但又不如概念那样能概括事物的本质特征。因此，它是由感知到概念的一个过渡。由于年龄特征所限，小学生在小学阶段形成的空间观念还是初步的。此外，《九年义务教育全日制小学数学教学大纲（试用）》又明确地指出在小学阶段培养初步空间观念的“标高”：一是要求学生听到某一个已学过的几何图形的名称，就能在头脑中正确地再现它的形象；二是能独立地看懂所画出的已学过的平面和立体图形，正确掌握它们的名称；三是能够在各种图形或模型中，正确地找出自己所需要的图形，恰当地进行分类。这样就使培养空间观念的任务得到了保证。

（三）从低年级起合理安排对几何形体的认识

《九年义务教育全日制小学数学教学大纲（试用）》从一年级起，每一年级都安排了几何知识的内容，知识由浅入深，要求从低到高，逐步积累空间观念，既符合小学生的认识规律，又有利于数形结合，使学生动手又动脑，激发了学生学习数学的兴趣。

根据小学生的年龄特点和认识规律，《九年义务教育全日制小学数学教学大纲（试用）》对不同年级的几何知识教学，都提出不同的要求。为了便于教师掌握，它把不同的教学要求，由低到高分为“直观认识”、“初步认识”、“认识（知道）”和“掌握”四个层次。“直观认识”是要求学生看到有关图形、实物或模型，能初步认识其外形，说出名称；“初步认识”是要求学生略知图形的一两个简单特征；“认识（知道）”是要求学生知道图形的一般特征；“掌握”是要求学生知道图形的某些本质特征，是认识的最高层次，但一般仍不要求对概念下定义。现在以五年制小学几何知识教学的具体要求为例进行分析。

例如，一年级要求“初步认识”直线与线段，知道一根长线拉紧就成为直线，直线中的一部分就是线段；四年级在认识射线的同时，再进一步“认识”直线和线段，知道直线没有端点，可以无限延长，线段有两个端点，射线只有一个端点，另一端可以无限延长。又如三角形，这是儿童在日常生活中最常见的图形之一，一年级要求“直观认识”；四年级要求“掌握特征”，知道三角形的种类、内容和它的特性（稳定性），并能计算周长和面积。平行四边形是学生比较少见的一种图形，二年级要求“直观认识”，只要求通过实物直观地知道哪些物体的表面是平行四边形，哪些不是，还可以从七巧板中拼出平行四边形来。这样，到了四年级，学过平行线后，便知道两组对边分别平行的四边形叫做平行四边形，达到了“掌握特征”的要求。立体图形比平面图形更难认识，但是，孩子从一生下来便在三维空间的世界里，他们对“体”早有接触，而且按几何要素来说，点在线上、线在面上、面在体上。因此，根据小学生空间观念的形成需要经历长期、反复的过程这一规律，《九年义务教育全日制小学数学教学大纲（试用)》改变过去“一步到位”的传统，将这些“难学”的内容分层要求。例如长方体、正方体和圆柱体都在一年级先“直观认识”，重点是能从外形分辨什么形状的物体是长方体、正方体、圆柱体，以后反复出现，到了四五年级再要求“认识”，知道它们的一般特征，最后会求面积和体积。

**三、几何初步知识教学的意义**

（一）有利于培养学生的空间概念，为进一步学习科学文化知识打下基础

几何初步知识教学的主要目的之一是要培养学生初步的空间观念。有了空间观念，就能重现感知过的物体的特征，由实物想像出图形，由图形想像出实物，将较复杂的图形分解成若干个简单的基本图形，能根据条件画出相应的图形。通过学生的思维活动，还可以把原来保存在头脑中的空间观念，进行加工后重新组合，促进初步空间想像力的发展。

空间想像能力是人们对已有的几何形体表象改造后产生的新表象，想像是在活动前预想活动的结果，是一种高一级的心理过程，空间观念是发展空间想像力的基础。

有一位六年级老师为了解小学生空间想像力的水平，在兴趣小组活动时，出了一道测试题：“把一个体积为 64 立方厘米的正方体，切割成 8 个体积相等的小正方体，这些小正方体的表面积比原来正方体的表面积多多少平方厘米？”学生有以下两种不同解法：

解法一　$2\times2\times6\times8-4\times4\times6=96$（平方厘米）

解法二　$4\times4\times6=96$（平方厘米）

显然，用第二种解法的学生所反映出来的空间想像力更高，他们不必先求 8 个小正方体的表面积，只要想像出由于切割后新增加的 4 个正方形的面积就可以了。

培养初步的空间观念和空间想像力，为学生以后学习物理、天文、地理以及其他学科提供了极为有利的条件。

同时，义务教育的几何内容是按照“直观几何为先导，论证几何为补充”的顺序安排的。小学所学的直观几何，所形成的几何形体的丰富表象，将为学生以后进一步学习、论证几何打下重要的基础。

（二）有利于提高学生应用数学知识解决实际问题的能力

在人们的日常生活中，几何形体无处不有，无时不在。几何知识来源于生产劳动，在生活、生产中又有着广泛的应用，最直接的是我们要估计物体的长度、面积、体积和容积。例如规划耕作面积时，首先要丈量土地；绘制图纸时，要考虑到合理用料；甚至选择一条最近的路，也要会看地图；布置房间要估计各种家具的体积；铁道部规定每位旅客携带的行李外形大小限于长、宽、高之和不得超过 16 米，这就要求每人对长、宽、高的概念要很清楚。因此，在教学中应多给学生一些结合实际的题目，以提高解决实际问题的能力。

**例**　某农场新建一个养鱼池，其平面图见图 14—1（平面图的比例尺为 1∶100 000)，求这个养鱼池的占地面积。

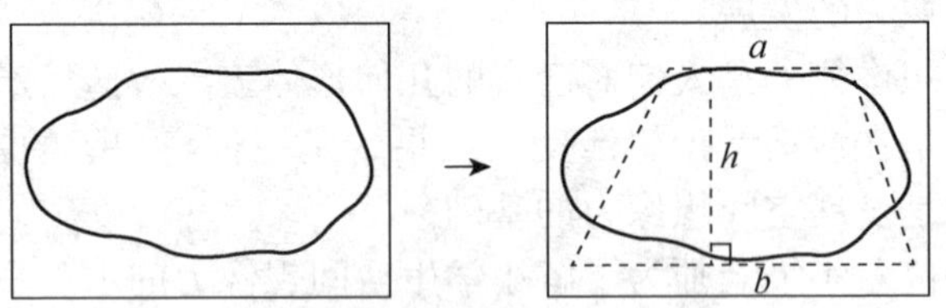


**图 14—1**

**分析**　学生把养鱼池的平面图转化成一个近似的梯形，然后量出它的上底、下底与高，求出养鱼池平面图的近似面积：

$$S\approx\frac{1}{2}(a+b)h$$

又因 $\dfrac{\text{图形面积}}{\text{实际面积}}=\left(\dfrac{1}{10\ 000}\right)^2$，所以养鱼池的面积约为：

$$S\approx 10^8\times\frac{1}{2}\times(a+b)h$$

（三）有利于培养学生初步的逻辑思维能力

小学生在建立空间观念、掌握图形特征时，都是在积累的感性认识的基础上，通过观察、分析、比较、综合、抽象、概括实现的。尤其在通过几何变换求面积、体积公式以及运用求积公式进行计算时，都必须进行一定的推理。所以，几何初步知识教学有利于培养学生初步的逻辑思维能力。

## 第二节　小学生空间观念形成的心理特点

与成人相比，小学生空间观念的形成具有一定的差异性。根据我们近十年来的实验及对国内外有关文献的研究，小学生空间观念形成过程中，有以下几方面的心理特点。

### 一、明显要素与不明显要素

任何一个几何图形都是由几个几何要素（如点、线、面等）组成的，这些几何要素总是和图形的整体结合在一起构成几何形体的。小学生认识图形时，对各种几何要素是有一定选择的，学生首先感知的是那些最明显、最突出的部分，并且把它们当作强成分，对那些不太明显的弱成分就容易忽视。例如，对两个同样大的角，学生总认为边长长的角就大，边长短的角就小，如图 14—2，边的长短在这里成了明显的几何要素。

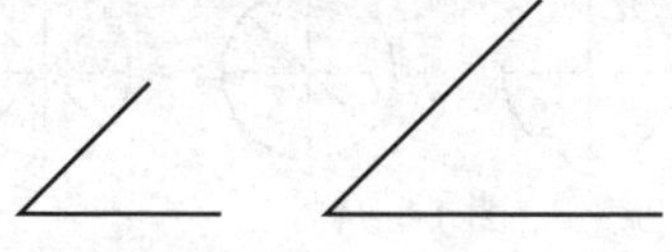

**图 14—2**

又如在认识长方形、正方形时，学生容易感知“对边相等”、“四边相等”的特点，而容易忽略“四角都是直角”这一特点。

## 二、单个要素与要素间的关系

小学生容易观察图形中的单个要素，而当图形的特征反映要素间的关系时，他们就感到比较困难。如垂线与平行线都是反映平面上两条直线的位置关系的，三角形的高是指它与底边的关系而言的。不少四年级学生在表述它们的关系时，还常常出现困难。

**例** 教师 图中哪条直线是 $AB$ 的垂线？（见图 14—3）

学生 $CD$ 是垂线（不会说 $CD$ 是 $AB$ 的垂线）。

教师 反过来还可以怎么说？

学生 不知道（不会说 $AB$ 也是 $CD$ 的垂线）。

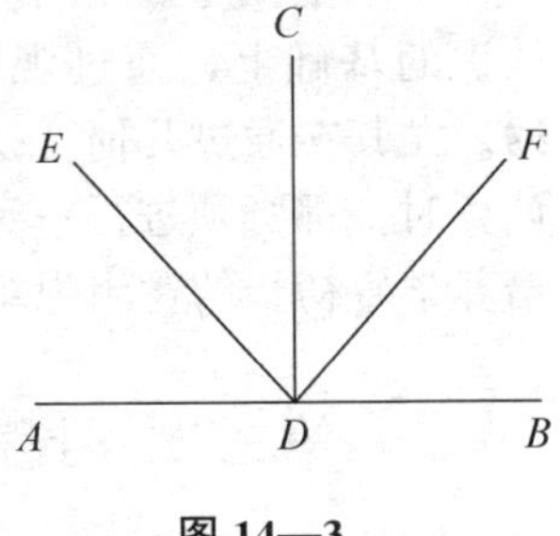

**图 14—3**

## 三、标准图形与变式图形

小学生喜欢观察一些端端正正处于标准位置的图形，习惯上称为标准图形，如等腰三角形的腰处于左右两侧；直角三角形的直角在左下方；梯形相互平行的一组对边处于水平方向，而且上底比下底短。而对一些变式图形（即非标准图形）的辨认水平就较低。我国心理学工作者曾对三、四、五年级学生识别几何图形的情况作过调查，以直角三角形为例，正确识别标准图形的占被测人数的 76.7％，而正确识别其变式图形的只占 35％。

此外，小学生还特别爱看对称图形。譬如要求一个小学生在圆上画出直径，学生画的第一条直径往往是水平方向，第二条是铅垂方向，再画下去也都沿着对称的位置逐步展开，见图 14—4。

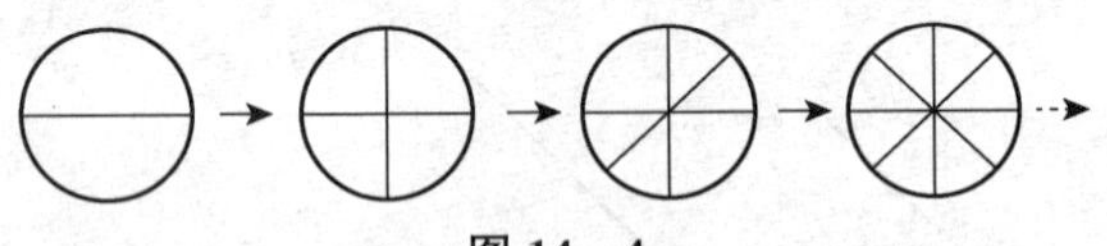
**图 14—4**

这些与他们在日常生活中常见物体的形状有很大的关系，如平日所见的建筑物（天安门城楼、房屋）、昆虫（蝴蝶、蜻蜓等）、动物、物品（黑板、课本、剪子等）都是对称的，而且这些物体也往往处于标准的位置。因此在教学中，要恰当地利用标准图形，唤起学生生活中的旧经验，促进学生对新图形的认识。但是又不能只停留于对标准图形的认识，还要适当地变换方位，通过变式图形与标准图形的比较，来突出标准图形的本质特征，从而正确地掌握图形的基本特征。

**四、日常用语与科学概念**

日常用语是一种自发的习惯用语，是小学生在正式学习几何初步知识之前，在日常生活中对图形的初步认识的口语表述，如入学前把三角形叫做“三角”，把正方形叫做“方块”。当这些日常用语与科学概念一致时，就有利于学生日后空间观念的形成。例如，6岁儿童在入学前对“前、后、左、右、上、下”等方位已经能清楚而正确地进行表述，那么入学后再认识长方体的六个面就十分方便了。另一方面，如果日常用语与科学概念不一致或不太一致时，就会干扰空间观念的正确形成。例如，在日常用语中垂线只指铅垂位置，至于其他方位的垂线，小学生就不容易认识。笔者曾对四年级的两个班进行测试，确认图 14—5 的两条直线是相互垂直的达 96%，答对图 14—6 的只有 5%。

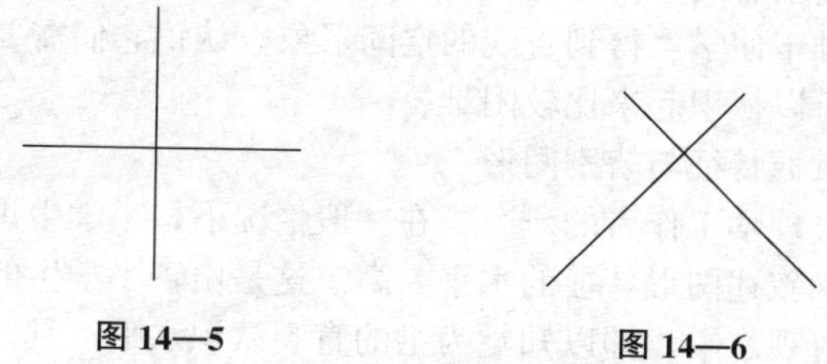

**图 14—5**　　**图 14—6**

此外，三角形的“顶点”与“底边”与日常用语的“顶”、“底”也不一致，教学中如不注意引导，学生凭过去的经验总认为三角形中只有上面的那个才叫顶角，下面的这条边才是底边。有经验的教师在教学中，既能沟通并充分利用学生原有的生活经验，又能指出概念扩大和深化的地方，即“三角形的顶与山顶一样，也是尖尖的，它是两边相交的地方；但和山顶不一致，三角形的顶角可以有各种位置，与每一个角相对的边分别是它的底边。”

**五、二维空间与三维空间**

小学生形成三维空间观念比形成二维空间观念困难，而且由认识平面图形到立体图形的过渡时间较长。1979 年我国心理学界在北京、杭州、广州、福建、重庆等十大地区对 7 岁～12 岁儿童的数学概念的发展作了初步的调查，其中有一道题目：(见图 14—7)

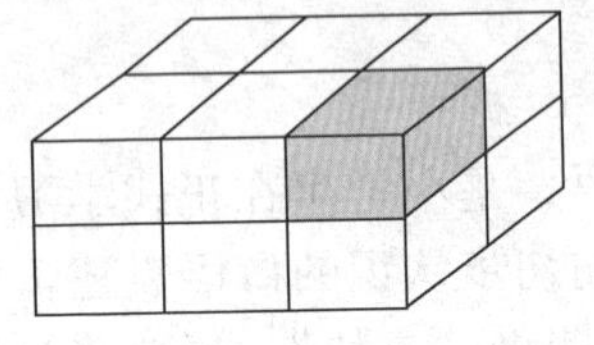

用分数表示阴影部分：

$$\frac{(\quad)}{(\quad)}$$

图 14—7

测试结果：七八岁的儿童不会解答，9 岁～12 岁的错误率很高，大多回答是$\frac{1}{16}$，$\frac{1}{32}$，其根本原因是把表面积与体积相混淆。那么，为什么学过长方体的学生也出现这类错误？除了反映出我们日常教学中的某些弊病以外，更重要的是说明了二维空间图形与实物的可见面是一致的，容易辨认，而当学生认识三维空间图形时，只能在平面上看到象征性的立体图形，换句话说，在纸上描绘的立体图形，难于使学生得到直观的空间形象，认识它们需要一些空间想像力，所以认识起来比较困难。

**六、掌握特征与辨别图形**

根据心理学工作者的研究，在一般情况下，小学生识别图形的水平比正确叙述图形特征的水平要高。这是由于小学生的识别一般还停留在直观水平，即以知觉为主的直观认识水平。具体说来，一听到“梯形”的名称，就在头脑中呈现出相应的梯形表象，然后以此去识别哪些图形是梯形。很显然，“识别”比用正确的语言概括图形的特征容易一些，这是小学生认识图形的一个特点。

另一方面，我们看一看让小学生根据掌握的图形特征来辨别图形，是否更容易些呢？根据概括的特征来判别图形，是以思维为主的间接的认识水平，是高一级的水平，对成人来说，以这种方法识别图形更加准确可靠。但根据我们的观察与实验得知，小学生与成人不同。在正确教学方法的指导下，孩子们固然能掌握常见图形的基本特征，并能用恰当的语言进行描述；但要求他们根据这些特征来辨别图形，尤其是辨别变式图形时，中间仍需一个较长的过程，有时甚至脱节，这是小学生认识图形的又一个特点。一位教师对二年级实验班教学“正方形的认识”这一内容时，采用了观察、测量、讨论等多种方式，引导学生人人动手、动口，最后大家一致认为：“四条边都相等、四个角都是直角的四边形就是正方形。”接着教师把学生原来亲自测量过的一个正方形移动了位置，如图 14—8，再请学生辨认。

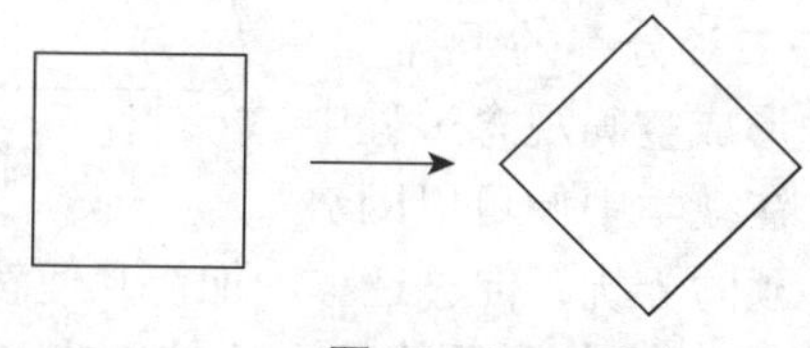

**图 14—8**

一位小同学说什么也不承认它是正方形，说是四边形，教师再问：“为什么不是正方形?”回答说：“它不正了。”这时，他不再用已总结出来的正方形特征作为根据，对图形进行判别。另一位四年级教师教学“三角形的内角和”这一节课，让学生通过撕拼、测量等方式，对大小不同的直角三角形、锐角三角形和钝角三角形都作了实验，一致确认“三角形的内角和总是 180°”。接着教师拿出各种三角形让学生说明其内角和，都很顺利。于是又进行变式判断：先拿出一个三角形纸片，问：“它的内角和是多少度?”又把它对折，用剪刀剪去其一半，拿着剩下的一半问：“这个小三角形的内角和该是多少度?”学生纷纷回答：“90°，120°……”直到下课时也没有同学说是 180°，大家争论不休。由此可见，从掌握特征到以此为依据去辨认图形，对小学生来说仍不是很容易的。

**七、数与形**

在计算几何图形的面积、体积时，学生既要考虑到图形的特征，又要考虑其计算方法，“特征”与“方法”这两个因素是交织在一起同时作用于学生大脑的。一般说来，平时计算能力较强的学生，进行几何求积也比较顺利。但是，由于算术知识学得较早，又比较牢固，当学生空间观念不很清晰时，“数的计算”会干扰“图形的求积”。

**例 1** 把三个边长为 1 厘米的正方形拼成一个长方形，它的周长是多少？

**分析** 很多学生受了乘法意义（求几个几的和）的影响，算成 $4\times3=12$（厘米）。

**例 2** 求半圆的周长见图 14—9。

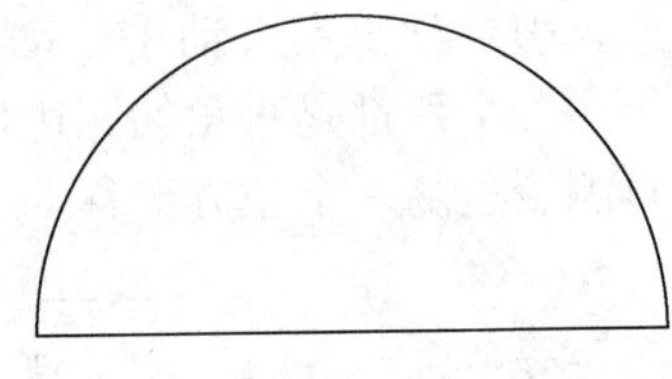

**图 14—9**

**分析** 学生认为是：圆周长÷2，而忽略了其中的一条直径，究其原因是受了“一半就是二等分”的干扰。

认识了小学生形成空间观念过程中的这些心理特征，在教学中便可以因势利导、突出重点、预防干扰、促进迁移，加快几何教学的改革。

小学几何初步知识教学的目的是：培养学生初步的空间观念，掌握简单几何形体的特征以及有关几何求积的方法，从而解决一些简单的实际问题。为了有效地达到上述的教学目的，我们根据小学生空间观念形成的心理特征，提出教学策略。下面分为培养初步空间观念的教学策略与几何求积的教学策略两节进行阐述。

## 第三节 培养初步空间观念的教学策略

小学生在形成空间观念时，在一定程度上是受其心理因素（感觉、知觉、注意、思维、想像等）影响的。因此，我们要依据上节揭示的小学生空间观念的若干心理特征，研究相应的教学策略。小学生空间观念形成的过程要从实物、模型的直观开始，再到几何图形的直观；从形成几何体的实物、模型的表象，过渡到形成几何图形的表象，建立起图形与相应实物、模型间的联系；从观察实物、模型的特征，到分析图形的特征，并且逐步抽取所研究图形的本质特征。通过以上过程，也可以说空间观念（甚至是初步的几何概念）已经建立起来了。

因此，我们依次提出利用实物、模型的观察、加强实际操作和适时抽象概括三个基本教学策略。

### 一、利用实物、模型的演示，引导学生观察

几何图形来自丰富的现实原型。进行几何教学，首先要从小学

生生活中熟悉的实际事物引入。

**例 1** 低年级第一次认识三角形，老师拿着他们平时曾经玩过的三角形纸片问："这是什么形状的？你们还见过哪些东西的形状也是三角形的？"设法唤起学生的经验。然后，教师根据学生说出的"红领巾"、"三角板"等，拿出实物进行观察，再过渡到图形——三角形，(见图 14—10)。

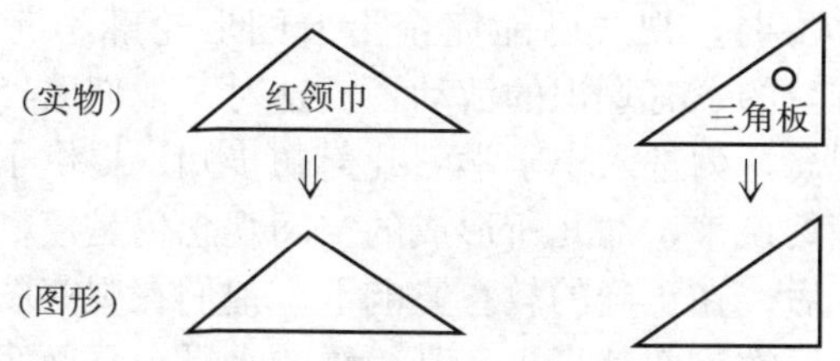


**图 14—10**

**例 2** 高年级学习"圆的认识"时，由于他们已有较丰富的生活经验，学生列举了钟面、方向盘、呼拉圈、碗口、车轮、圆桌面……但也有的说"球"也是圆的。为了使学生辨认，教师出示球的模型，并把球"切开"，让学生观察它的横截面是"圆形"，而其本身则是"球体"，把圆形和球体作了恰如其分的区别。接着，教师又拿出一根细绳，绳子一端系上一个小球，把绳子另一端用图钉固定在黑板上，用力甩动小球，使小球靠着黑板面的运动轨迹形成圆形。教师启发大家一边观察一边思考："小球甩动时，为什么不跑到别的地方去，却能形成这样一个首尾相接的曲线呢？"此时，学生由对实物、模型的观察过渡到对图形的观察，并且已逐渐接触到圆的要素——圆心、圆的半径、直径了。由此可见，教师的精心设计可以有效地提高学生观察图形的效果。

**例 3** 对立体图形的认识要围绕几何要素进行观察。

认识长方体时，应按照面、棱、顶点的顺序让学生一一观察，其中最难观察的是长方体的棱，如果先让学生自己观察长方体模型，再用抽拉投影片甚至计算机辅助教学手段，让学生能动态地看到 12 条棱分成三组，每组相同方向的 4 条棱的长度相等，这样，长方体的空间观念就比较容易形成了。

观察是小学生获得初步空间观念的主要途径之一。观察是一种有目的、有顺序、持久的知觉（主要是视觉）活动。进入小学以前的幼儿，已经摆弄过许多形状不同、大小各异的积木、玩具等。根据实验，他们对物体（或图形）的观察已经经历了一个阶段。在3岁以前，他们的眼动轨迹是杂乱的，只能看到图形的某一部分；到了4岁，眼动轨迹逐渐符合图形的轮廓；5岁时，能正确认识简单的图形；到了6岁时，视线已能完全沿着图形轮廓不断地积极活动，视觉成为有目的、有意识的活动了。这时，他们已经积累了一些初步的空间观念，为进入小学学习几何初步知识提供了十分有利的条件。但是总的说来，幼儿所形成的空间观念仍是模糊的、笼统的。进入小学以后，在正确的教育影响下，他们在观察图形的目的性、精确性和有序性方面都将进入高一级的水平。下面我们着重研究一下在引导学生观察图形时，应着重注意的几个方面。

（一）恰当地运用标准图形和变式图形

在几何教学中，学生观察图形的效果往往与教师提供图形的方式有很大关系。一般说来，可以从以下几方面依次进行。

1. 提供标准图形

学习任何一个图形，都应先提供标准图形，利用标准图形的稳定性，让小学生初步认识某些图形的特征。例如开始认识等腰三角形时，首先出示的是左右两边相等的三角形；开始学习梯形时，首先出示上下两底处于水平方向，而且上底短下底长的梯形，这些都有助于学生形象地记住它们的特征。

2. 呈现变式图形

应该看到，如果只利用标准图形，很可能误导学生把图形的本质特征与非本质特征联系起来，产生扩大内涵或缩小外延的错误，因此还必须及时利用变式。一般要交替利用以下两种变式：

(1) 异中求同。异中求同指的是变化图形的非本质属性，保留或突出其本质属性，使学生能把握图形的本质特征。例如认识三角形，就要出示形状不同（直角三角形、锐角三角形、钝角三角形）、大小不同、方位不同，甚至还有颜色和用料不同的三角形片，在比较上述各种图形中得出：只有三条线段所围成的封闭图形才是三角形。至于长方体，在小学阶段是不定义的，那么也要出示各种典型形状的长方体，如细长的、扁平的、六个面都是长方形的，也有其中两个相对的面是正方形的，如图 14—11，使学生从中悟出长方体的某些主要特征。

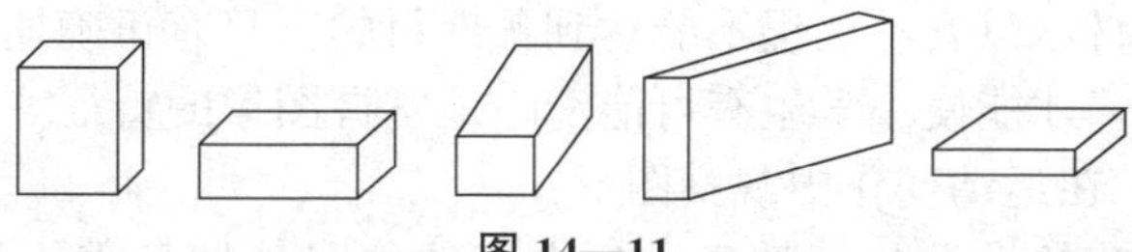

图 14—11

（2）同中求异。同中求异指的是变化其本质属性，而保留非本质属性，这种方式可以帮助学生从相似图形中精确地辨别各种图形的本质差别，使学生对图形的认识更加精确。例如扇形是指圆心角的两条半径与所对的弧所组成的图形，小学生对此不易理解，因为在这一结语中涉及到不少几何概念，而几何的扇形与日常用语中的“扇形”又容易混淆。所以教学中采用的策略应是在适当时机出示下列一组图形让学生去辨认哪些是扇形，哪些不是扇形，见图 14—12。

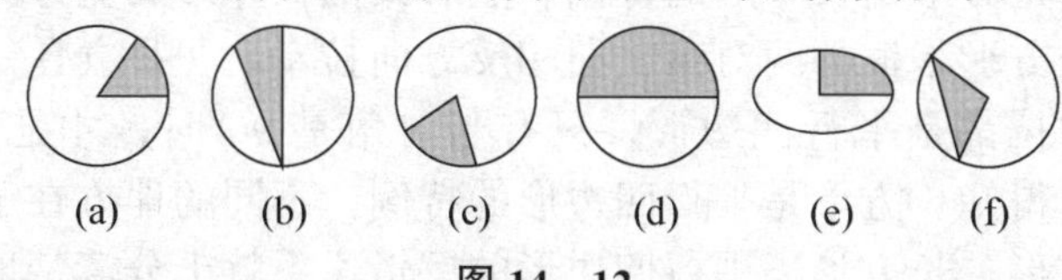


图 14—12

在教学中，把异中求同和同中求异恰当地配合起来，可以有效地促进学生对图形特征的掌握。例如，在小学阶段对圆柱体只要求

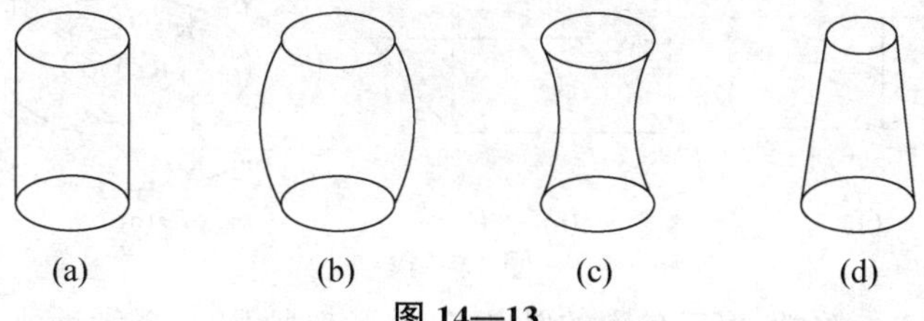


图 14—13

学生直观地描述“上下两个面是等圆，侧面展开图可以是一个长方形”。有的教师为了使学生对圆柱体有进一步的认识，在学生已能列举笔筒、灯管、纪念堂的圆柱等实例后，又拿出几个泥塑的模型，见图 14—13，引导大家去观察哪些模型是圆柱体。通过比较

讨论，学生对圆柱体加深了认识，并能用自己理解的语言作出表述："上下两个底面是大小相等的圆，侧面展开图是长方形，而且是直上直下的。"有的还说是"粗细均匀的"、"上下一边粗的"。

必须注意，提供变式图形是重要的；但是，变式图形只是为理解提供素材，只变不比仍不能达到预期目的。只有正确地引导、观察、比较，才能使小学生有可能清晰地掌握图形的特征。

（二）在运动变化中观察图形

在传统的小学几何教学中，人们往往只停留于静态地观察图形，只注意各图形的差异，而忽视它们的共同之处，造成知识割裂。如果注意在运动变化中引导学生观察图形，就可以有助于学生掌握图形之间的联系。

**例 1** 学习长方形、正方形和平行四边形以后，可以利用自制的由四根小木条钉成的长方形框架进行演示，见图 14—14（a），把宽边慢慢往里移，成了正方形，再往里移又成了长方形，从而使学生悟出正方形是长方形的特例。然后又把长方形的宽边固定，用手拉住长方形木框的两对角，向相反方向拉动，见图 14—14（b），无论怎样拉都是平行四边形，只有当对角是 90°时，才是长方形。因此，又得知长方形是平行四边形的特例，不同的地方在于角。这样，正方形、长方形、平行四边形的逻辑关系就十分清楚地被学生掌握了，见图 14—14（c）。

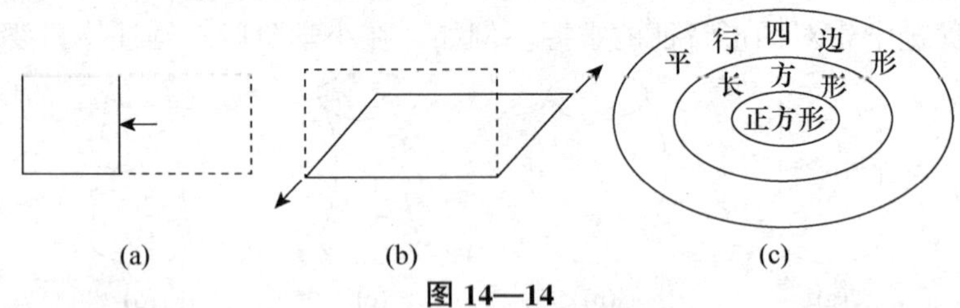


**图 14—14**

**例 2** 教学"正方体的认识"时，教师用一个大萝卜当场切割。每切一刀呈现一个"面"，两面相交出现一条"棱"，三条棱相交出现一个"顶点"……逐步把它切成一个长方体的形状（相对两个面是正方形），然后再与底面垂直切一刀，启发大家想像，直到切成长、宽、高都相等时，就呈现出一个正方体，使学生同样认识到正方体是一种特殊的长方体，两者也是包含关系，见图 14—15。

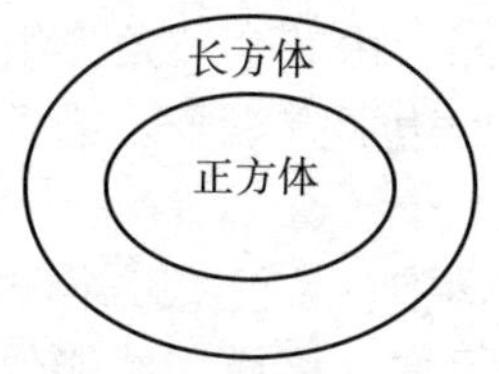


**图 14—15**

**例 3** 在教学垂线、平行线时，不少教师用两根细棍进行演示，表示两条直线在同一平面上位置的变化过程：重合⟶任意相交⟶垂直⟶暂不相交⟶平行，见图 14—16。

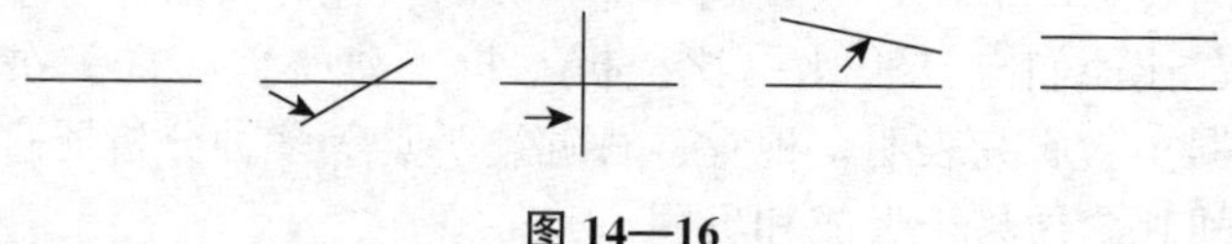

**图 14—16**

总之，在几何要素的运动变化中引导学生发现各图形之间的异同，有利于他们辩证地了解图形之间的关系，在提高学生观察的精确性方面是颇有价值的。

（三）在复杂图形中判别基本图形

中学生学习几何的困难在相当程度上与他们缺乏观察图形的能力有关。具体说来，在解题时学生不会在提供的图形中找出自己所需要的基本图形，尤其在图形的位置是不标准的、交错隐蔽的情况下，这时的观察便显得更为困难。因此，在小学阶段，在学生已经认识图形的基本特征后，应安排“辨认在复杂图形中包含多少基本图形”的练习，以提高学生的识别能力，见图 14—17。

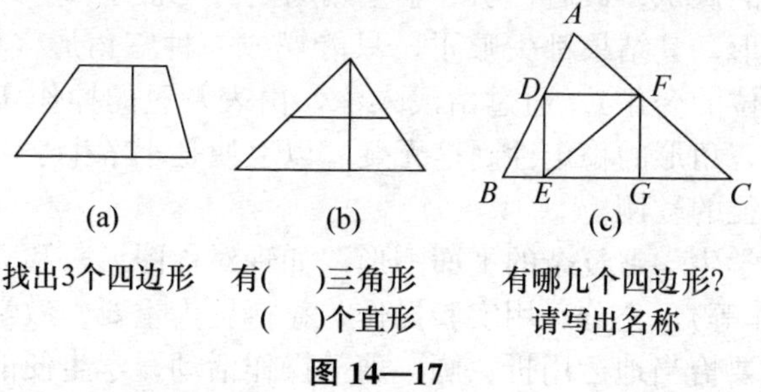


**图 14—17**

以上三道题的要求是逐步提高的。第（3）题要进行有顺序的观察，才能做到不重不漏。由 2 个三角形组成的四边形有 3 个，再看由 3 个三角形组成的四边形有 3 个，最后看由 4 个三角形组成的四边形也是 3 个，共计 9 个。

在几何初步知识教学中，要注意培养学生观察的兴趣，掌握观察的方法，形成观察的习惯，这样，才能保证学生在观察图形的目的性、精确性和有序性上达到高一级的水平，并逐步形成空间观念。

**二、加强动手操作，指导学生实验**

空间观念的形成，只靠观察是不够的，还必须引导学生亲自动手实验，让他们自己去比一比、折一折、剪一剪、拼一拼、画一画。根据实验研究表明，视觉、触觉、听觉等多种分析器官共同活动，空间观念便易于形成和巩固。

一年级小学生在直观认识长方形时，通过自己动手对折长方形纸片，就认识到"对边相等"这一特征。中年级在学习三角形内角和时，每个人都是通过撕角、拼角把三角形纸片上的三个内角拼成一个平角，通过实验来证明"三角形的内角和是 180°"。在研究三角形的性质时，有经验的教师又通过"拉—变—摆"三个层次的实验，让学生认识三角形的特性。先让学生去"拉"用三根木条钉成的三角形框架，初步证明三角形是不变形的；再出示用四根木条钉成的四边形框架，让学生进行比较（学生已学过四边形容易变形的性质），紧接着在其对角顶点钉上一根木条由学生去拉，由变形又"变"成不变形，启发学生思考其原因，使大家对三角形的稳定性有进一步的认识；最后，引导学生用固定的三根小棒，设法摆出不同的三角形，其结果都失败了，只能摆成一种三角形（如有不同，也只是方位的变化）。通过由浅入深，由表及里的操作实验，让全体学生对三角形的稳定性确信无疑。以上便是小学生学习直观几何的基本途径的教例。

在小学生学习复杂的平面图形（如轴对称图形）和立体图形时（如长方体等），充分运用实验操作，显得更为重要。教学轴对称图形时，只要恰当地运用折、画、剪等操作活动，学生便能悟出什么叫轴对称图形的表象；许多学生通过实际操作，剪出许多形态各异，美丽生动的轴对称图案，并从中获得了数学对称美的内心体验。教学“长方体的认识”时，如果能让学生利用学具盒中的小棒和拐角自己去动手插拼成一个长方体框架，那么，他们对长方体的12条棱的相互位置关系也就清晰了。

由前所述，小学生对几何图形的认识绝不是听会、讲会的，而是靠他们自己动手实验、认真观察逐步获得的。操作实验的方式很多，目的也不尽相同。有的安排在了解图形特征之前，目的是为了发现图形的特点；有的安排在了解图形特征之后，往往为了巩固知识，加深认识。分析起来，操作实验一般采用以下一些方式：

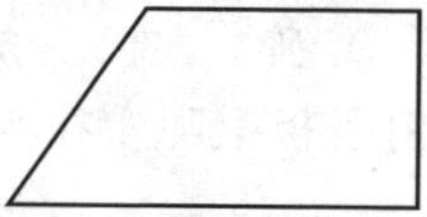

（一）划分

**图 14—18**

**例** 在下图（图 14—18）中画一条线段，使它分成：(1) 一个长方形和一个三角形。(2) 一个长方形和一个四边形。(3) 一个正方形和一个四边形。(4) 两个三角形。

（二）剪拼、折叠

**例 1** 把一个正方形剪成四个相等的三角形，然后再拼成一个大三角形（见图 14—19）。

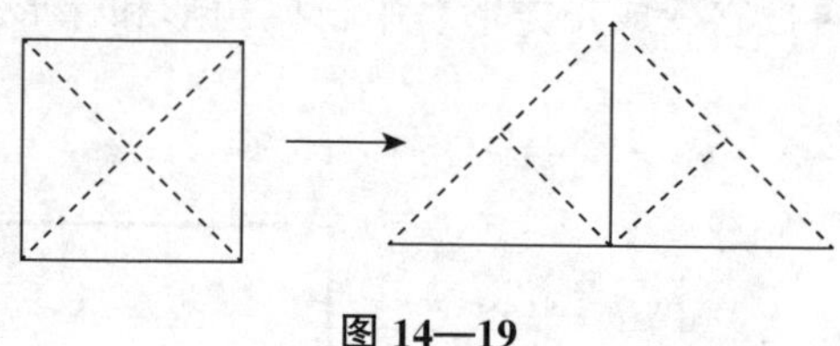

**图 14—19**

**例 2** 把三角形截成两部分，拼成一个平行四边形。（见图 14—20）

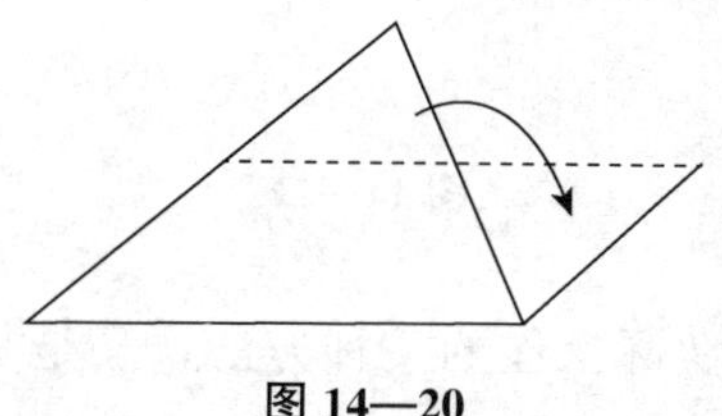

**图 14—20**

**例 3** 用任意一张纸折出直角来。

**例 4** 用七巧板拼摆成各种自己喜欢的图形。

**例 5** 用折叠的方法判断长方形、正方形、圆形是不是轴对称图形，各有几条对称轴，并把它们画出来。

**例 6** 用展开图折出长方体或正方体纸盒。

**例 7** 用 8 个大小相等的正方体拼出一个长方体。

（三）利用钉子板

用橡皮筋在钉子板上勾画，可以勾出各种平面图形，有利于了解各图形之间的关系。

**例 1** 在3×3 的钉子板上，能勾出多少个正方形？在 4×4 的钉子板上呢？在 5×5 的钉子板上呢？（见图 14—21）

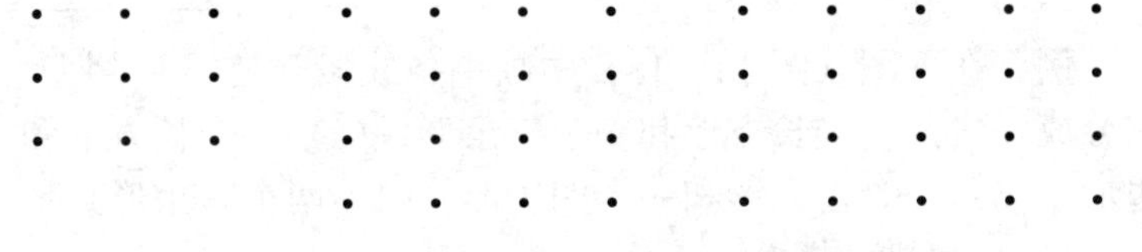

**图 14—21**

**例 2** （1）在钉子板上勾出等腰三角形；（2）在钉子板上先勾出长方形，再把它变成正方形、平行四边形和梯形。（见图 14—22）

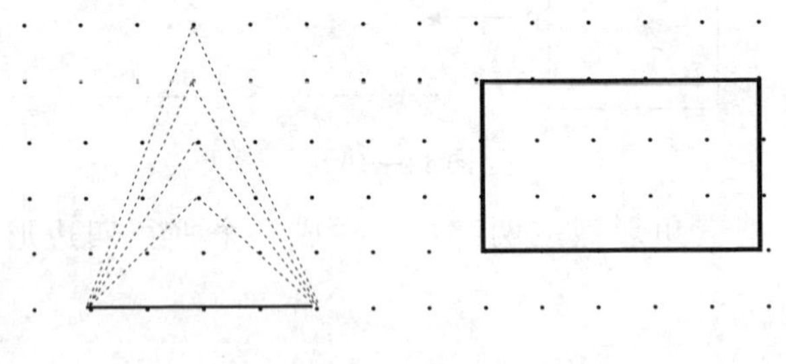

**图 14—22**

（四）测量

测量既是学生实际操作的一种方法，又是一种实际操作的技能。在小学阶段可要求学生利用直尺测量长度，利用量角器量角，会目测、步测一些较短的距离等。

（五）画图

画图有利于发展学生对几何形体的再造性想像，促进学生对几何形体特征的掌握。小学阶段可以引导学生用三角板画直角和垂线，用直尺、三角板画平行线，再求助于圆规便可画出三角形、长方形、正方形、平行四边形、梯形等。此外，利用直尺、量角器和圆规，可画出给定的三角形（一般不作要求）。利用圆规作圆，这是基本要求，如果发展一步，可以要求学生在一个给定的正方形内画出一个最大的圆，看看学生怎样去确定圆的半径，可利用折叠等方法，有利于学生思维的发展。

关于长方体、正方体等立体图形，在小学阶段一般是不要求作图的。但是如果在教学过程中，教师带领学生试画，也有助于学生掌握几何形体的特征。以长方体为例，一般先让学生观察透明的长方体鱼缸，再教给学生画图的方法：先选出一个可见的顶点，由此按上下、左右、前后三个方向确定其长、宽、高，见图 14—23（a），再据此画出可见的三个面，见图 14—23（b），最后引导学生观察并确定底面对角的顶点，用虚线表示不可见的三个面，见图 14—23（c）。这样使学生逐步了解了长方体的特征，并体验到由“面”到“体”的演变过程，使长方体在学生头脑中真正地“立”起来了，在认识上又实现了一个飞跃。

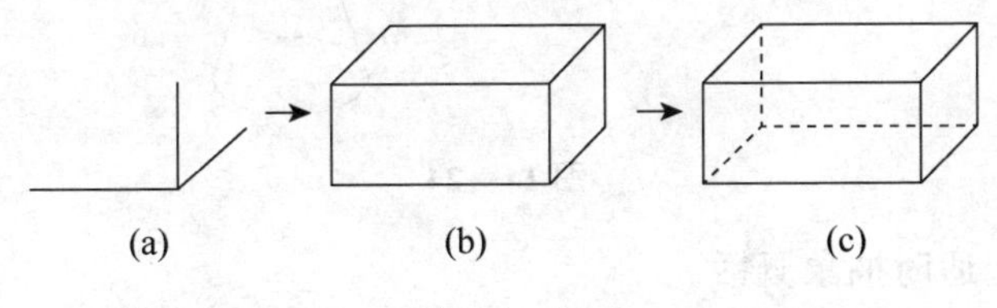


**图 14—23**

引导学生画图，可以弥补教材中图形的不足。《九年义务教育全日制小学数学教学大纲（试用）》中对画长方体、正方体、圆柱、圆锥的直观图是不作要求的，如果在活动课或兴趣小组中，使用“模型板”启发学生试画，也会使学生产生很大乐趣的。具体方法是：把长方形、正方形与圆在水平位置的设计图——平行四边形与椭圆，用硬纸板剪成模型板。利用平行四边形模型板，可画长方体和正方体；利用椭圆模型板可画圆柱、圆锥。（见图 14—24）

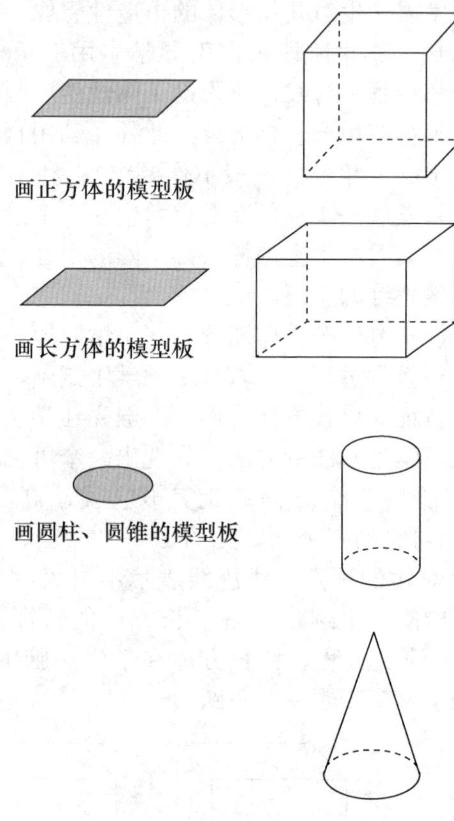


**图 14—24**

### 三、适时抽象概括

小学生认识几何图形，必须注意适时的抽象概括。几何图形的概念总是抽象的，就以“直线”这一原始概念为例，我们用拉紧的绳子、纸的折痕、练习本的边等为学生提供直线的形象，又用放松的线、弯曲的枝条与它们作比较，目的是为了突出直线“直”的特点；但是，几何中的直线是没有粗细、没有端点的，仅用直观形象是无法真正表示的，教师还必须在学生已有的感性认识的基础上，用语言进行概括，从而使学生对直线获得初步的认识。

小学几何教学中，有的概念是下定义的（为数不多），由于小学生思维往往还处在直观概括的水平，所以教师更要适时引导学生进行抽象概括。如在认识梯形的模型、图形后，可由学生自己去概括梯形的特征。甲说：有一组对边平行的图形叫梯形；乙说：有一组对边平行的四边形叫梯形。显然概括得不够准确。教师便针对甲生的回答画出有一组对边平行的六边形；针对乙生的回答画出有两组对边平行的四边形，分别让大家讨论。经过仔细研究，终于概括出："只有一组对边平行的四边形叫梯形。"至此，用准确而简练的语言把图形的本质特征表达出来，固定下来，学生对图形的认识已由观念向几何概念过渡了，并给以后的判断和应用提供了有力的依据。但是，必须注意，小学阶段的几何概念一般是不下定义的，即使有些结论也是初步的、描述性的。尽管如此，这些描述仍然使小学生空间观念的发展迈出了关键的一步。

图形与图形之间往往存在着一定的联系，为了使学生能更好地掌握它们之间的异同，可以采用表格形式对它们的主要特征进行整理。下面所列的两种表格都是反映常见的平面直线图形特征的。表14—1根据几何要素分项，便于学生记忆和应用，我国较多学校采用这种整理形式；表14—2则有利于学生了解各图形之间的逻辑关系，国外学校采用较多。

**表 14—1　　常见的平面直线图形特征（一）**

| | 边 | 角 |
|---|---|---|
| 正　方　形 | 四边相等 | 四角都是直角 |
| 长　方　形 | 对边相等 | 四角都是直角 |
| 菱　　　形 | 四边相等 | 对角相等 |
| 平行四边形 | 对边相等且平行 | 对角相等 |
| 梯　　　形 | 只有一组对边平行 | |

表 14—2　　常见的平面直线图形特征（二）

| | 平行四边形 | 菱形 | 长方形 | 正方形 |
|---|---|---|---|---|
| 对边平行 | ✓ | ✓ | ✓ | ✓ |
| 对边相等 | ✓ | ✓ | ✓ | ✓ |
| 对角相等 | ✓ | ✓ | ✓ | ✓ |
| 四边相等 | | ✓ | | ✓ |
| 四角相等 | | | ✓ | ✓ |

## 第四节　几何求积的教学策略

几何求积是几何初步知识教学中的重要内容，通过几何求积可以使学生加深理解图形的特征，培养初步的逻辑思维和解决实际问题的能力，尤其具有数形结合、相互作用的重要意义。

小学生在计算几何形体的周长、面积和体积时，既要着眼于图形特征，又要考虑到计算方法，而且特征和方法两个因素是交织在一起同时作用于大脑的。因此，在指导学生学习几何求积的过程中，应采用相应的教学策略。

### 一、在建立周长、面积、体积观念的基础上，开始几何量的计算

在几何初步知识教学中，必须让学生首先掌握了周长、面积和体积的概念，掌握相应的长度、面积和体积的计量单位后，才开始几何求积计算。最后，通过求积计算，再进一步促进学生空间观念的形成，掌握几何概念。

对一个十岁左右的小学生来说，要建立正确的面积和体积概念确非易事。在日常教学中，周长和面积不分、表面积和体积混淆是小学生在几何求积中普遍存在的问题。原因之一是面积与体积的概念比较抽象，有关图形的周长、面积、体积公式又极相似，学生很容易产生负迁移；而最根本的原因还在于受应试教育思想的影响，教学中教师习惯于把求积公式简单地传递给学生，只要求他们“听

懂、记牢、准确再现”。针对上述的弊端，近年来，我国小学几何教学已做了较大的改革，并开始取得可喜的成绩。下面以“面积概念”教学为例谈谈几何求积的教学策略。

（一）帮助学生建立对面积的初步认识

教师从学生看得见、摸得着的实物引入，如桌面、课本面、黑板面、桔子的表面（把桔子皮完整地剥下展示在黑板上）……通过摸一摸、指一指，使学生知道“物体表面的大小就是它们的面积”。接着，出示已学过的平面图形（正方形、圆形、三角形等），请学生指一指，哪部分是这个图形的面积，由此得出“表示围成的平面图形的大小，就是它们的面积”，从而初步获得面积的观念。

（二）帮助学生建立面积单位的初步概念

要使学生真正理解测量面积大小要使用面积单位，在教学中要采用循序渐进的教学程序：直观比较法（比较两个面积悬殊的图形）⟶重叠法（比较面积相差不多的两个图形）⟶画方格法（当无法重叠比较时，在图形上画出大小相同的方格，数出方格个数）。为使学生对大小相同方格的特点有所警觉，教师还可采用分组游戏的形式，把全班分为两组，每组观察同一长方形纸片的不同背面，见图 14—25。

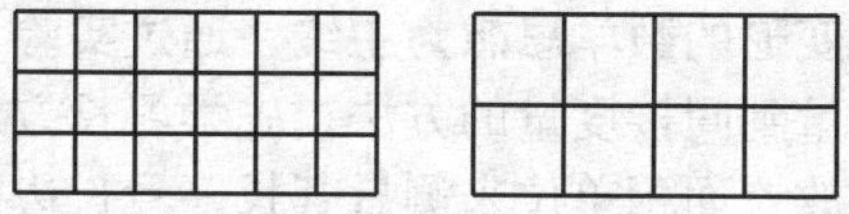

**图 14—25**

当大家分别说“8”、“18”，并争论不休时，才发现问题的症结所在，迫使学生产生要有一个“统一”的方格的需求心理，于是教师依次介绍了平方厘米、平方分米和平方米的面积单位。这种教学设计，实际上是带领学生简约地经历了人类探索面积单位的历程，是颇有价值的。在介绍有关面积单位时，要让学生自己测量，如用坐标纸画出一个边长 1 厘米的正方形，表示它的面积为 1 平方厘米，相当于每个小学生大拇指指甲大小，并注意与长度单位 1 厘米作区分。这样面积单位的概念才能在学生头脑中逐步建立起来。

图形的周长和面积，除了用对比方法讲解外，还可以采用对比练习，以加强对几何量的理解。

**例1** 给每个学生6个1平方米的正方形纸片，拼出不同形状的图形，分别写出它们的周长和面积。学生拼出了多种形状，见图14—26。

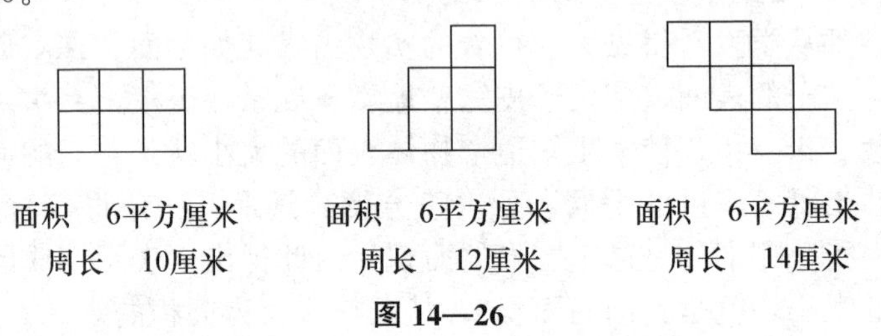


**图14—26**

通过操作、计算，学生清楚地看出各种图形面积相等而周长却不相等。

**例2** 看图14—27，判断下面的说法是否正确。

(1) $A$的面积比$B$大。 ( )

(2) $A$与$B$的面积相等。 ( )

(3) $A$的周长比$B$长。 ( )

(4) $A$与$B$的周长相等。 ( )

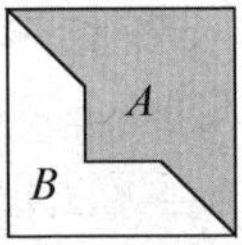

A

B

**图14—27**

通过讨论，使学生明白$A$与$B$的周长相等，而面积却不等。

**二、以等积变形的数学思想为主线，通过实验，推导求积公式**

采用直接度量到间接度量的方法，先学习长方形的面积。学生操作时，先直接放置面积单位来测量其长，看长边能放几个，再看宽边能放几个，所放的面积单位个数正好是长与宽的乘积，由此推出长方形的面积公式。

其他平面图形也都采用划分、割补的方法，用等积变形的数学思想，把它们转化成长方形或已学过的图形，从而推导出面积公式，大致顺序是长方形⟶平行四边形⟶三角形⟶梯形⟶圆形。立体图形的顺序是长方体⟶圆柱⟶圆锥。因此，如何使学生知道求积公式的由来，如何使学生领会等积变形的思想，主动地寻找割补的方法是教学的重点。

下面我们来分析一个“平行四边形面积”的教学实例。教师先向同学指出：“我们已学过长方形面积的求法，现在要求平行四边形的面积该怎么办？能不能把它转化成长方形呢？”接着分给每人一张平行四边形的纸片，启发说：“你们先在这张纸片上画一条线段，想一想，画什么样的线段？（稍停片刻）然后沿这条线将平行四边形分成两部分，再把它们拼成一个长方形。”于是学生纷纷动手，结果画的“高”是各种各样的，都拼成了长方形。此时，教师有目的地清理学生思路，引导大家思考：“你们是怎样把平行四边形转化成一个长方形的？”“为什么都要沿着高把它分成两部分？”“为什么只有沿着平行四边形的高才能把它转化成长方形？”问题层层深入，步步逼近，使学生对平行四边形割补过程的必然性有了实质性的认识。在这个基础上，又进一步设问：“这时你们看，什么变了什么没变？”“既然面积没变，那么转化后长方形的长相当于原来平行四边形的哪部分？宽又相当于原来平行四边形的哪部分？”问题击中要害，在教师引导下，就顺利地推导出“平行四边形面积＝底×高”的公式。这样的教学策略，既能居高临下地驾驭教材，又给学生留有足够的思维空间，无论在剪拼、推导过程中都设法让学生“跳起来摘果子”，让学生参与到学习的全过程之中，使学生自己认识到公式推导的前提、方法、过程和结果，并且能切实地体察到“等积变形”的数学思想，应该说是达到了素质教育的要求，真正做到了优化教学过程。

在推导几何求积公式的过程中，小学生最难理解的是圆面积公式的得出。由曲线平面图形转化成直线平面图形（长方形），在运用“等积变形”的过程中，必须渗透“由曲变直”的极限思想。所以，如果能运用计算机辅助教学，效果会更好。可以在动态的画面上，让学生看一看，同一个圆面等分成 8 份，16 份，32 份…“每次分得的小扇形与所拼成的图形有什么差别？”当分割的份数越多，拼成长方形（近似的）的长边也越来越由曲变直；要是等分成 64 份，128 份…那么就呈现出逐渐逼近长方形的趋势，启发学生想像，要是再无限分割下去，这种趋势就会延伸，此时再得出圆面积的公式便水到渠成了。

**三、利用求积公式，解决实际问题**

几何求积要注意联系实际。小学生见到的一些几何形体往往都是与实物密切联系的；可以让他们自己去测量物体各部分应具有的数据，选择恰当的计量单位，最后求得实际问题的解答。这种理论联系实际的学习方法，学生最感兴趣，而且对知识掌握得扎实，用得灵活。

例如，学过长方形后，可让学生解答这样的题目："如图 14—28 所示，在这个楼梯上铺上地毯，这条地毯应长多少米？"

学过了长方形、正方形的面积以后，可以计算："一条人行道长 150 米，宽 3 米。用面积为 9 平方分米的正方形水泥砖铺地，需用这种水泥砖多少块？"学完梯形面积后，可以求渠道和水坝的横截面。学了圆柱体的表面积和体积后，可以让学生自己去测量圆柱形铁皮桶的高和底面直径，算一算至少要用多少铁皮制成。有的农村学校，还可结合实际让学生解答："用一块长 62.8 分米、宽 31.4 分米的长方形草蓆围成一个圆柱体粮，它的体积最大是多少立方分米？"这题必须让学生经过一番思考，才能明确以长的一边为圆柱底面的周长所得的体积为最大。

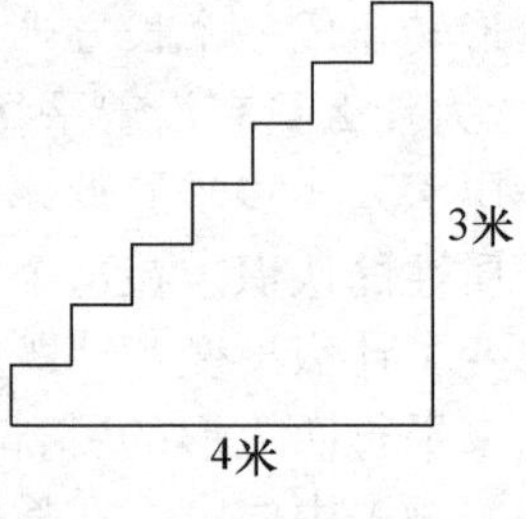

**图 14—28**

此外，还可以根据实际计算某些组合图形的面积。必要时可以利用抽拉投影胶片演示图形的平移、旋转、拼合，帮助学生了解图形间的关系，提高学生观察图形的能力和解决实际问题的能力。

**例**　求图 14—29 中的阴影部分的面积。

**分析**　只要将该图右下角的半圆旋转后移到左下角，所求的阴影部分就是以半径为 8 厘米的半圆的面积，题目也就迎刃而解了。

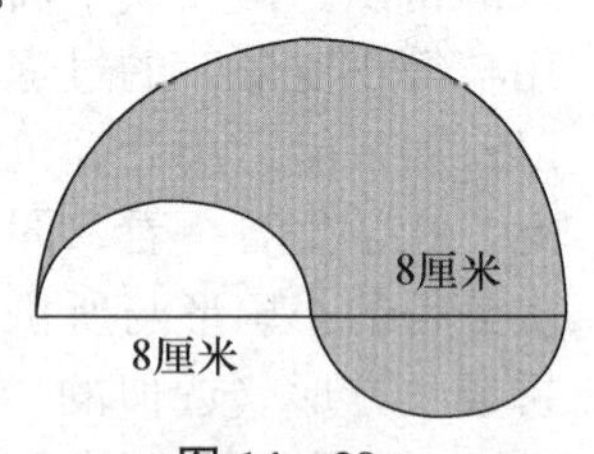

**图 14—29**

结合实际计算组合图形面积时，必须要考虑哪些是必知的数据。有的教师精心设计了这样的题目："求图 14—30 中的阴影部分的面积。"① 接着，向学生设问："怎样求阴影部分的面积？""要求阴影部分的面积必

① 刘延安：《精心设计，平中见奇》，载《小学数学教师》，1996（6）。

须知道哪些条件?”大家进入了沉思。甲生说:“必须知道三个条件,长方形的长、宽和圆的直径。”乙生说:“只需两个条件,因为长方形的长是宽的2倍。”丙生又进一步说:“只需一个条件就行了,因为长方形的宽和圆的直径相等,长又是宽的2倍。”教师给予充分肯定后又要求大家设法补充这个条件,“长是10厘米”,“宽是6厘米”,“长方形周长是60厘米”,“圆的直径10厘米”,“圆周长31.4厘米”……而且每补充一个条件,大家就列式计算。这样,既让学生加深了对图形关系的理解,又通过数形结合,提高了学生的数学思维和解决实际问题的能力。

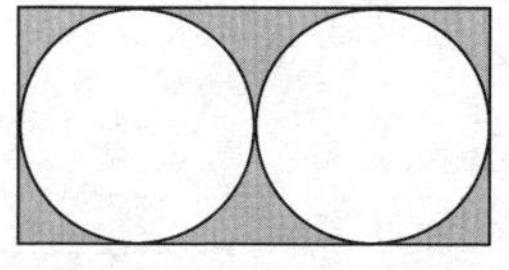

**图 14—30**

**四、系统整理求积公式,促进知识系统化**

几何初步知识是分散在各年级中学习的,经过一定的阶段,要注意引导学生进行系统整理,把各种图形的特征以及它们的求积公式作一梳理,以形成良好的认知结构。

(1)平面图形的面积:基本上归纳为“底×高”,见图14—31。

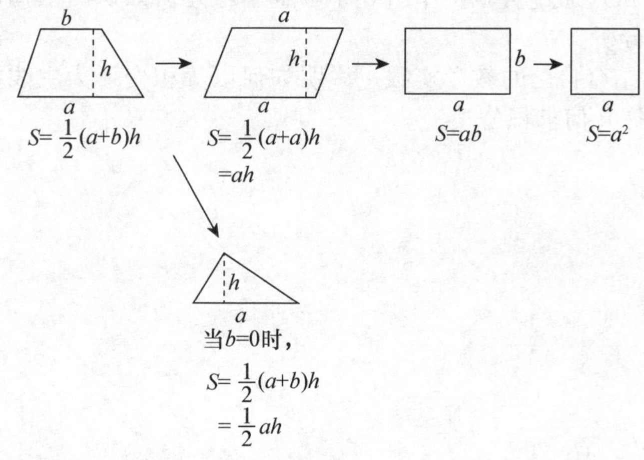


**图 14—31**

(2)立体图形的体积:基本上归纳成“底面积×高”,见图14—32。

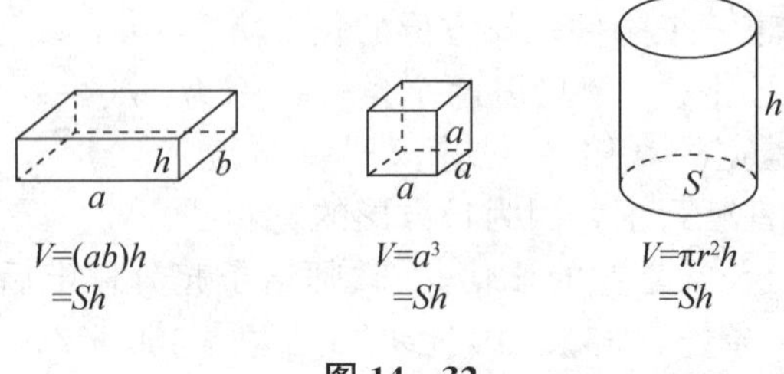


**图 14—32**

## 思　考　题

1. 什么是空间观念?《九年义务教育全日制小学数学教学大纲(试用)》在小学几何教学方面作了那些改革?

2. 几何初步知识教学有什么重要重义?

3. 举例说明小学生空间观念形成的若干心理特征。

4. 举例说明变式图形在形成空间观念中的作用。

5. 试述通过实验操作引导小学生学习几何知识的依据，并举例作出分析。

6. 结合自己的教学实践，说明如何以等积变形为主线，引导学生掌握几何求积公式。

# 第十五章　小学数学教师

## 内容提要

教师的称谓已经成为知识渊博、品德高尚的代名词。教师要向学生传授文化科学知识与技能，并以其高尚的情操与远大的理想潜移默化地影响和教育着学生。为此，教师必须不断地提高自身素质。小学数学教师应该具备教师的职业道德、扎实的文化科学知识、娴熟的教学业务能力、健康的心理以及现代人的开拓、创新、竞争、合作等素质。小学数学教师还应具有一定的教学艺术，能准确把握各年级的教学要求，独立设计教案，并通过语言、板书、教具演示等扎实的基本教学技能，在引导学生形成良好的数学认知结构，培养学生的数学能力中，进行创造性的劳动。

## 第一节　素　质

素质是当前社会上广泛使用的一个词语。人的素质究竟具有什么含义呢？在《简明心理学辞典》中写道："素质，又称天赋，是个人生来所具有的解剖生理特点。这些特点是通过遗传获得的。"它把素质视为天赋，是人体与生俱来的先天的生理特点。而我们所使用的素质一词的含义，已不止于遗传因素的范围，它是以先天遗传因素为基础，在后天环境和教育的影响下逐渐发展和形成的个体的生理、心理和社会文化等方面的特性。这些特性，对个体来说，具有相对的稳定性。稳定在这里只是一个相对的状态。受环境，特别是教育过程的影响，人的生理、心理和社会文化等方面的特性在发展，个体的素质也随之而发展。在非活动状态下，个体的内在特性以潜在的形式存在；而在活动状态时，其生理、心理和社会文化等特性是在分析、处理与解决问题的过程中得到体现的。因此，衡量人的素质发展水平的高低，是个体在适应、认识和改造世界的潜在能动作用下的表现。

人的素质作为人的一种潜能，它究竟包含哪些方面呢？概括地说，人的素质主要包括生理素质、心理素质、文化科学素质和思想道德素质。

人的生理素质是指人的本身的自然力。即指人体发育、体质强弱，以及个体所特有的体能与神经系统的活动能量。

人的心理素质是指人的心理过程的品质及个性特征。它既包括认知过程中的品质，如观察力、记忆力、注意力、思维力和想像力等智力因素，也包括情感、意志过程中的品质，即人的心理中的非智力因素。应该指出的是，智力因素与非智力因素是相互联系的，既互相制约，又互相促进。知、情、意三个方面的相互作用反映在认知产生情感，理智控制情感；情感又会诱导观察、加深记忆、强化注意、激励思维与推动想像。智力能引导与协助意志，情感则能激励意志去确定目标与实现目标；意志又能支配智力活动与情感活动，推动智力水平不断提高，控制情感向健康的方向发展。

人的文化科学素质是指人的文化科学知识水平，以及为不断获取新知识所应具备的学习意识、学习方法、学习能力与学习精神。

人的思想道德素质是指人的思想素质与人的道德素质。思想素质应包括思想觉悟、思想观念和理想信念。理想信念是人的人生观、世界观和价值观的具体表现。道德素质应包括道德观念、道德标准及个人行为的规范与准则。

## 第二节　小学数学教师的素质

在小学生的心目中，教师是个最有学问的人，能教给学生许多新鲜有趣又非常有用的知识；教师又是最有权威的人，他（她）能指挥和决定着班级里大大小小的事务，因此，听老师的话是绝对不会错的。学生们信赖、尊敬、热爱教师，往往到了崇拜的地步。难怪有人说，小学生把老师的话视为“圣旨”，也就不足为奇了。学生在学习生活中的喜怒哀乐的情感变化，与教师的工作有着密切的关系。学生对教师的这份崇敬之情绝不会随着时间的推移而消失，即使学生取得了高于老师的成就，仍然会一如既往地尊敬着曾经教过他们的老师。正如一位老教育工作者所形容的那样：老师总是比学生大一点。只有当教师充分认识到这一点时，对老师这个称谓便会产生一种光荣感、自豪感，对教师工作的强烈的责任感也就会油然而生。那么，作为一名小学数学教师究竟应该具备哪些素质呢？

**一、职业道德素质**

热爱社会主义祖国、拥护中国共产党的领导、坚持不懈地用邓小平建设有中国特色社会主义的理论武装头脑是每个中国公民都应该具有的基本素质，作为一名教师还应该具有以下职业道德素质。

（一）热爱教育事业

教师应该热爱教育事业，为科教兴国、实现教育现代化，为培养21世纪所需要的人才，能够从素质教育的高度，贯彻执行国家的教育方针，研究探索教育规律，奉行教书育人的宗旨。在教师素质结构中，正确的政治方向是极为重要的，特别是在当前，我国正处于改革开放的大变革时期，面对市场经济的冲击，人们的人生观、世界观、价值观将受到不同程度的检验。教师应义无反顾地献身于教育事业，自觉地履行教师的道德规范，将自己的全部心血倾注在学生身上，并积极地参加与教育学生有关的社会实践活动，在实践中不断地认识世界、改造世界，在改造客观世界的同时，改造教师自身的主观世界。

（二）热爱学生

教师应该面向全体学生，热爱、尊重、了解和严格要求学生。爱学生是师德之魂，它较之父母爱、兄弟爱、朋友爱甚至夫妻爱更为博大无私，是最真诚的不具功利性的圣洁的爱。教师要以自己坚定的政治信仰去指导学生确立正确的人生方向；以自己的人格力量去感染学生学做真正的人；以自己严谨的治学态度去影响学生热爱知识；以自己的乐观主义精神去培育学生健康的身心。由此看来，教师教育方式的特点是以教师自身的示范作用去进行的。教师不仅要言传，还要身教，甚至身教重于言教。“其身正，不令而行；其身不正，虽令不从。”教师的言行应该成为学生的楷模。无数实践证明，具有高尚品格的教师，才能培养出有道德的学生；具有热爱党和人民、热爱社会主义祖国的思想品质的教师，才能培养出热爱集体、关心他人的学生；具有渊博知识的教师，才能培养出有强烈求知欲望的学生；具有开拓、创新精神的教师，才能培养出勇于探索、不断进取的学生。为了事业，为了学生，教师必须严于律己，坚持不懈地学习，向书本学、向社会学、向同行学、向学生学，不断地提高自己的政治思想、道德修养、教育教学水平，把高质量的精神“养料”提供给学生。

值得一提的是，教师对学生的爱应该是理智的，要有明确的目的性和原则性。我们的教育对象是正在发育成长的6岁～十一二岁的少年儿童，由于他们来自不同的家庭，受着不同的家庭教育，他们接触的外部环境不同，也会受到不同的社会影响。这如同在一棵树上，找不到两片完全相同的树叶那样，在一个班、一个年级里，也不可能有各方面完全相同的学生。教育对象的千差万别，决定了教师劳动的复杂性。俗话说：一把钥匙开一把锁。教师要注意到学生的个性差异，施之以有针对性的教育。千万不能以貌或以“分”取人，不能以教师个人情感的好恶，把学生分成三六九等。教师要以辩证的、科学的学生观、质量观去评价学生，建立起民主、平等、和谐、健康的师生关系。对暂时后进的学生，应该给予特别的关心与爱护，帮助他们甩掉各种包袱，树立前进的信心；对各方面比较优秀的学生，也要关注他们的成长，使身心获得健康和谐的发展。教师要把对学生的这份真挚的爱，转化为因材施教、循循善诱、诲人不倦的实际行动。教师的品德、智慧和才能，对学生起到潜移默化的作用，成为学生学习的榜样。

（三）热爱学校

教师应该热爱学校，关心集体，谦虚谨慎，团结协作，遵纪守法，作风正派。在小学阶段，教师要培养学生良好的学习、生活、劳动、卫生等行为习惯，要为学生的成长打下良好的思想品德、文化知识、劳动技能和身体、心理素质基础。但是，决定和影响着学生成长的因素有很多，学生成长是家庭教育、社会环境、学生自身素质，以及学校教育等诸方面相互作用的结果，教师要善于综合利用各因素的积极效应，努力排除消极影响，促进学生全面、和谐、健康地成长。但是，人才的培养需要一个相当长的教育周期，育人周期长决定了教师劳动的迟效性，劳动的付出与回报在短时间内不一定成正比，工作成绩往往不能“立竿见影”。因而，教师的劳动价值常常不为人们所理解。教师工作的另一个特点是：个体劳动，集体成果。人才培养依赖教师群体的长期努力，教师个人的劳动常常被隐没在群体的成功之中。这就要求教师应该具有博大的胸怀，不计较个人的得与失，为学生的进步与成长而喜，为集体的努力获得成功而乐。教师工作的全部内涵，并非为了索取，而是为了奉献。

（四）热爱所教的学科

教师应该热爱所教的学科。小学数学教师一定要为教好数学这门课程倾注自己的全部心血与汗水。数学教师不仅要明确党的教育方针与政策，理解各个时期党对教育的要求，把握好教育的新动向，还要熟悉和精通小学数学教学中的各方面知识，如在全面、准确地掌握教学大纲、教学内容与教学要求上，在追求教育观念、教学思想、教学手段与教学方法的现代化上，在探寻最科学、最经济有效地让学生获取知识、能力与受到思想教育的途径上，在处理好教学过程中的教与学、主导与主体、知识与能力、智力因素与非智力因素、面向全体与因材施教、统一要求与个性发展等诸多矛盾上，都要求教师做出不懈的努力。为了胜任所教的学科，教师要自觉地学习教育学、心理学、教学论、教育测量、教育评价等方面的理论知识，并在教学实践中刻苦钻研、勤于思考、虚心探讨、博采众长，不断汲取新的知识、新的成果，不断充实与完善自己的知识结构，做到精益求精，永不满足，以适应时代的要求。

此外，教师还应该举止端庄，言谈文明，礼貌待人，守诺守信。教师必须言行一致，表里如一。人们将教师喻为“园丁”、“红烛”、“人类灵魂的工程师”、“人类文明之母”，溢美之词正说明了人们对教师工作有着深刻的理解，也反映了人们对教师寄予殷切的希望。

教师是阳光下最令人羡慕的、最为神圣的职业。自古至今，“尊师重教”是中华民族的美德，教师的称谓已经成为知识渊博、品德高尚的代名词。只有热爱教育事业、热爱学生、热爱学校、热爱所教的学科、严于律己，为人师表的教师，才真正称得上是位具有良好职业道德素质的好教师。

**二、文化科学素质**

作为一名合格的教师，只具备良好的职业道德素质，有一个全心全意做好工作的愿望，还是远远不够的。向学生传授文化科学知识应该是教师的一项基本任务。教师的文化科学知识素质决定着教师对教学内容把握的准确程度，决定着教师的教学能力与教学质量的高低，它也直接关系着学生的知识结构的形成、智力的发展与能力的培养。既然教师肩负着向学生传授文化科学知识的重任，就必须具有相当的文化科学知识水平，正如俗话所说的要给学生一碗水，教师需要有一桶水。那么，数学教师的文化科学知识包括哪些内容呢?

（一）数学专业知识

数学专业知识应该是数学教师知识结构中的核心部分，是数学教师知识结构的主体。数学专业知识丰富的教师，才能正确地理解小学数学教材的内容与结构，能熟知各年级教材的地位、作用及其内在联系，能掌握小学数学中的概念、性质、定律、法则、公式和数量关系的确切含义，了解它们的来龙去脉，以及在数学知识中的地位和作用，并能不断地关心和把握学科知识的发展趋势与最新的科研成果，更易于将数学教材中的知识结构转化成为学生头脑中的认识结构，以符合学生的心理特点与认知规律。

小学数学是九年义务教育中的一门重要学科，教学内容是“日常生活和进一步学习所必需的，小学生能够接受的、最基础的数学知识”。它是初等数学的基础。因此，要想当小学数学教师，必须具有扎实的初等数学知识。教师具备了在深度与广度上大大超过小学数学教材本身的知识储备，在备课时，就能居高临下地驾驭教学内容，不仅知其然，还能知其所以然。在施教时，对学生从不同角度提出的问题，能运用数学思想和数学方法作出科学的判断与正确的引导，使学生从中受到启迪，并能增强其学习数学和研究问题的兴趣。

此外，还应该学习一些高等数学的基础课程，如微积分、线性代数、概率统计、数论初步知识等。通过高等数学基础知识的学习，可以使教师自身受到高层次的严格的思维训练，更有利于教师深入地掌握数学思想和数学方法，提高数学素养。还可以运用高等数学知识去研究小学数学教学中的一些问题，这对进一步深化一些数学问题的本质认识是大有裨益的。具有高等数学基础知识的小学数学教师，驾驭数学教材的能力会更强，对教学内容的确定会更科学、更准确，对教学方法的选择能更多样化，更便于激发学生学习数学的兴趣，更能满足学生的求知欲望。

小学数学教师要学习数学史，通过学习数学发展的历史，进一步了解数学在社会发展进程中的作用，进而认识数学在小学教育中的重要地位。小学数学内容实际上重演了人类早期对数学的认识及其发展过程，通过学习数学发展的历史，可以更透彻地了解其中的矛盾和统一，更主动地把握教材的重点和难点。通过学习数学史，还可以进一步了解著名数学家的伟大成就，有助于利用数学史料，在课堂教学中向学生进行爱国主义教育、思想品德教育、爱科学教育、辩证唯物主义观点的启蒙教育。

小学数学教师要学习我国小学数学教学大纲与小学数学教材的演变历史，这有助于教师了解我国教育发展的不同历史阶段对小学数学教学的要求，从而正确地把握在科学技术迅猛发展的社会变革时期，教育应着眼于全面提高学生素质的发展方向。深入学习和钻研小学数学教学大纲，对今天的小学数学教师在如何正确处理教材、把握教学要求、寻求有效的教学方法、争取更佳的教学效果等方面，都有十分重要的指导作用。

（二）教育基本理论

教育基本理论是教师专业科学知识的重要内容，是教师成功地进行教育、教学工作必须具备的理论知识。教育理论历来都是教育决策与教育行为的依据。学校全面实施素质教育，要求教师必须树立正确的教育观、教学观、学生观、价值观，正确的观念源于正确的理论，教师必须学习教育基本理论，并用于指导教育、教学的实践。小学数学教师要学习哪些基本教育理论呢？

1. 教育学

教育学是研究教育现象、揭示教育规律的一门科学。学习教育学，认识教育规律，理解与掌握教育原则和教学方法，树立正确的教育思想与教学观点，可以提高教育、教学工作的自觉性与预见性，减少盲目性。

2. 教育心理学

教育心理学是研究受教育者在教育影响下形成道德品质、掌握知识与技能、发展智慧与个性的心理规律，研究教育者同受教育者的心理发展的相互关系，以提高教育效率的科学。教师只有具备相当的心理学知识，才能较好地把握教育对象的心理活动特征及其个性差异，从而采取相应的教育、教学措施，提高工作的科学性与有效性，克服主观性。

3. 教学论

教学论是研究教学规律、教学原则，解决教学方法与教学实践中的问题的科学。教学论要解决的首要问题就是教学应该完成的一般任务及其科学根据。学习教学论，可以提高教师对教学规律的认识，自觉掌握规律，把握教学原则，设计出符合学生认识规律的教学过程、教学方法、教学手段与教学组织形式，并对教学效果进行科学的检查、分析与评定，使它成为教学过程中不可缺少的重要环节。用教学论来指导教师的教学工作，使教学活动日臻规范化、科学化。

教育学、教育心理学与教学论均是阐述教育、教学活动的普遍规律的理论，从数学教育、教学的要求出发，除了学习具有共性的教育基本理论外，还应着重学习具有学科自身独特个性的小学数学教育、教学方面的理论，如小学数学教学论、数学教学心理学、数学能力心理学等。

（三）教育科研的基础知识

教育科研是一种运用科学的方法和手段，有目的、有计划地探索、发现、掌握教育、教学规律的认识活动，是一个立足于已知去探求未知的过程。为了能正确地开展教育科研活动，教师必须具备有关的基础知识，如教育科学研究的选题如何确定、研究与论证的方法和手段、研究结果的定性与定理分析等。教师要着重学习教育科学研究方法、教育统计方法、教育测量、教育评价等有关进行教育科研的基础知识。

（四）相关学科知识

小学数学教师除了应具备数学专业知识、教育基本理论、教育科研的基础知识外，还应该具有与数学学科、日常生活密切相关的各方面知识。这就是说，小学数学教师既有数学专长，又应广泛涉猎其他知识领域，其中包括社会科学、自然科学、社会生活常识及新兴学科知识。总之，在教师的知识结构中，对于与学生的学习、生活以及与参加各项活动有关的方方面面的知识与信息，都应该要求自己略知一二。有条件的教师，还应该掌握一门外语，会使用多媒体电脑，使计算机成为课堂教学的辅助工具，推进教学手段的现代化。教师具有广博的相关学科知识，是教书育人的需要。这既可以扩大教师自身的知识面，增强教育、教学的效果，唤起学生强烈的求知欲望，也有利于建立起教师在知识方面的权威性，赢得学生的尊敬、爱戴与信赖，教师应该成为学生探求知识与追求真理的楷模。

**三、业务能力素质**

业务能力素质是人们做好工作必须具备的条件。教师的工作任务是多方面的。教师既要向学生传授知识，又要挖掘教材的教育因素，对学生进行思想品德教育以及辩证唯物主义观点的启蒙教育；既要引导学生主动获取知识，又要挖掘教材的智力因素，促进学生智力的发展与能力的培养；既要让学生学懂、学会，形成良好的认知结构，又要会学、乐学，具有举一反三的知识迁移能力；既要面向全体，为学生的全面发展打好基础，又要重视个别差异，为发展学生的个性特长创造机会；既要培养学生良好的学习习惯、端正学习态度，又要使学生掌握正确评价自我的标准和方法；既要鼓励学生看到自己的成绩与进步、缺点与不足，又要教育学生关心集体、关心他人，培养在竞争中合作的精神。总之，根据教师的职责和教师工作的特点，对教师业务能力素质的要求应该是多方面的，小学数学教师的业务能力素质包括以下一些内容。

（一）全面深入地了解学生的能力

学生是教师的工作对象，教师必须全面深入地了解自己的工作对象，以便有的放矢地进行工作。小学生的思想、学习、生活、兴趣、特长、志向等各方面都是有差别的，观察、注意、记忆、思维、想像等智力因素与情感、学习动机、性格、意志等非智力因素也都不尽相同。要教育培养他们，就一定要了解和研究他们。教师要有敏锐、细致的观察能力，要善于从学生细微的表现中，洞察他们的知识、能力、智力与个性发展等真实状况。在各种场合中，教师要通过学生的表情、动作、姿态、语言等外在的表现，去了解学生的内心世界，有针对性地进行引导与教育。全面深入地了解学生是全面提高学生素质的前提和关键。全面深入地了解学生的这个能力，也是教师业务能力结构中的基本能力，在了解学生过程中，教师要用辩证的、客观的、发展的眼光去观察与分析，克服片面性和主观性，并要持之以恒。教师还要在深入了解学生的过程中，随时总结经验、寻找规律，提高自己这方面的能力。

（二）进行思想品德教育的能力

思想品德教育是小学数学教学必须完成的一项重要任务。小学数学教师要根据数学的学科特点，结合教学选择符合学生年龄特征与接受能力的内容，对学生进行思想品德教育。可以通过阐明数学在日常生活和生产建设中应用的广泛性，激发学生学习数学的兴趣，不断进行学习目的的教育。随着社会主义物质文明和精神文明建设的发展，可以用生动的、富有教育意义的、有说服力的数据、统计材料以及一些数学史料，对学生进行爱祖国、爱社会主义、爱科学的思想教育。可以通过数与计量的产生与发展，数学概念之间的联系，如加与减、乘与除、积与商的变化，正比例与反比例等内容的教学，使学生受到辩证唯物主义观点的启蒙教育。在教学中，还要注意培养学生认真、严格、刻苦钻研的学习态度，独立思考、克服困难的精神，计算仔细、书写整洁、自觉检验的学习习惯。教师对学生进行思想品德教育要做到有意（自觉）、有机（自然）、有效（针对性、实效性），既不要离开教学内容去另搞一套，也不要采用穿靴戴帽、贴标签的做法，而是要充分挖掘数学知识内在的思想教育因素。

任何一种教学活动对学生思想品德都会产生一定的影响，这种影响可能是积极的、健康的，也可能是消极的，甚至是有害的。数学教学活动中的思想品德教育渗透在数学的教学过程之中。教师要用各种生动事例，晓之以理，动之以情，将消极倾向引向积极方面。教师还要善于协调课内外、校内外各种教育力量，运用各种教育因素，形成教育合力，从各个方面去影响和教育学生，对学生进行思想品德教育。

（三）钻研大纲与教材的能力

小学数学教学大纲规定了各年级的教学内容和教学要求。教材是教学大纲的具体体现，是教师教、学生学的主要依据。小学数学教师要根据教学大纲的要求，把握好教材的体系、结构、内容、重点与难点，熟悉各知识点的来龙去脉及其在全册教材、以至全套教材中所处的位置。然后，根据学生的身心发展、认知规律与实际的智能水平，规划好学期、单元、每课时的具体教育、教学目标和内容。教师要有独立处理教材的能力，为达到大纲的要求，教师能够根据学生的实际接受能力，补充和调整部分教学内容，还要能够根据教学内容与要求，设计合理的教学过程，选用恰当的教学方法，采用有效的教学手段，创造性地、深入浅出地、积极主动地把教材的知识结构转化为学生良好的认识结构，使教学活动做到概念准确、知识系统、重点突出、难点突破、训练到位。

（四）课堂教学的能力

课堂教学是学校教育、教学的主要形式，是实施素质教育的主渠道。小学数学教师是通过课堂教学来完成教育、教学任务的。教师不是“照相机”、“传声筒”，学生也不是储存知识的“容器”。卓有成效的课堂教学取决于教师高超的课堂教学能力，而高超的课堂教学能力来源于教师的综合素质，所以说，课堂教学是教师的职业道德、文化科学知识、业务能力、心理素质与教学艺术的集中表现。

在实际的课堂教学中，有的课上得生动活泼、多姿多彩、引人入胜，有的课却是平平淡淡、无精打彩、令人乏味。究其原因既与教案设计有关，也与教师教学水平的高低有关。

在课堂教学中，教师一方面要按照课堂常规安排教学步骤，控制课堂纪律，建立良好的课堂教学秩序；另一方面，教师要充分发挥教学过程中的主导作用，组织、调动全体学生积极参与到教学活动中来，因势利导，适时调控，为学生进行有效的学习创设良好的学习氛围。要提高课堂教学质量，教师一定要有较强的课堂教学能力。

（五）组织数学课外活动的能力

开展数学课外活动，对于培养学生学习数学的兴趣与意识，对于扩大学生的视野、拓宽知识、施展学生的数学才能与创造力，对于发展学生的健康个性都是极为有益的，它也是培养全面发展的人的重要途径。教师要充分发挥学科教学与课外活动的整体功能，为全面提高学生的素质打好基础。

数学课外活动的内容应该丰富多彩，可以结合数学课本的某些内容适当地加深拓宽；可以结合某些数学知识，介绍一些数学思想和方法；可以结合有关内容，介绍数学史料和数学家的故事；可以结合教学要求，进行实际操作、测量，或开展社会调查，收集数据和统计资料；也可以解答数学趣味题，做数学游戏，猜数学谜语，唱数学歌谣，走数学迷宫，举行数学文艺会等。

数学课外活动的形式与规模应该灵活多样，形式可以是组织数学兴趣小组、开展数学竞赛、建立数学园地等；规模可以是个别的、小组的、班级的、年级的，也可以是全校性的。

教师应该根据学生的实际情况，有指导地将学生组织起来，满足不同层次学生的兴趣与爱好，丰富学生的精神生活和文化生活，促进学生身心的健康发展。

组织学生参加数学课外活动是教育任务本身所要求的，也是小学数学教师的职责。

（六）教研与科研的能力

教学过程是一个多层次、多方面、多矛盾的复杂的动态系统。因此，在教学领域中，教材的体系、结构、内容、重点、难点，教学的目的、要求、过程、方法、手段，对学生知识的传授、智力的开发、能力的培养，教学过程中的面向全体与兼顾个别、统一要求与因材施教，以及教学质量评估等方面的问题不可能是静止的、一成不变的，非常值得教育工作者去研究和探讨。

教师除了完成日常的教育、教学工作外，还应该结合自己的教学实践，选择课题，积极地参加到教研、科研活动中去，并要自觉地加强教育、教学理论的学习，最终能够撰写出教学经验总结或教育科学研究报告，并用以指导实践，在深化课堂教学的改革与推进素质教育的实施上发挥作用。小学数学教师具备了一定的教研与科研能力，这既是教育、教学工作的需要，也是提高自身素质的需要。

**四、心理素质**

教师的日常工作是非常繁琐和辛劳的，它既无明显的上下班界线，又无限定的教育区域与范围，时间上的连续性与内容上的多样复杂性，需要消耗教师大量的精力与体力。小学数学教师要适应工作的需要，就要具备良好的身体和心理素质。

教学过程是一个特殊的认识过程，在短短几十分钟内，教师需要把预定的教学方案，实施到流动的教学状态中去。在实施时，教师还要依据当时的实际情况调整原定教案，这里固然要体现执教者的职业道德、文化科学知识、业务能力等素质，但是并不尽然。比如，学生学习情绪突然受到外界消极因素的干扰、学生质疑的问题超出了正常范围、课前没有估计到的情况意外地发生等，教师面对这种种突如其来的情况，该如何处置？如果教师因紧张而导致情绪失控，便会显得不知所措，使情况向更加难以控制的方向发展；如果教师沉着应对，便能“化险为夷”。教师的不同心态，会决定他采取不同的方法去解决问题，其效果也就会大相径庭。教师是创设良好课堂氛围的重要角色，教师既要坦露自己的真情实感，唤起学生融洽的情感交流又必须做到“不形于色”，要有较强的自我控制能力。在教学中，教师的心理素质起着至关重要的作用。那么，教师应该具备什么样的心理素质呢？

（一）教师在认识过程中应具备的心理素质

教师应具有求知的好奇心，旺盛的求知欲与强烈的好奇心能驱使人们积极进取，求异创新；教师应具有敏锐的观察力，善于观察事物内在的本质特征，分辨出事物的细微差异；教师应具有理智的注意力。善于控制自己的情绪，不受任何外部环境的干扰，能专注于完成某件事情；教师应具有良好的记忆力，掌握记忆规律，学会记忆不同类型的事物的方法；教师应具有灵活的思维能力，在解决问题的过程中，能多角度、多方位进行分析与思考，寻找多种解题思路，并从中选择最佳的解题方法与途径；教师应具有丰富的想像力，善于展开新颖、合理、富有创造性的假设与想像。

（二）教师在情感过程中应具备的心理素质

根据教师工作的性质与教育对象的特点，教师要比常人更豁达、坦诚，更理智、宽容，更克己、忍让，更富有同情心与正义感，更能经受挫折与不幸。当然，这并不等于去迁就、纵容学生的错误和过失。对学生的严格要求，应该做到爱与严相统一。

（三）克服对学生群体的认识偏差

学生的群体是由许多个有思想、有个性、有不同认知水平、不同兴趣爱好的个体组成的，因而，群体不是静止的、固定不变的。教师要用辩证的、发展变化的观点去对待和处理群体在认知过程中可能出现的种种情况。不能因为启而不发就埋怨学生懒惰、不爱动脑筋想问题，而是应该从教师自身找一找学生“不发”的原因，是所提的问题要求偏高，脱离了学生的实际水平，还是问题的指向不明，学生不知从何说起，或者是其他什么原因。教师不能因少数几名优等生的表现，就误认为要加快教学节奏，教学要求应提高。反之，教师也不能因为少数几名暂时后进的学生的表现，就误认为要放慢教学节奏，教学要求应降低。教师要冷静分析，摸到群体的“脉搏”，适时调控教学进程，使不同认知水平的学生都能积极参与到学习中来，并都能在原有的基础上有所提高。教师稳定的心理素质，是克服认识上的偏差与发挥教学机制的重要条件。

（四）克服对学生个体认识的偏差

教师的教育观支配着教师对待学生的态度。要使每一个学生在没有任何心理压力下自觉、努力地学习，教师必须克服对学生个体认识的偏差。教师对数学成绩好的学生容易偏爱，对他们身上的缺点较为宽容，过多的赞扬常常使他们摆不正自己在集体中的位置。教师最容易忽视成绩中等的学生，而他们自己也往往安于中游，缺乏更高的学习热情，教师应该对症下药，激发他们参与学习和进行思考的积极性。教师对学习较差的学生，应该给予更多的关注，要帮助他们摆脱自卑感，增强学习的自信心，让他们在集体中能找到自己的位置，也能体验到成功的喜悦。教师的爱要给每一个学生，使他们都能在各自的起点上不断前进。

（五）克服自我认识的偏差

教师对学生的爱是一种奉献，一种不具功利性的付出，因此，这种爱并不祈求获得相应的回报。如果教师的爱一时不被学生理解，甚至因误解而产生抵触情绪时，教师仍不应丧失做好工作的信心，并仍能坚持如一地做到尊重学生的个性，不恶语讥讽，不变相报复，继续满腔热忱地关心和帮助他们。教师要为建立民主、和谐的人际关系作出榜样。

在学生的眼睛里，教师应该是“完人”。教师的一言一行、一举一动都应该是表率、榜样。因此，教师的心理素质会潜移默化地影响学生，这与培养学生具有良好的心理素质也是密切相关的。但是，良好的心理素质并不是固有的，教师也有着与常人同样的喜怒哀乐、同样的痛苦与烦恼。这就要求每一位教育工作者从宣告自己是人民教师的那一刻起，就要自觉地用教师的标准来严格规范自己的言与行。在教师的工作岗位上，在教学活动的实践中，在与学生、家长、同事们的交往中，有意识地、坚持不懈地加强学习，自觉地修身养性，天长日久，良好的心理素质就会逐渐形成。只有具备了良好的心理素质的教师，才无愧于“教师”这个称号。

此外，学校正肩负着培养 21 世纪一代新人的重任，教师还应该具有现代人的素质，在激烈的竞争中不气馁，要有自强、自立、开拓、创新的意识，要有民主、协作的精神。

## 第三节 小学数学教师的教学艺术

数学教学被人们誉为锻炼思维的体操。教师不能“照本宣科”，不能简单地把教材上的内容照搬给学生，而是要将具有严密逻辑性、高度的抽象性的数学知识，通过自己的再创造，为学生展现出形象、生动的教学过程。教师应充分发挥教学艺术的魅力，使抽象的数学概念具体化，深奥的数学原理形象化，枯燥的数学知识趣味化。教师的这种创造使学生感受到数学学习有着无穷的乐趣。

创造是教学艺术的生命力，教师只有在教学中不断创造，才能永葆教学艺术的青春。教学艺术的创造性应该体现在教学活动的各个方面。

第一，课堂教学的开头可以采用“开门见山”、“趣题引路”、“巧设疑窦”、“以事喻理”、“操作演示”等不同的手段，使学生迅速进入最佳的学习状态。

第二，课堂教学提问，要创设问题情境，把握提问的时机，注意提问内容的启发性与提问方式的艺术性

第三，课堂教学的节奏要适时调控，让学生始终处于师生之间、学生之间情感、思维交流十分畅通的氛围之中。

第四，课堂教学的结尾，要成为“画龙点睛”之妙笔，或使学生感到“言犹未尽”，学习的余兴仍浓，或留下悬念，把学生的思维引向深入，或应用新知，让学生体验成功的喜悦。

教师创造性的教学体现在两方面：一是教师将教学内容外化并形成自己新的教学思路和新的情感体验；二是将教师的这种新思路和情感转化并深入到学生的认知活动之中。师生密切协作，使课堂教学成为特殊的“艺术品”，激发学生学习的直接兴趣，是教学艺术的表层魅力，而培育学生的求知欲、责任感这两种稳定的学习动机才是教学艺术深层所追求的目标。艺术创造是无止境的，所以，教师的教学艺术创造也应该是无止境的。小学数学教师要具有一定的教学艺术水平，除了具备良好的职业道德素质、文化科学素质、业务能力素质与心理素质外，还必须具备雄厚、扎实的教学基

本功。

基本功是指从事某项工作所必须掌握的基本知识与技能。数学教师要将教材的知识结构，通过教与学的双边活动，转化成为学生头脑中的认识结构，并使学生在获取知识、发展智力、培养能力的同时，在德育、体育和美育诸方面也能得到健康和谐的发展，这就要求小学数学教师必须具备从事数学教学工作所必需的基本知识与技能。

**一、要有较强的设计教案能力**

教学过程是教师将前人已经发现和总结出来的系统化、概括化的知识，通过教学的认识活动，使学生在较短的时间内间接地掌握现成知识的认识过程。因而，它是一种简约的、经过加工提炼了的认识活动，是教师领导下的有计划、有组织、有目的、讲效率的学生个体的认识过程。教师如何以科学、准确、经济的途径去指导学生掌握知识，从而使学生得到全面发展呢？如何在教学过程中充当一位合格的领导者、组织者、设计者和实施者的角色呢？

（一）要准确地把握教材的目的与要求

教材是教学大纲的具体体现，是教师教与学生学的主要依据。教学能否达到要求，首先取决于教师对教材理解的程度。理解得正确，就能确定恰当、具体的教学目的，选择合适的教学方法，采取有效的教学手段。如教学“行程问题”这部分内容时，要理解行程问题研究的是物体运动中的数量间的关系，这里包含着研究物体运动的方向、运动的时间、运动的速度以及运动的结果等。所以，除了让学生掌握路程、速度、时间这三个基本数量间的关系外，还应渗透运动变化的数学思想。如果把三量间的关系仅仅看作是一种解题方法，让学生套用关系式去解答问题，那就是对教材的理解缺乏应有的深度。

要想达到准确把握教材的目的与要求，教师必须了解小学数学教材包含了哪些教学内容，结合教学大纲的学习，理解各年级教材的编排意图，各部分内容的重点、难点，掌握好每个单元的教学内容在全册教材以至全套教材中所处的位置，熟悉它的来龙去脉，以便从教材的整体知识结构中去把握某部分具体内容的教学目的与要求。如分数的知识在小学阶段分两步进行：第一步是学习分数的初步认识，教学时只要求学生会读、写简单的分数，会比较同分母分数的大小，初步学会计算简单的同分母分数的加减法；第二步是在学生掌握了整除、约数、倍数、质数、合数等概念之后，让学生正式学习分数的概念，理解分数的意义和性质，学会约分、通分，进而学习分数的四则运算及应用题。不同的教学阶段有着不同的教学要求，如果随意拔高或降低要求都会导致不良的教学结果。超前越位，拔高要求，在学生认识水平尚未达到的情况下，势必会加重课业负担，甚至使学生产生厌学的心理；降低要求，会影响学生学习的积极性，也不利于进一步学习后续的知识。因此，能否准确地把握住教材的目的与要求、是能否独立地设计教案的重要前提与保证。

（二）要能够独立地设计教案

教师对教材有了深入的研究，掌握了教学内容的目的与要求、重点与难点后，就要结合教学对象的实际认知水平，设计出施教方案。

教案的设计一定要从教学的实际情况出发，使之真正成为课堂教学活动的依据。一个比较完整的教案应该由课题、目的要求、重点难点、教具学具、教学过程、板书设计等内容组成。

课题应该写明本节课所要进行的教学内容，如“两位数加两位数（进位加法）”、“分数的基本性质”、“正比例、反比例的意义”等。如果不是一课时能完成的教学内容，还应注明本节课为第几课时，如“乘法的初步认识（第一课时）”、“长方形、正方形的面积（第二课时）”等。

目的要求的制定应该明确、具体、恰如其分，既要根据教学大纲的规定，又要符合施教对象的实际情况。每个单元的教学目的与要求是通过每一节课去逐步实现和达到的，所以，每节课也应制订明确、具体、切实可行的教学目的与要求。一般地应从三个方面去考虑：通过本节课的教学让学生获得哪些数学知识；结合有关知识的教学可以培养哪些能力；应该进行哪些思想品德教育和学习习惯的培养。如“面积和面积单位（第一课时）”的目的要求：（1）使学生理解面积的意义，认识面积单位平方厘米、平方分米、平方米；（2）培养学生用面积单位直接测量指定面积的能力；（3）通过观察和实际操作，渗透实践第一的思想。又如“时、分（第一课时)”的目的要求是：（1）使学生正确认识钟面，认识时间单位时、分，知道1小时等于60分；（2）学会看钟面上的时间，初步建立时间观念；（3）教育学生珍惜时间，养成良好的学习、生活习惯。

重点难点要写清楚。重点是指在学生掌握数学知识中起决定作用的基本概念、定律、性质、公式、法则、数量关系与解题方法等基础知识；难点是指学生在接受新知识时，与原有的旧知识产生认知上的冲突，对学生来说是一些难于理解的内容。如“长方形面积公式的推导”、“三角形高的认识”、“长方体棱的认识”、“分数意义的认识及表述”、“除数是小数的除法”等。有些知识可能在某个教学阶段既是重点又是难点，如“倍的初步认识”、“除法的初步认识”、“分数的意义”等。明确了重点和难点，在设计教学过程时，才能有针对性、有目的地选择有效的教学方法与教学手段。

教具学具的准备要从教学的实际需要出发。小学生处于由具体形象思维逐渐向抽象思维过渡的阶段，而这种抽象在很大程度上需要感性材料的支持。为达到一节课的教学目的与要求，该准备哪些教具与学具，需要写在教案上，以便做好课前准备。

教学过程应该是教案的主体部分，是课堂教学活动的具体实施方案。教学步骤要紧紧围绕着教学内容、目的要求、重点难点、教学对象的实际情况去安排，不同的教学任务、不同的教学目的与要求，应有不同的教学安排，不同的课型也应有不同的教学过程。教学过程中的每一个环节都应有明确的目的性，环节与环节之间的衔接要自然流畅，环环相扣，形成一个有机的整体。

现以新授课为例，在设计教案时要关注以下一些问题：

新课前的复习检查是进行与新课内容无直接联系的基本功常规训练还是复习与新知识有密切联系的旧知识，并在此基础上提出要探讨的新问题；或是两者兼顾，使新课导入亲切自如。

新课的例题选择与安排，哪个例题以教师的讲授为主，哪个例题为“半扶半放”，哪个例题以放为主。什么时候教师演示何种教具效果最佳，什么时候指导学生操作何种学具效率最高。

练习的安排是边讲边练，讲练结合贯穿于教学的全过程呢，还是分段练习，或是新课后集中进行。练习的内容如何体现有针对性、有层次、有坡度，真正为本节课的教学目的与要求服务，做到突出重点、突破难点，既有利于巩固新知、形成技能，又有利于发展学生的智力，培养学生的能力。练习的方式是以口述为主还是以笔答为主，还是动手操作，或是兼而有之，使不同认知水平的学生都有参与练习的机会，并能使自己原有的基础得到提高。练习的反馈是以某个学生或某部分学生为获取信息的对象还是面向全体学生，全方位、多侧面地采集。反馈的次数是一次还是多次，信息的处理如何做到及时、到位，既能让学生体会到成功的喜悦，也能让学生看到自己的问题与不足。

此外，什么时候应该让学生阅读课本，什么时候为学生提供多向交流、质疑问难的机会，什么时候以何种形式进行课内小结，什么时候布置何种作业等等，在教案设计时，教师都应围绕着本节课的教学目的与要求进行认真细致的思考，其中还应该包括合理地分配教学时间，要为实际施教留有一定的余地。既要考虑到教学进展十分顺利时该如何利用富余下来的教学时间，也要考虑到教学过程中意外地出现新问题、新情况，教学时间不够用了怎么办，如何调整原定的教学方案，如何取舍，如何因势利导，要力争让每一节课都不留下遗憾。

教案的最后还应该附上板书设计。

课后小结是教师对教案设计的一种反思，为的是多一些教案设计的自觉性，少一些教案设计的盲目性。俗话说：教学有法，但无定法，贵在得法。教学内容、教学要求、重点难点不同，写出的教案不可能相同。即便是相同的教学内容、教学要求，在不同的教学班级中，设计的教案也不可能完全一样。能不能独立地设计教案，是教师在课前准备工作中的一项重要的基本功。

**二、要有较强的语言表述能力**

教师的工作主要依靠语言的表述进行交流，这是教师劳动的一种特殊方式。语言是人们交流思想情感的工具，但是在教学中，教师的语言就不只是为了交流思想，更重要的作用是为传授系统的科学知识，良好的语言表达能力，有时甚至比专业知识还重要。教师运用语言向学生传授系统的文化科学知识，引导学生进行观察、记忆、注意、思维、想像，与学生交流思想、情感、信息。语言不仅仅是为了让学生听懂与理解，还要表达教师的情感，给学生留下深刻的印象。教师的语言在很大程度上决定着学生学习的效果，如果教师的语言表达能力差，那么，即使他知识很渊博、工作责任心很强，也难以取得对学生良好的教育、教学效果。小学教师的语言有着特定的要求，它与教师所承担的专业学科知识的特点有密切关系。小学数学教师应该熟悉数学语言，数学语言是描述和表达数量关系与空间形式及其相互关系的特殊语言，表述的科学性、准确性、逻辑性和系统性是第一位重要的事。

（一）注意语言的准确性和科学性

数学学科有自己的理论体系，有自己特有的概念范畴、专用术语。如学习了约数与倍数以后，正确的表述是“如果数 $a$ 能被数 $b$ 整除，那么 $a$ 就叫做 $b$ 的倍数，$b$ 就叫做 $a$ 的约数”。而不能说成“如果数 $a$ 能被数 $b$ 整除，那么 $a$ 就叫做倍数，$b$ 就叫做约数”。因为约数和倍数都是两个在整除前提下相互依存的概念，它们各自不能独立存在。又如“只有一组对边平行的平面图形叫做梯形”的表述也是不确切的，因为犯了扩大外延的错误。

当然，为了让小学生能生动形象地掌握某些抽象的数学概念，教师在语言表述方面可以力求浅显易懂，甚至于画草图、打比喻等。但是决不能影响数学知识的科学性，要做到通俗而不失其真，形象而不失其实。

（二）注意语言的逻辑性和系统性

数学教师的语言必须严格符合逻辑规则。如果将“整除”与“除尽”混为一淡，当然是违背了同一律；如果在教学“圆的认识”时，说成“所有的半径都相等”、“所有的直径都相等”，缺少了“在同圆或等圆中”这一重要的前提，又是违反了充足理由律。

数学教师的语言要有很强的系统性。如在总结怎样求两个数的最大公约数时，教师说：“先看这两个数是不是倍数关系，如果是倍数关系，较小的数就是它们的最大公约数，如果不是，再看它们是不是互质关系，如果是互质关系，1 是它们的最大公约数，如果不是，就用短除法求出它们的最大公约数。”寥寥数语，把判别两个数的最大公约数的思路表述得一清二楚，将大大有利于培养学生思维的条理性。

数学教师语言的逻辑性还表现在表述要有根据。例如：“比较 $\frac{3}{5}$ 与 $\frac{4}{7}$ 的大小，比较的方法很多。可以用通分的方法把异分母分数转化为同分母分数再比较大小。分母 5 与 7 是互质数，它们的公分母是 35，根据分数的基本性质，$\frac{3}{5}$ 的分母扩大 7 倍，要使分数的大小不变，分子 3 也要扩大 7 倍，$\frac{3}{5}=\frac{21}{35}$；同样的道理 $\frac{4}{7}=\frac{20}{35}$。因为 $\frac{21}{35}>\frac{20}{35}$，所以 $\frac{3}{5}>\frac{4}{7}$。也可以将分数化成小数后再比大小，$\frac{3}{5}$ 化成 0.6，$\frac{4}{7}$ 化成小数约是 0.57，因为 0.6>0.57，所以 $\frac{3}{5}>\frac{4}{7}$。另外，根据这两个分数的特点，还可以采用折半的办法比较大小。”以上这种表述，有根有据，有条有理，反映了一位数学教师语言的基本功。

（三）注意语言的启发性和教育性

数学教师要善于在学生处于“愤悱”之时，用启发性的语言给予恰当的点拨和引导，这样便能给学生留有一定的思维空间，激发学生去积极思考。如教学“面积单位”时，教师先让学生用面积是 1 平方厘米的正方形去摆一摆书上的长方形和正方形，看可以摆多少个？面积各是多少？再让学生用 1 平方厘米的正方形去摆课桌面，学生在操作中认识到需要用比 1 平方厘米大的面积单位去摆，这就引出了“边长 1 分米的正方形，它的面积是 1 平方分米”的面积单位。如果要测量教室地面的大小，需要用比 1 平方分米大的面积单位去摆，这就引出了“边长 1 米的正方形，它的面积是 1 平方米”的面积单位。在教学长方形面积计算公式的推导时，教师先让学生用学具（面积单位）测量出指定面积中含有多少个这样的面积单位之后，教师说：用面积单位直接去测量往往很不方便，甚至于是不可能的。如要测一个游泳池的面积，有水怎么测？要测一个果园的面积，有树怎么测？从而启发学生认识到探求长方形面积计算公式的必要性，激发了学习动力，又如教学“乘法口诀”时，教师引导学生观察口诀的编写有什么规律？比较相邻两句口诀，后一句比前一句多几？分析一下这是为什么？并进一步问学生：如果口诀忘记了，怎么办？启发学生去发现编写口诀的规律，并初步培养学生的推理能力。

语言的情感色彩会起到感染学生的作用。生动形象、富有情趣的语言有助于激发学生的学习兴趣，使原本枯燥的内容变得趣味盎然，并促进学生对知识的理解和掌握，它的效果无疑会大大超过没有任何情绪体验的、呆板机械的叙述与说教。因此，教师的语言必须符合教育性的要求，无论在内容上或是表述方式上，都要能对学生的情感产生积极的影响。

（四）注意语言的艺术性和示范性

数学教师的语言表述能力很大程度上取决于对本学科教材理解的深度上，同时还要了解和掌握学生学习数学语言的心理特点，以便恰当地组织自己的语言，发挥语言的艺术性和示范性。如教学“分数除以整数”后，教师说：哪位同学能以“通过学习我懂得了……”为叙述的开头，帮助老师小结一下这节课的内容。“帮助老师小结”这样的说法能极大地调动学生发言的积极性，有的说，通过学习我懂得了分数除以整数，可以用原分数的分子除以整数的商作为分子，分母不变；有的说，分数除以整数（0 除外），可以用分数乘以整数的倒数……全班同学个个跃跃欲试，学习兴趣浓厚，注意力持久、稳定。

示范性的语言具有规范、严肃和榜样的特点。要充分发挥教师语言对学生的潜移默化的作用，教师的数学语言应该成为学生表述概念、叙述算理、推导定律、性质、公式、分析数量关系，阐述解题思路的“样板”。值得注意的是，教师的“语病”或口头禅，同样也会对学生的语言产生消极的影响。因此，教师语言的示范性将成为帮助和提高学生语言能力的关键。

除此之外，教师还要恰当地使用无声语言，无声语言往往能起到“润物细无声”的作用。教学中运用的无声语言主要包括：眼神、手势、表情、姿态等几个方面。会说话的眼神是心灵的窗户；面部的表情是心灵的一面镜子；手势、姿态能帮助教师更好地表述思想感情。无声语言用得恰当，能在一定程度上替代或辅助有声语言的表达，能使课堂教学更加和谐，更加富有感染力。

总之，语言的表现力是教师的重要基本功，要在教学实践中自觉地磨炼。课前要结合教学内容，认真思考与组织好课堂教学语言，课后要及时小结语言运用的成功与不足。应该意识到每一节课都是一次语言表述能力的实际锻炼。只要有意地加强语言的修养，并注意向其他教师学习运用语言的艺术，日久天长，定会取得良好的效果。

**三、要有较强的板书能力**

板书是一种书面语言。教学过程中，教师在黑板上书写的文字、符号，画出的几何形体、简笔示意图，以及配合教学的需要粘贴的纸条、挂图等都属于板书。它是课堂教学的有机组成部分，与教师的口头语言相互配合、相互补充，各司其职、各尽其能。成功的板书是教师结合教学内容与教学的实际情况精心构思出来的。有的提纲挈领、简明扼要，犹如一份微型教案；有的眉目清楚，展示概念、法则、公式、定律、性质的形成与推导过程，分析数量之间的关系，一目了然，便于理解和记忆；有的画龙点睛，揭示规律，重点突出，给人留下深刻的印象。板书可以直观、形象地呈现教学内容，教师既可以利用内容简明、条理清晰、布局合理、书写美观的板书传授知识，也可以培养学生专心听讲、积极思考、认真作业等良好的学习习惯与学习态度，同时有利于陶冶学生爱美、审美的情操。

（一）注意板书内容的整体性

板书不是课堂教学的口头语言的记录，也不是教学内容的简单重复。板书应该少而精，简而明。“少”，不是支离破碎，“简”，不是杂乱无章。板书要紧紧结合教学内容的中心、重点难点，以及教学对象的实际情况，精心构思，用简洁的书面语言简明扼要地表达以后，仍然能够体现出教学内容的整体性。如教学圆的认识（第一课时）板书如图 15—1。

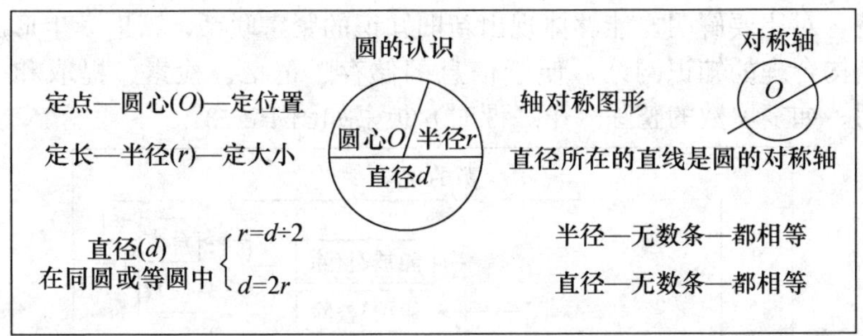


**图 15—1**

（二）注意板书内容的概括性

板书不是单纯地罗列教学的内容，要充分发挥板书具有具体、直观的功能。有些教学内容是在教师的组织引导下，让学生分层次地对提供的材料进行观察与比较，通过积极的思考，进行分析与综合，最后抽象概括出规律性的结论。让学生主动参与获取知识的认识过程，会给学生留下深刻的印象，板书为学生的参与提供了很好的外部条件。如教学“商不变性质”（第一课时）板书如图 15—2：

商不变的性质

| | 被除数 | | 除数 | | 商 | |
|---|---|---|---|---|---|---|
| | 60 | ÷ | 20 | = | 3 | |
| 同时扩大相同倍数 | (60×3) | ÷ | (20×3) | = | 3 | 商不变 |
| | (60×10) | ÷ | (20×10) | = | 3 | |
| | (60×7) | ÷ | (20×7) | = | 3 | |
| 同时缩小相同倍数 | (60÷4) | ÷ | (20÷4) | = | 3 | 商不变 |
| | (60÷5) | ÷ | (20÷5) | = | 3 | |
| | (60÷10) | ÷ | (20÷10) | = | 3 | |

在除法里，被除数和除数同时扩大或者同时缩小相同的倍数（零除外），商不变。

**图 15—2**

（三）注意板书内容的条理性

数学知识的系统性很强，板书的条理性有利于将教材的知识结构转化为学生头脑中的认知结构。板书的布局要合理，层次要清楚，对比要鲜明，能够体现出新旧知识的紧密联系，帮助学生形成结构合理的知识网络，便于信息的储存、记忆、检索、提取和应用。如复习数的整除（第二课时）板书如图 15—3：

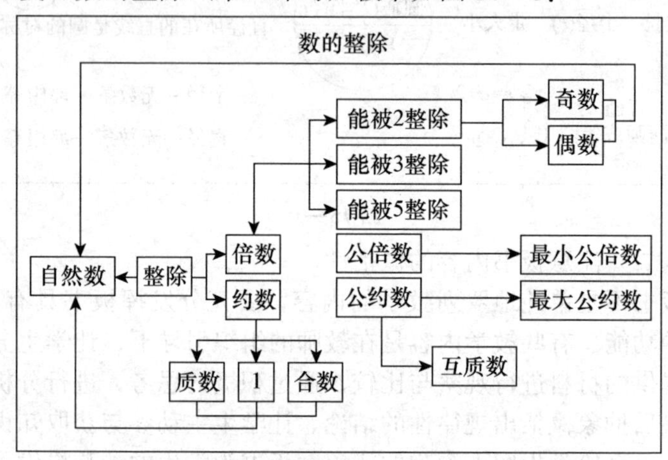


图 15—3

（四）注意板书内容的直观性

板书是用文字、符号或图画述诸于学生的视觉，教师板书的过程正好是学生运用视觉感知的过程。教师边叙述边书写，学生边听、边看、边思考，能有效地调动学生的多种感官参与认识活动。板书与讲述、观察与思考相互配合，相得益彰，教学效果会更佳。

（五）注意板书内容中的计划性

板书之前，应对板书内容的布局与呈现的先后顺序有一个大致的安排，把重要的内容应书写在黑板的显要部位上。书写时，字体的大小要适宜，字迹要端正清晰，不应该出现错别字与废弃的繁体字，不要倒插笔。在画几何图形或反映数量关系的线段示意图时，也要尽量做到大小、方位合适，比例恰当，整洁、美观、得体，给学生以美的享受。不要为图省事，直接用手代替板擦或抹布去擦黑板，既不整洁也不雅观。有计划的板书不仅为学生学习知识提供帮助，也为学生的书面作业的书写规范作出榜样。

总之，板书的表现力也是教师的一项重要基本功，有经验的教师总是把板书的设计与课堂的实践视为有机的整体。一节成功的数学课，肯定会有一个精心设计的板书，它是完美的课堂教学不可缺少的组成部分。要重视板书的设计，充分发挥板书在教学中的补充、渗透、强化、概括等功能，使板书成为提高课堂教学质量的有效手段。

**四、要有较强的演示教具和指导学具操作的能力**

教具和学具在小学数学教学中占有重要的地位，这是小学生由具体形象思维向抽象逻辑思维过渡所决定的。在教学中，教师应该为学生提供感知所需要的实物、模型、挂图、小棒、卡片等教学用具，它既能丰富学生的感性认识，提高学习兴趣，减少学习困难，促进数学知识的理解和掌握，也有利于发展学生的观察力、注意力、记忆力、想像力、思维力。

（一）要具有演示教具的能力

教师要熟悉各种教具的特点：实物，真实可信，通过直接观察，使学生印象深刻；模型，有利于把事物的本质特征突出地显现出来，感知更加真切。如长方体的框架，12 条棱分为三组，每组相对 4 条棱的长度相等；挂图，是常用的直观教具，简易方便，如认识 10 以内数的主题图；幻灯，可以放大静止的图像，便于学生观察；投影，可以将事先制作的投影片展现出来，投影片的使用非常广泛，根据教学内容的需要还可以制成活动的抽拉片、复合片，也可以直接书写，使用起来极为方便；电视，声像结合，直观效果更佳；多媒体电子计算机，可以按教学要求设计软件，具体形象，色彩鲜明，使用起来更加得心应手，它不仅能呈现事物的外部形象，还可以将物体肢解成若干部分，突出事物内部位置间的相互关系，使肉眼难以看到的现象变得清晰可见了，使静态变为动态。如学生可以观察到在平面上和一个定点的距离等于定长的点的运动轨迹为“圆”。又如在教学圆的认识时，教师制作小猴乘坐在椭圆形（或方形）轮子的车上向前行进时的多媒体软件，小猴在颠簸起伏中的憨态，令人忍俊不禁，学生对此情景将终身难忘。

教师要根据教学内容的需要选择合适的教具，并能在课堂上熟练地进行演示。熟练演示，既节省教学时间，又增加教学的吸引力，起到事半功倍的效果；反之，不仅浪费教学时间，还会造成教学秩序失控，学生注意力涣散。

（二）要具有指导学生操作学具的能力

教具对学生的认知活动起着极为重要的作用，但是它毕竟有一定的局限性，学生是旁观者，不能亲自实践。俗话说：眼过千遍，不如手过一遍。因此，教师还要能设计、制作或选择有利于学生理解和掌握新知识的学具。学具操作可以让每个学生既动脑、动眼、动口又动手。调动多种感官参与学习的认识活动，是变学生被动听讲为主动学习的有效办法，把学生推到学习的主体位置上。

操作学具的过程中，手指的动作激发大脑思考，使外部的操作活动转化成为学生内部的智力活动，用“手巧”来促“心灵”。如教学“初步认识直角”时，教师让学生用形状、大小都不统一的纸，按要求对折两次，第一次任意对折，第二次对折时，要使第一次的折痕重叠，便可以折出一个“方”的角，这个角就是直角。然后让学生用折出来的直角去找出三角板上的直角，找出书桌面、课本面、黑板面上的直角，从而使学生初步形成关于直角的表象。又如教学多位数的认识时，教师为学生提供了 12 张写着数位的条形卡片，这套学具既新颖又简单，用起来也很方便。教师要求学生将打乱的数位卡片按顺序排列好，学生眼在看、脑在想、耳在听、嘴在说、手在摆，使枯燥的数位顺序表变为可活动、可操作的学具，使抽象的相邻数位间的十进制关系变为可感知可触摸的形式，它将深深地印记在学生的脑海之中。

学具的操作并不是随意的，应该有明确、具体的操作目的。在学具操作的要求、操作的顺序、操作的时间、操作的结果上，教师需要作具体的指导，防止操作学具走过场。还要将操作与语言的训练、操作与思维的发展紧密地结合在一起。如教学“求比一个数多几的数的应用题”时，让学生摆小图片，第一排摆 5 个，第二排比第一排多 2 个，怎么摆？先摆几个，再摆几个？学生操作时先摆 5 个，再摆 2 个，同时说：先摆与第一排同样多的 5 个，再摆比第一排多的 2 个。

学具操作并不是越多越好，适时、适量、适度的学具操作才能促进学生对数学知识的理解和掌握，才能有利于学生由具体形象思维向抽象思维的过渡，学生的聪明才智得到更有效的发挥。

前面我们已经研究了小学数学教师的素质和教学艺术。但是，社会对教师的素质要求是随着时代的发展而不断提高的。为了提高教师队伍的素质，各教育行政部门除了重视职前教育外，必须加强教师的职后培训与提高。职后进修可以有脱产的或在职的，可以有短期的或较长期的。然而，要提高教师的素质，归根结蒂是要树立起“终身学习”的观念，使每一位教师坚持在自己的教学工作岗位上，不断更新教育思想，提高业务水平，这样才能培养出一支勇于实践、敢于创新、能胜任 21 世纪新时代教育使命的骨干教师队伍。

## 思　考　题

1. 小学数学教师应具备哪些素质？

2. 结合自己的实践，谈谈小学数学教师应具备哪些业务能力？

# 主要参考文献

1. 朱智贤，林崇德．思维发展心理学．北京：北京师范大学出版社，1989

2. 邵瑞珍，皮连生．教育心理学．上海：上海教育出版社，1988

3. ［苏］A. A. 斯托利亚尔，丁尔陞等译．数学教育学．北京：人民教育出版社，1984

4. ［苏］克鲁切茨基，赵裕春等译．中小学生数学能力心理学．北京：教育科学出版社，1984

5. 周谦．学习心理学．北京：科学出版社，1992

6. 王策三．教学论稿．北京：人民教育出版社，1985

7. 曹才翰，蔡金法．数学教育学概论．江苏：江苏教育出版社，1989

8. 任樟辉，数学学习论．广西：广西教育出版社，1996

9. 周玉仁．周玉仁优化小学数学文集．福建：福建教育出版社，1992

# 后　　记

《小学数学教学论》自学考试教材是根据 1998 年制定的《全国高等教育自学考试小学教育专业（专科）考试要求》编写的。1998 年 12 月全国高等教育自学考试指导委员会教育类专业委员会召开审稿会议对本教材初稿进行了讨论审定。

本教材由周玉仁（北京师范大学教授）主编。郑俊选（北京景山学校特级教师）撰写第十章、第十二章、第十五章；周玉仁撰写其余各章。本教材由中央教育科学研究所教育科技开发中心顾问、特邀研究员曹裕添、北京教育科学研究院基础教育教学研究中心特级教师曹侠、北京教育学院海淀分院特级教师胡光锑审稿，并提出了修订意见。

本书最后由教育类专业委员会主任王英杰教授审定。

**全国高等教育自学考试指导委员会**
**教　育　类　专　业　委　员　会**
1999 年 3 月

附

# 小学数学教学论
# 自学考试大纲

全国高等教育自学考试指导委员会　制定

# 出版前言

为了适应社会主义现代化建设培养人才的需要，我国在20世纪80年代初建立了高等教育自学考试制度，经过近20年的发展，高等教育自学考试已成为我国高等教育基本制度之一。高等教育自学考试是个人自学，社会助学和国家考试相结合的一种新的高等教育形式，是我国高等教育体系的一个组成部分。实行高等教育自学考试制度，是落实宪法规定的“鼓励自学成才”的重要措施，是提高中华民族思想道德和科学文化素质的需要，也是造就和选拔人才的一种途径。应考者通过规定的考试课程并经思想品德鉴定达到毕业要求的，可以获得毕业证书，国家承认学历并按照规定享有与普通高等学校毕业生同等的有关待遇。

从八十年代初开始，各省、自治区、直辖市先后成立了高等教育自学考试委员会，开展了高等教育自学考试工作，为国家培养造就了大批专门人才。为科学合理地制定高等教育自学考试标准，提高教育质量，全国高等教育自学考试指导委员会（以下简称全国考委）组织各方面专家对高等教育自学考试专业设置进行了调整，统一了专业设置标准，全国考委陆续制定了几十个专业考试计划。在此基础上，各专业委员会按照专业考试计划的要求，从造就和选拔人才的需要出发，编写了相应专业的课程自学考试大纲，进一步规定了课程学习和考试的内容与范围，有利于社会助学，使自学要求明确，考试标准规范化，具体化。

全国考委根据国务院发布的《高等教育自学考试暂行条例》，参照教育部拟定的普通高等学校有关课程的教学大纲，结合自学考试的特点，组织制定了《小学数学教学论自学考试大纲》，现经教育部批准，颁发试行。

《小学数学教学论自学考试大纲》是该课程编写教材和自学辅导书的依据，也是个人自学，社会助学和国家考试（课程命题）的依据，各地应认真贯彻执行。

**全国高等教育自学考试指导委员会**

1999年3月

# Ⅰ 课程性质与设置目的要求

小学数学教学论课程是全国高等教育自学考试小学教育专业（专科）的专业基础课。通过学习本门课程，使自学者掌握小学数学教学的基本理论，提高从事小学数学教学实践和教学研究的基本能力。

小学数学教学论是以研究小学数学教学过程及其主要规律为对象的一门学科，它是教学论的分支，属于学科教学论的范畴。小学数学教学论以辩证唯物主义为指导，以现代教育学和心理学为基础，根据数学课程发展的趋势，研究小学数学课程的目标、内容，揭示小学数学教学规律，其内容具有理论性、前瞻性、综合性和应用性的特点。因此，本课程有别于中等师范学校开设的小学数学教材教法课程。

设置本课程的具体目的是：通过本学科的学习，使自学者较全面、较系统地掌握小学数学教学的基本理论、基本知识和基本方法，树立正确的数学教育观，明确小学数学课程的目标、内容，掌握小学数学学习规律和教学规律，掌握培养初步数学能力以及非智力因素的教学策略，从而提高小学教师的数学教学水平和教学研究能力。

# Ⅱ　课程内容与考核目标

## 第一章　小学数学课程目标

### 一、学习目的与要求

通过本章的学习，使学生了解数学发展的简史，明确数学在小学教育中的地位和作用，理解小学数学课程目标制定的依据，掌握小学数学课程目标，并了解《九年义务教育全日制小学数学教学大纲（试用）》在小学数学课程目标的设置和教学要求方面所做的改进。

### 二、课程内容

#### 第一节　数学发展简史概述

（一）数学的发展经过漫长的历史阶段

数学发展的五个时期。现代数学时期数学学科的主要特点。

（二）数学的发生发展与生产实践、科学技术的关系。

#### 第二节　数学在小学教育中的地位和作用

（一）数学在小学教育中的地位

小学数学学科的“三位一体”性：基础课、工具课和文化课。

（二）数学在小学教育中的作用

数学在21世纪信息时代中的重要作用。小学数学在提高民族素质方面的重要作用。

## 第三节 小学数学课程目标制定的依据

（一）小学教育的培养目标

小学阶段教育的具体培养目标。小学数学课程目标与小学教育培养目标的关系。

（二）数学学科的特点

数学学科的三大特点。数学的抽象性、逻辑性和应用的广泛性与小学数学课程目标的直接关系。

（三）小学生的认识发展水平

小学儿童思维的基本特点。小学儿童认识几何图形的心理特点。小学生认知发展水平与制定小学数学课程目标的直接关系。

## 第四节 小学数学课程目标

（一）掌握数学基础知识

掌握数学基础知识的必要性。小学数学基础知识的内容、范围。

（二）培养初步的数学能力

培养初步数学能力的重要性。初步数学能力包含的内容。应把培养初步的数学思维能力作为数学能力的核心。计算能力的作用。培养四则计算能力的教学要求。初步数学思维包括的内容。《九年义务教育全日制小学数学教学大纲（试用)》对培养初步逻辑思维能力的要求。初步形象思维的内涵。初步直觉思维的内涵。空间观念的概念。《九年义务教育全日制小学数学教学大纲（试用)》对培养初步空间观念的要求。解决简单实际问题能力与数学学习的相互作用。培养解决简单实际问题的要求。

（三）培养良好的思想品德

进行正确的学习目的的教育。进行辩证唯物主义观点的启蒙教育。爱祖国、爱社会主义、爱科学的教育。培养良好的学习态度、习惯兴趣、意志等非智力因素。

（四）三项目标在整个教学过程中是相辅相成、统一实现的。

### 第五节　从教学大纲看我国小学数学课程目标的演变

（一）教学大纲概述

教学大纲的概念。教学大纲的指导功能。

（二）建国前的小学算术课程目标

（三）建国后的小学数学课程目标

小学数学教学大纲演变的五个阶段。《九年义务教育全日制小学数学教学大纲（试用）》在课程目标和教学要求方面的改革。

（四）对我国小学数学课程目标演变的分析

## 三、考核知识点

（一）数学发展简史

（二）数学在小学教育中的地位和作用

（三）小学数学课程目标制定的依据

（四）小学数学课程目标

（五）我国小学数学课程目标的演变

## 四、考核要求

（一）数学发展简史

识记：（1）数学发展的五个时期；（2）现代数学时期的主要特点；（3）数学的发生发展与生产实践、科学技术的关系。

（二）数学在小学教育中的地位和作用

1. 识记：数学在 21 世纪信息时代中的重要作用。

2. 领会：（1）小学数学学科是基础课、工具课和文化课；（2）小学数学在提高民族素质方面的重要作用。

（三）小学数学课程目标制定的依据

1. 识记：小学教育的培养目标。

2. 领会：（1）数学学科的三大特点及其与课程目标的关系；

（2）小学生思维的基本特点与课程目标的关系；（3）小学生认识几何图形的心理特点与课程目标的关系。

（四）小学数学课程目标

1. 识记：结合数学教学培养思想品德的要求。

2. 领会：（1）掌握数学基础知识的必要性以及小学数学基础知识的范围；（2）培养初步数学能力的重要性及其内容和要求；（3）三项目标的关系。

（五）我国小学数学课程目标的演变

1. 识记：建国后我国小学数学课程目标演变的五个阶段。

2. 领会：（1）教学大纲的含义及其指导功能；（2）《九年义务教育全日制小学数学教学大纲（试用）》在课程目标和教学要求方面的改革。

# 第二章　小学数学课程内容

## 一、学习目的与要求

通过本章的学习，使学生明确数学教材在小学数学教学系统中的作用，理解学科数学与科学数学的区别与联系；了解我国小学数学教学内容选取的依据，理解教材结构的含义，掌握小学数学教材编排的主要原则。

## 二、课程内容

### 第一节　学科数学与科学数学的区别和联系

（一）数学教材

教材的概念。数学教材的作用。

（二）学科数学与科学数学

学科数学与科学数学的概念。学科数学与科学数学的联系与区别。

### 第二节　小学数学教学内容的选取

（一）小学数学教学内容选取的三大依据与四个兼顾

（二）我国义务教育小学数学内容的确定与调整

### 第三节　小学数学教材的体系、结构和编排原则

（一）小学数学教材的体系

小学数学教材体系的单一式与综合式。

（二）小学数学教材的结构

教材结构的含义。小学数学教材结构的含义。

（三）小学数学教材的编排原则

小学数学教材编排的五大基本原则。

### 第四节　国内外小学数学教材的改革

（一）我国小学数学教材的演进

（二）我国义务教育教材改革的决策

（三）国外小学数学内容的改革趋向

## 三、考核知识点

（一）教材

（二）学科数学与科学数学的区别与联系

（三）小学数学内容的选取

（四）小学数学教材的体系与结构

（五）小学数学教材的编排原则

（六）国内外小学数学教材的改革

## 四、考核要求

（一）教材

1. 识记：教材的含义（广义、狭义）。

2. 领会：小学数学教材的作用。

（二）学科数学与科学数学的区别与联系

1. 识记：学科数学与科学数学的联系。

2. 领会：学科数学与科学数学的区别。

（三）小学数学内容的选取

1. 识记：小学数学内容选取的四个兼顾。

2. 领会：小学数学内容选取的三大依据。

（四）小学数学教材的体系与结构

1. 识记：单一式教材体系与综合式教材体系的特点。

2. 领会：（1）教材结构的含义；（2）小学数学教材结构的

含义。

（五）小学数学教材的编排原则

1. 领会：（1）编排小学数学教材的五条主要原则的具体含义；（2）直线式与圆周式编排的概念；（3）教材重点与学习难点的概念。

2. 综合应用：简析本地区使用的小学数学教材的结构与编排特点。

# 第三章　小学数学学习概论（一）

## 一、学习目的与要求

通过本章的学习，使学生明确数学学习的含义以及小学数学学习的特点；了解现代认知学习理论对数学学习所起的启示作用；掌握小学数学学习的基本形式与过程，掌握小学数学学习迁移的一般规律。

## 二、课程内容

### 第一节　数学学习的含义

（一）学习的本质

学习的分类：广义的学习、狭义的学习。广义学习的概念。狭义学习的概念。

（二）数学学习的含义和特点

数学学习的含义。小学生数学学习的特点。

### 第二节　认知学习理论对数学学习的启示

（一）皮亚杰的发生认识论与数学学习

皮亚杰的基本观点：发生认识论，认知发展阶段论。对小学数学学习的启示。

（二）布鲁纳的认知—发现学习理论与数学学习

布鲁纳的基本观点：认知发展序列，学科基本结构。对小学数学学习的启示。

（三）奥苏伯尔的认知—接受学习理论与小学数学学习

奥苏伯尔的基本观点：对学习有两个维度的分类，强调语言对学习的作用；对小学数学学习的启示。

## 第三节　小学数学学习的基本形式与过程

（一）数学学习的两种基本形式

有意义的接受学习。有意义的发现学习。

（二）小学数学学习的基本过程

学习过程的几种模式：传统的、环状的、阶梯式的。小学数学学习的基本过程：动机的激发、知识的感知、知识的理解、知识的巩固、知识的应用。

（三）影响小学数学学习的因素

学习动机和兴趣。数学认知结构的组织水平。思维水平。学习策略。

## 第四节　小学数学学习迁移

（一）迁移的种类

（二）影响学习迁移的主要因素

学习材料间的共同因素。已有知识的概化程度。已有知识的可辨性和稳定性。智力水平。心理定势。

（三）小学数学学习迁移的特点

# 三、考核知识点

（一）数学学习的含义

（二）认知学习理论对小学数学学习的启示

（三）小学数学学习的基本形式与过程

（四）小学数学学习迁移

# 四、考核要求

（一）数学学习的含义

1. 识记：（1）广义学习与狭义学习的本质；（2）数学学习的含义。

2. 领会：小学数学学习的特点。

（二）认知学习理论对小学数学学习的启示

识记：（1）皮亚杰的发生认识论对小学数学学习的启示；（2）布鲁纳认知—发现理论对小学数学学习的启示；（3）奥苏伯尔认知—接受理论对小学数学学习的启示。

（三）小学数学学习的基本形式与过程

1. 识记：学习过程的几种模式（传统的、环状的、阶梯式的）。

2. 领会：（1）数学学习中有意义的接受学习与发现学习的区别；（2）小学数学学习的基本过程；（3）影响小学数学学习的主要因素。

（四）小学数学学习迁移

1. 识记：（1）学习迁移的含义；（2）迁移的种类。

2. 领会：（1）影响学习迁移的主要因素；（2）小学数学学习迁移的特点。

3. 综合应用：举例分析在数学学习中，正迁移与负迁移有时同时存在，并提出教学建议。

# 第四章　小学数学学习概论（二）

## 一、学习目的与要求

通过本章的学习，使学生理解数学学习中概念形成与同化的含义及其基本模式，明确规则的接受学习与发现学习的区别；掌握智力技能与操作技能的内涵以及小学数学智力技能、操作技能的基本形成过程，了解数学问题解决的含义、小学数学问题解决的特点及其基本过程。

## 二、课程内容

### 第一节　数学知识学习的基本形式

（一）概念的形式与同化

概念形成的含义。概念形成的模式。概念同化的含义。概念同化的模式。概念同化的三种方式。

（二）规则的发现与接受

数学规则的发现学习的含义。数学规则的接受学习的含义。

### 第二节　数学技能学习的基本形式

（一）数学技能及其种类

技能与能力的区别。数学技能的种类。

（二）数学智力技能的形成过程与学习方法

数学智力技能形成的五个基本阶段。数学智力技能的基本学习方法。

（三）数学操作技能的形成过程与学习方法

数学操作技能形成的四个基本阶段。数学操作技能的基本学习方法。

（四）两种数学技能的比较

意识控制方面。动作程序特点方面。活动速率与品质方面。

### 第三节　数学问题解决的基本形式

（一）数学问题解决的含义

（二）小学数学问题解决的特点

（三）奥苏伯尔问题解决的模式

（四）小学数学问题解决的基本过程

## 三、考核知识点

（一）数学知识学习的基本形式

（二）数学技能学习的基本形式

（三）数学问题解决的基本形式

## 四、考核要求

（一）数学知识学习的基本形式

1. 识记：数学概念同化的三种方式。

2. 领会：（1）数学概念形成的含义、基本模式及其适用范围；（2）数学概念同化的含义、基本模式及其适用范围；（3）数学规则发现与接受学习的区别。

3. 综合应用：以某一数学规则为例编制有意义发现学习的基本过程。

（二）数学技能学习的基本形式

1. 识记：（1）技能与能力的区别；（2）数学技能的种类；（3）数学操作技能的学习方法。

2. 领会：（1）数学智力技能的形成过程与学习方法；（2）数学操作技能的形成过程；（3）两种数学技能的比较。

3. 简单应用：举例分析数学智力技能形成的过程。

（三）数学问题解决的基本形式

识记：（1）数学问题解决的含义；（2）小学数学问题解决的特点；（3）小学数学问题解决的基本过程。

# 第五章　小学数学教学过程与教学原则

## 一、学习目的与要求

通过本章的学习，明确小学数学教学过程的概念，使学生了解小学数学教学过程中三对重要矛盾产生的原因及其表现形式，明确推动小学数学教学过程的动力，理解和掌握小学数学的基本教学原则。

## 二、课程内容

### 第一节　小学数学教学过程的实质

（一）小学数学教学过程的含义

（二）构成小学数学教学过程各要素的地位和作用

### 第二节　小学数学教学过程中的三对主要矛盾

（一）教育者与受教育者之间的矛盾

矛盾产生的原因。矛盾的表现形式及解决途径。

（二）作为学生认识对象的数学教材与人类早期对数量关系和空间形式认识的数学学科系统之间的矛盾

矛盾产生的原因。矛盾的解决途径。

（三）学习主体（学生）与客体（教材）之间的矛盾

矛盾的表现形式。

（四）推动数学教学过程发展的动力

### 第三节　小学数学的教学原则

（一）教学原则的含义

教学原则与教学规律的联系与区别。

（二）小学数学的六条主要教学原则

传授数学知识和培养数学能力相结合；理论与实际相结合；具体与抽象相结合；严谨性与可接受性相结合；理解与巩固相结合；教师的主导作用与学生的主体性相结合。六条教学原则的含义及贯彻的基本要求。

## 三、考核知识点

（一）小学数学教学过程的实质

（二）小学数学教学过程中的三对主要矛盾

（三）小学数学的教学原则

## 四、考核要求

（一）小学数学教学过程的实质

识记：（1）教学过程的概念；（2）构成小学数学教学过程各要素的地位和作用。

（二）小学数学教学过程中的三对主要矛盾

识记：（1）三对矛盾的含义及其产生的原因；（2）三对矛盾的表现形式及其解决途径；（3）推动数学教学过程发展的动力。

（三）小学数学教学原则

1. 识记：教学原则与教学规律的关系。

2. 领会：（1）六条教学原则的具体含义；（2）贯彻每条教学原则的基本要求。

# 第六章 小学数学教学方法

## 一、学习目的与要求

通过本章的学习，使学生明确启发式教学思想的实质，掌握选择小学数学教学方法的依据。理解小学数学常用的各种教学方法的特点和通用范围，并能掌握、贯彻各种教学方法的要则。明确小学数学教学手段现代化的意义以及各种电教手段的功能。

## 二、课程内容

### 第一节 启发式是确定小学数学教学方法的指导思想

（一）教学方法的概念

教学方法的含义。教学方法的作用。

（二）启发式教学思想

启发式的实质。启发式是确定所有具体教学方法的指导思想。

### 第二节 小学数学教学方法的选择

（一）选择数学教学方法的依据

数学教学方法的选择依据多种因素：教学任务、教学内容、教学对象、教师能力、教学设备、教学时限等。

（二）多种教学方法的整体优化

多种教学方法的有机结合。

### 第三节 小学数学基本的教学方法

（一）小学数学的几种基本教学方法

讲解法、谈话法、演示法、操作实验法、引导发现法、练习法等。

（二）上述各种教学方法的特点、适用范围

（三）采用各种教学方法的原则

### 第四节　小学数学教学手段的现代化

（一）电化教学与小学数学教学

电化教学的概念。电化教学手段在小学数学教学中的作用。

（二）电化教学手段的选择和应用

电化教学手段的种类和功能。运用电化教学手段的一般模式。

## 三、考核知识点

（一）启发式教学思想

（二）选择小学数学教学方法的依据

（三）小学数学的基本教学方法

（四）小学数学教学手段的现代化

## 四、考核要求

（一）启发式教学思想

识记：(1) 教学方法的含义和作用；(2) 启发式教学思想的实质。

（二）选择小学数学教学方法的依据

1. 领会：(1) 小学数学教学方法的选择依据；(2) 教学方法整体优化的含义。

（三）小学数学的基本教学方法

1. 领会：(1) 讲解法、谈话法、演示法、操作实验法、引导发现法、练习法的特点及适用范围；(2) 采用上述六种基本教学方法的要则。

2. 简单应用：(1) 设计用操作实验法教学某一内容时的指导语；(2) 以某一内容为例，设计一组练习题，体现练习的坡度和层次。

3. 综合应用：设计一个教学示例分析小学数学教学方法的整体优化。

（四）小学数学教学手段的现代化

识记：(1) 电化教学的概念；(2) 电化教学手段在小学数学教学中的作用；(3) 电化教学手段的种类及其主要功能。

# 第七章　小学数学教学的组织

## 一、学习目的与要求

通过本章的学习，使学生理解课堂教学结构的含义，掌握设计小学课堂教学结构的原则以及主要课型的特点和步骤；了解数学课外活动的功能和特点；明确小学数学备课的作用和要求。

## 二、课程内容

### 第一节　小学数学课堂教学结构

（一）课堂教学结构

课堂教学结构的概念。课堂教学结构受教育思想所制约。

（二）设计小学数学课堂教学结构的原则

教学目标具体化原则。暴露认知建构过程原则。信息交流多向性原则。教学方法整体优化原则。信息反馈调控原则。知情交融原则。时控性原则。

### 第二节　小学数学课堂教学类型

（一）课堂教学类型

课堂教学类型的含义。小学数学教学课型的分类。

（二）新授课

新授课的目的与分类。讲练课、探究研讨课、自学辅导课的特点及基本结构。

（三）练习课

练习课的目的、基本结构。

（四）复习课

复习课的目的、基本结构。

### 第三节　小学数学课堂教学的准备

（一）备课的作用

（二）小学数学备课的要求

钻研大纲和教材。了解学生。选择教学方法。

### 第四节　小学数学课外活动

（一）小学数学课外活动的功能

（二）小学数学课外活动的特点

（三）小学数学课外活动的内容

## 三、考核知识点

（一）小学数学课堂教学结构

（二）小学数学课堂教学类型

（三）小学数学课堂教学的准备

（四）小学数学课外活动

## 四、考核要求

（一）小学数学课堂教学结构

1. 识记：（1）课堂教学结构的含义；（2）课堂教学结构与教育思想的关系。

2. 领会：小学数学课堂教学结构七条原则的内容及贯彻要求。

（二）小学数学课堂教学类型

1. 识记：（1）课堂教学类型的含义；（2）小学数学课型的分类。

2. 领会：（1）新授课中的讲练课、探究研讨课和自学辅导课的区别与基本结构；（2）练习课、复习课的目的及基本结构。

3. 简单应用：结合新授课中对某一知识点的“新课铺垫”部分作出教学设计。

（三）小学数学课堂教学的准备

1. 识记：备课的意义。

2. 领会：小学数学备课的要求。

（四）小学数学课外活动

识记：（1）小学数学课外活动的功能；（2）小学数学课外活动的特点和内容。

# 第八章　小学数学教学评价

## 一、学习目的与要求

通过本章的学习，了解教学评价的含义，明确教学评价的特点及其功能，掌握教学评价的原则。了解小学数学课堂教学评价的要素及指标。认识学习考评的各种分类，理解小学数学成绩考评的依据及程序，明确各种题型的功能及编制要则，掌握客观评分的要则。

## 二、课程内容

### 第一节　教学评价概述

（一）教学评价的含义

教学评价的概念。教育评价与教育测量的联系与区别。教学评价的特点。

（二）教学评价的功能

导向功能。反馈功能。激励功能。改进功能。

（三）教学评价的原则

教育性原则。客观性原则。数量化原则。可行性原则。

### 第二节　小学数学课堂教学的评价

（一）课堂教学评价的要素

教学目标。教学内容。教学过程。教学方法。教师素质。教学效果。教学特色。

（二）小学数学课堂教学评价指标

（三）小学数学课堂教学评价的实施

### 第三节　小学数学学习的考查与评价

（一）学习考评的种类

按考评性质分为显示性考评与预示性考评。按考评作用分：形成性考评、总结性考评与诊断性考评。按测评结果的解释分：目标参考性考评与常模参考性考评。

（二）小学数学成绩考评的命题工作

以教学大纲为依据。制定双向细目表。预测。

（三）题型的选取

要将传统题型与客观式题型相互补充。是非题、选择题、匹配题、填空题的功能及编制要则。

（四）评分与质量分析

绝对评分与相对评分。客观评分的要则。做好质量分析。

## 三、考核知识点

（一）教学评价概述

（二）小学数学课堂教学的评价

（三）小学数学学习的考查与评价

## 四、考核要求

（一）教学评价概述

1. 识别：（1）教学评价的概念；（2）教育评价与教育测量的区别与联系；（3）教学评价的特点。

2. 领会：（1）教学评价的功能；（2）教学评价的原则。

（二）小学数学课堂教学的评价

识别：课堂教学评价的要求。

（三）小学数学学习的考查与评价

1. 识记：（1）显示性考评与预示性考评、形成性考评、总结性考评与诊断性考评、目标参考性考评与常模参考性考评，以上各类考评的目的及特点。(2) 小学数学成绩考评的命题工作的步骤。(3) 绝对评分与相对评分的区别。

2. 领会：(1) 编制双向细目表的作用；(2) 客观式试题（是非题、选择题、匹配题、填空题）的功能，以及各种题型的编制要则；(3) 客观评分的要则。

3. 简单应用：根据某一个小学生的错例，诊断错误所在和错误原因，提出补救措施。

4. 应用：自编两道数学是非题和一道选择题，并说明编写意图。

# 第九章　数学思维与数学思维能力的培养

## 一、学习目的与要求

通过本章的学习，了解数学思维的概念和特点，明确逻辑思维、形象思维和直觉思维的含义、基本形式以及培养途径，掌握数学思维的一般方法，了解数学思维的智力品质。明确小学生的思维正处在由具体形象思维为主向抽象逻辑思维为主的过渡阶段，培养数学思维要以初步逻辑思维为主，其他非逻辑思维为之补充。

## 二、课程内容

### 第一节　数学思维概述

数学思维的概念。小学生数学思维的特点。小学生数学思维的发展阶段。

### 第二节　数学思维的分类

逻辑思维、形象思维与直觉思维。集中思维与发散思维。再造性思维与创造性思维。

### 第三节　数学思维的一般方法

观察与实验。分析与综合。比较与分类。抽象与概括。归纳与演绎。类比与联想。

### 第四节　初步逻辑思维能力及其培养

逻辑思维的概念。逻辑思维的基本形式：概念、判断、推理。初步逻辑思维能力培养的总要求。初步逻辑思维能力培养的阶段目标。初步逻辑思维能力培养的基本途径。

### 第五节　初步形象思维能力及其培养

形象思维的概念。形象思维的基本形式：表象、直感、想像。初步形象思维培养的基本途径。

### 第六节　初步直觉思维能力及其培养

直觉思维的含义。直觉思维的基本形式：直觉、灵感。初步直觉思维能力培养的建议。

### 第七节　数学思维的品质及其培养

数学思维品质的含义。数学思维品质有：思维的深刻性、灵活性、敏捷性、批判性和独创性。小学生初步数学思维能力培养的要点。

## 三、考核知识点

（一）数学思维的概念与特点

（二）数学思维分类

（三）数学思维的一般方法

（四）初步逻辑思维能力及其培养

（五）初步形象思维能力及其培养

（六）初步直觉思维能力及其培养

（七）数学思维品质

## 四、考核要求

（一）数学思维的概念与特点

识记：（1）数学思维的概念；（2）小学生数学思维的特点；（3）小学生数学思维发展的三个阶段。

（二）数学思维分类

识记：(1) 集中思维与发散思维的区别；(2) 再造性思维与创造性思维的区别。

(三) 数学思维的一般方法

领会：每一种思维方法的内涵及其培养。

(四) 初步逻辑思维能力及其培养

1. 识记：初步逻辑思维能力培养的阶段目标。

2. 领会：(1) 逻辑思维的概念；(2) 逻辑思维的基本形式；(3) 初步逻辑思维能力培养的总要求；(4) 初步逻辑思维能力培养的基本途径。

(五) 初步形象思维能力及其培养

1. 领会：(1) 形象思维的概念；(2) 形象思维的基本形式；(3) 初步形象思维培养的基本途径。

2. 简单应用：以教材中的某一知识点为例，说明初步形象思维培养的途径。

3. 综合应用：以教材中的某一知识点为例，说明如何培养小学生的初步逻辑思维能力。

(六) 初步直觉思维能力及其培养

1. 识记：(1) 直觉思维的含义；(2) 直觉思维的基本形式。

2. 领会：培养初步直觉思维的几点建议。

(七) 数学思维品质

1. 识记：思维品质的含义。

2. 领会：(1) 每一种思维品质的含义；(2) 培养初步数学思维能力的要点。

# 第十章　小学数学教学中非智力因素的培养

## 一、学习目的与要求

通过本章的学习，明确学生的学习活动实际上是智力因素与非智力因素共同参与、相互作用的过程。理解非智力因素在学生认识过程中起着始动、定向、维持调节等制约作用。明确学习动机、兴趣、情感、意志、习惯等非智力因素的内涵，掌握培养非智力因素的具体措施。

## 二、课程内容

### 第一节　培养非智力因素的重要意义

（一）培养非智力因素是发展智力因素的前提和保证

非智力因素对智力活动的促进与补偿作用。

（二）培养非智力因素是学校全面实施素质教育的需要

素质教育的实质。主体性发展的特征。

（三）培养非智力因素是时代的需要

未来的劳动者所面对的时代的特点。

### 第二节　非智力因素在认知活动中的作用

（一）始动作用

非智力因素成为达到目标的行为动机。

（二）定向作用

认知活动有明确的指向性。

（三）维持调节作用

始终按照目标行动，合理调整心态。

## 第三节　小学生非智力因素的培养

（一）学习动机

学习动机概述。学习动机的培养。

（二）学习兴趣

学习兴趣概述。学习兴趣的培养。

（三）学习情感

学习情感概述。学习情感的培养。

（四）学习意志

学习意志概述。学习意志的培养。

（五）学习习惯

学习习惯概述。学习习惯的培养。

# 三、考核知识点

（一）培养非智力因素的重要性

（二）非智力因素在认知活动中的作用

（三）小学生非智力因素的培养

# 四、考核要求

（一）培养非智力因素的重要性

1. 识记：两种教学观的差别。

2. 领会：（1）培养非智力因素是发展智力因素的前提和保证；（2）培养非智力因素是全面实施素质教育的需要；（3）培养非智力因素是未来社会对人才的需要。

（二）非智力因素在认知活动中的作用

1. 识记：非智力因素在认知活动中的作用。

2. 领会：（1）始动作用；（2）定向作用；（3）维持调节作用。

（三）小学生非智力因素的培养

1. 识记：学习动机、学习兴趣、学习情感、学习意志、学习习惯等的基本含义。

2. 领会：(1) 学习动机的培养；(2) 学习兴趣的培养；(3) 学习情感的培养；(4) 学习意志的培养；(5) 学习习惯的培养。

# 第十一章　概念教学

## 一、学习目的与要求

通过本章的学习，使学生明确数学概念教学的意义，理解概念的内涵、外延以及概念分类的规则，了解小学数学教材中概念的表示法；明确影响小学生学习数学概念的有关因素，掌握在数学概念的建立、理解、巩固与深化等阶段中的教学策略。

## 二、课程内容

### 第一节　小学数学概念教学的意义

（一）数学概念

数学概念的含义。数学概念抽象性的特点。

（二）数学概念教学的重要意义

### 第二节　概念的内涵和外延

（一）明确概念的内涵和外延

内涵的定义。外延的定义。内涵与外延的相互制约关系。

（二）掌握概念的分类标准

分类应以同一标准为依据，应详尽无遗，各属概念应相互排斥，应按级进行。

（三）从外延上看小学数学概念存在的六种关系

同一关系、包含关系、并列关系、交叉关系、对立关系、矛盾关系。

### 第三节　小学数学教材中概念的几种表示法

（一）定义法

属差式定义、发生式定义、规定外延方式。下定义应遵循的规则。

（二）描述法

## 第四节　影响数学概念学习的因素

影响小学生数学学习的主要内部因素有：认知结构、感性材料和生活经验、抽象概括能力、语言表述能力。

## 第五节　数学概念的教学策略

从概念的形成与同化两种形式出发研究教学策略。

（一）概念的引入

可通过直观、生活实例、旧知识引入。

（二）概念的理解

利用变式。反面衬托。多层次的抽象概括。下定义或描述。

（三）概念的巩固

复述定义或结语。自举实例。练习。

（四）概念的深化

概念的运用。概念认知系统的形成。

# 三、考核知识点

（一）小学数学概念教学的意义

（二）概念的内涵和外延

（三）小学数学教材中概念的几种表示法

（四）影响数学概念学习的因素

（五）数学概念的教学策略

# 四、考核要求

（一）小学数学概念教学的意义

1. 识记：数学概念的含义及特点。

2. 领会：小学数学概念教学的意义。

（二）概念的内涵和外延

1. 识记：（1）内涵、外延以及两者相互制约的关系；（2）从外延看小学数学概念存在的六种关系。

2. 领会：概念的分类标准。

（三）小学数学教材中概念的几种表示法

1. 识记：定义法及描述法。

2. 领会：下定义应遵循的规则。

（四）影响数学概念学习的因素

领会：影响数学概念学习的内部因素。

（五）数学概念的教学策略

1. 领会：（1）概念引入和理解的教学策略；（2）概念巩固和深化的教学策略。

2. 简单应用：举例分析数学概念的引入。

3. 综合应用：以某一数学概念为例，说明理解此概念时应采用的教学策略。

# 第十二章　计算教学

## 一、学习目的与要求

通过本章的学习，明确计算教学在掌握数学基础知识与基本技能以及培养智力因素与非智力因素方面的意义。了解小学生造成计算错误的知识与心理两个方面的原因，并掌握培养计算能力的教学策略。

## 二、课程内容

### 第一节　计算教学的意义和要求

（一）计算教学的意义

计算是小学生的基本技能。计算教学应用广泛。计算教学有利于数学能力的培养。计算教学有利于非智力因素的培养。

（二）计算教学的要求

从教学内容的范围上看。从教学要求上看。

### 第二节　小学生计算错误的归因

（一）知识方面的原因

概念不清。算理不明。口算不熟。笔算不准。

（二）心理方面的原因

感知比较粗略，情感比较脆弱。注意不够稳定。受思维定势干扰。短时记忆较弱。

### 第三节　培养计算能力的教学策略

（一）切实掌握有关计算的知识

数的认识。运算定律和运算性质。计算法则。运算顺序。

（二）弄清算理，以理驭法

教具演示说明算理。学具操作理解算理。联系实际讲清算理。展示思路弄清算理。

（三）加强口算，重视笔算，学点估算

加强口算：基本口算要熟练、常用数据要熟记、简便口算要自觉、口算练习要经常。

重视笔算：笔算过程要明理、检查验算要自觉、书写格式要规范。

学点估算：促进计算结果正确，促进计算方法灵活。

（四）分层练习，形式多样，讲求实效

围绕重点与难点。易混易错的加强对比。发挥计算题的思维价值。形式多样，引发兴趣。

（五）认真审题，多思善想，准中求活

审题是计算正确、方法合理灵活的前提和保证。多思善想计算才能既准又快、又活。

### 第四节　关于培养计算能力的思考

## 三、考核知识点

（一）计算教学的意义和要求

（二）小学生计算错误的归因

（三）培养计算能力的教学策略

## 四、考核要求

（一）计算教学的意义和要求

1. 识记：计算教学的要求。

2. 领会：计算教学的意义。

（二）小学生计算错误的归因

1. 识记：（1）知识方面的原因；（2）心理方面的原因。

2. 领会：（1）造成错误的知识方面的原因：概念不清、算理不明、口算不熟、笔算不准；（2）造成错误的心理方面的原因：感知比较粗略、情感比较脆弱、注意不够稳定、受思维定势干扰、短时记忆较弱。

（三）培养计算能力的教学策略

1. 识记：掌握有关计算的知识：数的认识、运算定律和运算性质、计算法则、运算顺序。

2. 领会：（1）弄清算理，以理驭法；（2）加强口算；（3）重视笔算；（4）学点估算；（5）分层练习；（6）形式多样；（7）认真审题；（8）多思善想，准中求活。

3. 简单应用：举例说明如何帮助学生弄清算理，以理驭法。

# 第十三章　应用题教学

## 一、学习目的与要求

通过本章的学习，理解应用题教学的重要意义，掌握小学生解答应用题的心理特征；了解应用题的分类，掌握应用题的教学策略，并对当前应用题教学改革的趋势有所了解。

## 二、课程内容

### 第一节　应用题教学的意义

（一）应用题的特点

应用题的组成要素。应用题具有直观性、实践性、综合性、开放性。

（二）应用题教学的意义

有助于理解数学概念及四则运算的意义。有助于培养学生解决简单实际问题的能力。有助于发展逻辑思维能力。有助于进行思想品德教育。

### 第二节　小学生解答应用题的心理特征

（一）依据学生对题目情节的熟悉程度

（二）依据应用题的叙述形式

（三）依据解题步骤的多寡

（四）依据应用题结构中所含的隐蔽条件

（五）依据对数量关系组合的熟悉程度

（六）依据分析过程中的思维定向

### 第三节　应用题的分类

（一）总体的分类

简单应用题。复合应用题。

（二）简单应用题的分类

传统的分类。改革后的分类。

### 第四节　应用题的教学策略

（一）创设情境，运用直观，帮助学生全面理解题意

演示与模拟。图示与图解。复述题意。

（二）重视两个转化

把生活中的实际问题转化为数学问题。把数学问题转化为数学式子。应用题中两个转化解题思路流程图。

（三）引导学生寻找“中间问题”

连续两问改一问。改变问题。改变条件。

（四）用多种方法解析应用题

分析法与综合法、假设法、对应法、量不变方法、代数方法。

（五）一题多解和一题多变

## 三、考核知识点

（一）应用题教学的意义

（二）小学生解答应用题的心理特征

（三）应用题的分类

（四）应用题的教学策略

## 四、考核要求

（一）应用题教学的意义

1. 识记：应用题的特点。

2. 领会：应用题教学的意义。

（二）小学生解答应用题的心理特征

领会：区别应用题难易程度的依据。

（三）应用题的分类

识记：应用题的总体分类。

（四）应用题的教学策略

1. 领会：全面理解题意、重视两个转化、引导学生寻找“中间问题”、用多种方法解析应用题、一题多解和一题多变等教学策略。

2. 综合应用：结合实例对用算术方法与代数方法解应用题作出比较分析。

# 第十四章　几何初步知识教学

## 一、学习目的与要求

通过本章的学习，理解几何初步知识教学的意义，了解《九年义务教育全日制小学数学教学大纲（试用）》对几何初步知识教学所作的改革；掌握小学生空间观念形成的心理特征；掌握培养初步空间观念、进行几何求积的教学策略。

## 二、课程内容

### 第一节　几何初步知识教学的地位和意义

（一）从历史发展看几何在小学数学中的地位

我国古代对几何学的研究有悠久的历史。建国以来，几何初步知识在小学数学中已有明确的地位。

（二）《九年义务教育全日制小学数学教学大纲（试用）》中对几何教学的改革

明确直观几何的性质。加强空间观念的培养。从低年级起合理安排的几何形体。

（三）几何初步知识教学的意义

有利于培养空间观念。有利于提高学生运用数学知识解决实际问题的能力。有利于培养逻辑思维能力。

### 第二节　小学生空间观念形成的心理特点

（一）明显要素和不明显要素

将明显的、突出的部分作为强成分首先感知。

（二）单个要素与要素的关系

当图形特征反映几何要素间的关系时，学生感到学起来有困难。

（三）标准图形与变式图形

辨认变式图形比辨认标准图形困难。

（四）日常用语与科学用语

当几何的日常用语与科学用语不一致时，容易干扰学生空间观念的形成。

（五）二维空间与三维空间

辨认立体图形较平面图形困难。

（六）掌握特征与辨别图形

对图形的识别一般容易停留在直观水平，由直观水平上升到以特征识别为特点的概括水平有一个较长的过程。

（七）数与形

进行求积计算时，“特征”与“计算方法”同时作用于学生的大脑，两者是起促进作用还是起干扰作用，应以学生空间观念的清晰度为准。

## 第三节　培养初步空间观念的教学策略

（一）利用实物、模型的演示，引导学生观察

要从实物、模型到图形的顺序进行观察。观察中要注意：恰当地运用标准图形和变式图形；在运动变化中观察图形；在复杂图形中辨别基本图形。

（二）加强动手操作，指导实验

操作实验的方式有划分、剪拼、折叠、利用钉子板、测量、画图等。

（三）适时进行抽象概括

用准确、简练的语言把图形的特征固定下来。

## 第四节　几何求积的教学策略

（一）在建立周长、面积、体积观念的基础上开始几何量的计算

（二）以等积变形的数学思想为主线，通过实验推导求积公式

（三）利用求积公式，解决实际问题

（四）系统整理求积公式，促进知识系统化

## 三、考核知识点

（一）几何初步知识教学的地位和意义

（二）小学生空间观念形成的心理特点

（三）培养初步空间观念的教学策略

（四）几何求积的教学策略

## 四、考核要求

（一）几何初步知识教学的地位和意义

1. 识记：(1) 几何初步知识在小学数学中的地位；(2) 小学几何初步知识的性质（直观几何）；(3) 空间观念的含义；(4) 培养初步空间观念的“标高”。

2. 领会：几何初步知识教学的意义。

（二）小学生空间观念形成的心理特点

1. 识记：在“日常用语与科学用语”、“掌握特征与辨别图形”、“数与形”方面的心理特征表现。

2. 领会：在“明显要素与不明显要素”、“单个要素与要素的关系”、“标准图形与变式图形”、“二维空间与三维空间”等方面心理特征的表现。

（三）培养初步空间观念的教学策略

1. 识记：三个教学策略的基本含义。

2. 领会：(1) 从实物、模型的观察到图形观察这一策略的依据；(2) 恰当提供标准图形与变式图形的作用；(3) 在运动变化中观察图形的作用；(4) 操作实验对空间观念形成的作用；(5) 抽象概括对空间观念形成的必要性。

（四）几何求积的教学策略

1. 识记：四个教学策略的基本含义。

2. 领会：(1) 小学数学推导几何求积的主要方法；(2) 系统整理求积公式的必要性。

3. 综合应用：分析比较通过教师演示和学生实验操作两种不同方法，推导几何求积公式的作用，并举例说明。

# 第十五章　小学数学教师

## 一、学习目的与要求

通过本章的学习，认识到教师肩负着育人的重任，必须不断地提高教师自身的素质。明确小学数学教师应该具备的基本素质，明确数学教师在职业道德、文化科学知识、教学业务能力以及心理素质等方面的要求，掌握小学数学教师应具有的教学艺术，树立终身学习的信念。

## 二、课 程 内 容

### 第一节　素　质

（一）素质的含义

素质，是以先天遗传因素为基础，在后天环境和教育影响下逐渐发展和形成的，具有个体的生理、心理和社会文化等方面的特性。

（二）人的素质主要包括生理素质、心理素质、文化科学素质和思想道德素质。

### 第二节　小学数学教师的素质

（一）职业道德素质

热爱教育事业。热爱学生。热爱学校。热爱所教的学科。

（二）文化科学素质

数学专业知识。教育基本理论。教育科研的基础知识。相关学科的知识。

（三）业务能力素质

全面深入了解学生的能力。进行思想品德教育的能力。钻研大纲与教材的能力。课堂教学能力。组织数学课外活动的能力。教研与科研的能力。

（四）心理素质

教师在认识过程方面应具备的心理素质。教师在情感过程方面应具备的心理素质。克服对学生群体的认识偏差。克服对学生个体认识的偏差。克服对自己认识的偏差。

### 第三节　小学数学教师的教学艺术

（一）创造是教学艺术的生命力

课堂教学的开头、课堂教学的提问、课堂教学的节奏。课堂教学的结尾。

（二）教师必须具备雄厚、扎实的教学基本功

语言。板书。教具与学具的使用。教案设计。

## 三、考核知识点

（一）素质的含义

（二）小学数学教师的素质

（三）小学数学教师的教学艺术

## 四、考核要求

（一）素质的含义

识记：（1）素质的含义；（2）人的素质基本内涵。

（二）小学数学教师的素质

1. 识记：小学数学教师的基本素质。

2. 领会：（1）职业道德素质；（2）文化科学素质；（3）业务能力素质；（4）心理素质。

（三）小学数学教师的教学艺术

1. 识记：小学数学教师的基本功。

2. 领会：（1）创造是教学艺术的生命力；（2）语言；（3）板书；（4）教具与学具的使用；（5）教案设计。

# Ⅲ　有关说明与实施要求

为了使本大纲的规定在个人自学、社会助学和考试命题中得到贯彻和落实，这里对有关问题作如下说明，并提出具体实施要求。

## 一、关于课程内容与考核目标

为使考试内容具体化和考试要求标准化，本大纲在列出考试内容的基础上，对各章规定了考核目标，包括考核知识点和考核要求。明确考核目标，使自学应考者能够进一步明确考试内容和要求，更有目的地系统学习教材；使考试命题能够更加明确命题范围，更准确地安排试题的知识能力层次和难易度。

本大纲在考核目标中，按照识记、领会、应用（简单应用、综合应用）三个层次规定其应达到的能力层次要求。三个能力层次是递进等级关系。各能力层次的含义是：

识记：能知道有关的名词、概念、知识的含义，并能正确认识和表述，是低层次的要求。

领会：在识记的基础上，能全面把握基本概念、基本原理、基本方法，能掌握有关概念、原理、方法的区别与联系，是较高层次的要求。

应用：在领会的基础上，能运用基本概念、基本知识、基本方法分析和解决有关的理论问题和实际问题。其中“简单应用”是指在领会的基础上，能用学过的一两个知识点分析和解决简单的问题；“综合应用”，是指在简单应用的基础上，能用学过的多个知识点，分析比较复杂的问题，是最高层次的要求。

## 二、关于学习教材与主要参考书

学习教材：

全国高等教育自学考试指导委员会组编，周玉仁主编：《小学数学教学论》，北京，中国人民大学出版社，1999。

推荐参考书：

汪绳组主编：《小学数学教育学》，北京，高等教育出版社，1997。

## 三、自学方法的指导

（一）在全面系统学习的基础上掌握基本理论、基本知识和基本方法。本课程的内容很广，涉及到小学数学教学的各个方面。数学教学理论与数学课程和数学学习理论，并在它们的基础上进一步进行研究。本书内容是由三部分组成的：小学数学课程理论（第一章、第二章），小学数学学习理论（第三章、第四章），小学数学教学理论（第五章～第十五章）。各章之间联系密切，又相对独立。自学应考者应在首先了解全书结构的前提下，全面系统地学习各章，记忆应当识记的基本概念，深入理解基本理论，弄懂基本方法的内涵；其次，要认识到各章之间的联系，注意区分相近的概念和相类似的问题；再次，在全面系统学习的基础上掌握重点，有目的地深入学习重点章节，但是，要防止在没有全面学习教材的情况下孤立地去抓重点。

（二）在小学数学教学理论的各章之中。又分为总论及分论（第十一章～第十四章）两部分。总论是研究整个小学数学的教学过程、原则、方法、组织、评价、数学思维、非智力因素、数学教师等内容，而分论部分主要是数学各部分内容的教学研究。分论有其一定的独立性，但要在总论指导下进行学习。因此，自学应考者应把学习总论与分论内容结合起来，这样，才能融会贯通，领会深刻。

（三）重视理论联系实际。小学数学教学论是一门理论与实际密切结合的理论学科，自学应考者多为在职小学教师，应该紧密地结合本人、本校、本地区的数学教育改革实践来理解和掌握小学数学教学理论，把课程内容与我国小学教育的实际联系起来，进行比较分析，要深刻地理解教材内容，并提高分析问题解决问题的能力，从而提高数学教学水平和教学研究能力。

## 四、对社会助学的要求

（一）社会助学者应根据本大纲规定的考试内容和考核目标，认真钻研指定的教材，明确本课程与其他课程不同的特点和学习要求，对自学应考者进行切实有效的辅导，引导他们防止自学中的各种偏向，把握社会助学的正确导向。

（二）要正确处理基础知识和应用能力的关系，努力引导自学应考者将识记、领会同应用联系起来，把基础理论转化为应用能力。在全面辅导的基础上，着重培养与提高自学应考者的分析问题和解决问题的能力。

（三）要正确处理重点和一般的关系。课程内容有重点与一般之分，但考试内容是全面的，且重点与一般是相互联系的。社会助学者应指导自学应考者全面系统地学习教材，掌握全部考试内容和考核知识点，在此基础上再突出重点。总之，把重点学习同兼顾一般结合起来，切勿孤立地去抓重点，甚至去猜题押题。

## 五、关于命题考试的若干规定

（一）本课程的命题考试应根据本大纲所规定的考试内容和考试目标来确定考试范围和考核要求，不要任意扩大或缩小考试范围，提高或降低考核要求。考试命题要覆盖到各章，并适当突出重点章节，体现本课程的重点内容。

（二）本课程在试题中不同能力层次的分数比例一般为：识记占15％；领会占30％；简单应用占35％；综合应用占20％。

（三）试题要合理安排难度结构。试题难易度可分为易、较易、较难、难四个等级。每份试卷中，不同难易度试题的分数比例一般为：易占 20%；较易占 30%；较难占 30%；难占 20%。必须注意，试题的难易度与能力层次不是一个概念，在各能力层次中都会存在不同难度的问题，切勿混淆。

（四）本课程考试试卷采用的题型一般有：单项选择题、多项选择题、名词解释题、简答题、论述题、案例分析题等。各种题型的具体形式可参见本大纲附录。

（五）本课程考试采用闭卷的方式，时间为 150 分钟。

# 附录 题型举例

**一、单项选择题（从下列备选答案中选出 1 个正确答案将标号填在题后横线上）**

1. 教材编排要突出重点，小学几何初步知识的重点应是________。

A. 图形特征

B. 几何作图

C. 求积公式

D. 空间观念

2. 小学生用学具操作学习数学，是把学具作为认识的________。

A. 对象

B. 过程

C. 中介物

D. 结果

**二、多项选择题（在备选答案中选出 2 个～5 个正确答案将标号填在题后横线上）**

1. 数学学科的特点是________。

A. 抽象性

B. 逻辑性

C. 条理性

D. 语言的清晰性

E. 应用的广泛性

2. 学了 9 加几、8 加几后，学生便能推知 7 加几、6 加几的进位加法规律，这种迁移属于________。

A. 正迁移

B. 负迁移

C. 顺向迁移

D. 垂直迁移

E. 水平迁移

**三、名词解释**

1. 数学思维

2. 讲介法

**四、简答题**

1. 数学学习中的有意义的接受学习和发现学习有什么区别？

2. 推动数学教学过程发展的动力是什么？

**五、论述题**

1. 试述具体与抽象相结合的教学原则的含义及贯彻要则，并举例说明。

2. 试述应用题的内容要贴近学生生活的理由。

**六、案例分析题**

1. 以“除数是小数的除法”为例，设计一组题目，体现练习的坡度和层次。

2. 自编一道应用题，剖析用算术和代数两种不同方法解答这道应用题的学生在思维上的区别，并提出教学对策。

# 后　记

《小学数学教学论自学考试大纲》是根据全国高等教育自学考试指导委员会 1998 年制定的全国高等教育自学考试小学教育专业（专科）考试计划的要求编写的。1998 年 12 月全国考委教育类专业委员会召开审稿会议，对本大纲初稿进行了讨论、审查；12 月底经主审复审定稿。

本大纲由北京师范大学教授周玉仁主持编写。参加本大纲审稿会议并提出宝贵意见的有中央教育科学研究所教育科技开发中心顾问、特邀研究员曹裕添、北京教育科学研究院基础教育研究中心特级教师曹侠、北京教育学院海淀分院特级教师胡光锑。

本大纲最后由教育类专业委员会主任王英杰教授审定。

**全国高等教育自学考试指导委员会**
**教　育　类　专　业　委　员　会**
1999 年 3 月